Dicionário
VISUAL
3 em 1

Blucher

Dicionário
VISUAL
3 em 1

London, New York, Melbourne, Munich, Delhi
Dorling Kindersley Book
www.dk.com

Original Title: Bilingual Visual Dictionary: Spanish
Copyright ©: 2008
Dorling Kindersley Limited, London

Text copyright ©: 2008
Dorling Kindersley Limited, London

Copyright ©: Direitos reservados para a língua
portuguesa, no Brasil, para a Editora Edgard
Blücher Ltda. pelo selo Ponto Editora.

2ª edição – 2010
3ª reimpressão – 2019

É proibida a reprodução total ou parcial
por quaisquer meios sem
autorização escrita da Editora

Segundo Novo Acordo Ortográfico,
conforme 5. ed. do *Vocabulário
Ortográfico da Língua Portuguesa*.
Academia Brasileira de Letras,
Março de 2009.

EDITORA EDGARD BLÜCHER LTDA.
Rua Pedroso Alvarenga, 1.245 – 4º andar São
Paulo, SP – Brasil – 04531-012
Tel: (55 11) 3078-5366
e-mail: editora@blucher.com.br
site: www.blucher.com.br

FICHA CATALOGRÁFICA

Dicionário visual 3 em 1 / Dorling Kindersley Limited —
2. ed. — São Paulo: Editora Blucher, 2010.

Título original: Bilingual visual dictionary
ISBN 978-85-212-0522-7

1. Dicionários ilustrados 2. Inglês – Dicionários –
Espanhol 3. Inglês – Dicionários – Português I. Dorling
Kindersley Limited.

10-00798   CDD-413.1

Índices para catálogo sistemático:
1. Dicionários ilustrados: Inglês, espanhol, português:
Linguística   413.1

contents
contenido
conteúdo

42
health
la salud
saúde

146
eating out
comer fuera
comer fora

252
leisure
el ocio
lazer

about the dictionary
sobre el diccionario
sobre o dicionário

how to use this book
cómo utilizar este libro
como utilizar este livro

people
la gente
pessoas

appearance
el aspecto
aparência

home
la casa
casa

services
los servicios
serviços

shopping
las compras
compras

food
los alimentos
alimentos

study
el estudio
estudo

work
el trabajo
trabalho

transport
el transporte
transporte

sports
los deportes
esportes

environment
el medio ambiente
meio ambiente

reference
los datos
referências

index
índice
índice

acknowledgments
agradecimientos
agradecimentos

CONTENTS • CONTENIDO • *CONTEÚDO*

people • la gente • *pessoas*

body | el cuerpo | *corpo* — 12
face | la cara | *rosto* — 14
hand | la mano | *mão* — 15
foot | el pie | *pé* — 15
muscles | los músculos | *músculos* — 16
skeleton | el esqueleto | *esqueleto* — 17
internal organs — 18
los órganos internos
orgãos internos

reproductive organs — 20
los órganos reproductores
orgãos reprodutores

family | la familia | *familia* — 22
relationships | las relaciones — 24
relacionamentos

emotions | las emociones — 25
emoções

life events — 26
los acontecimientos de una vida
eventos da vida

appearance • el aspecto • *aparência*

children's clothing — 30
la ropa de niño
roupas infantis

men's clothing — 32
la ropa de caballero
roupas masculinas

women's clothing — 34
la ropa de señora
roupas femininas

accessories | los accesorios — 36
acessórios

hair | el pelo | *cabelo* — 38
beauty | la belleza | *beleza* — 40

health • la salud • *saúde*

illness | la enfermedad — 44
doença

doctor | el médico | *médico* — 45
injury | la lesión | *lesão* — 46
first aid | los primeros auxilios — 47
primeiros socorros

hospital | el hospital | *hospital* — 48
dentist | el dentista | *dentista* — 50
optician | el óptico | *oculista* — 51
pregnancy | el embarazo — 52
gravidez

childbirth | el parto | *parto* — 53
alternative therapy — 54
las terapias alternativas
terapias alternativas

home • la casa • *casa*

house | la casa | *casa* — 58
internal systems — 60
las instalaciones internas
sistemas internos

living room — 62
el cuarto de estar
sala de estar

dining room | el comedor — 64
sala de jantar

kitchen | la cocina | *cozinha* — 66
kitchenware — 68
los utensilios de cocina
utensílios de cozinha

bedroom | el dormitorio — 70
dormitório

bathroom | el cuarto de baño — 72
banheiro

nursery — 74
la habitación de los niños
quarto de bebê

utility room | el lavadero — 76
lavanderia

workshop | el taller | *oficina* — 78
toolbox — 80
la caja de las herramientas
caixa de ferramentas

decorating | la decoración — 82
decoração

garden | el jardín | *jardim* — 84
garden plants — 86
las plantas de jardín
plantas de jardim

garden tools — 88
las herramientas de jardinería
ferramentas de jardinagem

gardening | la jardinería — 90
jardinagem

services • los servicios • *serviços*

emergency services — 94
los servicios de emergencia
serviços de emergência

bank | el banco | *banco* — 96
communications — 98
las comunicaciones
comunicações

hotel | el hotel | *hotel* — 100

shopping • las compras • *compras*

shopping centre — 104
el centro comercial
centro comercial

department store — 105
los grandes almacenes
loja de departamento

supermarket — 106
el supermercado
supermercado

chemist | la farmacia | *farmácia* — 108
florist | la floristería | *floricultura* — 110
newsagent — 112
el vendedor de periódicos
jornaleiro

confectioner — 113
el vendedor de golosinas
confeiteiro

other shops | las otras tiendas — 114
outros estabelecimentos

food • los alimentos • *alimentos*

meat | la carne | *carne* — 118
fish | el pescado | *peixe* — 120
vegetables | las verduras — 122
verduras

fruit | la fruta | *fruta* — 126
grains and pulses — 130
los granos y las legumbres
grãos e legumes

herbs and spices — 132
las hierbas y las especias
ervas e especiarias

bottled foods — 134
los alimentos embotellados
alimentos em frascos

dairy produce — 136
los productos lácteos
produtos lácteos

breads and flours — 138
el pan y las harinas
pães e farinhas

cakes and desserts — 140
la repostería
bolos e sobremesas

delicatessen | la charcutería — 142
frios

drinks | las bebidas | *bebidas* — 144

6   english • español • *português*

CONTENTS • CONTENIDO • CONTEÚDO

eating out • comer fuera • comer fora

café | la cafetería | café   148
bar | el bar | bar   150
restaurant | el restaurante restaurante   152
fast food | la comida rápida comida rápida   154
breakfast | el desayuno café da manhã   156
dinner | la comida principal jantar   158

study • el estudio • estudo

school | el colegio | escola   162
maths | las matemáticas matemática   164
science | las ciencias | ciências   166
college la enseñanza superior ensino superior   168

work • el trabajo • trabalho

office | la oficina | escritório   172
computer | el ordenador computador   176
media los medios de comunicación meios de comunicação   178
law | el derecho | direito   180
farm | la granja | fazenda   182
construction | la construcción construção   186
professions | las profesiones profissões   188

transport • el transporte • transporte

roads | las carreteras | rodovias   194
bus | el autobús | ônibus   196
car | el coche | carro   198
motorbike | la motocicleta motocicleta   204
bicycle | la bicicleta | bicicleta   206
train | el tren | trem   208
aircraft | el avión | avião   210
airport | el aeropuerto aeroporto   212
ship | el barco | barco   214
port | el puerto | porto   216

sport • los deportes • esportes

American football el fútbol americano futebol americano   220
rugby | el rugby | rúgbi   221
soccer | el fútbol | futebol   222
hockey | el hockey | hóquei   224
cricket | el críquet | críquete   225
basketball | el baloncesto basquetebol   226
baseball | el béisbol | beisebol   228
tennis | el tenis | tênis   230
golf | el golf | golfe   232
athletics | el atletismo atletismo   234
combat sports los deportes de combate esportes de combate   236
swimming | la natación natação   238
sailing | la vela | velejar   240
horse riding | la equitación equitação   242
fishing | la pesca | pesca   244
skiing | el esquí | esqui   246
other sports los otros deportes outros esportes   248
fitness | la forma física forma física   250

leisure • el ocio • lazer

theatre | el teatro | teatro   254
orchestra | la orquesta orquestra   256
concert | el concierto | show   258
sightseeing | el turismo turismo   260
outdoor activities las actividades al aire libre atividades ao ar livre   262
beach | la playa | praia   264
camping | el camping acampamento   266
home entertainment el ocio en el hogar entretenimento no lar   268
photography | la fotografía fotografia   270
games | los juegos | jogos   272

arts and crafts   274
las manualidades
trabalhos manuais

environment • el medio ambiente • meio ambiente

space | el espacio | espaço   280
Earth | la Tierra | Terra   282
landscape | el paisaje | paisagem   284
weather | el tiempo | tempo   286
rocks | las rocas | rochas   288
minerals | los minerales minerais   289
animals | los animales animais   290
plants | las plantas | plantas   296
town | la ciudad | cidade   298
architecture | la arquitectura arquitetura   300

reference • los datos • dados

time | el tiempo | hora   304
calendar | el almanaque calendário   306
numbers | los números números   308
weights and measures los pesos y las medidas pesos e medidas   310
world map el mapamundi mapa-múndi   312
particles and antonyms partículas y antónimos partículas e antônimos   320
useful phrases | frases útiles frases úteis   322

english • español • português   7

about the dictionary

The use of pictures is proven to aid understanding and the retention of information. Working on this principle, this highly-illustrated threelingual dictionary presents a large range of useful current vocabulary in three languages – English, Spanish and Portuguese.

The dictionary is divided thematically and covers most aspects of the everyday world in detail, from the restaurant to the gym, the home to the workplace, outer space to the animal kingdom. You will also find additional words and phrases for conversational use and for extending your vocabulary.

This is an essential reference tool for anyone interested in languages – practical, stimulating, and easy-to-use.

A few things to note

The languages are always presented in the same order – Spanish, English and Portuguese.

In Spanish, nouns are given with their definite articles reflecting the gender (masculine or feminine) and number (singular or plural), for example:

seed	almonds
la semilla	las almendras
semente	amêndoas

Verbs are indicated by a (v) after the English, for example:

harvest (v) – recolectar – colher

Each language also has its own index at the back of the book. Here you can look up a word in either of the two languages and be referred to the page number(s) where it appears. The gender is shown using the following abbreviations:

m = masculine
f = feminine

sobre el diccionario

Está comprobado que el empleo de fotografías ayuda a la comprensión y a la retención de información. Basados en este principio, este diccionario trilíngüe y altamente ilustrado exhibe un amplio registro de vocabulario útil y actual en tres idiomas – inglés, español e portugués.

El diccionario aparece dividido según su temática y abarca la mayoría de los aspectos del mundo cotidiano con detalle, desde el restaurante al gimnasio, la casa al lugar de trabajo, el espacio al reino animal. Encontrará también palabras y frases adicionales para su uso en conversación y para ampliar su vocabulario.

Este diccionario es un instrumento de referencia esencial para todo aquél que esté interesado en los idiomas; es práctico, estimulante y fácil de usar.

Algunos puntos a observar

Los idiomas se presentan siempre en el mismo orden: inglés, español e portugués.

En español, los sustantivos se muestran con sus artículos definidos reflejando el género (masculino o femenino) y el número (singular/plural):

seed	almonds
la semilla	las almendras

Los verbos se indican con una (v) después del inglés:

harvest (v) – recolectar – colher

Cada idioma tiene su propio índice. Aquí podrá mirar una palabra en cualquiera de los dos idiomas y se le indicará el número de la página donde aparece. El género se indica utilizando las siguientes abreviaturas:

m = masculino
f = femenino

sobre o dicionário

Está provado que o uso de fotos e desenhos ajuda o entendimento e a retenção da informação. Trabalhando com esse princípio, este dicionário trilíngue, fartamente ilustrado, apresenta um vocabulário útil e atual disponível em três línguas – inglês, espanhol e português.

O dicionário é dividido em temas e aborda a maioria dos aspectos do dia a dia com detalhes, desde o restaurante até a academia de ginástica, do lar até o local de trabalho, do espaço externo até o reino animal. Você também pode encontrar palavras adicionais e frases de cunho coloquial para enriquecer seu vocabulário.

Esta é, para qualquer pessoa interessada em línguas, uma ferramenta de referência especial – prática, estimulante e fácil de usar.

Algumas observações

As línguas são apresentadas sempre na mesma ordem – inglês, espanhol e português.

Em espanhol, os substantivos são dados com seus artigos definidos, indicando o gênero (masculino ou feminino) e o número (singular ou plural):

seed	almonds
la semilla	las almendras
semente	amêndoas

Os verbos são indicados com (v) logo após o inglês:

harvest (v) – recolectar – colher

No final do livro, há um índice em inglês, espanhol e português, onde podem ser consultadas palavras e os números das páginas em que aparecem.

how to use this book

Whether you are learning a new language for business, pleasure, or in preparation for a holiday abroad, or are hoping to extend your vocabulary in an already familiar language, this dictionary is a valuable learning tool which you can use in a number of different ways.

When learning a new language, look out for cognates (words that are alike in different languages) and false friends (words that look alike but carry significantly different meanings). You can also see where the languages have influenced each other. For example, English has imported many terms for food from other languages but, in turn, exported terms used in technology and popular culture.

Practical learning activities

• As you move about your home, workplace, or college, try looking at the pages which cover that setting. You could then close the book, look around you and see how many of the objects and features you can name.
• Challenge yourself to write a story, letter, or dialogue using as many of the terms on a particular page as possible. This will help you retain the vocabulary and remember the spelling. If you want to build up to writing a longer text, start with sentences incorporating 2–3 words.
• If you have a very visual memory, try drawing or tracing items from the book onto a piece of paper, then close the book and fill in the words below the picture.
• Once you are more confident, pick out words in a foreign-language index and see if you know what they mean before turning to the relevant page to check if you were right.

cómo utilizar este libro

Ya se encuentre aprendiendo un idioma nuevo por motivos de trabajo, placer, o para preparar sus vacaciones al extranjero, o ya quiera ampliar su vocabulario en un idioma que ya conoce, este diccionario es un instrumento muy valioso que podrá utilizar de distintas maneras.

Cuando esté aprendiendo un idioma nuevo, busque palabras similares en distintos idiomas y palabras que parecen similares pero que poseen significados totalmente distintos. También podrá observar cómo los idiomas se influyen unos a otros.

Por ejemplo, la lengua inglesa ha importado muchos términos de comida de otras lenguas pero, a cambio, ha exportado términos empleados en tecnología y cultura popular.

Actividades prácticas de aprendizaje

• Mientras se desplaza por su casa, lugar de trabajo o colegio, intente mirar las páginas que se refieren a ese lugar. Podrá entonces cerrar el libro, mirar a su alrededor y ver cuántos objetos o características puede nombrar.
• Desafíese a usted mismo a escribir una historia, carta o diálogo empleando tantos términos de una página concreta como le sea posible. Esto le ayudará a retener vocabulario y recordar la ortografía. Si quiere ir progresando para poder escribir un texto más largo, comience con frases que incorporen 2 o 3 palabras.
• Si tiene buena memoria visual, intente dibujar o calcar objetos del libro; luego cierre el libro y escriba las palabras correspondientes debajo del dibujo.
• Cuando se sienta más seguro, escoja palabras del índice de uno de los idiomas y vea si sabe lo que significan antes de consultar la página correspondiente para comprobarlo.

como usar o dicionário

Esteja você querendo aprender uma nova língua para utilizar em negócios, para lazer – como preparação para férias no exterior – ou para aumentar o vocabulário de um idioma que já conhece, este dicionário é uma valiosa ferramenta.

Ao estudar um novo idioma, fique atento a palavras semelhantes nas diversas línguas e a outras que pareçam semelhantes, mas que possuem significados totalmente diferentes. Também observe que as línguas influenciam-se mutuamente. Por exemplo, o inglês importou de outras línguas muitos termos utilizados para definir certos alimentos, entretanto exportou termos usados na tecnologia e na cultura popular.

Regras práticas de aprendizagem

• Quando estiver em casa, indo para o trabalho ou colégio, tente ver as páginas que se refiram a esses lugares. Em seguida, o livro e olhe ao seu redor, verificando quais objetos e figuras você consegue nomear.
• Enfrente o desafio de escrever uma história, carta ou diálogo usando o máximo de termos de uma determinada página. Isso ajudará você a reter o vocabulário e lembrar a ortografia. Se você quiser avançar, progredir redigindo um texto mais longo, comece com frases contendo duas ou três palavras.
• Se você tem boa memória visual, tente desenhar ou traçar itens do livro em um pedaço de papel; em seguida, feche o livro e escreva as palavras correspondentes aos desenhos.
• Quando sentir mais segurança, escolha palavras do índice de um dos idiomas e verifique se já sabe o que elas significam, antes de consultar as páginas correspondentes.

english • español • português

people
la gente
pessoas

PEOPLE • LA GENTE • *PESSOAS*

body • el cuerpo • *corpo*

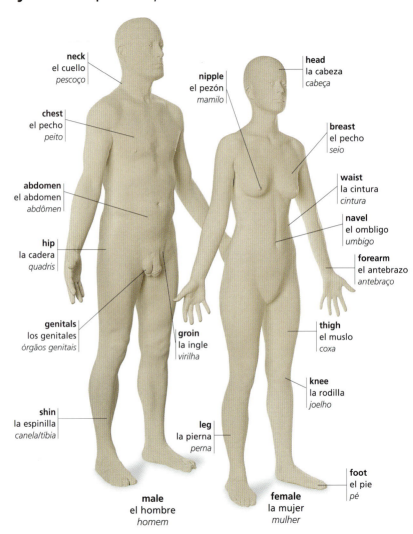

neck / el cuello / *pescoço*

nipple / el pezón / *mamilo*

head / la cabeza / *cabeça*

chest / el pecho / *peito*

breast / el pecho / *seio*

waist / la cintura / *cintura*

abdomen / el abdomen / *abdômen*

navel / el ombligo / *umbigo*

hip / la cadera / *quadris*

forearm / el antebrazo / *antebraço*

genitals / los genitales / *órgãos genitais*

groin / la ingle / *virilha*

thigh / el muslo / *coxa*

knee / la rodilla / *joelho*

shin / la espinilla / *canela/tíbia*

leg / la pierna / *perna*

foot / el pie / *pé*

male / el hombre / *homem*

female / la mujer / *mulher*

english • español • *português*

PEOPLE • LA GENTE • *PESSOAS*

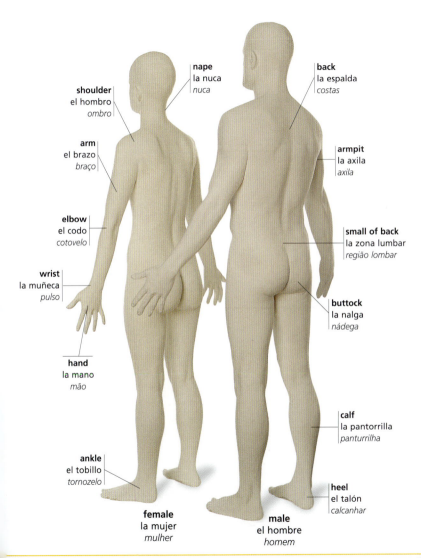

shoulder
el hombro
ombro

nape
la nuca
nuca

back
la espalda
costas

arm
el brazo
braço

armpit
la axila
axila

elbow
el codo
cotovelo

small of back
la zona lumbar
região lombar

wrist
la muñeca
pulso

buttock
la nalga
nádega

hand
la mano
mão

calf
la pantorrilla
panturrilha

ankle
el tobillo
tornozelo

heel
el talón
calcanhar

female
la mujer
mulher

male
el hombre
homem

english • español • *português* 13

PEOPLE • LA GENTE • *PESSOAS*

face • la cara • *rosto*

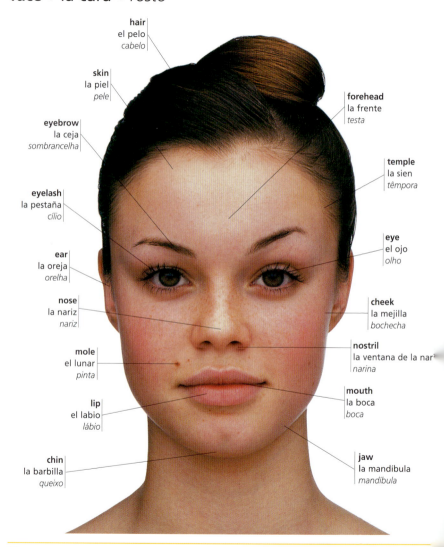

- **hair** / el pelo / *cabelo*
- **skin** / la piel / *pele*
- **eyebrow** / la ceja / *sombrancelha*
- **eyelash** / la pestaña / *cílio*
- **ear** / la oreja / *orelha*
- **nose** / la nariz / *nariz*
- **mole** / el lunar / *pinta*
- **lip** / el labio / *lábio*
- **chin** / la barbilla / *queixo*
- **forehead** / la frente / *testa*
- **temple** / la sien / *têmpora*
- **eye** / el ojo / *olho*
- **cheek** / la mejilla / *bochecha*
- **nostril** / la ventana de la nariz / *narina*
- **mouth** / la boca / *boca*
- **jaw** / la mandíbula / *mandíbula*

PEOPLE • LA GENTE • *PESSOAS*

wrinkle
la arruga
ruga

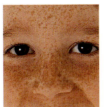

freckle
la peca
sarda

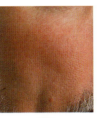

pore
el poro
poro

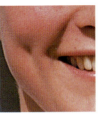

dimple
el hoyuelo
covinha

hand • la mano • *mão*

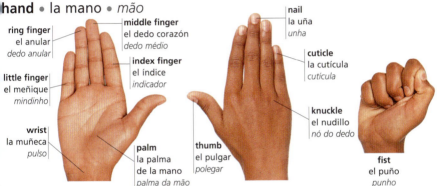

ring finger — el anular — *dedo anular*

middle finger — el dedo corazón — *dedo médio*

index finger — el índice — *indicador*

little finger — el meñique — *mindinho*

wrist — la muñeca — *pulso*

palm — la palma de la mano — *palma da mão*

thumb — el pulgar — *polegar*

nail — la uña — *unha*

cuticle — la cutícula — *cutícula*

knuckle — el nudillo — *nó do dedo*

fist — el puño — *punho*

foot • el pie • *pé*

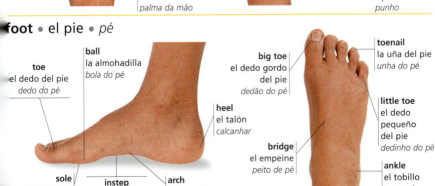

toe — el dedo del pie — *dedo do pé*

ball — la almohadilla — *bola do pé*

heel — el talón — *calcanhar*

sole — la planta del pie — *sola do pé*

instep — la región lantar — *planta do pé*

arch — el arco plantar — *arco do pé*

big toe — el dedo gordo del pie — *dedão do pé*

bridge — el empeine — *peito de pé*

toenail — la uña del pie — *unha do pé*

little toe — el dedo pequeño del pie — *dedinho do pé*

ankle — el tobillo — *tornozelo*

english • español • *português*

PEOPLE • LA GENTE • *PESSOAS*

muscles • los músculos • *músculos*

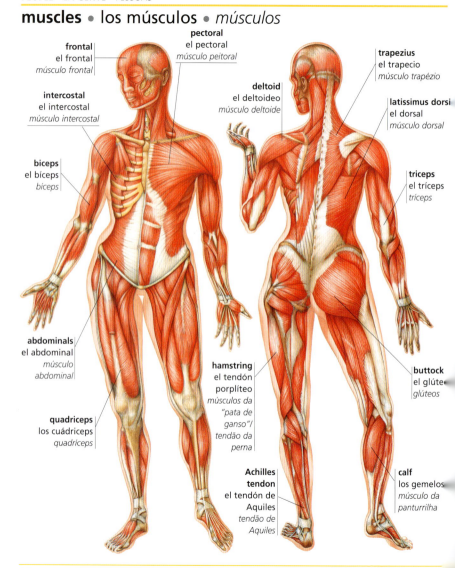

frontal | el frontal | *músculo frontal*

pectoral | el pectoral | *músculo peitoral*

intercostal | el intercostal | *músculo intercostal*

biceps | el bíceps | *bíceps*

abdominals | el abdominal | *músculo abdominal*

quadriceps | los cuádriceps | *quadríceps*

hamstring | el tendón porplíteo | *músculos da "pata de ganso"/ tendão da perna*

Achilles tendon | el tendón de Aquiles | *tendão de Aquiles*

trapezius | el trapecio | *músculo trapézio*

latissimus dorsi | el dorsal | *músculo dorsal*

triceps | el tríceps | *tríceps*

buttock | el glúteo | *glúteos*

calf | los gemelos | *músculo da panturrilha*

16   **english** • español • *português*

PEOPLE • LA GENTE • PESSOAS

skeleton • el esqueleto • *esqueleto*

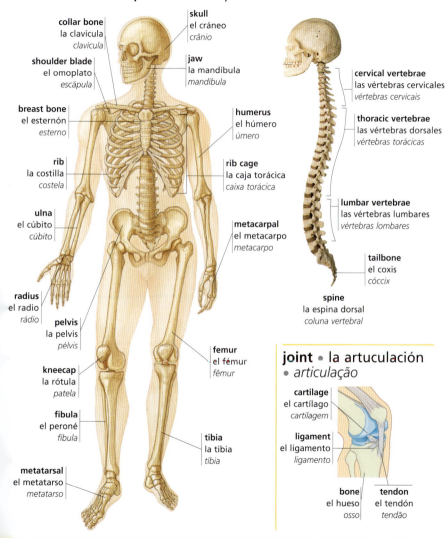

collar bone / la clavícula / *clavícula*

shoulder blade / el omoplato / *escápula*

breast bone / el esternón / *esterno*

rib / la costilla / *costela*

ulna / el cúbito / *cúbito*

radius / el radio / *rádio*

pelvis / la pelvis / *pélvis*

kneecap / la rótula / *patela*

fibula / el peroné / *fíbula*

metatarsal / el metatarso / *metatarso*

skull / el cráneo / *crânio*

jaw / la mandíbula / *mandíbula*

humerus / el húmero / *úmero*

rib cage / la caja torácica / *caixa torácica*

metacarpal / el metacarpo / *metacarpo*

femur / el fémur / *fêmur*

tibia / la tibia / *tíbia*

cervical vertebrae / las vértebras cervicales / *vértebras cervicais*

thoracic vertebrae / las vértebras dorsales / *vértebras torácicas*

lumbar vertebrae / las vértebras lumbares / *vértebras lombares*

tailbone / el coxis / *cóccix*

spine / la espina dorsal / *coluna vertebral*

joint • la artuculación • *articulação*

cartilage / el cartílago / *cartilagem*

ligament / el ligamento / *ligamento*

bone / el hueso / *osso*

tendon / el tendón / *tendão*

english • español • *português*   17

PEOPLE • LA GENTE • *PESSOAS*

internal organs • los órganos internos • *órgãos internos*

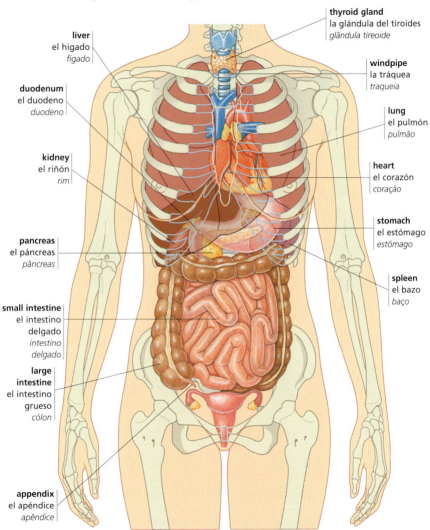

english • español • *português*

PEOPLE • LA GENTE • *PESSOAS*

head • la cabeza • *cabeça*

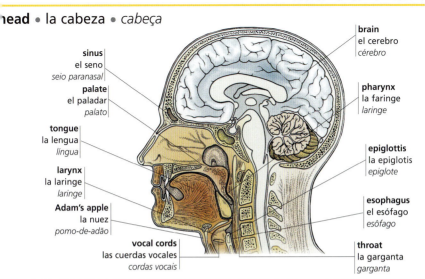

- **brain** / el cerebro / *cérebro*
- **sinus** / el seno / *seio paranasal*
- **pharynx** / la faringe / *laringe*
- **palate** / el paladar / *palato*
- **tongue** / la lengua / *língua*
- **epiglottis** / la epiglotis / *epiglote*
- **larynx** / la laringe / *laringe*
- **esophagus** / el esófago / *esôfago*
- **Adam's apple** / la nuez / *pomo-de-adão*
- **vocal cords** / las cuerdas vocales / *cordas vocais*
- **throat** / la garganta / *garganta*

body systems • los sistemas • *sistemas corporais*

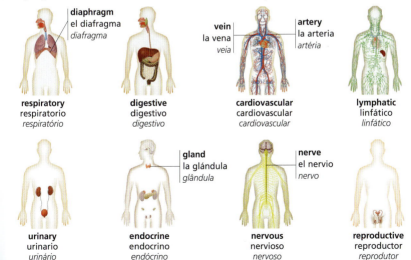

- **diaphragm** / el diafragma / *diafragma* — **respiratory** / respiratorio / *respiratório*
- **digestive** / digestivo / *digestivo*
- **vein** / la vena / *veia* — **artery** / la arteria / *artéria* — **cardiovascular** / cardiovascular / *cardiovascular*
- **lymphatic** / linfático / *linfático*
- **urinary** / urinario / *urinário*
- **gland** / la glándula / *glândula* — **endocrine** / endocrino / *endócrino*
- **nerve** / el nervio / *nervo* — **nervous** / nervioso / *nervoso*
- **reproductive** / reproductor / *reprodutor*

english • español • *português*   19

PEOPLE • LA GENTE • PESSOAS

reproductive organs • los órganos reproductores •
órgãos reprodutores

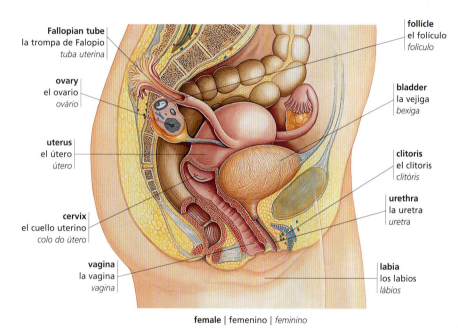

Fallopian tube | la trompa de Falopio | *tuba uterina*
ovary | el ovario | *ovário*
uterus | el útero | *útero*
cervix | el cuello uterino | *colo do útero*
vagina | la vagina | *vagina*
follicle | el folículo | *folículo*
bladder | la vejiga | *bexiga*
clitoris | el clítoris | *clítoris*
urethra | la uretra | *uretra*
labia | los labios | *lábios*

female | femenino | *feminino*

reproduction •
la reproducción • *reprodução*

sperm | el esperma | *esperma*
egg | el óvulo | *óvulo*

fertilization | la fertilización | *fertilização*

vocabulary • vocabulario • *vocabulário*		
hormone la hormona *hormônio*	**impotent** impotente *impotente*	**menstruation** la menstruación *menstruação*
ovulation la ovulación *ovulação*	**fertile** fértil *fértil*	**intercourse** el coito *ato sexual/coito*
infertile estéril *estéril*	**conceive** concebir *conceber*	**sexually transmitted disease** la enfermedad de transmisión sexual *doença sexualmente transmissível*

20   english • español • *português*

PEOPLE • LA GENTE • *PESSOAS*

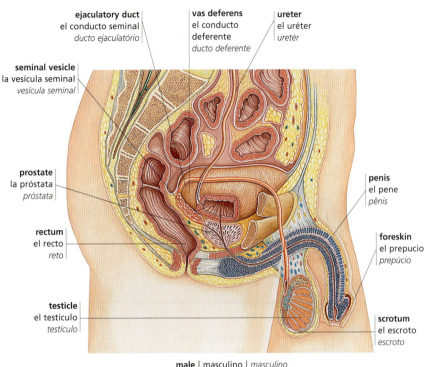

male | masculino | *masculino*

contraception • la anticoncepción • *contracepção*

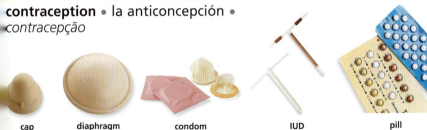

cap	diaphragm	condom	IUD	pill
el anillo cervical	el diafragma	el condón	el dispositivo intrauterino DIU	la píldora
tampão	*diafragma*	*preservativo/camisinha*	*dispositivo intrauterino (DIU)*	*pílula*

english • español • *português*

PEOPLE • LA GENTE • *PESSOAS*

family • la familia • *família*

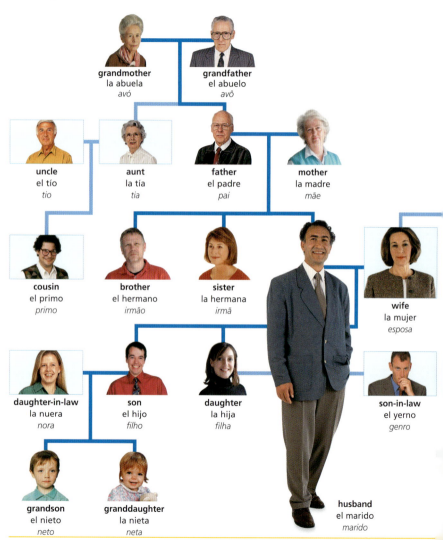

PEOPLE • LA GENTE • *PESSOAS*

vocabulary • vocabulario • *vocabulário*

relatives	parents	grandchildren	stepmother	stepson	generation
los parientes	los padres	los nietos	la madrastra	el hijastro	la generación
parentes	*pais*	*netos*	*madastra*	*enteada*	*geração*

grandparents	children	stepfather	stepdaughter	partner	twins
los abuelos	los niños	el padrastro	la hijastra	el/la compañero/-a	los gemelos
avós	*crianças*	*padrasto*	*enteado*	*parceiro/parceira*	*gêmeos/gêmeas*

mother-in-law
la suegra
sogra

father-in-law
el suegro
sogro

stages • las etapas • *estágios*

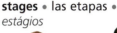

baby
el bebé
bebê

child
el niño
criança

brother-in-law
el cuñado
cunhado

sister-in-law
la cuñada
cunhada

boy
el chico
menino

girl
la chica
menina

niece
la sobrina
sobrinha

nephew
el sobrino
sobrinho

Mrs
Señora
Senhora

teenager
la adolescente
adolescente

adult
el adulto
adulto

titles • los tratamientos • *tratamentos*

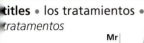
Mr
Señor
Senhor

Miss
Señorita
Senhorita

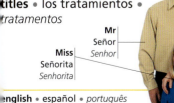

man
el hombre
homem

woman
la mujer
mulher

english • español • *português*

PEOPLE • LA GENTE • PESSOAS

relationships • las relaciones • *relacionamentos*

manager | **assistant** | **business partner** | **employer** | **employee** | **colleague**
el jefe | la ayudante | la socia | la empresaria | el empleado | el compañero
chefe | *assistente* | *sócia* | *empresária* | *empregado* | *colega*

office | la oficina | *escritório*

neighbour — el vecino — *vizinho*

friend — el amigo — *amigo*

acquaintance — el conocido — *conhecido*

penfriend — el amigo por correspondencia — *amigo por correspondência*

boyfriend — el novio — *namorado*

girlfriend — la novia — *namorada*

fiancé — el prometido — *noivo*

fiancée — la prometida — *noiva*

couple | la pareja | *casal*

engaged couple | la pareja prometida | *casal de noivos*

english • español • *português*

PEOPLE • **LA GENTE** • *PESSOAS*

emotions • las emociones • *emoções*

smile
la sonrisa
sorriso

happy
contento
feliz

sad
triste
triste

excited
entusiasmado
excitado/animado

bored
aburrido
aborrecido

surprised
sorprendido
surpreso

scared
asustado
assustado/chocado

frown
el ceño fruncido
testa franzida

angry
enfadado
zangado

confused
confuso
confuso

worried
preocupado
preocupado

nervous
nervioso
nervoso

proud
orgulloso
orgulhoso

confident
seguro de sí mismo
confiante

embarrassed
avergonzado
envergonhado

shy
tímido
tímido

vocabulary • vocabulario • *vocabulário*			
upset	**laugh (v)**	**sigh (v)**	**shout (v)**
triste	reír	suspirar	gritar
triste	*rir*	*suspirar*	*gritar*
shocked	**cry (v)**	**faint (v)**	**yawn (v)**
horrorizado	llorar	desmayarse	bostezar
chocado	*chorar*	*desmaiar*	*bocejar*

nglish • español • *português*

PEOPLE • LA GENTE • PESSOAS

life events • los acontecimientos de una vida • *eventos da vida*

be born (v)
nacer
nascer

start school (v)
empezar el colegio
entrar na escola

make friends (v)
hacer amigos
fazer amigos

graduate (v)
licenciarse
formar-se

get a job (v)
conseguir un trabajo
conseguir um trabalho

fall in love (v)
enamorarse
apaixonar-se

get married (v)
casarse
casar-se

have a baby (v)
tener un hijo
ter um filho

wedding | la boda | *casamento*

divorce
el divorcio
divórcio

funeral
el funeral
funeral

vocabulary • vocabulario • *vocabulário*

christening el bautizo *batismo*	**die (v)** morir *morrer*
bar mitzvah el bar mitzvah *bar mitzvah*	**make a will (v)** hacer testamento *fazer testamento*
anniversary el aniversario *aniversário*	**birth certificate** la partida de nacimiento *certidão de nascimento*
emigrate (v) emigrar *emigrar*	**wedding reception** la celebración de la boda *festa de casamento*
retire (v) jubilarse *aposentar*	**honeymoon** la luna de miel *lua de mel*

english • español • *português*

PEOPLE • LA GENTE • *PESSOAS*

celebrations • las celebraciones • *celebraçōes*

birthday party
la fiesta de cumpleaños
festa de aniversário

card
la tarjeta
cartão

present
el regalo
presente

birthday
el cumpleaños
aniversário

Christmas
la Navidad
Natal

festivals • los festivales • *festas*

Passover
la Pascua judía
Páscoa judia

New Year
el Año Nuevo
Ano Novo

carnival
el carnaval
carnaval

procession
el desfile
desfile

Ramadan
el Ramadán
Ramadã

ribbon
la cinta
fita

Thanksgiving
el día de Acción de Gracias
dia de Ação de Graças

Easter
la Semana Santa
Páscoa

Halloween
el día de Halloween
dia de Halloween

Diwali
el Diwali
Diwali

english • español • *português*

appearance
el aspecto
aparência

APPEARANCE • EL ASPECTO • APARÊNCIA

children's clothing • la ropa de niño
• *roupas infantis*

baby • el bebé • *bebê*

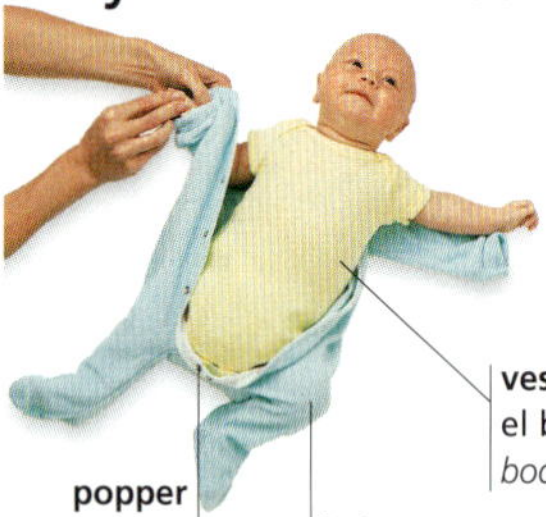

snowsuit
el buzo
roupa de neve

popper
el corchete
botão de pressão

vest
el body
body

babygro
el pelele con pies
macacão com pés

sleepsuit
el pijama enterizo
pijama

romper suit
el pelele sin pies
macacão sem pés

bib
el babero
babador

mittens
las manoplas
luvas de bebê

booties
los patucos
sapatinhos

terry nappy
el pañal de felpa
fralda de pano

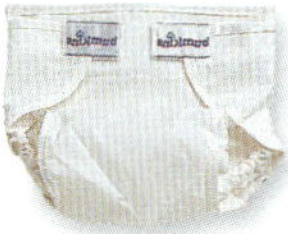

disposable nappy
el pañal desechable
fralda descartável

plastic pants
braguita de plástico
calça plástica

toddler • el niño pequeño • *criança pequena*

sunhat
el gorro para el sol
chapéu de sol

apron
el delantal
avental

dungarees
los panatalones con peto
macacão

shorts
los pantalones cortos
shorts

t-shirt
la camiseta
camiseta

skirt
la falda
saia

30

english • español • *português*

APPEARANCE • EL ASPECTO • *APARÊNCIA*

child • el niño • *criança*

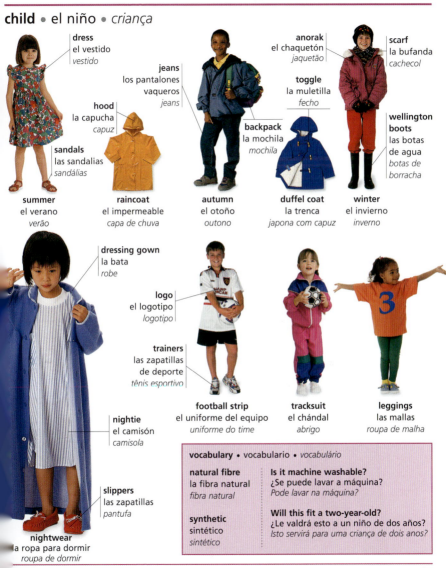

dress / el vestido / *vestido*

hood / la capucha / *capuz*

sandals / las sandalias / *sandálias*

summer / el verano / *verão*

raincoat / el impermeable / *capa de chuva*

jeans / los pantalones vaqueros / *jeans*

backpack / la mochila / *mochila*

autumn / el otoño / *outono*

anorak / el chaquetón / *jaquetão*

toggle / la muletilla / *fecho*

duffel coat / la trenca / *japona com capuz*

scarf / la bufanda / *cachecol*

wellington boots / las botas de agua / *botas de borracha*

winter / el invierno / *inverno*

dressing gown / la bata / *robe*

logo / el logotipo / *logotipo*

trainers / las zapatillas de deporte / *tênis esportivo*

nightie / el camisón / *camisola*

slippers / las zapatillas / *pantufa*

nightwear / la ropa para dormir / *roupa de dormir*

football strip / el uniforme del equipo / *uniforme do time*

tracksuit / el chándal / *abrigo*

leggings / las mallas / *roupa de malha*

vocabulary • vocabulario • *vocabulário*	
natural fibre / la fibra natural / *fibra natural*	**Is it machine washable?** / ¿Se puede lavar a máquina? / *Pode lavar na máquina?*
synthetic / sintético / *sintético*	**Will this fit a two-year-old?** / ¿Le valdrá esto a un niño de dos años? / *Isto servirá para uma criança de dois anos?*

english • español • *português*   31

APPEARANCE • EL ASPECTO • *APARÊNCIA*

men's clothing • la ropa de caballero
• *roupas masculinas*

collar / el cuello / *colarinho*

tie / la corbata / *gravata*

belt / el cinturón / *cinto*

lapel / la solapa / *lapela*

buttonhole / el ojal / *casa de botão*

cuff / el puño / *punho*

jacket / la chaqueta / *paletó*

button / el botón / *botão*

pocket / el bolsillo / *bolso*

trousers / los pantalones / *calças*

business suit / el traje de chaqueta / *terno*

raincoat / la gabardina / *capa de chuva*

lining / el forro / *forro*

leather shoes / los zapatos de piel / *sapatos de couro*

---

vocabulary • vocabulario • *vocabulário*

shirt la camisa *camisa*	**dressing gown** la bata *robe*	**tracksuit** el chándal *abrigo*	**long** largo *longo*
cardigan la rebeca *casaco de lã*	**underwear** la ropa interior *roupa de baixo*	**coat** el abrigo *casaco*	**short** corto *curto*

Do you have this in a larger/smaller size?
¿Tiene una talla más/menos?
Você tem isto em um tamanho maior/menor?

May I try this on?
¿Me lo puedo probar?
Posso provar?

32

english • español • *português*

APPEARANCE • EL ASPECTO • APARÊNCIA

blazer
la chaqueta
jaqueta/blazer

sports jacket
la americana sport
paletó esporte

waistcoat
el chaleco
colete

v-neck
el cuello de pico
decote em v

round neck
el cuello redondo
decote redondo

t-shirt
la camiseta
camiseta

anorak
el chaquetón
jaquetão

sweatshirt
la sudadera
blusa de moletom

windcheater
la cazadora
jaqueta esportiva

sweatpants
los pantalones de chándal
calça de moletom

sweater
el jersey
suéter

pyjamas
el pijama
pijama

vest
la camiseta de tirantes
camiseta regata

casual wear
la ropa sport
roupa esporte

shorts
los pantalones cortos
bermuda/shorts

briefs
los calzoncillos
cueca

boxer shorts
los calzoncillos de pata
calção

socks
los calcetines
meias

english • español • português   33

APPEARANCE • EL ASPECTO • *APARÊNCIA*

women's clothing • la ropa de señora
• *roupas femininas*

jacket / la chaqueta / *jaqueta*

neckline / el escote / *decote*

seam / la costura / *costura*

sleeve / la manga / *manga*

ankle length / largo / *vestido longo*

skirt / la falda / *saia*

knee-length / hasta la rodilla / *até os joelhos*

hem / el dobladillo / *bainha*

tights / las medias / *meias*

shoes / los zapatos / *sapatos*

formal / de vestir / *traje formal*

strapless / sin tirantes / *sem alças*

sleeveless / sin mangas / *sem mangas*

evening dress / el traje de noche / *vestido de noite*

dress / el vestido / *vestido*

blouse / la blusa / *blusa*

trousers / los pantalones / *calças*

sport / casual / *traje casual*

34 english • español • *português*

APPEARANCE • EL ASPECTO • APARÊNCIA

lingerie • la lencería • *lingerie*

wedding • la boda • *casamento*

strap
el tirante
alça

negligée
el salto de cama
penhoar

slip
la combinación
combinação

camisole
la camisola
corpete

suspendersl
as ligas
meia-calça

basque
el corsé con liguero
corpete com ligas

stockings
las medias de liguero
meias de liga

tights
las medias
meia-calça

vest
la camiseta de tirantes
camisete

bra
el sujetador
sutiã

knickers
las bragas
calcinha

nightdress
el camisón
camisola

veil
el velo
véu

lace
el encaje
renda

bouquet
el ramo de flores
buquê

train
la cola
cauda

wedding dress
el vestido de novia
vestido de noiva

vocabulary • vocabulario • *vocabulário*	
corset el corsé *corselete*	**tailored** sastre *sob medida*
garter la liga *liga*	**underwired** con aros *com aros*
shoulder pad la hombrera *ombreira*	**waistband** la cinturilla *cinta elástica*
sports bra el sujetador deportivo *sutiã esportivo*	**halter neck** al cuello y con los hombros al aire *frente única*

english • español • português

APPEARANCE • EL ASPECTO • APARÊNCIA

accessories • los accesorios • acessórios

buckle / la hebilla / *fivela*

handle / el asa / *cabo*

cap / la gorra / *boné*

hat / el sombrero / *chapéu*

scarf / el pañuelo / *lenço*

belt / el cinturón / *cinto*

tip / la punta / *ponta*

handkerchief / el pañuelo / *lenço*

bow tie / la pajarita / *gravata borboleta*

tie-pin / el alfiler de corbata / *prendedor de gravata*

gloves / los guantes / *luvas*

umbrella / el paraguas / *guarda-chuva*

jewellery • las joyas • *joias*

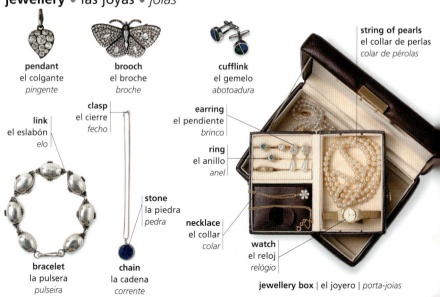

pendant / el colgante / *pingente*

brooch / el broche / *broche*

cufflink / el gemelo / *abotoadura*

string of pearls / el collar de perlas / *colar de pérolas*

link / el eslabón / *elo*

clasp / el cierre / *fecho*

earring / el pendiente / *brinco*

ring / el anillo / *anel*

stone / la piedra / *pedra*

necklace / el collar / *colar*

watch / el reloj / *relógio*

bracelet / la pulsera / *pulseira*

chain / la cadena / *corrente*

jewellery box | el joyero | *porta-joias*

36   english • español • *português*

APPEARANCE • EL ASPECTO • APARÊNCIA

bags • los bolsos • bolsas

wallet
la cartera
carteira

purse
el monedero
porta-moedas

shoulder bag
el bolso
bolsa

fastening
el cierre
fecho

handles
las asas
alças

shoulder strap
la correa
alça

holdall
la bolsa de viaje
bolsa de viagem

briefcase
el maletín
pasta executiva

handbag
el bolso de mano
bolsa de mão

backpack
la mochila
mochila

shoes • los zapatos • sapatos

eyelet
el ojal
furo do cadarço

lace
la cordonera
cadarço

tongue
la lengüeta
língua

sole
la suela
sola

heel
el tacón
salto

lace-up
el zapato de cordoneras
sapato de cadarço

walking boot
la bota de trekking
botina de trilha

trainer
la zapatilla deportiva
tênis

leather shoe
el zapato de piel
sapato de couro

flip-flop
la chancla
chinelo de dedo

high heel shoe
el zapato de tacón
salto alto

platform shoe
el zapato de plataforma
sapato plataforma

sandal
la sandalia
sandália

slip-on
el mocasín
mocassim

brogue
el zapato de caballero
sapato social

english • español • português 37

APPEARANCE • EL ASPECTO • APARÊNCIA

hair • el pelo • cabelo

comb | el peine | *pente*

comb (v) | peinar | *pentear*

brush | el cepillo | *escova*

brush (v) | cepillar | *escovar*

hairdresser | la peluquera | *cabeleireira*

sink | el lavabo | *pia*

client | la cliente | *cliente*

wash (v) | lavar | *lavar*

rinse (v) | enjuagar | *enxaguar*

cut (v) | cortar | *cortar*

robe | la bata | *avental*

blow dry (v) | secar con el secador | *secar com secador*

set (v) | marcar | *penteado*

accessories • los accesorios • *acessórios*

hairdryer | el secador | *secador*

shampoo | el champú | *xampu*

conditioner | el suavizante | *condicionador*

gel | el gel | *gel*

hairspray | la laca | *laquê*

curling tongs | las tenacillas | *baby liss*

scissors | las tijeras | *tesoura*

hairband | la diadema | *tiara*

curler | el rulo | *bigudi*

hairpin | la horquilla | *grampo*

english • español • português

APPEARANCE • *EL ASPECTO* • *APARÊNCIA*

styles • los estilos • *estilos*

ribbon el lazo *fita/laço*

ponytail la cola de caballo *rabo de cavalo*

plait la trenza *trança*

french pleat el moño francés *coque francês*

bun el moño *coque*

pigtails las coletas *maria-chiquinha*

bob la melena *corte chanel*

crop el pelo corto *cabelo curto*

curly rizado *crespo*

perm la permanente *permanente*

straight lacio *liso*

roots las raíces *raízes*

highlights los reflejos *reflexos*

bald calvo *careca*

wig la peluca *peruca*

colours • los colores • *cores*

blonde rubio *loiro*

brunette castaño *castanho*

auburn rojizo *castanho-escuro*

ginger pelirrojo *ruivo*

black negro *preto*

grey gris *cinza/grisalho*

white blanco *branco*

dyed teñido *tingido*

---

vocabulary • vocabulario • *vocabulário*

hairtie la goma del pelo *pomada de cabelo*	**greasy** graso *oleoso*
trim (v) cortar las puntas *cortar as pontas*	**dry** seco *seco*
barber el barbero *barbeiro*	**normal** normal *normal*
dandruff la caspa *caspa*	**straighten (v)** alisar *alisar*
split ends las puntas abiertas *pontas duplas*	**scalp** el cuero cabelludo *couro cabeludo*

English • español • *português*

APPEARANCE • EL ASPECTO • *APARÊNCIA*

beauty • **la belleza** • *beleza*

hair dye
el tinte para el pelo
tintura para o cabelo

eye shadow
la sombra de ojos
sombra para os olhos

mascara
el rímel
rímel

eyeliner
el lápiz de ojos
delineador de olhos

blusher
el colorete
blush

foundation
el maquillaje de fondo
base

lipstick
la barra de labios
batom

make-up • el maquillaje • *maquiagem*

eyebrow pencil
el lápiz de cejas
lápis de sobrancelha

eyebrow brush
el cepillo para las cejas
pente de sobrancelha

tweezers
las pinzas
pinça

lip gloss
el brillo de labios
gloss

lip brush
el pincel de labios
pincel de lábios

lip liner
el lápiz de labios
delineador de lábios

brush
la brocha
pincel

concealer
el lápiz corrector
corretivo

mirror
el espejo
espelho

face powder
los polvos compactos
pó facial

powder puff
la borla
esponja

compact | la polvera | *pó compact*

40

english • español • portuguê.

APPEARANCE • EL ASPECTO • *APARÊNCIA*

beauty treatments
los tratamientos de belleza
tratamentos de beleza

face pack
la mascarilla
máscara

sunbed
la cama de rayos ultravioletas
cama de bronzeamento

facial
la limpieza de cutis
limpeza de pele

exfoliate (v)
exfoliar
esfoliar

wax
la depilación a la cera
depilação à cera

pedicure
la pedicura
pedicure

manicure • la manicura • *manicure*

nail varnish remover
el quitaesmalte
acetona

nail file
la lima de uñas
lixa de unhas

nail varnish
el esmalte de uñas
esmalte de unhas

nail scissors
las tijeras de uñas
tesoura de unhas

nail clippers
el cortaúñas
cortador de unhas

toiletries • los artículos de tocador • *artigos de higiene*

cleanser
la leche limpiadora
leite de limpeza

toner
el tónico
tônico

moisturizer
la crema hidratante
creme hidratante

self-tanning cream
la crema auto-bronceadora
creme autobronzeador

perfume
el perfume
perfume

eau de toilette
el agua de colonia
água-de-colônia

---

vocabulary • vocabulario • *vocabulário*

complexion el cutis *face*	**oily** graso *oleoso*	**tan** el bronceado *bronzeado*
fair claro *claro*	**sensitive** sensible *sensível*	**tattoo** el tatuaje *tatuagem*
dark moreno *moreno*	**hypoallergenic** hipoalergénico *hipoalérgico*	**anti-wrinkle** antiarrugas *antirrugas*
dry seco *seco*	**shade** el tono *tônus*	**cotton balls** las bolas de algodón *bolas de algodão*

english • español • *português*   41

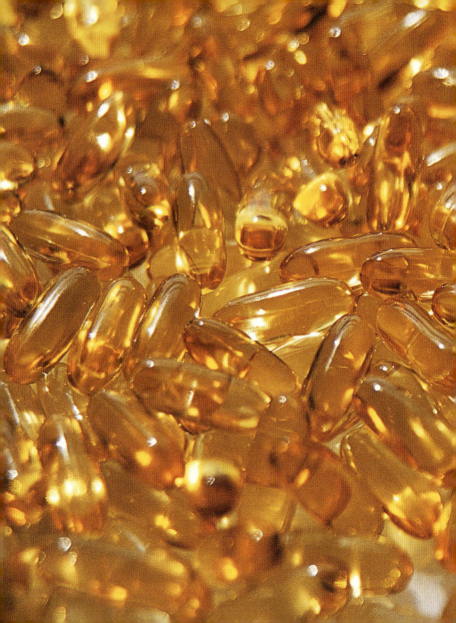

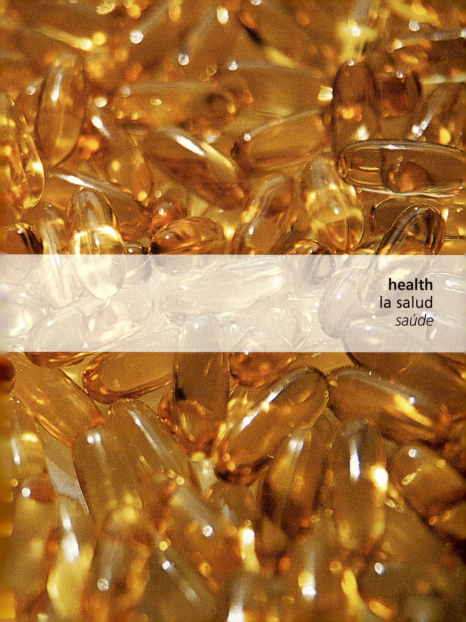

health
la salud
saúde

HEALTH • LA SALUD • *SAÚDE*

illness • la enfermedad • *doença*

fever | la fiebre | *febre*

headache
el dolor de cabeza
dor de cabeça

nosebleed
la hemorragia nasal
sangramento nasal

cough
la tos
tosse

sneeze
el estornudo
espirro

cold
el resfriado
resfriado

flu
la gripe
gripe

inhaler
el inhalador
inalador
"bombinha"

asthma
el asma
asma

cramps
los calambres
cólicas

nausea
la náusea
náusea

chickenpox
la varicela
varicela

rash
el sarpullido
erupção cutânea

---

vocabulary • vocabulario • *vocabulário*

stroke el derrame cerebral *derrame cerebral*	**diabetes** la diabetes *diabetes*	**eczema** el eccema *eczema*	**chill** el resfriado *calafrios*	**vomit (v)** vomitar *vomitar*	**diarrhoea** la diarrea *diarreia*
blood pressure la tensión arterial *pressão arterial*	**allergy** la alergia *alergia*	**virus** el virus *vírus*	**epilepsy** la epilepsia *epilepsia*	**faint (v)** desmayarse *desmaiar*	**measles** el sarampión *sarampo*
heart attack el infarto de miocardio *infarto do miocárdio*	**hayfever** la fiebre del heno *febre do feno*	**infection** la infección *infecção*	**stomach ache** el dolor de estómago *dor de estômago*	**migraine** la jaqueca *enxaqueca*	**mumps** las paperas *cachumba*

english • español • *português*

HEALTH • LA SALUD • SAÚDE

doctor • el médico • médico
consultation • la visita • consulta

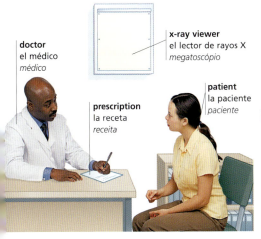

doctor
el médico
médico

x-ray viewer
el lector de rayos X
megatoscópio

prescription
la receta
receita

patient
la paciente
paciente

height bar
el medidor de altura
medidor de altura

nurse
la enfermera
enfermeira

scales
la báscula
balança

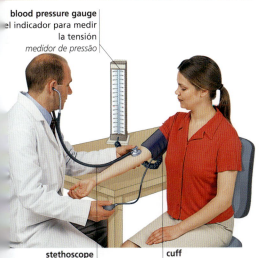

blood pressure gauge
el indicador para medir la tensión
medidor de pressão

stethoscope
el estetoscopio
estetoscópio

cuff
el brazal
manguito de pressão

---

vocabulary • vocabulario • *vocabulário*

appointment la cita *consulta*	**inoculation** la inoculación *injeção*
surgery la consulta *cirurgia*	**thermometer** el termómetro *termômetro*
waiting room la sala de espera *sala de espera*	**medical examination** el examen médico *exame médico*

I need to see a doctor.
Necesito ver a un médico.
Preciso consultar um médico.

It hurts here.
Me duele aquí.
Dói-me aqui.

english • español • português

HEALTH • LA SALUD • SAÚDE

injury • la lesión • lesão

sling | el cabestrillo | *tipoia*

fracture
la fractura
fratura

neck brace | el collarín | *colar cervical*

whiplash
el tirón en el cuello
torcicolo

sprain | la torcedura | *torção*

cut
el corte
corte

graze
el arañazo
esfolado

bruise
el hematoma
hematoma

splinter
la astilla
farpa/estilhaço

sunburn
la quemadura de sol
queimadura de sol

burn
la quemadura
queimadura

bite
el mordisco
mordida

sting
la picadura
picada

---

vocabulary • vocabulario • *vocabulário*

accident el accidente *acidente*	**haemorrhage** la hemorragia *hemorragia*	**concussion** la conmoción *contusão*	**Will he/she be all right?** ¿Se pondrá bien? *Ele/ela ficará bem?*
emergency la urgencia *emergência*	**blister** la ampolla *ampola*	**poisoning** el envenenamiento *envenenamento*	**Please call an ambulance.** Por favor llame a una ambulancia. *Por favor, chame uma ambulância.*
wound la herida *ferida*	**head injury** la lesión en la cabeza *lesão na cabeça*	**electric shock** la descarga eléctrica *choque elétrico*	**Where does it hurt?** ¿Dónde le duele? *Onde dói?*

HEALTH • LA SALUD • *SAÚDE*

first aid • **los primeros auxilios** • *primeiros socorros*

ointment | la pomada | *pomada*

plaster | la tirita | *band-aid*

safety pin | el imperdible | *alfinete de segurança*

bandage | la venda | *atadura*

painkillers | los analgésicos | *analgésicos*

antiseptic wipe | la toallita antiséptica | *toalha antisséptica*

tweezers | las pinzas | *pinça*

scissors | las tijeras | *tesoura*

antiseptic | el desinfectante | *antisséptico*

first aid box | el botiquín | *caixa de primeiros socorros*

gauze | la gasa | *gaze*

dressing | el vendaje | *curativo*

splint | la tablilla | *tala*

adhesive tape | el esparadrapo | *esparadrapo*

resuscitation | la reanimación | *reanimação*

vocabulary • vocabulario • *vocabulário*			
shock el shock *choque*	**pulse** el pulso *pulso*	**choke (v)** ahogarse *engasgar*	**Can you help?** ¿Me puede ayudar? *Pode me ajudar?*
unconscious inconsciente *inconsciente*	**breathing** la respiración *respiração*	**sterile** estéril *estéril*	**Do you know first aid?** ¿Sabe primeros auxilios? *Você conhece os primeiros socorros?*

english • español • *português* 47

HEALTH • LA SALUD • SAÚDE

hospital • el hospital • *hospital*

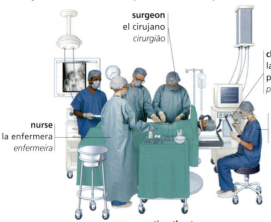

surgeon / el cirujano / *cirurgião*

nurse / la enfermera / *enfermeira*

chart / la gráfica del paciente / *prontuário*

anaesthetist / la anestesista / *anestesista*

operating theatre / el quirófano / *sala de cirurgia*

blood test / el análisis de sangre / *exame de sangue*

injection / la inyección / *injeção*

x-ray / la radiografía / *raio x*

scan / la ecografía / *imagem*

trolley / la camilla / *maca*

call button / el timbre / *campainha*

emergency room / la sala de urgencias / *sala de emergência*

ward / la planta / *enfermaria*

wheelchair / la silla de ruedas / *cadeira de rodas*

---

vocabulary • vocabulario • *vocabulário*

operation la operación *cirurgia*	**discharged** dado de alta *alta médica*	**visiting hours** las horas de visita *horário de visita*	**maternity ward** la sala de maternidad *ala obstétrica*	**outpatient** el paciente externo *paciente externo*
admitted ingresado *internado*	**clinic** la clínica *clínica*	**children's ward** la sala de pediatría *ala pediátrica*	**private room** la habitación privada *quarto privado*	**intensive care unit** la unidad de cuidados intensivos *unidade de terapia intensiva*

48   english • español • *português*

HEALTH • LA SALUD • SAÚDE

departments • los servicios • *especialidades*

ENT
la otorrinonaringología
otorrinolaringologia

cardiology
la cardiología
cardiologia

orthopaedy
la ortopedia
ortopedia

gynaecology
la ginecología
ginecologia

physiotherapy
la fisioterapia
fisioterapia

dermatology
la dermatología
dermatologia

paediatrics
la pediatría
pediatria

radiology
la radiología
radiologia

surgery
la cirugía
cirurgia

maternity
la maternidad
obstetrícia

psychiatry
la psiquiatría
psiquiatria

ophthalmology
la oftalmología
oftalmologia

---

vocabulary • vocabulario • *vocabulário*

neurology	**urology**	**plastic surgery**	**pathology**	**result**
la neurología	la urología	la cirugía plástica	la patología	el resultado
neurologia	*urologia*	*cirurgia plástica*	*patologia*	*resultado*
oncology	**endocrinology**	**referral**	**test**	**consultant**
la oncología	la endocrinología	el volante	el análisis	el especialista
oncologia	*endocrinologia*	*encaminhamento*	*exame*	*especialista*

English • español • *português*

HEALTH • LA SALUD • *SAÚDE*

dentist • el dentista • *dentista*

tooth • el diente • *dente*

check-up • la revisión • *consulta*

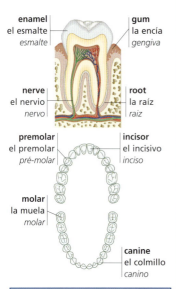

enamel / el esmalte / *esmalte*

gum / la encía / *gengiva*

nerve / el nervio / *nervo*

root / la raíz / *raiz*

premolar / el premolar / *pré-molar*

incisor / el incisivo / *inciso*

molar / la muela / *molar*

canine / el colmillo / *canino*

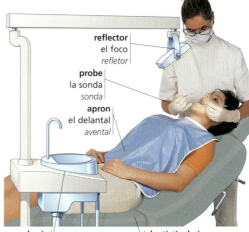

reflector / el foco / *refletor*

probe / la sonda / *sonda*

apron / el delantal / *aventalʼ*

basin / el lavabo / *cuspideira*

dentist's chair / el sillón del dentista / *cadeira de dentista*

vocabulary • vocabulario • *vocabulário*	
toothache el dolor de muelas *dor de dente*	**dental floss** el hilo dental *fio dental*
plaque la placa bacteriana *placa bacteriana*	**extraction** la extracción *extração*
decay la caries *cárie*	**crown** la corona *coroa*
filling el empaste *restauração*	**drill** el torno del dentista *broca*

floss (v) / usar el hilo dental / *usar o fio dental*

brush (v) / cepillarse los dientes / *escovar os dentes*

brace / el aparato corrector / *aparelho dentário*

dental x-ray / los rayos x dentales / *raio x dos dentes*

x-ray film / la radiografía / *radiografia*

dentures / la dentadura postiza / *dentadura*

english • español • *português*

HEALTH • LA SALUD • *SAÚDE*

optician • el óptico • *oculista*

case la funda *estojo*	**lens** el cristal *lente*	**frame** la montura *armação*

glasses las gafas *óculos*

sunglasses las gafas de sol *óculos de sol*

cleaning fluid el líquido limpiador *líquido limpador*

disinfectant solution la solución desinfectante *solução desinfetante*

lens case el estuche para las lentillas *estojo para lentes de contato*

e test | el examen de ojos | *exame de vista*   **contact lenses** | las lentes de contacto | *lentes de contato*

eye • el ojo • *olho*

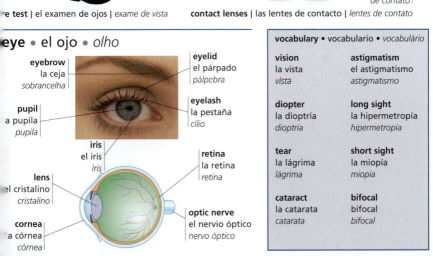

eyebrow la ceja *sobrancelha*

pupil a pupila *pupila*

iris el iris *íris*

lens el cristalino *cristalino*

cornea a córnea *córnea*

eyelid el párpado *pálpebra*

eyelash la pestaña *cílio*

retina la retina *retina*

optic nerve el nervio óptico *nervo óptico*

vocabulary • vocabulario • *vocabulário*

vision la vista *vista*	**astigmatism** el astigmatismo *astigmatismo*
diopter la dioptría *dioptria*	**long sight** la hipermetropía *hipermetropia*
tear la lágrima *lágrima*	**short sight** la miopía *miopia*
cataract la catarata *catarata*	**bifocal** bifocal *bifocal*

nglish • español • *português*

HEALTH • LA SALUD • *SAÚDE*

pregnancy • el embarazo • *gravidez*

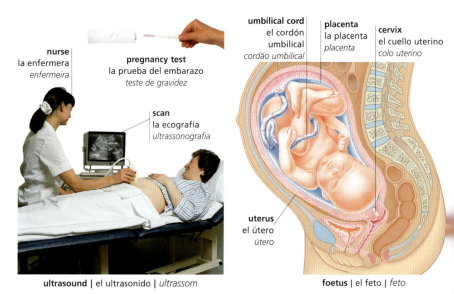

ultrasound | el ultrasonido | *ultrassom*

- **nurse** / la enfermera / *enfermeira*
- **pregnancy test** / la prueba del embarazo / *teste de gravidez*
- **scan** / la ecografía / *ultrassonografia*
- **umbilical cord** / el cordón umbilical / *cordão umbilical*
- **placenta** / la placenta / *placenta*
- **cervix** / el cuello uterino / *colo uterino*
- **uterus** / el útero / *útero*

foetus | el feto | *feto*

vocabulary • vocabulario • *vocabulário*

English	Español	Português
ovulation	la ovulación	*ovulação*
conception	la concepción	*concepção*
pregnant	embarazada	*grávida*
expectant	encinta	*gestante*
antenatal	prenatal	*pré-natal*
trimester	el trimestre	*trimestre*
embryo	el embrión	*embrião*
womb	la matriz	*útero*
contraction	la contracción	*contração*
break waters (v)	romper aguas	*romper a bolsa*
amniocentesis	la amniocentesis	*amniocêntese*
amniotic fluid	el líquido amniótico	*líquido amniótico*
dilation	la dilatación	*dilatação*
epidural	la epidural	*peridural*
episiotomy	la episiotomía	*episiotomia*
caesarean section	la cesárea	*cesárea*
stitches	los puntos	*pontos*
delivery	el parto	*parto*
birth	el nacimiento	*nascimento*
miscarriage	el aborto espontáneo	*aborto espontâneo*
breech	de nalgas	*de cócoras*
premature	prematuro	*prematuro*
gynaecologist	el ginecólogo	*ginecologista*
obstetrician	el tocólogo	*obstetra*

english • español • *português*

HEALTH • LA SALUD • SAÚDE

childbirth • el parto • parto

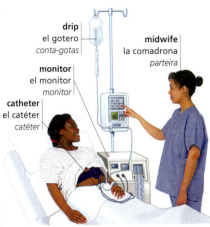

drip | el gotero | conta-gotas
midwife | la comadrona | parteira
monitor | el monitor | monitor
catheter | el catéter | catéter

induce labour (v) | provocar el parto | induzir o parto

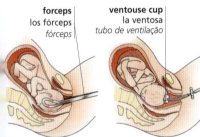

forceps | los fórceps | fórceps
ventouse cup | la ventosa | tubo de ventilação

assisted delivery | el parto asistido | parto assistido

identity tag | la pulsera de identificación | pulseira de identificação

newborn baby | el recién nacido | recém-nascido

incubator | la incubadora | incubadora

scales | la báscula | balança

birth weight | el peso al nacer | peso do recém-nascido

nursing • la lactancia • amamentação

breast pump el sacaleches bombinha de leite

nursing bra el sujetador para la lactancia sutiã de amamentação

breastfeed (v) dar el pecho amamentar

pads los discos protectores protetores

english • español • português   53

HEALTH • LA SALUD • SAÚDE

alternative therapy • las terapias alternativas • *terapias alternativas*

teacher | el profesor | *professor*

massage | el masaje | *massagem*

shiatsu | el shiatsu | *shiatsu*

yoga | el yoga | *ioga*

mat | la colchoneta | *esteira*

chiropractic | la quiropráctica | *quiropraxia*

osteopathy | la osteopatía | *osteopatia*

reflexology | la reflexología | *reflexologia*

meditation | la meditación | *meditação*

54   english • español • português

HEALTH • **LA SALUD** • *SAÚDE*

counsellor | el terapeuta | *terapeuta*

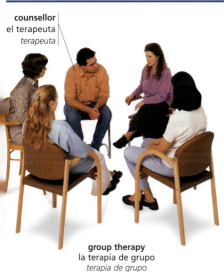

group therapy | la terapia de grupo | *terapia de grupo*

reiki | el reiki | *reiki*

ayurveda | la ayurveda | *aiurveda*

acupuncture | la acupuntura | *acupuntura*

hypnotherapy | la hipnoterapia | *hipnoterapia*

herbalism | el herbolario | *fitoterapia*

essential oils | los aceites esenciales | *óleos essenciais*

aromatherapy | la aromaterapia | *aromaterapia*

homeopathy | la homeopatía | *homeopatia*

acupressure | la acupresión | *acupressão*

therapist | la terapeuta | *terapeuta*

psychotherapy | la psicoterapia | *psicoterapia*

vocabulary • vocabulario • *vocabulário*			
crystal healing la cristaloterapia *cristaloterapia*	**naturopathy** la naturopatía *naturopatia*	**relaxation** la relajación *relaxamento*	**herb** la hierba *erva*
hydrotherapy la hidroterapia *hidroterapia*	**feng shui** el feng shui *feng shui*	**stress** el estrés *estresse*	**supplement** el suplemento *suplemento*

english • español • *português*

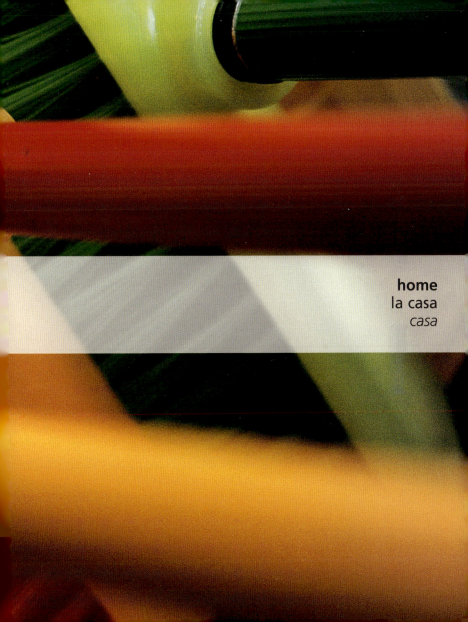

home
la casa
casa

HOME • LA CASA • CASA

house • la casa • casa

chimney / la chimenea / *chaminé*

dormer window / la ventana de la buhardilla / *janela do sótão*

roof / el tejado / *telhado*

gutter / el canalón / *calha*

wall / la pared / *parede*

eaves / el alero / *beiral*

tile / la teja / *telha*

shutter / la contraventana / *persiana*

porch / el porche / *varanda*

window / la ventana / *janela*

extension / la ampliación / *anexo*

path / el camino / *caminho*

front door / la puerta principal / *porta de entrada*

---

vocabulary • vocabulario • *vocabulário*

terraced / adosado / *geminada*

detached / no adosado / *isolada*

semidetached / adosado por un lado / *semigeminada*

basement / el sótano / *porão*

townhouse / la vivienda urbana / *casa urbana*

bungalow / la vivienda de una planta / *bangalô*

garage / el garaje / *garagem*

attic / el ático / *sótão*

room / la habitación / *quarto*

floor / el piso / *piso*

courtyard / el patio / *quintal*

porch light / la luz del porche / *luz da varanda*

letterbox / el buzón / *caixa de correspondência*

landlord / el propietario / *proprietário*

burglar alarm / la alarma antirrobo / *alarme antirroubo*

rent (v) / alquilar / *alugar*

rent / el alquiler / *aluguel*

tenant / el inquilino / *inquilino*

58 english • español • *português*

HOME • LA CASA • CASA

entrance • la entrada • *entrada*

flat • el piso • *apartamento*

hand rail | el pasamanos | *corrimão*

landing | el descansillo | *patamar*

banister | la barandilla | *balaústre*

staircase | la escalera | *escada*

hallway | el vestíbulo | *corredor*

balcony | el balcón | *sacada*

block of flats | el edificio | *edifício*

intercom | el interfono | *interfone*

doorbell | el timbre | *campainha*

doormat | el felpudo | *capacho*

door knocker | la aldaba | *aldraba*

key | la llave | *chave*

door chain | la cadena | *corrente*

lock | la cerradura | *fechadura*

bolt | el cerrojo | *ferrolho*

lift | el ascensor | *elevador*

english • español • *português* 59

HOME • LA CASA • CASA

internal systems • las instalaciones internas
• *sistemas internos*

blade
la hoja
paleta

fan
ventilador
ventilador

radiator
el radiador
aquecedor a óleo/radiador

heater
la estufa
aquecedor

convector heater
el calentador de convección
aquecedor por convecção

electricity • la electricidad • *eletricidade*

filament
el filamento
filamento

bayonet fitting
el portalámparas de bayoneta
baioneta

light bulb
la bombilla
lâmpada

earthing
la toma de tierra
fio terra

pin
la clavija
pino

plug
el enchufe macho
tomada

neutral
neutro
neutro

live
con corriente
com corrente

wires
los cables
cabos

---

vocabulary • vocabulario • *vocabulário*

voltage el voltaje *voltagem*	**generator** el generador *gerador*	**socket** el enchufe hembra *soquete*	**direct current** la corriente continua *corrente contínua*	**transformer** el transformador *transformador*
amp el amperio *ampère*	**fuse** el fusible *fusível*	**switch** el interruptor *interruptor*	**electricity meter** el contador de la luz *medidor de eletricidade*	**mains supply** el suministro de electricidad *rede de distribuição elétrica*
power la corriente eléctrica *corrente elétrica*	**fuse box** la caja de los fusibles *caixa de fusíveis*	**alternating current** la corriente alterna *corrente alternada*	**power cut** el corte de luz *corte de luz*	

english • español • *português*

HOME • LA CASA • CASA

plumbing • la fontanería • *encanamento*

sink • el fregador • *lavabo*

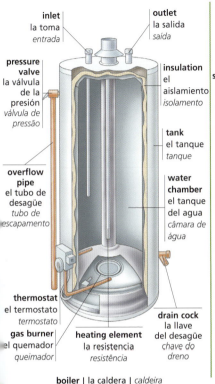

inlet | la toma | *entrada*
outlet | la salida | *saída*
pressure valve | la válvula de la presión | *válvula de pressão*
insulation | el aislamiento | *isolamento*
tank | el tanque | *tanque*
overflow pipe | el tubo de desagüe | *tubo de escapamento*
water chamber | el tanque del agua | *câmara de água*
thermostat | el termostato | *termostato*
gas burner | el quemador | *queimador*
heating element | la resistencia | *resistência*
drain cock | la llave del desagüe | *chave do dreno*

boiler | la caldera | *caldeira*

tap | el grifo | *torneira*
lever | la palanca | *alavanca*
gasket | la junta | *vedação*
supply pipe | la toma del agua | *suprimento de água*
shutoff valve | la llave de paso | *válvula de fechamento*
waste disposal unit | el triturador de basuras | *triturador de lixo*
drain | el desagüe | *dreno*

water closet • el retrete • *vaso sanitário*

float ball | el flotador | *boia*
cistern | la cisterna | *caixa d'água*
seat | la tapa | *assento*
bowl | la taza | *bacia*
waste pipe | el desagüe | *cano de esgoto*

waste disposal • la eliminación de desechos • *recipiente de lixo*

recycling bin
el cubo para reciclar
cesto de reciclagem

bottle | la botella | *garrafa*
pedal | el pedal | *pedal*
lid | la tapa | *tampa*

rubbish bin
el cubo de la basura
recipiente de lixo

sorting unit
el armario para clasificar la basura
armário para separar o lixo

organic waste
los desperdicios orgánicos
resíduos orgânicos

english • español • *português* 61

HOME • LA CASA • *CASA*

living room • el cuarto de estar • *sala de estar*

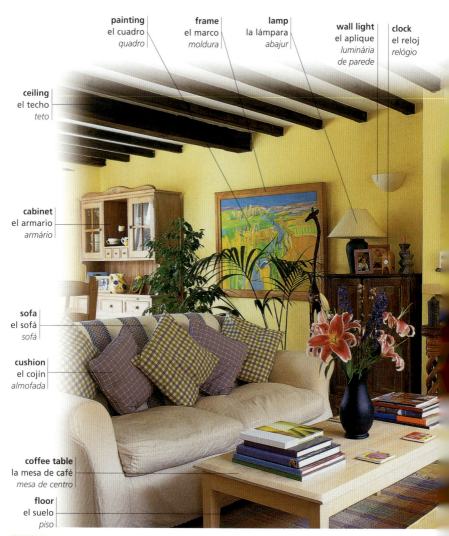

painting / el cuadro / *quadro*

frame / el marco / *moldura*

lamp / la lámpara / *abajur*

wall light / el aplique / *luminária de parede*

clock / el reloj / *relógio*

ceiling / el techo / *teto*

cabinet / el armario / *armário*

sofa / el sofá / *sofá*

cushion / el cojín / *almofada*

coffee table / la mesa de café / *mesa de centro*

floor / el suelo / *piso*

62   **english** • **español** • *português*

HOME • LA CASA • CASA

mirror
el espejo
espelho

vase
el jarrón
vaso

mantelpiece
la repisa de la chimenea
console da lareira

fireplace
la chimenea
lareira

screen
el biombo
biombo

candle
la vela
vela

bookshelf
la estantería
estante

sofabed
el sofá-cama
sofá-cama

rug
la alfombra
tapete

curtain
la cortina
cortina

net curtain
el visillo
cortina de filó

venetian blind
el estor de láminas
veneziana com lâminas

roller blind
el estor
veneziana de enrolar

moulding
la moldura
moldura

armchair
el sillón
poltrona

study I el despacho I *escritório*

english • español • português 63

HOME • LA CASA • *CASA*

dining room • el comedor • *sala de jantar*

pepper / la pimienta / *pimenta*

salt / la sal / *sal*

table / la mesa / *mesa*

crockery / la vajilla / *louça*

chair / la silla / *cadeira*

back / el respaldo / *encosto*

seat / el asiento / *assento*

cutlery / los cubiertos / *talheres*

leg / la pata / *perna*

---

vocabulary • vocabulario • *vocabulário*

serve (v) / servir / *servir*	**lay the table (v)** / poner la mesa / *pôr a mesa*	**breakfast** / el desayuno / *café da manhã*	**hungry** / hambriento / *faminto*	**host** / el anfitrión / *anfitrião*	**That was delicious.** / Estaba buenísimo. / *Estava delicioso.*
eat (v) / comer / *comer*	**tablecloth** / el mantel / *toalha*	**lunch** / la comida / *almoço*	**full** / lleno / *cheio*	**hostess** / la anfitriona / *anfitriã*	**I've had enough, thank you.** / Estoy lleno, gracias. / *Estou satisfeito, obrigado(a).*
meal / la comida / *comida*	**place mat** / el mantel individual / *jogo americano*	**dinner** / la cena / *jantar*	**portion** / la ración / *porção*	**guest** / el invitado / *convidado*	**Can I have some more, please?** / ¿Puedo repetir, por favor? / *Posso repetir, por favor?*

english • español • *português*

HOME • LA CASA • CASA

crockery and cutlery • la vajilla y los cubiertos • *louça e talheres*

mug | la taza | *caneca*

coffee cup | la taza de café | *xícara de café*

teacup | la taza de té | *xícara de chá*

teaspoon la cucharilla de té *colher de chá*

plate | el plato | *prato*

bowl | el bol | *tigela*

cafetière la cafetera de émbolo *cafeteira*

teapot | la tetera | *chaleira*

jug | la jarra | *jarra*

egg cup la huevera *suporte para ovos*

wine glass la copa de vino *taça de vinho*

tumbler el vaso *copo*

glassware la cristalería *cristais*

napkin ring el servilletero *porta-guardanapo*

side plate el plato del pan *prato de sobremesa*

dinner plate el plato llano *prato raso*

soup bowl el plato sopero *prato de sopa*

soup spoon la cuchara sopera *colher de sopa*

napkin la servilleta *guardanapo*

fork el tenedor *garfo*

spoon la cuchara *colher*

knife el cuchillo *faca*

place setting | el cubierto | *jogo de talheres*

english • español • português 65

HOME • LA CASA • *CASA*

kitchen • la cocina • *cozinha*

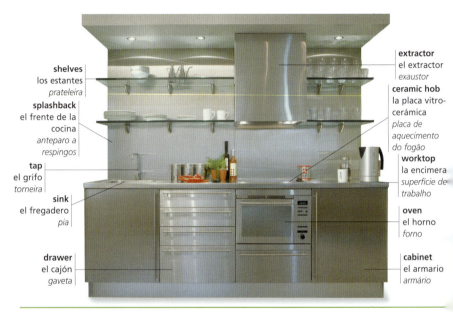

shelves
los estantes
prateleira

splashback
el frente de la cocina
anteparo a respingos

tap
el grifo
torneira

sink
el fregadero
pia

drawer
el cajón
gaveta

extractor
el extractor
exaustor

ceramic hob
la placa vitro-cerámica
placa de aquecimento do fogão

worktop
la encimera
superficie de trabalho

oven
el horno
forno

cabinet
el armario
armário

appliances • los electrodomésticos • *eletrodomésticos*

microwave oven
el horno microondas
forno de micro-ondas

kettle
el hervidor
chaleira elétrica

toaster
el tostador
torradeira

mixing bowl
el cuenco mezclador
copo misturador

blade
la cuchilla
lâmina

food processor
el robot de cocina
processador

lid
la tapa
tampa

blender
la licuadora
liquidificador

dishwasher
el friegaplatos
lava-louças

66 english • español • *português*

HOME • LA CASA • *CASA*

ice maker | la máquina de los cubitos | *fazedor de gelo*

refrigerator | el frigorífico | *refrigerador*

shelf | el estante | *prateleira*

freezer | el congelador | *congelador*

crisper | el cajón de las verduras | *gaveta de verduras*

vocabulary • vocabulario • *vocabulário*	
hob la placa *placa de fogão*	**freeze (v)** congelar *congelar*
draining board el escurridor *escorredor*	**defrost (v)** descongelar *descongelar*
burner el quemador *queimador*	**sauté (v)** saltear *dourar*
rubbish bin el cubo de la basura *recipiente de lixo*	**steam (v)** cocer al vapor *cozer ao banho-maria*

fridge-freezer | el frigorífico congelador | *refrigerador com freezer*

cooking • cocinar • *cozinhar*

peel (v)
pelar
descascar

slice (v)
cortar
cortar

grate (v)
rallar
ralar

pour (v)
echar
despejar

mix (v)
mezclar
misturar

whisk (v)
batir
bater

boil (v)
hervir
ferver

fry (v)
freír
fritar

roll (v)
extender con el rodillo
abrir com rolo

stir (v)
remover
mexer

simmer (v)
cocer a fuego lento
cozer em fogo baixo

poach (v)
escalfar
escaldar

bake (v)
cocer al horno
cozer ao forno

roast (v)
asar
assar

grill (v)
asar a la parrilla
assar na grelha

english • español • *português*

HOME • LA CASA • CASA

kitchenware • los utensilios de cocina
• *utensílios de cozinha*

bread knife
el cuchillo de sierra
faca de serra

chopping board
la tabla para cortar
tábua

kitchen knife
el cuchillo de cocina
faca de cozinha

cleaver
el hacha de cocina
cutelo

knife sharpener
el afilador
afiador de faca

meat tenderizer
el mazo de cocina
batedor de carne

skewer
el pincho
espeto

pestle
la mano de mortero
moedor do pilão

peeler
el mondador
descascador

apple corer
el descorazonador
descaroçador

grater
el rallador
ralador

mortar
el mortero
pilão

masher
el mazo para puré de patatas
amassador

can opener
el abrelatas
abridor de lata

bottle opener
el abrebotellas
abridor de garrafa

garlic press
el prensaajos
prensador de alho

serving spoon
la cuchara de servir
colher de servir

fish slice
la pala para pescado
escumadeira para peixe

colander
el escurridor
escorredor

spatula
la espátula
espátula

wooden spoon
la cuchara de madera
colher de pau

slotted spoon
la espumadera
escumadeira

ladle
el cucharón
concha

carving fork
el tenedor para trinchar
garfo para destrinchar

scoop
la cuchara para helado
colher para sorvete

whisk
el batidor de varillas
batedor de claras

whisk
el colador
coador

english • español • *português*

HOME • LA CASA • CASA

lid
la tapa
tampa

non-stick
antiadherente
antiaderente

frying pan
la sartén
frigideira

saucepan
el cazo
panela com cabo

grill pan
la parrilla
assadeira

wok
el wok
wok

earthenware dish
la cazuela de barro
caçarola de barro

glass
de cristal
de vidro

ovenproof
resistente al horno
resistente ao forno

mixing bowl
el cuenco
tigela

soufflé dish
el molde para suflé
forma para suflê

gratin dish
la fuente para gratinar
vasilha para gratinar

ramekin
el molde individual
porção individual

casserole dish
la cazuela
caçarola

baking cakes • la repostería • *confeitaria*

scales
la báscula de cocina
balança de cozinha

measuring jug
la jarra graduada
jarra com medidas

cake tin
el molde para
bizcocho
forma de bolo

pie tin
el molde redondo
forma para torta

flan tin
la flanera
forma de pudim

pastry brush
la brocha de cocina
pincel de cozinha

rolling pin
el rodillo de cocina
rolo de cozinha

piping bag
la manga pastelera
bico de confeiteiro

muffin tray
el molde para
magdalenas
forma para muffins

baking tray
la bandeja de horno
bandeja de forno

cooling rack
la rejilla
descanso de panela

oven glove
la manopla de cocina
luva de cozinha

apron
el delantal
avental

english • español • *português*

HOME • LA CASA • *CASA*

bedroom • el dormitorio • *dormitório*

wardrobe
el armario
guarda-roupa

bedside lamp
la lámpara de
la mesilla
luz de cabeceira

headboard
el cabecero
cabeceira

bedside table
la mesilla de noche
criado-mudo

chest of drawers
la cómoda
cômoda

drawer
el cajón
gaveta

bed
la cama
cama

mattress
el colchón
colchão

bedspread
la colcha
colcha

pillow
la almohada
travesseiro

hot-water bottle
la bolsa de agua
caliente
bolsa de água quente

clock radio
la radio
despertador
rádio despertador

alarm clock
el reloj
despertador
relógio despertador

box of tissues
la caja de pañuelos
de papel
caixa de lenço de papel

coat hanger
la percha
cabide

english • español • *português*

HOME • LA CASA • CASA

bed linen • la ropa de cama
• *roupa de cama*

pillowcase
la funda de la almohada
fronha

sheet
la sábana
lençol

valance
el cubrecanapé
sanefa

mirror
el espejo
espelho

dressing table
el tocador
penteadeira

duvet
el edredón
edredom

quilt
la colcha
colcha

floor
el suelo
piso

blanket
la manta
cobertor

vocabulary • vocabulario • *vocabulário*

single bed la cama individual *cama de solteiro*	**footboard** el estribo *pé da cama*	**insomnia** el insomnio *insônia*	**wake up (v)** despertarse *acordar*	**snore (v)** roncar *roncar*
electric blanket la manta eléctrica *cobertor elétrico*	**spring** el muelle *mola*	**go to bed (v)** acostarse *deitar-se*	**get up (v)** levantarse *levantar-se*	**make the bed (v)** hacer la cama *arrumar a cama*
double bed la cama de matrimonio *cama de casal*	**carpet** la moqueta *carpete*	**go to sleep (v)** dormirse *ir dormir*	**set the alarm (v)** poner el despertador *ajustar o despertador*	**built-in wardrobe** el armario empotrado *armário embutido*

english • español • *português*

HOME • LA CASA • *CASA*

bathroom • el cuarto de baño • *banheiro*

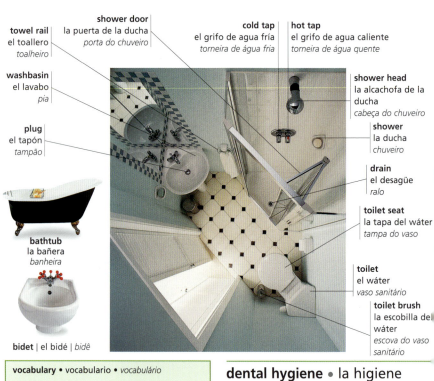

towel rail — el toallero — *toalheiro*

shower door — la puerta de la ducha — *porta do chuveiro*

cold tap — el grifo de agua fría — *torneira de água fria*

hot tap — el grifo de agua caliente — *torneira de água quente*

washbasin — el lavabo — *pia*

shower head — la alcachofa de la ducha — *cabeça do chuveiro*

plug — el tapón — *tampão*

shower — la ducha — *chuveiro*

drain — el desagüe — *ralo*

toilet seat — la tapa del wáter — *tampa do vaso*

bathtub — la bañera — *banheira*

toilet — el wáter — *vaso sanitário*

toilet brush — la escobilla del wáter — *escova do vaso sanitário*

bidet | el bidé | *bidê*

---

vocabulary • vocabulario • *vocabulário*

medicine cabinet el armario de las medicinas *armário de remédios*	**bath mat** la alfombrilla de baño *tapete de chuveiro*
toilet roll el rollo de papel higiénico *rolo de papel higiênico*	**shower curtain** la cortina de ducha *cortina do chuveiro*
take a shower (v) darse una ducha *tomar uma ducha*	**take a bath (v)** darse un baño *tomar um banho*

dental hygiene • la higiene dental • *higiene dental*

toothbrush — el cepillo de dientes — *escova de dentes*

dental floss — el hilo dental — *fio dental*

toothpaste — la pasta de dientes — *pasta de dentes*

mouthwash — el enjuague bucal — *antisséptico bucal*

72

english • español • *português*

HOME • LA CASA • CASA

loofah
la esponja
de luffa
esponja de lufa

sponge
la esponja
esponja

pumice stone
la piedra pómez
pedra-pomes

back brush
el cepillo para la espalda
escova dorsal

deodorant
el desodorante
desodorante

soap dish
la jabonera
saboneteira

shower gel
el gel de ducha
sabonete líquido

soap
el jabón
sabonete

face cream
la crema para la cara
creme de rosto

bubble bath
el gel de baño
espuma de banho

hand towel
la toalla
de lavabo
toalha de mão

bath towel
la toalla de baño
toalha de banho

towels
las toallas
toalhas

body lotion
la leche del cuerpo
loção corporal

talcum powder
los polvos de talco
talco

bathrobe
el albornoz
roupão de banho

shaving • el afeitado • *barbear*

electric razor
la maquinilla
eléctrica
*barbeador
elétrico*

razor blade
la hoja de
afeitar
*lâmina de
barbear*

shaving foam
la espuma de afeitar
espuma de barbear

disposable razor
la cuchilla de afeitar
desechable
aparelho de barbear descartável

aftershave
el aftershave
pós-barba

english • español • *português* 73

HOME • LA CASA • CASA

nursery • la habitación de los niños • *quarto do bebê*

baby care • el cuidado del bebé
• *cuidados com o bebê*

nappy rash cream
la crema para las escoceduras
pomada para assaduras

wet wipe
la toallita húmeda
lenço umedecido

sponge
la esponja
esponja

baby bath
la bañera de plástico
banheira de plástico

potty
el orinal
penico

changing mat
el cambiador
trocador

sleeping • la hora de dormir • *hora de dormir*

mobile
el móvil
móbile

bars
los barrotes
grade

bumper
la chichonera
protetor de berço

mattress
el colchón
colchão

cot | la cuna | *berço*

sheet
la sábana
lençol

fleece
el vellón
cobertor de lã

blanket
la manta
cobertor

bedding
la ropa de cama
roupa de cama

rattle
el sonajero
chocalho

moses basket
el moisés
moisés

74   english • español • *português*

HOME • LA CASA • *CASA*

playing • los juegos • *jogos*

doll
la muñeca
boneca

soft toy
el muñeco de peluche
boneco de pelúcia

doll's house
la casa de muñecas
casa de bonecas

playhouse
la casa de juguetes
casinha de brinquedos

teddy bear
el oso de peluche
urso de pelúcia

toy
el juguete
brinquedo

ball
la pelota
bola

toy basket
el cesto de los juguetes
cesto de brinquedos

playpen
el parque
cercadinho

safety
la seguridad
segurança

child lock
el cierre de seguridad
fechadura de segurança

baby monitor
el escuchabebés
babá eletrônica

stair gate
la barrera de seguridad
barreira de segurança

eating • la comida • *comer*

high chair
la trona
cadeirinha

teat
la tetina
bico

drinking cup
la taza
xícara

bottle
el biberón
mamadeira

going out • el paseo • *passeio*

hood
la capota
capota

pushchair
la silleta de paseo
cadeira de passeio

pram
el cochecito de niños
carrinho

nappy
el pañal
fralda

carrycot
el capazo
berço de carregar/cesto

changing bag
la bolsa del bebé
sacola do bebê

baby sling
la mochila de bebé
mochila para carregar bebê/canguru

english • español • *português* 75

HOME • LA CASA • *CASA*

utility room • el lavadero • *área de serviço*

laundry • la colada • *lavanderia*

dirty washing
la ropa sucia
roupa suja

laundry basket
el cesto de la colada
cesto de roupa suja

washing machine
la lavadora
lavadora

washer-dryer
la lavadora secadora
lavadora-secadora

tumble dryer
la secadora
secadora

clean clothes
la ropa limpia
roupa limpa

linen basket
el cesto de la ropa de plancha
cesto de roupa para passar

clothes line
la cuerda para tender la ropa
varal

iron
la plancha
ferro de passar

clothes peg
la pinza para la ropa
prendedor de roupa

dry (v)
secar
secar

ironing board | la tabla de la plancha | *tábua de passar roupa*

---

vocabulary • vocabulario • *vocabulário*

load (v) cargar *carregar*	**spin (v)** centrifugar *centrifugar*	**iron (v)** planchar *passar a ferro*	**How do I operate the washing machine?** ¿Cómo funciona la lavadora? *Como funciona a lavadora?*
rinse (v) aclarar *enxaguar*	**spin dryer** la centrifugadora *centrífuga*	**fabric conditioner** el suavizante *amaciante*	**What is the setting for coloureds/whites?** ¿Cuál es el programa para la ropa de color/blanca? *Como programar para roupa colorida/branca?*

english • español • *português*

HOME • LA CASA • CASA

cleaning equipment • el equipo de limpieza • *equipamentos para limpeza*

suction hose
el tubo de la aspiradora
tubo do aspirador

brush
el cepillo
escova

dust pan
el recogedor
pá de lixo

bleach
la lejía
água sanitária

bucket
el cubo
balde

powder
en polvo
sabão em pó

liquid
líquido
líquido

duster
el trapo del polvo
flanela

vacuum cleaner
la aspiradora
aspirador de pó

mop
la fregona
esfregão

detergent
el detergente
detergente

polish
la cera
cera

activities • las acciones • *atividades*

clean (v)
limpiar
limpar

wash (v)
fregar
lavar

wipe (v)
pasar la bayeta
enxugar

scrub (v)
restregar
esfregar

scrape (v)
raspar
raspar

broom
la escoba
vassoura

sweep (v)
barrer
varrer

dust (v)
limpiar el polvo
tirar o pó

polish (v)
sacar brillo
polir

english • español • *português* 77

HOME • LA CASA • *CASA*

worshop • el taller • *oficina*

jigsaw
la sierra de vaivén
serra tico-tico

battery pack
la batería
bateria

rechargeable drill
el taladro inalámbrico
furadeira recarregável

chuck
el cabezal
cabeçote

electric drill
el taladro eléctrico
furadeira elétrica

drill bit
la broca
broca

glue gun
la pistola para encolar
pistola de cola quente

vice
el torno de banco
torno de bancada

la abrazadera
clamp
braçadeira

sander
la lijadora
lixadeira

blade
la cuchilla
lâmina

circular saw
la sierra circular
serra circular

workbench
el banco de trabajo
bancada de trabalho

wood glue
la cola de carpintero
cola de madeira

router
la guimbarda
plaina

wood shavings
las virutas de madera
aparas de madeira

tool rack
el organizador de
las herramientas
quadro de ferramer

bit brace
el taladro manual
furadeira manual

extension lea
el alargador
extensão

78

english • español • *português*

HOME • LA CASA • CASA

techniques • las técnicas • técnicas

cut (v)
cortar
cortar

saw (v)
serrar
serrar

drill (v)
taladrar
furar

hammer (v)
clavar con el martillo
martelar

solder
el hilo de estaño
fio de estanho

plane (v) | alisar | *aplainar*   **turn (v)** | tornear | *tornear*   **carve (v)** | tallar | *talhar*   **soldar (v)** | soldar | *soldar*

materials • los materiales • *materiais*

MDF
el tablero de densidad media
MDF (fibra de média intensidade)

plywood
el contrachapado
compensado

chipboard
el aglomerado
aglomerado

hardboard
el cartón madera
placa de fibra dura

softwood
la madera de pino
ca de pinus

hardwood
la madera noble
madeira de lei

varnish
el barniz
verniz

woodstain
el tinte para madera
tinta de madeira

wire
el alambre
arame

cable
el cable
cabo

stainless steel
el acero inoxidable
aço inoxidável

galvanised
galvanizado
galvanizado

wood | la madera | *madeira*   **metal** | el metal | *metal*

english • español • *português*   79

HOME • LA CASA • CASA

toolbox • la caja de las herramientas
• *caixa de ferramentas*

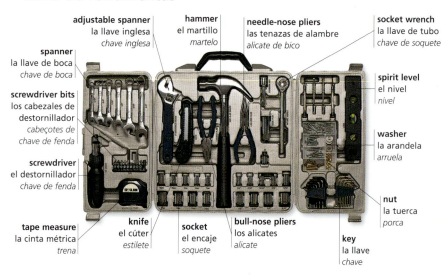

adjustable spanner
la llave inglesa
chave inglesa

hammer
el martillo
martelo

needle-nose pliers
las tenazas de alambre
alicate de bico

socket wrench
la llave de tubo
chave de soquete

spanner
la llave de boca
chave de boca

screwdriver bits
los cabezales de destornillador
cabeçotes de chave de fenda

spirit level
el nivel
nivel

washer
la arandela
arruela

screwdriver
el destornillador
chave de fenda

nut
la tuerca
porca

tape measure
la cinta métrica
trena

knife
el cúter
estilete

socket
el encaje
soquete

bull-nose pliers
los alicates
alicate

key
la llave
chave

drill bits • las brocas • *brocas*

metal bit
la broca para metal
broca para metal

reamer
el escariador
mandril

flat wood bit
la broca para madera
broca para madeira

phillips screwdriver
el destornillador de estrella
chave phillips

head
la cabeza
cabeça

carpentry bits
las brocas para madera
brocas para carpintaria

security bit
la broca de seguridad
broca de segurança

nail
el clavo
prego

masonry bit
la broca de albañilería
broca de alvenaria

screw
el tornillo
parafuso

english • español • português

HOME • LA CASA • CASA

wire strippers / el pelacables / *descascador de fios*

wire cutters / el cortaalambres / *cortador de arame*

soldering iron / el soldador / *ferro de soldar*

insulating tape / la cinta aislante / *fita isolante*

solder / el hilo de estaño / *fio para soldagem*

scalpel / el escalpelo / *bisturi*

fretsaw / la sierra de calar / *serra de arco*

tenon saw | el serrucho de costilla | *serrote de costa*

safety goggles / las gafas de seguridad / *óculos de segurança*

plane / el cepillo / *plaina*

handsaw / el serrucho / *serrote*

mitre block / la caja para cortar en inglete / *bloco para meia esquadria*

hand drill / el taladro manual / *trado manual*

wire wool / la lana de acero / *lã de aço*

hacksaw / la sierra para metales / *serra para metais*

wrench / las tenazas / *grifo*

sandpaper / el papel de lija / *lixa*

chisel / el formón / *formão*

plunger / el desatascador / *desentupidor*

file / la lima / *lima*

sharpening stone / la piedra afiladora / *pedra de afiar*

pipe cutter | el cortatuberías / *cortador de cano*

english • español • português   81

HOME • LA CASA • *CASA*

decorating • la decoración • *decoração*

scissors
las tijeras
tesoura

craft knife
el cúter
estilete

plumb line
la cuerda de plomada
fio de prumo

scraper
el raspador
espátula

decorator
el pintor
pintor

wallpaper
el papel pintado
papel de parede

stepladder
la escalera de mano
escada articulada

wallpaper brush
la brocha de empapelador
escova de papel de parede

pasting table
la mesa de encolar
mesa de colagem

pasting brush
la brocha de encolar
pincel de colar

wallpaper paste
la cola para empapelar
cola de papel de parede

bucket
el cubo
balde

wallpaper (v) | empapelar | *cobrir com papel de parede*

strip (v) | arrancar | *arrancar*

fill (v) | rellenar | *preencher*

sand (v) | lijar | *lixar*

plaster (v) | enyesar | *rebocar*

hang (v) | empapelar
colar papel de parede

tile (v) | alicatar | *azulejar*

82   english • español • português

HOME • **LA CASA** • *CASA*

roller
el rodillo
rolo

brush
la brosse
pincel

paint tray
la bandeja para la pintura
bandeja para pintura

paint
la pintura
tinta

paint tin
la lata de pintura
lata de tinta

sponge
la esponja
esponja

masking tape
la cinta adhesiva protectora
fita crepe

sandpaper
el papel de lija
lixa

overalls
el mono
macacão

turpentine
la trementina
aguarrás

dustsheet
el protector
folha de proteção

filler
la masilla
massa para vedação

white spirit
el aguarrás
diluentes

paint (v) I pintar I *pintar*

---

vocabulary • vocabulario • *vocabulário*

plaster el yeso *gesso*	**gloss** con brillo *brilhante*	**lining paper** el papel de apresto *papel de revestimento*	**undercoat** la primera mano *primeira demão*	**sealant** el sellante *selante*
varnish el barniz *verniz*	**mat** mate *fosco*	**primer** la imprimación *cor de fundo*	**top coat** la última mano *última demão*	**solvent** el disolvente *solvente*
emulsion la pintura al agua *pintura à água*	**stencil** la plantilla *molde*	**embossed paper** el papel estampado en relieve *papel com relevo*	**el conservante** preservative *conservante*	**grout** el cemento blanco *reboco*

english • español • *português*

HOME • LA CASA • *CASA*

garden • el jardín • *jardim*

garden styles • los estilos de jardín • *estilos de jardim*

garden features • los adornos para el jardín • *elementos de jardim*

patio garden | la terraza ajardinada | *jardim de quintal*

formal garden | el jardín clásico | *jardim clássico*

cottage garden
el jardín campestre
jardim campestre

herb garden
el jardín de plantas herbáceas
jardim com herbáceas

roof garden
el jardín en la azotea
jardim elevado

rock garden
la rocalla
jardim com pedras

courtyard | el patio | *quintal*

water garden
el jardín acuático
jardim aquático

hanging basket
la cesta colgante
vaso suspenso

trellis | la espaldera | *treliça*

pergola
la pérgola
pérgula

english • español • *português*

HOME • LA CASA • CASA

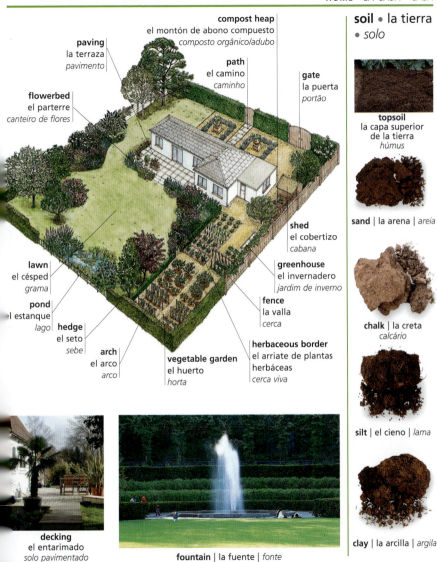

compost heap
el montón de abono compuesto
composto orgânico/adubo

paving
la terraza
pavimento

path
el camino
caminho

gate
la puerta
portão

flowerbed
el parterre
canteiro de flores

shed
el cobertizo
cabana

greenhouse
el invernadero
jardim de inverno

lawn
el césped
grama

fence
la valla
cerca

pond
el estanque
lago

hedge
el seto
sebe

arch
el arco
arco

vegetable garden
el huerto
horta

herbaceous border
el arriate de plantas herbáceas
cerca viva

decking
el entarimado
solo pavimentado

fountain | la fuente | *fonte*

soil • la tierra • *solo*

topsoil
la capa superior de la tierra
húmus

sand | la arena | *areia*

chalk | la creta
calcário

silt | el cieno | *lama*

clay | la arcilla | *argila*

english • español • português

HOME • LA CASA • *CASA*

garden plants • las plantas de jardín • *plantas de jardim*

types of plants • los tipos de plantas • *tipos de plantas*

annual
anual
ciclo anual

biennial
bienal
ciclo bienal

perennial
perenne
perene

bulb
el bulbo
bulbo

fern
el helecho
samambaia

rush
el junco
junco

bamboo
el bambú
bambu

weeds
las malas hierbas
ervas daninhas

herb
la hierba
erva

water plant
la planta acuática
planta aquática

tree
el árbol
árvore

palm
la palmera
palmeira

conifer
la conífera
conífera

evergreen
de hoja perenne
folha perene

deciduous
de hoja caduca
folhas caídas

english • español • *português*

HOME • LA CASA • CASA

topiary
las plantas podadas
con formas
plantas podadas

alpine
la planta alpestre
planta alpina

succulent
la planta suculenta
planta suculenta

cactus
el cactus
cáctus

potted plant
la planta de maceta
planta de vaso

shade plant
la planta de sombra
planta sombrífera

climber
la planta
trepadora
trepadeira

flowering shrub
el arbusto
de flor
arbusto florido

ground cover
la planta para
cubrir suelo
*planta para
proteger o solo*

creeper
la planta trepadora
planta rasteira

ornamental
ornamental
ornamental

grass
el césped
grama

nglish • español • *português* 87

HOME • LA CASA • *CASA*

garden tools • las herramientas de jardinería
• *ferramentas de jardinagem*

lawn rake
el rastrillo para el césped
rastelo para grama

compost | el abono compuesto | *composto*

seeds
las semillas
sementes

bone meal
la harina de huesos
farinha de osso

spade
la pala
pá

fork
la horca
garfo

long-handled shears
la podadera de mango largo
podadoras de cabo longo

rake
el rastrillo
ancinho

hoe
la azada
enxada

gravel
la grava
cascalho

grass bag
la bolsa para la hierba
bolsa para grama cortada

motor
el motor
motor

handle
el asa
cabo

trug
la cesta de jardinero
cesta de jardineiro

shield
el protector
proteção

stand
el soporte
suporte

trimmer
el guarnecedor
aparador de grama

lawnmower
el cortacésped
cortador de grama

wheelbarrow
la carretilla
carrinho de mão

88 english • español • *português*

HOME • LA CASA • CASA

hand fork / la horquilla / *garfo de mão*

trowel / el desplantador / *pá transplantadora*

blade / la hoja / *lâmina*

shears / la cizalla / *tesoura de corte/poda*

hand saw / la sierra de mano / *serra de mão*

secateurs / las tijeras de podar / *tesoura de podar*

seed tray / el semillero / *bandeja de semente*

pesticide / el pesticida / *pesticida*

gardening gloves / los guantes de jardín / *luvas para jardinagem*

twine / el hilo de bramante / *fio de barbante*

labels / las etiquetas / *etiquetas*

twist ties / el alambre / *arame*

canes / las cañas / *varas*

ring ties / las anillas / *argolas*

sieve / la criba / *peneira*

plant pot / la maceta / *vaso de planta*

rubber boots / las botas de goma / *botas de borracha*

watering • el riego • *irrigação*

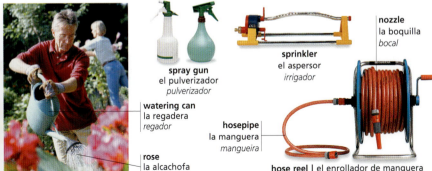

spray gun / el pulverizador / *pulverizador*

watering can / la regadera / *regador*

rose / la alcachofa / *crivo do regador*

sprinkler / el aspersor / *irrigador*

hosepipe / la manguera / *mangueira*

nozzle / la boquilla / *bocal*

hose reel | el enrollador de manguera / *enrolador de mangueira*

english • español • *português*

HOME • LA CASA • *CASA*

gardening • la jardinería • *jardinagem*

lawn | el césped | *grama*

flowerbed | el parterre | *canteiro de flores*

lawnmower | el cortacésped | *cortador de grama*

hedge | el seto | *sebe*

stake | la estaca | *estaca*

mow (v) | cortar el césped | *cortar a grama*

turf (v)
poner césped
colocar grama

spike (v)
hacer agujeros
con la horquilla
fazer buracos com forcado

rake (v)
rastrillar
rastelar

trim (v)
podar
podar

dig (v)
cavar
cavar

sow (v)
sembrar
semear

top dress (v)
abonar en la superficie
adubar o solo

water (v)
regar
regar

english • español • *português*

HOME • LA CASA • CASA

cane
la caña
estaca

train (v)
guiar
estruturar plantas

deadhead (v)
quitar las flores muertas
tirar as flores mortas

cutting
el esqueje
muda de planta

spray (v)
rociar
pulverizar

graft (v)
injertar
enxertar

propagate (v)
propagar
multiplicar

prune (v)
podar
podar

stake (v)
apuntalar
apoiar com estaca

transplant (v)
transplantar
transplantar

weed (v)
escardar
escavar

mulch (v)
cubrir la tierra
cobrir a terra

harvest (v)
cosechar
colher

---

vocabulary • vocabulario • *vocabulário*

cultivate (v)	**landscape (v)**	**fertilize (v)**	**sieve (v)**	**organic**	**seedling**	**subsoil**
cultivar	diseñar	abonar	cribar	biológico	esqueje	el subsuelo
cultivar	*desenvolver paisagismo*	*adubar*	*peneirar*	*orgânico*	*muda*	*subsolo*

tend (v)	**pot up (v)**	**pick (v)**	**aerate (v)**	**drainage**	**fertilizer**	**weedkiller**
cuidar	plantar en tiesto	coger	airear	el drenaje	el abono	el herbicida
cuidar	*plantar em vaso*	*colher*	*afofar*	*drenagem*	*fertilizante*	*herbicida*

english • español • *português*   91

services
los servicios
serviços

SERVICES • LOS SERVICIOS • SERVIÇOS

emergency services • los servicios de emergencia • *serviços de emergência*

ambulance • la ambulancia • *ambulância*

stretcher
la camilla
maca

ambulance | la ambulancia | *ambulância*

paramedic | el ambulancero | *paramédico*

police • la policía • *polícia*

badge
la placa
distintivo

uniform
el uniforme
uniforme

truncheon
la porra
cassetete

gun
la pistola
revólver

handcuffs
las esposas
algemas

police officer | el agente de policía
policial

siren
la sirena
sirene

lights
las luces
luzes

police car
el coche de policía
carro de policia

police station
la estación de policía
delegacia

vocabulary • vocabulario • *vocabulário*

inspector	**burglary**	**complaint**	**arrest**
el comisario	el robo	la denuncia	el arresto
inspetor	*roubo*	*denúncia*	*prisão*
detective	**assault**	**investigation**	**police cell**
el detective	la agresión	la investigación	la celda
detetive	*assalto*	*investigação*	*cela*
crime	**fingerprint**	**suspect**	**charge**
el crimen	la huella	el sospechoso	el cargo
crime	dactilar	*suspeito*	*acusação*
	impressão digital		

english • español • *português*

SERVICES • LOS SERVICIOS • *SERVIÇOS*

fire brigade • los bomberos • *bombeiros*

helmet
el casco
capacete

smoke
el humo
fumaça

hose
la manguera
mangueira

fire fighters
los bomberos
bombeiros

cradle
la cesta
cesto

water jet
el chorro de agua
jato de água

boom
el brazo
braço

ladder
la escalera
escada

cab
la cabina
cabine

fire | el incendio | *incêndio*

fire station
el parque de bomberos
corpo de bombeiros

fire escape
la salida de incendios
saída de incêndios

fire engine
el coche de bomberos
carro de bombeiros

smoke alarm
el detector de humos
detector de fumaça

fire alarm
la alarma contra incendios
alarme anti-incêndio

axe
el hacha
machado

fire extinguisher
el extintor
extintor

hydrant
la boca de agua
hidrante

| I need the police/fire brigade/ambulance. Necesito la policía/los bomberos/una ambulancia. *Preciso da polícia/dos bombeiros/de uma ambulância.* | There's a fire at… Hay un incendio en… *Há um incêndio em…* | There's been an accident. Ha habido un accidente. *Ocorreu um acidente.* | Call the police! ¡Llame a la policía! *Chame a polícia!* |

english • español • *português*   95

SERVICES • LOS SERVICIOS • *SERVIÇOS*

bank • el banco • *banco*

customer | leaflets
el cliente | los folletos
cliente | *folhetos*

window | counter
la ventanilla | el mostrador
guichê | *balcão*

cashier | paying-in slips
el cajero | las hojas de ingreso
caixa | *guias de depósito*

bank manager
el director de banco
gerente de banco

debit card
la tarjeta de débito
cartão de débito

credit card
la tarjeta de crédito
cartão de crédito

stub | account number | signature | amount
la matriz | el número de cuenta | la firma | la cantidad
canhoto | *número da conta* | *assinatura* | *quantia*

chequebook
el talonario de cheques
talão de cheques

cheque
el cheque
cheque

---

vocabulary • vocabulario • *vocabulário*

savings	**mortgage**	**payment**	**interest rate**	**current account**
los ahorros	la hipoteca	el pago	el tipo de interés	la cuenta corriente
poupanças	*hipoteca*	*pagamento*	*taxa de juros*	*conta-corrente*
tax	**overdraft**	**withdrawal slip**	**pin number**	**savings account**
los impuestos	el descubierto	la hoja de reintegro	el pin	la cuenta de ahorros
impostos	*falta de fundo*	*guia de retirada*	*número de identificação pessoal de conta*	*caderneta de poupança*
loan	**pay in (v)**	**direct debit**	**bank transfer**	**bank charge**
el préstamo	ingresar	la domiciliación bancaria	a transferencia bancaria	la comisión bancaria
empréstimo	*depositar*	*débito em conta-corrente*	*transferência bancária*	*taxa bancária*

english • español • *portuguê*

SERVICES • LOS SERVICIOS • *SERVIÇOS*

coin
la moneda
moeda

note
el billete
nota

screen
la pantalla
tela

card slot
la ranura de la tarjeta
entrada do cartão

key pad
el teclado
teclado

money
el dinero
dinheiro

cash machine | el cajero automático
caixa automático

foreign currency • las divisas • *moeda estrangeira*

bureau de change
la oficina de cambio
agência de câmbio

traveller's cheque
el cheque de viaje
cheque de viagem

exchange rate
el tipo de cambio
taxa de câmbio

finance • las finanzas • *finanças*

financial advisor
la asesora financiera
assistente financeira

share price
el valor de las acciones
valor das ações

stockbroker
el agente de bolsa
corretor

stock exchange | la bolsa de valores
bolsa de valores

vocabulary • vocabulario • *vocabulário*

cash (v)	**shares**
cobrar	las acciones
receber	*ações*
denomination	**dividends**
el valor nominal	los dividendos
valor nominal	*dividendos*
commission	**accountant**
la comisión	el contable
comissão	*contador*
investment	**portfolio**
la inversión	la cartera
investimento	*portfólio*
stocks	**equity**
las acciones	el patrimonio neto
ações	*patrimônio líquido*

Can I change this please?
¿Podría cambiar esto por favor?
Poderia me trocar isto, por favor?

What's today's exchange rate?
¿A cuánto está el cambio hoy?
Qual a taxa de câmbio hoje?

english • español • *português*

SERVICES • LOS SERVICIOS • SERVIÇOS

communications • las comunicaciones • *comunicações*

postal worker | el empleado de correos | *empregado dos correios*

window | la ventanilla | *guichê*

scales | la báscula | *balança*

counter | el mostrador | *balcão*

post office | la oficina de correos | *agência de correio*

postmark | el matasellos | *carimbo*

stamp | el sello | *selo*

postal code | el código postal | *código postal (CEP)*

address | la dirección | *endereço*

envelope | el sobre | *envelope*

postman | el cartero | *carteiro*

vocabulary • vocabulario • *vocabulário*				
letter la carta *carta*	**return address** el remite *remetente*	**delivery** el reparto *entrega*	**fragile** frágil *frágil*	**do not bend (v)** no doblar *não dobrar*
by airmail por avión *via aérea*	**signature** la firma *assinatura*	**postage** el franqueo *franquia*	**mailbag** la saca postal *mala postal*	**this way up** hacia arriba *este lado para cima*
registered post el correo certificado *carta registrada*	**collection** la recogida *retirada*	**postal order** el giro postal *ordem postal*	**telegram** el telegrama *telegrama*	**fax** el fax *fax*

english • español • *português*

SERVICES • **LOS SERVICIOS** • *SERVIÇOS*

postbox
el buzón
caixa de correio

letterbox
el buzón
caixa de correspondência

parcel
el paquete
pacote

courier
el mensajero
courier

telephone • el teléfono • *telefone*

handset
el auricular
aparelho

base station
la base
estação base

answering machine
el contestador automático
secretária eletrônica

cordless phone
el teléfono inalámbrico
telefone sem fio

video phone
el videoteléfono
videofone

telephone box
la cabina telefónica
cabine telefônica

keypad
el teclado
teclado

mobile phone
el teléfono móvil
telefone celular

receiver
el auricular
receptor

coin return
las monedas devueltas
devolução de moedas

coin phone
el teléfono de monedas
telefone de moeda

card phone
el teléfono de tarjeta
telefone de cartão

---

vocabulary • vocabulario • *vocabulário*

directory enquiries la información telefónica *informação telefônica*	**answer (v)** contestar *responder*	**operator** el operador *telefonista*	**Can you give me the number for...?** ¿Me podría dar el número de...? *Poderia me fornecer o número...?*
reverse charge call la llamada a cobro revertido *chamada a cobrar*	**text message** el mensaje de texto *mensagem de texto*	**engaged/busy** comunicando *ocupado*	**What is the dialling code for...?** ¿Cuál es el prefijo para llamar a...? *Qual o prefixo para ligar para...?*
dial (v) marcar *discar*	**voice message** el mensaje de voz *mensagem de voz*	**disconnected** apagado *desconectado*	

english • español • *português*   99

SERVICES • LOS SERVICIOS • *SERVIÇOS*

hotel • el hotel • *hotel*
lobby • el vestíbulo • *atendimento*

guest | el huésped | *hóspede*

room key | la llave de la habitación | *chave do quarto*

messages | los mensajes | *mensagens*

pigeonhole | la casilla | *escaninho*

receptionist | la recepcionista | *recepcionista*

register | el registro | *registro*

counter | el mostrador | *balcão*

reception | la recepción | *recepção*

luggage | el equipaje | *bagagem*

trolley | el carrito | *carrinho*

porter | el botones | *carregador*

lift | el ascensor | *elevador*

room number | el número de la habitación | *número do quarto*

rooms • los habitaciones • *quartos*

single room
la habitación individual
quarto individual

double room
la habitación doble
quarto para casal

twin room
la habitación con dos camas individuales
quarto com duas camas individuais

private bathroom
el cuarto de baño privado
banheiro privativo

100 english • español • *português*

SERVICES • **LOS SERVICIOS** • *SERVIÇOS*

services • los servicios • *serviços*

maid service
el servicio de limpieza
serviço de limpeza

laundry service
el servicio de lavandería
serviço de lavanderia

breakfast tray
la bandeja del desayuno
bandeja do café da manhã

room service | el servicio de habitaciones
serviço de quarto

mini bar
el minibar
minibar

restaurant
el restaurante
restaurante

gym
el gimnasio
academia

swimming pool
la piscina
piscina

---

vocabulary • vocabulario • *vocabulário*

full board la pensión completa *pensão completa*	**Do you have any vacancies?** ¿Tiene alguna habitación libre? *Há algum apartamento livre?*	**I'd like a room for three nights.** Quiero una habitación para tres días. *Quero um apartamento para três dias.*
half board la media pensión *meia pensão*	**I have a reservation.** Tengo una reserva. *Tenho uma reserva.*	**What is the charge per night?** ¿Cuánto cuesta la habitación por día? *Qual o preço por um dia?*
bed and breakfast la habitación con desayuno incluido *quarto com café da manhã incluso*	**I'd like a single room.** Quiero una habitación individual. *Quero um apartamento de solteiro.*	**When do I have to vacate the room?** ¿Cuándo tengo que dejar la habitación? *Quando devo deixar o apartamento?*

english • español • *português*   101

shopping
las compras
compras

SHOPPING • LAS COMPRAS • COMPRAS

shopping centre • el centro comercial • *shopping center*

atrium | el atrio | *átrio*

sign | el letrero | *painel*

lift | el ascensor | *elevador*

second floor | la segunda planta | *segundo andar*

first floor | la primera planta | *primeiro andar*

escalator | la escalera mecánica | *escada rolante*

ground floor | la planta baja | *andar térreo*

customer | el cliente | *cliente*

---

vocabulary • vocabulario • *vocabulário*

shoe department
la sección de zapatería
seção de calçados

children's department
la sección infantil
seção infantil

luggage department
la sección de equipajes
seção de bagagem

store directory
el directorio
gerência

sales assistant
el dependiente
vendedor

customer services
el servicio al cliente
serviço ao cliente

changing rooms
los probadores
provadores

toilets
los aseos
sanitários

baby changing facilities
el cuarto para cambiar a los bebés
fraldário

How much is this?
¿Cuánto cuesta esto?
Quanto custa?

May I exchange this?
¿Puedo cambiar esto?
Posso trocar a mecadoria?

104   english • español • *portuguê*

SHOPPING • **LAS COMPRAS** • *COMPRAS*

department store • los grandes almacenes • *lojas de departamento*

men's wear
la ropa de caballero
moda masculina

women's wear
la ropa de señora
moda feminina

lingerie
la lencería
lingerie

perfumery
la perfumería
perfumaria

beauty
los productos de belleza
produtos de beleza

linen
la ropa de hogar
cama, mesa e banho

home furnishings
el mobiliario para el hogar
móveis para o lar

haberdashery
la mercería
armarinho

kitchenware
el menaje de hogar
artigos de cozinha

china
las vajillas
louças e porcelana

electrical goods
los aparatos eléctricos
aparelhos elétricos

lighting
la iluminación
iluminação

sports
los artículos deportivos
artigos esportivos

toys
la juguetería
seção de brinquedos

stationery
la papelería
papelaria

food hall
el supermercado
supermercado

english • español • *português*

SHOPPING • LAS COMPRAS • *COMPRAS*

supermarket • el supermercado • *supermercado*

conveyer belt
la cinta transportadora
esteira

aisle
el pasillo
corredor

shelf
el estante
gôndola

cashier
el cajero
caixa

offers
las ofertas
ofertas

checkout | la caja | *caixa*

customer
el cliente
cliente

till
la caja
caixa registradora

shopping bag
la bolsa de la compra
sacola de compras

groceries
la compra
compras

handle
el asa
alça

bar code
el código de barras
código de barras

trolley | el carro
carrinho de compras

basket | la cesta
cesta

scanner | el escáner
leitor óptico

106

english • español • *português*

SHOPPING • LAS COMPRAS • *COMPRAS*

bakery
la panadería
padaria

dairy
los lácteos
laticínios

cereals
los cereales
cereais

tinned food
las conservas
conservas

confectionery
la confitería
confeitaria

vegetables
la verdura
verduras e legumes

fruit
la fruta
frutas

meat and poultry
la carne y las aves
carne bovina e aves

fish
el pescado
peixes

deli
la charcutería
embutidos

frozen food
los congelados
congelados

convenience food
los platos preparados
pratos congelados

drinks
las bebidas
bebidas

household products
los productos de limpieza
produtos de limpeza

toiletries
los artículos de aseo
artigos de higiene

baby products
los artículos para el bebé
artigos para bebê

electrical goods
los electrodomésticos
eletrodomésticos

pet food
la comida para animales
ração para animais

magazines | las revistas | *revistas*

english • español • português   107

SHOPPING • LAS COMPRAS • *COMPRAS*

chemist • la farmacia • *farmácia*

feminine hygiene
la higiene femenina
higiene feminina

dental care
el cuidado dental
cuidados dentais

deodorants
los desodorantes
desodorantes

vitamins
las vitaminas
vitaminas

dispensary
el dispensario
medicamentos em exposição

pharmacist
el farmacéutico
farmacêutico

cough medicine
el jarabe para la tos
xarope para tosse

herbal remedies
los remedios de herbolario
remédios medicinais

skin care
el cuidado de la piel
cuidados com a pele

aftersun
la loción para después del sol
loção pós-sol

sunscreen
la crema protectora
protetor solar

sunblock
la crema protectora total
bloqueador solar

insect repellent
el repelente de insectos
repelente

wet wipe
la toallita húmeda
lenços umedecidos

tissue
el pañuelo de papel
lenço de papel

sanitary towel
la compresa
absorvente

tampon
el tampón
absorvente interno

panty liner
el salvaslip
protetor de calcinha

english • español • *português*

SHOPPING • LAS COMPRAS • *COMPRAS*

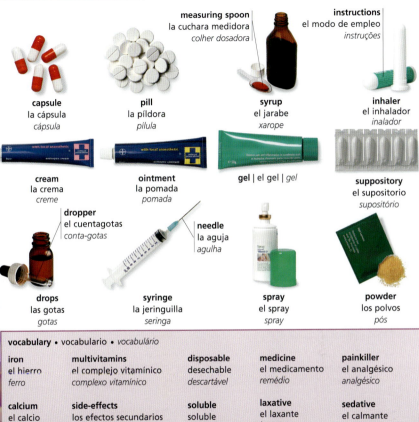

measuring spoon / la cuchara medidora / *colher dosadora*

instructions / el modo de empleo / *instruções*

capsule / la cápsula / *cápsula*

pill / la píldora / *pílula*

syrup / el jarabe / *xarope*

inhaler / el inhalador / *inalador*

cream / la crema / *creme*

ointment / la pomada / *pomada*

gel | el gel | *gel*

suppository / el supositorio / *supositório*

dropper / el cuentagotas / *conta-gotas*

needle / la aguja / *agulha*

drops / las gotas / *gotas*

syringe / la jeringuilla / *seringa*

spray / el spray / *spray*

powder / los polvos / *pós*

---

vocabulary • vocabulario • *vocabulário*

iron / el hierro / *ferro*	**multivitamins** / el complejo vitamínico / *complexo vitamínico*	**disposable** / desechable / *descartável*	**medicine** / el medicamento / *remédio*	**painkiller** / el analgésico / *analgésico*
calcium / el calcio / *cálcio*	**side-effects** / los efectos secundarios / *efeitos colaterais*	**soluble** / soluble / *solúvel*	**laxative** / el laxante / *laxante*	**sedative** / el calmante / *sedativo*
magnesium / el magnesio / *magnésio*	**expiry date** / la fecha de caducidad / *data de vencimento*	**dosage** / la dosis / *dose*	**diarrhoea** / la diarrea / *diarreia*	**sleeping pill** / el somnífero / *pílula para dormir*
insulin / la insulina / *insulina*	**travel sickness pills** / las píldoras para el mareo / *pílulas para enjoo*	**medication** / la medicación / *medicação*	**throat lozenge** / la pastilla para la garganta / *pastilha para a garganta*	**anti-inflammatory** / el antiinflamatorio / *anti-inflamatório*

english • español • *português*   109

SHOPPING • LAS COMPRAS • *COMPRAS*

florist • la floristería • *floricultura*

flowers
las flores
flores

lily
la azucena
lirio

acacia
la acacia
acácia

carnation
el clavel
cravo

pot plant
la maceta
planta de vaso

gladiolus
el gladiolo
gladiolo

iris
el iris
íris

daisy
la margarita
margarida

chrysanthemum
el crisantemo
crisântemo

gypsophila
la gypsofila
gipsófila

stocks
el alhelí
alelí

gerbera
la gerbera
gérbera

foliage
el follaje
folhagem

rose
la rosa
rosa

freesia
la fresia
frésia

english • **español** • *português*

SHOPPING • **LAS COMPRAS** • *COMPRAS*

arrangements • los arreglos • *arranjos*

vase | **el jarrón** | *vaso*

orchid | **la orquídea** | *orquídea*

peony | **la peonía** | *peônea*

bunch | **el ramo** | *ramalhete*

stem | **el tallo** | *caule*

daffodil | **el narciso** | *narciso*

bud | **el capullo** | *botão*

wrapping | **el envoltorio** | *embalagem*

tulip | el tulipán | *tulipa*

ribbon | la cinta | *fita*

bouquet | **el ramo** | *buquê*

dried flowers | **las flores secas** | *flores secas*

pot-pourri | el popurrí | *sortido*

wreath | la corona | *coroa*

garland | **la guirnalda** | *guirlanda*

Can I have a bunch of… please.
¿Me da un ramo de… por favor?
Poderia me fazer um buquê de…, por favor?

Can I have them wrapped?
¿Me los puede envolver?
Poderia fazê-lo com embalagem?

Can I attach a message?
¿Puedo adjuntar un mensaje?
Poderia anexar uma mensagem?

Can you send them to….?
¿Los puede enviar a…?
Pode enviá-las a…?

How long will these last?
¿Cuánto tiempo durarán éstos?
Quanto tempo estas durarão?

Are they fragrant?
¿Huelen?
As flores têm perfume?

---

english • español • *português*   111

SHOPPING • LAS COMPRAS • *COMPRAS*

newsagent • el vendedor de periódicos • *jornaleiro*

cigarettes
los cigarrillos
cigarros

packet of cigarettes
el paquete de tabaco
maço de cigarros

matches
las cerillas
fósforo

lottery tickets
los billetes de lotería
bilhetes de loteria

stamps
los sellos
selos

postcard
la tarjeta postal
cartão-postal

comic
el tebeo
revista em quadrinhos

magazine
la revista
revista

newspaper
el periódico
jornal

smoking • fumar • *fumar*

tobacco
el tabaco
tabaco

lighter
el mechero
isqueiro

stem
el tubo
tubo

bowl
la cazoleta
fornilho

pipe
la pipa
cachimbo

cigar
el puro
charuto

112 english • español • português

SHOPPING • LAS COMPRAS • *COMPRAS*

confectioner • el vendedor de golosinas • *confeiteiro*

box of chocolates
la caja de bombones
caixa de bombons

snack bar
la barrita
barras de guloseimas

chips
las patata fritas
batatas fritas

vocabulary • vocabulario • *vocabulário*	
milk chocolate el chocolate con leche *chocolate ao leite*	**boiled sweets** los caramelos duros *balas*
dark chocolate el chocolate negro *chocolate amargo*	**caramel** el caramelo *bala*
white chocolate el chocolate blanco *chocolate branco*	**truffle** la trufa *trufa*
pick and mix las golosinas a granel *doces sortidos*	**biscuit** la galleta *biscoito*

sweet shop | la tienda de golosinas | *loja de doces e guloseimas*

confectionery • las golosinas • *confeitos*

chocolate
el bombón
bombom

chocolate bar
la tableta de chocolate
barra de chocolate

sweets
los caramelos
balas

lollipop
la piruleta
pirulito

toffee
el toffee
bala toffee

nougat
el turrón
torrone

marshmallow
la nube
marshmallow

mint
la pastilla de menta
pastilha de menta

chewing gum
el chicle
goma de mascar

jellybean
el caramelo blando
jujuba

fruit gum
la gominola
bala de goma

licquorice
el regaliz
alcaçuz

nglish • **español** • *português* 113

SHOPPING • LAS COMPRAS • *COMPRAS*

other shops • las otras tiendas • *outros estabelecimentos*

baker's
la panadería
padaria

cake shop
la confitería
confeitaria

butcher's
la carnicería
açougue

fishmonger's
la pescadería
peixaria

greengrocer's
la verdulería
mercearia

grocer's
el ultramarinos
mercadinho

shoe shop
la zapatería
loja de sapatos

hardware shop
la ferretería
loja de ferragens

antiques shop
la tienda de antigüedades
loja de antiguidades

gift shop
la tienda de artículos de regalo
loja de presentes

travel agent's
la agencia de viajes
agência de viagens

jeweller's
la joyería
joalheria

SHOPPING • **LAS COMPRAS** • *COMPRAS*

book shop
la librería
livraria

record shop
la tienda de discos
loja de discos

off licence
la tienda de licores
loja de bebidas

pet shop
la pajarería
pet shop

furniture shop
la tienda de muebles
loja de móveis

boutique
la boutique
butique

vocabulary • vocabulario • *vocabulário*

garden centre el vivero *viveiro*	**launderette** la lavandería *lavanderia*
dry cleaner's la tintorería *tinturaria*	**health food shop** la herboristería *alimentação natural*
camera shop la tienda de fotografía *loja de fotografia*	**second-hand shop** la tienda de artículos usados *brechó*
estate agent's la agencia inmobiliaria *imobiliária*	**art shop** la tienda de materiales de arte *materiais de arte*

tailor's
la sastrería
alfaiataria

hairdresser's
la peluquería
salão de beleza

market | el mercado | *feira livre*

english • español • *português* 115

food
los alimentos
alimentos

FOOD • LOS ALIMENTOS • *ALIMENTOS*

meat • la carne • *carne*

lamb / el cordero / *ovelha*

butcher / el carnicero / *açougueiro*

meat hook / el gancho / *gancho*

scales / el peso / *balança*

knife sharpener / el afilador / *amolador*

bacon / el bacon / *bacon*

sausages / las salchichas / *salsichas*

liver / el hígado / *fígado*

vocabulary • vocabulario • *vocabulário*

pork el cerdo *porco*	**venison** el venado *veado*	**offal** las asaduras *miúdos*	**free range** de granja *caipira*	**red meat** la carne roja *carne vermelha*
beef la vaca *carne bovina*	**rabbit** el conejo *coelho*	**cured** curado *curado*	**organic** biológico *orgânico*	**lean meat** la carne magra *carne magra*
veal la ternera *novilho*	**tongue** la lengua *língua*	**smoked** ahumado *defumado*	**white meat** la carne blanca *carne branca*	**cooked meat** el fiambre *frios*

english • español • *português*

FOOD • LOS ALIMENTOS • ALIMENTOS

cuts • los cortes • cortes

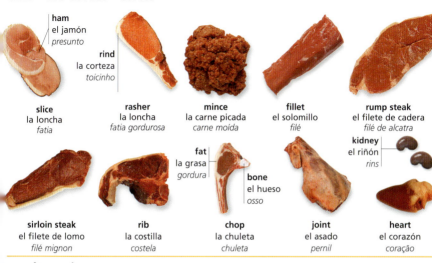

ham | el jamón | *presunto*

rind | la corteza | *toicinho*

slice | la loncha | *fatia*

rasher | la loncha | *fatia gordurosa*

mince | la carne picada | *carne moída*

fillet | el solomillo | *filé*

rump steak | el filete de cadera | *filé de alcatra*

kidney | el riñón | *rins*

fat | la grasa | *gordura*

bone | el hueso | *osso*

sirloin steak | el filete de lomo | *filé mignon*

rib | la costilla | *costela*

chop | la chuleta | *chuleta*

joint | el asado | *pernil*

heart | el corazón | *coração*

poultry • las aves • aves

skin | la piel | *pele*

breast | la pechuga | *peito*

thigh | el muslo | *coxa*

game | la carne de caza | *carne de caça*

dressed chicken | el pollo preparado | *frango assado*

leg | la pata | *coxa*

pheasant | el faisán | *faisão*

quail | la codorniz | *codorna*

wing | el ala | *asa*

turkey | el pavo | *peru*

chicken | el pollo | *frango*

duck | el pato | *pato*

goose | la oca | *ganso*

english • español • português

FOOD • **LOS ALIMENTOS** • *ALIMENTOS*

fish • el pescado • *peixe*

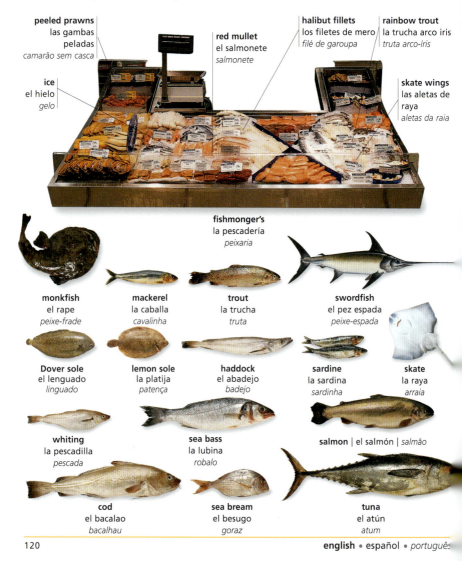

peeled prawns / las gambas peladas / *camarão sem casca*

ice / el hielo / *gelo*

red mullet / el salmonete / *salmonete*

halibut fillets / los filetes de mero / *filé de garoupa*

rainbow trout / la trucha arco iris / *truta arco-íris*

skate wings / las aletas de raya / *aletas da raia*

fishmonger's / la pescadería / *peixaria*

monkfish / el rape / *peixe-frade*

mackerel / la caballa / *cavalinha*

trout / la trucha / *truta*

swordfish / el pez espada / *peixe-espada*

Dover sole / el lenguado / *linguado*

lemon sole / la platija / *patença*

haddock / el abadejo / *badejo*

sardine / la sardina / *sardinha*

skate / la raya / *arraia*

whiting / la pescadilla / *pescada*

sea bass / la lubina / *robalo*

salmon | **el salmón** | *salmão*

cod / el bacalao / *bacalhau*

sea bream / el besugo / *goraz*

tuna / el atún / *atum*

120   **english** • **español** • *português*

FOOD • LOS ALIMENTOS • *ALIMENTOS*

seafood • el marisco • *frutos do mar*

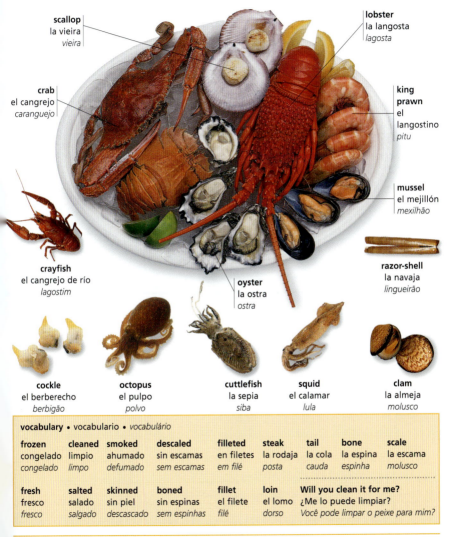

scallop / la vieira / *vieira*

lobster / la langosta / *lagosta*

crab / el cangrejo / *caranguejo*

king prawn / el langostino / *pitu*

mussel / el mejillón / *mexilhão*

crayfish / el cangrejo de río / *lagostim*

oyster / la ostra / *ostra*

razor-shell / la navaja / *lingueirão*

cockle / el berberecho / *berbigão*

octopus / el pulpo / *polvo*

cuttlefish / la sepia / *siba*

squid / el calamar / *lula*

clam / la almeja / *molusco*

vocabulary • vocabulario • *vocabulário*

frozen	cleaned	smoked	descaled	filleted	steak	tail	bone	scale
congelado	limpio	ahumado	sin escamas	en filetes	la rodaja	la cola	la espina	la escama
congelado	*limpo*	*defumado*	*sem escamas*	*em filé*	*posta*	*cauda*	*espinha*	*molusco*

fresh	salted	skinned	boned	fillet	loin	Will you clean it for me?
fresco	salado	sin piel	sin espinas	el filete	el lomo	¿Me lo puede limpiar?
fresco	*salgado*	*descascado*	*sem espinhas*	*filé*	*dorso*	*Você pode limpar o peixe para mim?*

english • español • *português*

FOOD • LOS ALIMENTOS • *ALIMENTOS*

vegetables 1 • las verduras 1 • *verduras e legumes 1*

seed / la semilla / *semente*

broad bean / la haba / *fava*

runner bean / la judía verde / *feijão-fradinho*

French bean / la judía verde / *vagem*

garden pea / el guisante / *ervilha*

pod / la vaina / *casca*

bean sprout / los brotes de soja / *brotos de feijão*

bamboo / el bambú / *bambu*

okra / el quingombó / *quiabo*

sweetcorn / el maíz dulce / *milho verde*

endive / la endibia / *endívia*

fennel / el hinojo / *erva-doce*

palm hearts / los palmitos / *palmitos*

celery / el apio / *aipo*

---

vocabulary • vocabulario • *vocabulário*

leaf / la hoja / *folha*	**floret** / la cabezuela / *cardo*	**tip** / la punta / *ponta*	**organic** / biológico / *orgânico*	**Do you sell organic vegetables?** / ¿Vende verduras biológicas? / *Vende-se produto orgânico?*
stalk / el tallo / *haste*	**kernel** / la almendra / *amêndoa*	**heart** / el centro / *centro*	**plastic bag** / la bolsa de plástico / *sacola plástica*	**Are these grown locally?** / ¿Son productos locales? / *São produtos da região?*

english • español • *português*

FOOD • LOS ALIMENTOS • *ALIMENTOS*

rocket
la rócula
rúcula

watercress
el berro
agrião

radicchio
el radicchio
chicória vermelha

brussel sprout
la col de bruselas
couve-de-bruxelas

swiss chard
la acelga
acelga

kale
la col rizada
couve-crespa

sorrel
la acedera
azedinha

chicory
la escarola
escarola

dandelion
el diente de león
dente-de-leão

spinach
la espinaca
espinafre

kohlrabi
el colinabo
tipo de nabo

pak-choi
la acelga china
acelga da china

lettuce
la lechuga
alface

broccoli
el brócoli
brócolis

cabbage
la col
repolho

spring greens
la berza
couve

english • español • *português* 123

FOOD • LOS ALIMENTOS • *ALIMENTOS*

vegetables 2 • las verduras 2 • *verduras e legumes 2*

artichoke / la alcachofa / *alcachofra*

radish / el rábano / *rabanete*

cauliflower / la coliflor / *couve-flor*

turnip / el nabo / *nabo*

potato / la patata / *batata*

onion / la cebolla / *cebola*

pepper / el pimiento / *pimentão*

chilli / la guindilla / *pimenta-malagueta*

marrow / el calabacín gigante / *abóbora-pescoço*

---

vocabulary • vocabulario • *vocabulário*

cherry tomato el tomate cherry *tomate cereja*	**celeriac** el apio-nabo *aipo*	**frozen** congelado *congelado*	**bitter** amargo *amargo*	**Can I have one kilo of potatoes please?** ¿Me da un kilo de patatas, por favor? *Um quilo de batatas, por favor?*
carrot la zanahoria *cenoura*	**taro root** la raíz del taro *raiz de taro*	**raw** crudo *cru*	**firm** firme *firme*	**What's the price per kilo?** ¿Cuánto vale el kilo? *Quanto custa o quilo?*
breadfruit el fruto del pan *fruta-pão*	**water chestnut** la castaña de agua *castanha-d'água*	**hot (spicy)** picante *picante*	**flesh** la pulpa *polpa*	**What are those called?** ¿Cómo se llaman ésos? *Como se chamam estes produtos?*
new potato la patata nueva *batata nova*	**cassava** la mandioca *mandioca*	**sweet** dulce *doce*	**root** la raíz *raiz*	

english • español • *português*

FOOD • LOS ALIMENTOS • *ALIMENTOS*

sweet potato
el boniato
batata-doce

yam
el ñame
inhame

beetroot
la remolacha
beterraba

swede
el nabo sueco
nabo sueco

Jerusalem artichoke
el topinambur
alcachofra jerusalém

horseradish
el rábano picante
rábano-picante

parsnip
la chirivía
batata-baroa

ginger
el jengibre
gengibre

aubergine
la berenjena
berinjela

tomato
el tomate
tomate

spring onion
la cebolleta
cebolinha

leek
el puerro
alho-poró

shallot
el chalote
chalote

garlic
el ajo
alho

clove
el diente
dente

truffle
la trufa
túbera

mushroom
el champiñón
cogumelo

cucumber
el pepino
pepino

courgette
el calabacín
abobrinha

butternut squash
la calabaza
abóbora

acorn squash
la calabaza bellota
abóbora bolota

pumpkin
la calabaza
abóbora-moranga

english • **español** • *português*

FOOD • LOS ALIMENTOS • *ALIMENTOS*

fruit 1 • la fruta 1 • *fruta 1*
citrus fruit • los cítricos • *cítricos* | stoned fruit • la fruta con hueso • *frutas com caroço*

orange
la naranja
laranja

clementine
la mandarina clementina
tangerina

pith
la médula
medula

ugli fruit
el ugli
tangerina

grapefruit
el pomelo
pomelo

segment
el gajo
gomo

satsuma
la mandarina satsuma
mexerica

tangerine
la mandarina
tangerina

zest
la corteza
casca

lime
la lima
lima

lemon
el limón
limão

kumquat
el kumquat
cumquat

peach
el melocotón
pêssego

nectarine
la nectarina
nectarina

apricot
el albaricoque
damasco

plum
la ciruela
ameixa

cherry
la cereza
cereja

pear
la pera
pêra

apple
la manzana
maçã

basket of fruit | la cesta de fruta | *fruteira*

126 english • español • *português*

FOOD • LOS ALIMENTOS • ALIMENTOS

berries and melons • las bayas y los melones • *bagas e melões*

strawberry
la fresa
morango

blackberry
la mora
amora

cranberry
el arándano rojo
mirtilo vermelho

blueberry
el arándano
mirtilo

loganberry
la frambuesa Logan
framboesa Logan

gooseberry
la grosella espinosa
groselha espinhosa

raspberry
la frambuesa
framboesa

redcurrant
la grosella
groselha

blackcurrant
la grosella negra
groselha preta

white currant
la grosella blanca
groselha branca

melon
el melón
melão

rind
la corteza
casca

seed
la pepita
semente

flesh
la pulpa
polpa

grapes
la uva
uva

watermelon
la sandía
melancia

vocabulary • vocabulario • *vocabulário*				
rhubarb	**sour**	**crisp**	**seedless**	**Are they ripe?**
el ruibarbo	amargo	fresco	sin pepitas	¿Están maduros?
ruibarbo	*acre*	*crocante*	*sem sementes*	*Já estão maduros?*
fibre	**fresh**	**rotten**	**juice**	**Can I try one?**
la fibra	fresco	podrido	el zumo	¿Puedo probar uno?
fibra	*fresco*	*podre*	*suco*	*Posso provar?*
sweet	**juicy**	**pulp**	**core**	**How long will they keep?**
dulce	jugoso	la pulpa	el corazón	¿Hasta cuándo durarán?
doce	*suculento*	*polpa*	*caroço*	*Quanto tempo durarão?*

nglish • español • *português*   127

FOOD • LOS ALIMENTOS • *ALIMENTOS*

fruit 2 • la fruta 2 • *fruta 2*

mango / el mango / *manga*

avocado / el aguacate / *abacate*

peach / el melocotón / *pêssego*

kiwifruit / el kiwi / *kiwi*

pineapple / la piña / *abacaxi*

papaya / la papaya / *mamão* / *papaia*

lychee / el lichi / *lichia*

cape gooseberry / el phisicallis / *uva-espim*

pip / la pepita / *semente*

skin / la piel / *casca*

quince / el membrillo / *marmelo*

passion fruit / el maracuyá / *maracujá*

banana / el plátano / *banana*

guava / la guayaba / *goiaba*

pomegranate / la granada / *romã*

persimmon / el caqui / *caqui*

feijoa / la feijoa / *aca*

prickly pear / el higo chumbo / *figo da india*

starfruit / la carambola / *carambola*

mangosteen / el mangostán / *mangostão*

128 english • español • *português*

FOOD • **LOS ALIMENTOS** • *ALIMENTOS*

nuts and dried fruit • los frutos secos • *frutos secos*

pine nut
el piñón
pinhão

pistachio
el pistacho
pistache

cashewnut
el anacardo
castanha-de-caju

peanut
el cacahuete
amendoim

hazelnut
la avellana
avelã

brazilnut
la nuez de Brasil
castanha-do-pará

pecan
la pacana
noz-pecã

almond
la almendra
amêndoa

walnut
la nuez
noz

chestnut
la castaña
castanha

macadamia
la macadamia
noz-macadâmia

fig
el higo
figo

date
el dátil
tâmara

prune
la ciruela pasa
ameixa seca

shell
la cáscara
casca

flesh
la pulpa
polpa

sultana
la pasa sultana
uva-passa sultanina

raisin
la pasa
uva-passa

currant
la pasa de Corinto
uva-passa de corinto

coconut
el coco
coco

vocabulary • vocabulario • *vocabulário*						
green verde *verde*	**hard** duro *duro*	**kernel** la almendra *amêndoa*	**salted** salado *salgado*	**roasted** tostado *tostado*	**tropical fruit** las frutas tropicales *frutas tropicais*	**shelled** pelado *descascado*
ripe maduro *maduro*	**soft** blando *brando*	**desiccated** desecado *dessecado*	**raw** crudo *cru*	**seasonal** de temporada *sazonal*	**candied fruit** la fruta escarchada *fruta cristalizada*	**whole** entero *inteiro*

english • español • *português*   129

FOOD • LOS ALIMENTOS • *ALIMENTOS*

grains and pulses • los granos y las legumbres • *grãos e legumes*

grains • los granos • *grãos*

wheat
el trigo
trigo

oats
la avena
aveia

barley
la cebada
cevada

vocabulary • vocabulario • *vocabulário*		
seed	**easy cook**	**wholegrain**
la semilla	de fácil cocción	integral
semente	*fácil de cozer*	*integral*
husk	**fragranced**	**long-grain**
la cáscara	perfumado	largo
casca	*perfumado*	*grão longo*
kernel	**cereal**	**short-grain**
el grano	los cereales	corto
grão	*cereais*	*grão curto*
dry	**soak (v)**	**fresh**
seco	poner a remojo	fresco
seco	*pôr de molho*	*fresco*

millet
el mijo
milho-da-Itália

corn
el maíz
milho

quinoa
la quinoa
quinoa

rice • el arroz • *arroz*

white rice
el arroz largo
arroz branco

brown rice
el arroz integral
arroz integral

wild rice
el arroz salvaje
arroz selvagem

pudding rice
el arroz bomba
arroz arbóreo

processed grains • los granos procesados • *grãos processados*

couscous
el cuscús
cuscuz

cracked wheat
el trigo partido
trigo triturado

semolina
la sémola
sêmola

bran
el salvado
farelo

english • español • *português*

FOOD • LOS ALIMENTOS • ALIMENTOS

beans and peas • las alubias y los guisantes • *feijões e ervilhas*

butter beans
la alubia blanca
feijão-branco

haricot beans
la alubia blanca
pequeña
feijão-branco-miúdo

red kidney beans
la alubia roja
feijão-vermelho

aduki beans
la alubia morada
feijão roxo

broad beans
las habas
favas

soya beans
la semilla de soja
semente de soja

black-eyed beans
la alubia de ojo
negro
feijão-fradinho

pinto beans
la alubia pinta
feijão pinto

mung beans
la alubia mung
feijão mung

flageolet beans
la alubia flageolet
feijão flageolet

brown lentils
la lenteja
castellana
lentilha marrom

red lentils
la lenteja roja
lentilha vermelha

green peas
los guisantes
tiernos
ervilhas frescas

chick peas
los garbanzos
grão-de-bico

split peas
los guisantes secos
ervilhas secas

seeds • las semillas • *sementes verdes*

pumpkin seed
la pipa de
calabaza
*semente de
abóbora*

mustard seed
la mostaza en
grano
mostarda em grão

caraway
el carvi
alcaravia

sesame seed
la semilla de sésamo
gergelim
sunflower seed
la pipa de girasol
semente de girassol

english • español • *português*

FOOD • LOS ALIMENTOS • *ALIMENTOS*

herbs and spices • las hierbas y las especias
• *ervas e especiarias*

spices • las especias • *especiarias*

vanilla
la vainilla
baunilha

nutmeg
la nuez moscada
noz-moscada

mace
la macis
macis

turmeric
la cúrcuma
açafrão

cumin
el comino
cominho

bouquet garni
el ramillete aromático
ramalhete aromático

allspice
la pimienta de Jamaica
pimenta

peppercorn
la pimienta en grano
pimenta em grão

fenugreek
el heno griego
feno-grego

chilli
la guindilla
pimenta-malagueta

whole
entero
inteiro

crushed
machacado
triturado

saffron
el azafrán
açafrão

cardamom
el cardamono
cardamono

curry powder
el curry en polvo
curry em pó

ground
molido
moído

paprika
el pimentón
páprica

flakes
laminado
floco

garlic
el ajo
alho

english • español • *português*

FOOD • LOS ALIMENTOS • *ALIMENTOS*

las hierbas • **herbs**

sticks
las ramas
paus

cinnamon
la canela
canela

lemon grass
la citronela
erva-cidreira

cloves
los clavos
cravos

star anise
el anís estrellado
anis-estrelado

fennel
el hinojo
erva-doce

fennel seeds
las semillas
de hinojo
*semente de
erva-doce*

bay leaf
el laurel
louro

parsley
el perejil
salsa

chives
los cebollinos
cebolinha

mint
la menta
menta

thyme
el tomillo
tomilho

sage
la salvia
sálvia

tarragon
el estragón
estragão

marjoram
la mejorana
manjerona

basil
la albahaca
manjericão

ginger
el jengibre
gengibre

oregano
el orégano
orégano

coriander
el cilantro
coentro

dill
el eneldo
endro

rosemary
el romero
alecrim

english • español • *português* 133

FOOD • LOS ALIMENTOS • ALIMENTOS

bottled foods • los alimentos embotellados • *alimentos em frascos*

almond oil
el aceite de almendras
óleo de amêndoas

walnut oil
el aceite de nueces
óleo de nozes

grapeseed oil
el aceite de semillas de uva
óleo de semente de uva

cork
el corcho
rolha de cortiça

sunflower oil
el aceite de girasol
óleo de girassol

sesame seed oil
el aceite de sésamo
óleo de gergelim

hazelnut oil
el aceite de avellanas
óleo de avelãs

olive oil
el aceite de oliva
azeite de oliva

oils
los aceites
azeites e óleos

herbs
las hierbas
ervas

flavoured oil
el aceite aromatizado
azeite aromatizado

sweet spreads • las confituras • *confeitos para mesa*

lemon curd
la crema de limón
geleia de limão

jar | el tarro | *pote*

raspberry jam
la mermelada de frambuesa
geleia de framboesa

marmalade
la mermelada de naranja
geleia de laranja

honeycomb
el panal
favo de mel

clear honey
la miel líquida
mel líquido

set honey
la miel compacta
mel compacto

maple syrup
el jarabe de arce
xarope de maple

english • español • *português*

FOOD • LOS ALIMENTOS • ALIMENTOS

condiments and spreads • los condimentos
• *condimentos e suprimentos*

cider vinegar
el vinagre de sidra
vinagre de maçã

balsamic vinegar
el vinagre balsámico
vinagre balsâmico

bottle
la botella
frasco

English mustard
la mostaza inglesa
mostarda inglesa

mayonnaise
la mayonesa
maionese

ketchup
el ketchup
ketchup

French mustard
la mostaza francesa
mostarda francesa

chutney
el chutney
chutney

malt vinegar
el vinagre de malta
vinagre de malta

wine vinegar
el vinagre de vino
vinagre de vinho

sauce
la salsa
molho

wholegrain mustard
la mostaza en grano
mostarda em grão

vinegar
el vinagre
vinagre

sealed jar
el tarro hermético
pote fechado hermeticamente

peanut butter
la mantequilla de cacahuetes
pasta de amendoim

chocolate spread
el chocolate para untar
chocolate para cobertura

preserved fruit
la fruta en conserva
fruta em conserva

---

vocabulary • vocabulario • *vocabulário*

vegetable oil el aceite vegetal *óleo vegetal*	**rapeseed oil** el aceite de colza *óleo de colza*
corn oil el aceite de maíz *óleo de milho*	**cold-pressed oil** el aceite de presión en frío *óleo de pressão a frio*
groundnut oil el aceite de cacahuete *óleo de cacau*	

english • español • *português*   135

FOOD • LOS ALIMENTOS • *ALIMENTOS*

dairy produce • los productos lácteos
• *produtos lácteos*
cheese • el queso • *queijo*

rind | la corteza | *côdoa/capa do queijo*

semi-hard cheese | el queso semicurado | *queijo semicurado*

grated cheese | el queso rallado | *queijo ralado*

hard cheese | el queso curado | *queijo curado*

semi-soft cheese | el queso cremoso | *queijo cremoso*

cottage cheese | el requesón | *requeijão*

cream cheese | el queso cremoso semicurado | *queijo cremoso semicurado*

blue cheese | el queso azul | *queijo azul*

soft cheese | el queso cremoso | *queijo cremoso*

fresh cheese | el queso fresco | *queijo fresco*

milk • la leche • *leite*

whole milk | la leche entera | *leite integral*

semi-skimmed milk | la leche semidesnatada | *leite semidesnatado*

skimmed milk | la leche desnatada | *leite desnatado*

milk carton | el cartón de leche | *caixa de leite*

goat's milk | la leche de cabra | *leite de cabra*

condensed milk | la leche condensada | *leite condensado*

cow's milk | la leche de vaca | *leite de vaca*

FOOD • LOS ALIMENTOS • *ALIMENTOS*

butter
la mantequilla
manteiga

margarine
la margarina
margarina

cream
la nata
creme de leite

single cream
la nata líquida
creme de leite líquido

double cream
la nata para montar
creme de leite encorpado

whipped cream
la nata montada
creme de sobremesa

sour cream
la nata agria
creme azedo

yoghurt
el yogurt
iogurte

ice-cream
el helado
sorvete

eggs • los huevos • *ovos*

yolk la yema *gema*

egg white la clara *clara*

shell la cáscara *casca*

egg cup la huevera *suporte para ovos*

boiled egg | el huevo pasado por agua | *ovo cozido*

hen's egg
el huevo de gallina
ovo de galinha

duck egg
el huevo de pato
ovo de pata

goose egg
el huevo de oca
ovo de gansa

quail egg
el huevo de codorniz
ovo de codorna

---

vocabulary • vocabulario • *vocabulário*

pasteurized pasteurizado *pasteurizado*	**fat free** sin grasa *sem gordura*	**salted** salado *salgado*	**sheep's milk** la leche de oveja *leite de ovelha*	**lactose** la lactosa *lactose*	**milkshake** el batido *milkshake*
unpasteurized sin pasteurizar *não pasteurizado*	**powdered milk** la leche en polvo *leite em pó*	**unsalted** sin sal *sem sal*	**buttermilk** el suero de la leche *soro da manteiga*	**homogenised** homogeneizado *homogeneizado*	**frozen yoghurt** el yogurt helado *iogurte congelado*

english • español • *português*

FOOD • LOS ALIMENTOS • *ALIMENTOS*

breads and flours • el pan y las harinas • *pão e farinhas*

sliced bread | el pan de molde | *pão de forma*

poppy seeds | las semillas de amapola | *semente de papoula*

rye bread | el pan de centeno | *pão de centeio*

baguette | la baguette | *baguete*

bakery | la panadería | *padaria*

making bread • haciendo pan • *fazendo pão*

white flour
la harina blanca
farinha branca

brown flour
la harina morena
farinha escura

wholemeal flour
la harina integral
farinha integral

yeast
la levadura
fermento

sift (v) | cribar
peneirar

mix (v) | mezclar
misturar

dough
la masa
massa

knead (v) | amasar
amassar

bake (v) | hornear | *assar*

english • español • *português*

FOOD • LOS ALIMENTOS • *ALIMENTOS*

crust | la corteza | *casca*

loaf | la hogaza | *filão*

slice | la rebanada | *fatia*

white bread
el pan blanco
pão de forma

brown bread
el pan moreno
pão preto

wholemeal bread
el pan integral
pão integral

granary bread
el pan con grano
pão com grãos

corn bread
el pan de maíz
pão de milho

soda bread
el pan al bicarbonato sódico
pão de bicarbonato de sódio

sourdough bread
el pan fermentado
pão com fermento

flatbread
el pan sin levadura
pão sem fermento

bagel
la rosquilla
rosquinha

bap | el bollo
pãozinho doce

roll | el panecillo
pão trançado

fruit bread
el plumcake
pão de frutas

seeded bread
el pan con semillas
pão com sementes

naan bread
el naan
pão naan

pitta bread
el pan de pita
pão sírio

crispbread
el biscote
torrada

---

vocabulary • vocabulario • *vocabulário*

self-raising flour	**plain flour**	**prove (v)**	**breadcrumbs**	**slicer**
la harina con levadura	la harina blanca	levar	el pan rallado	el rebanador
farinha com levedura	*farinha branca*	*provar*	*farinha de rosca*	*cortador de pão*

strong flour	**rise (v)**	**glaze (v)**	**flute**	**baker**
la harina para pan	subir	glasear	la barra	el panadero
farinha para pão	*subir*	*glaçar*	*baguete*	*padeiro*

english • español • *português*   139

FOOD • LOS ALIMENTOS • *ALIMENTOS*

cakes and desserts • la repostería • *bolos e sobremesas*

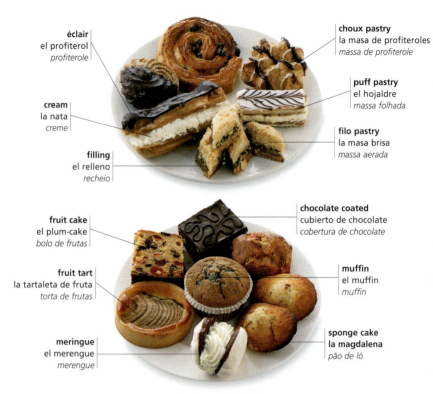

éclair
el profiterol
profiterole

cream
la nata
creme

filling
el relleno
recheio

choux pastry
la masa de profiteroles
massa de profiterole

puff pastry
el hojaldre
massa folhada

filo pastry
la masa brisa
massa aerada

fruit cake
el plum-cake
bolo de frutas

fruit tart
la tartaleta de fruta
torta de frutas

meringue
el merengue
merengue

chocolate coated
cubierto de chocolate
cobertura de chocolate

muffin
el muffin
muffin

sponge cake
la magdalena
pão de ló

cakes | los pasteles | *bolos*

---

vocabulary • vocabulario • *vocabulário*

crème patisserie	**bun**	**pastry**	**rice pudding**	May I have a slice please?
la crema pastelera	el bollo	la masa	el arroz con leche	¿Puedo tomar un trozo?
creme de bolo	*pão*	*massa de torta*	*arroz doce*	*Posso provar um pedaço?*
chocolate cake	**custard**	**slice**	**celebration**	
el pastel de chocolate	las natillas	el trozo	la celebración	
bolo de chocolate	*creme de baunilha*	*fatia/pedaço*	*comemoração*	

140   english • español • *português*

FOOD • **LOS ALIMENTOS** • *ALIMENTOS*

chocolate chip
los trocitos de chocolate
gota de chocolate

sponge fingers
las soletillas
biscoitinhos de colher

trifle
el postre de soletillas, gelatina de frutas y nata
doce de biscoitos, gelatina de frutas e creme

florentine
la florentina
florentina

biscuits | **las galletas** | *biscoitos*

mousse
la mousse
mousse

sorbet
el sorbete
sorbet

cream pie
el pastel de nata
torta de creme

crème caramel
el flan
pudim caramelado

celebration cakes • las tartas para celebraciones • *bolos para comemorações*

top tier
el último piso
último andar

ribbon
la cinta
fita

decoration
la decoración
decoração

birthday candles
las velas de cumpleaños
vela de aniversário

blow out (v)
apagar
apagar

bottom tier
el primer piso
primeiro andar

icing
la alcorza
glacê

marzipan
el mazapán
marzipã

wedding cake | **la tarta nupcial** | *bolo de casamento*

birthday cake | **la tarta de cumpleaños**
bolo de aniversário

english • español • português   141

FOOD • LOS ALIMENTOS • *ALIMENTOS*

delicatessen • la charcutería • *frios*

spicy sausage
el fiambre
linguiça picante

oil
el aceite
azeite

flan
la quiche
quiche

vinegar
el vinagre
vinagre

uncooked meat
la carne fresca
carne fresca

counter
el mostrador
balcão

salami
el salami
salame

pepperoni
el salchichón
pepperoni

pâté
el paté
patê

mozzarella
la mozzarella
mussarela

brie
el brie
brie

goat's cheese
el queso de cabra
queijo de cabra

cheddar
el cheddar
cheddar

parmesan
el parmesano
parmesão

camembert
el camembert
camembert

rind
la corteza
côdoa/casca

edam
el queso de bola
queijo bola

manchego
el manchego
queijo da região de La Mancha

142   **english** • español • *português*

FOOD • **LOS ALIMENTOS** • *ALIMENTOS*

pies
los pasteles de carne
tortas

black olive
la aceituna negra
azeitona preta

chili
la guindilla
pimenta-malagueta

sauce
la salsa
molho

bread roll
el panecillo
sonhos

cooked meat
el fiambre
frios

green olive
la aceituna verde
azeitona verde

ham
el jamón
presunto

sandwich counter | el mostrador de bocadillos
balcão de sanduíches

smoked fish
el pescado ahumado
peixe defumado

capers
las alcaparras
alcaparras

vocabulary • vocabulario • *vocabulário*		
in oil	**marinated**	**smoked**
en aceite	adobado	ahumado
em azeite	*marinado*	*defumado*
in brine	**salted**	**cured**
en salmuera	salado	curado
em salmoura	*salgado*	*curado*

Take a number please.
Coja un número, por favor.
Pegue um número, por favor.

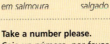
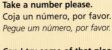

chorizo
la corteza
chouriço

Can I try some of that please?
¿Puedo probar un poco de eso?
Poderia provar um pouco disso?

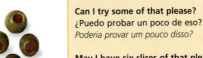
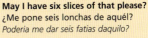

May I have six slices of that please?
¿Me pone seis lonchas de aquél?
Poderia me dar seis fatias daquilo?

prosciutto
el jamón serrano
presunto serrano

stuffed olive
la aceituna rellena
azeitona recheada

english • español • *português*

FOOD • LOS ALIMENTOS • *ALIMENTOS*

drinks • las bebidas • *bebidas*

water • el agua • *água*

bottled water
el agua embotellada
água engarrafada

sparkling
con gas
com gás

still
sin gas
sem gás

tap water
el agua del grifo
água de torneira

tonic water
la tónica
água tônica

mineral water
el agua mineral
água mineral

soda water
la soda
soda

hot drinks • las bebidas calientes • *bebidas quentes*

teabag
la bolsita de té
sachê de chá

loose leaf tea
el té en hoja
folha de chá

tea | el té | *chá*

beans
los granos
grãos

ground coffee
el café molido
café moído

coffee | el café | *café*

hot chocolate
el chocolate caliente
chocolate quente

malted drink
la bebida malteada
bebida maltada

soft drinks • los refrescos • *refrescos*

straw
la pajita
canudo

tomato juice
el zumo de tomate
suco de tomate

grape juice
el zumo de uva
suco de uva

lemonade
la limonada
limonada

orangeade
la naranjada
laranjada

cola
la cola
refrigerante de cola

144   english • español • português

FOOD • LOS ALIMENTOS • *ALIMENTOS*

alcoholic drinks • las bebidas alcohólicas • *bebidas alcoólicas*

can
la lata
lata

beer
la cerveza
cerveja

cider
la sidra
sidra

bitter
la cerveza amarga
cerveja amarga

stout
la cerveza negra
cerveja preta

gin
la ginebra
gim

vodka
el vodka
vodca

whisky
el whisky
uísque

rum
el ron
rum

brandy
el coñac
conhaque

port
el oporto
vinho do porto

dry
seco
seco

sherry
el vino de jerez
xerez

campari
el campari
campari

rosé
rosado
rosé

white
blanco
branco

red
tinto
tinto

liqueur
el licor
licor

tequila
el tequila
tequila

champagne
el champán
champanha

wine
el vino
vinho

english • español • *português*

eating out
comer fuera
comer fora

EATING OUT • COMER FUERA • *COMER FORA*

café • la cafetería • *café*

menu
la carta
cardápio

awning
el toldo
toldo

umbrella
la sombrilla
guarda-sol

terrace café | la terraza | *cafeteria ao ar livre*

waiter
el camarero
garçom

coffee machine
la máquina del café
máquina de café

table
la mesa
mesa

pavement café | la cafetería con mesas fuera | *cafeteria ao ar livre*

snack bar | el bar | *bar*

coffee • el café • *café*

white coffee
el café con leche
café com leite

black coffee
el café solo
café puro

cocoa powder
el cacao en polvo
cacau em pó

froth
la espuma
espuma

filter coffee
el café de cafetera eléctrica
café passado em filtro

espresso
el café solo
café expresso

cappuccino
el cappuccino
cappuccino

iced coffee
el café con hielo
café gelado

english • español • *português*

EATING OUT • COMER FUERA • *COMER FORA*

tea • el té • *chá*

herbal tea
la infusión
infusão

camomile tea | la manzanilla
chá de camomila

green tea | el té verde
chá verde

tea with milk
el té con leche
chá com leite

black tea
el té sólo
chá puro

tea with lemon
el té con limón
chá com limão

mint tea
la menta poleo
chá de menta

iced tea
el té con hielo
chá gelado

juices and milkshakes • los zumos y los batidos • *sucos e milkshakes*

chocolate milkshake
el batido de chocolate
milkshake de chocolate

strawberry milkshake
el batido de fresa
milkshake de morango

orange juice
el zumo de naranja
suco de laranja

apple juice
el zumo de manzana
suco de maçã

pineapple juice
el zumo de piña
suco de abacaxi

tomato juice
el zumo de tomate
suco de tomate

coffee milkshake
el batido de café
milkshake de café

food • la comida • *comida*

brown bread
el pan integral
pão integral

scoop
la bola
bola

toasted sandwich
el sandwich tostado
sanduíche quente

salad
la ensalada
salada

ice cream
el helado
sorvete

pastry
el pastel
doce

english • español • *português*

EATING OUT • COMER FUERA • *COMER FORA*

bar • el bar • *bar*

optic | el medidor óptico | *medidor óptico*
glasses | los vasos | *copos*
till | la caja | *caixa*
bartender | el camarero | *garçom*
beer tap | el grifo de cerveza | *torneira de chope*
coffee machine | la máquina del café | *máquina de café*

ice bucket | la champanera | *balde de gelo*
bar stool | el taburete | *banqueta*
ashtray | el cenicero | *cinzeiro*
coaster | el posavasos | *descanso de copo*
bar counter | la barra | *balcão do bar*

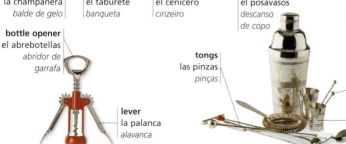

bottle opener | el abrebotellas | *abridor de garrafa*
lever | la palanca | *alavanca*
corkscrew | el sacacorchos | *saca-rolha*

tongs | las pinzas | *pinças*
stirrer | el agitador | *agitador*
measure | el medidor | *medidor*
cocktail shaker | la coctelera | *coqueteleira*

150   english • español • *português*

EATING OUT • **COMER FUERA** • *COMER FORA*

pitcher / la jarra / *jarra*

ice cube / el cubito de hielo / *cubo de gelo*

gin and tonic / el gin tonic / *gim-tônica*

scotch and water / el whiskey escocés con agua / *uísque escocês com água*

rum and coke / el ron con cola / *rum com coca-cola*

vodka and orange / el vodka con naranja / *vodka com laranja*

martini / el martini / *martini*

cocktail / el cóctel / *cocktail*

wine / el vino / *vinho*

beer | la cerveza | *cerveja*

single / sencillo / *simples*

double / doble / *dupla*

ice and lemon / con hielo y limón / *com gelo e limão*

a shot / un trago / *dose*

measure / la medida / *medida*

without ice / sin hielo / *sem gelo*

with ice / con hielo / *com gelo*

bar snacks • los aperitivos • *aperitivos*

almonds / las almendras / *amêndoas*

cashewnuts / los anacardos / *castanha-de-caju*

peanuts / los cacahuetes / *amendoim*

crisps | las patatas fritas / *batatas fritas*

nuts | los frutos secos | *frutos secos*

olives | las aceitunas / *azeitonas*

english • español • *português* 151

EATING OUT • COMER FUERA • COMER FORA

restaurant • el restaurante • *restaurante*

non-smoking section / la zona de no fumadores / *área de não fumantes*

napkin / la servilleta / *guardanapo*

commis chef / el ayudante del che / *ajudante de cozinha*

table setting / el cubierto / *talheres*

chef / el chef / *chefe de cozinha*

glass / la copa / *taça*

tray / la bandeja / *bandeja*

kitchen | la cocina | *cozinha*

waiter | el camarero | *garçom*

vocabulary • vocabulario • *vocabulário*

wine list la lista de vinos *carta de vinhos*	**à la carte** a la carta *a la carte*	**price** el precio *preço*	**tip** la propina *gorjeta*	**buffet** el buffet *bufê*	**salt** la sal *sal*
evening menu el menú de la cena *cardápio do jantar*	**specials** los platos del día *pratos do dia*	**bill** la cuenta *conta*	**service included** servicio incluido *serviço incluído*	**smoking section** la zona de fumadores *área de fumantes*	**pepper** la pimienta *pimenta*
lunch menu el menú de la comida *cardápio do almoço*	**sweet trolley** el carrito de los postres *carrinho de doces*	**receipt** el recibo *recibo*	**service not included** servicio no incluido *serviço não incluído*	**bar** el bar *bar*	**customer** el cliente *cliente*

152   **english** • **español** • *português*

EATING OUT • **COMER FUERA** • *COMER FORA*

menu
la carta
cardápio

order (v) | pedir | *pedir*

pay (v) | pagar | *pagar*

child's meal
el menú para niños
cardápio para crianças

courses • los platos • *pratos*

apéritif
el aperitivo
aperitivo

starter
el entrante
entrada

soup
la sopa
sopa

main course
el plato principal
prato principal

side order
el acompañamiento
acompanhamento

fork
el tenedor
garfo

coffee spoon
la cucharilla de café
colherinha de café

dessert | el postre | *sobremesa*

el café | coffee | *café*

A table for two please.
Una mesa para dos, por favor.
Uma mesa para dois, por favor.

Can I see the menu/winelist please?
¿Podría ver la carta/lista de vinos, por favor?
Poderia ver a carta de vinhos, por favor?

Is there a fixed price menu?
¿Hay menú del día?
Vocês têm o prato do dia?

Do you have any vegetarian dishes?
¿Tiene platos vegetarianos?
Há pratos vegetarianos?

Could I have the bill/a receipt please?
¿Me podría traer la cuenta/un recibo?
Pode me trazer a conta/recibo?

Can we pay separately?
¿Podemos pagar por separado?
Podemos pagar separadamente?

Where are the toilets, please?
¿Dónde están los servicios, por favor?
Onde ficam os banheiros, por favor?

english • español • *português*   153

EATING OUT • COMER FUERA • *COMER FORA*

fast food • la comida rápida • *comida rápida*

burger
la hamburguesa
hambúrguer

straw
la pajita
canudo

soft drink
el refresco
refrigerante

french fries
las patatas fritas
batatas fritas

paper napkin
la servilleta de papel
guardanapo de papel

tray
la bandeja
bandeja

burger meal
la hamburguesa con patatas fritas
hambúrguer com batatas fritas

pizza
la pizza
pizza

price list
la lista de precios
lista de preços

canned drink
la lata de bebida
bebida enlatada

home delivery
la entrega a domicilio
entrega em domicílio

street stall
el puesto callejero
carrinho de rua

vocabulary • vocabulario • *vocabulário*

pizza parlour
la pizzería
pizzaria

burger bar
la hamburguesería
lanchonete

menu
el menú
cardápio

eat-in
para comer en el local
para comer no local

take-away
para llevar
para levar

re-heat (v)
recalentar
requentar

tomato sauce
el ketchup
ketchup

Can I have that to go please?
¿Me lo pone para llevar?
Pode embalar para viagem?

Do you deliver?
¿Entregan a domicilio?
Entregam em domicílio?

154 english • español • *português*

EATING OUT • COMER FUERA • *COMER FORA*

bun
el bollo
pão

mustard
la mostaza
mostarda

sausage
la salchicha
salsicha

hamburger
la hamburguesa
hambúrguer

chicken burger
la hamburguesa de pollo
hambúrguer de frango

veggie burger
la hamburguesa vegetariana
hambúrguer vegetariano

hot dog
el perrito caliente
cachorro-quente

filling
el relleno
recheio

sandwich
el bocadillo
sanduíche

club sandwich
el club sandwich
sanduíche de pão de forma

open sandwich
el sandwich abierto
sanduíche no prato

wrap
el taco
taco

sauce
la salsa
molho

savoury
salado
aperitivo

sweet
dulce
doce

kebab
el pincho moruno
espetinho

chicken nuggets
las porciones de pollo
pedaços de frango

crêpes | la crêpe | *crepes*

topping
los ingredientes
ingredientes

fish and chips
el pescado y las patatas fritas
peixe com batatas fritas

ribs
las costillas
costelinhas

fried chicken
el pollo frito
frango frito

pizza
la pizza
pizza

english • español • *português* 155

EATING OUT • COMER FUERA • *COMER FORA*

breakfast • el desayuno • *café da manhã*

breakfast table | la mesa del desayuno
mesa do café da manhã

drinks | las bebidas | *bebidas*

EATING OUT • **COMER FUERA** • *COMER FORA*

tomato
el tomate
tomate

black pudding
la morcilla
chouriço

toast
la tostada
torrada

sausage
la salchicha
salsicha

fried egg
el huevo frito
ovo frito

bacon
el bacon
bacon

brioche
el pan dulce francés
brioche

bread
el pan
pão

English breakfast
el desayuno inglés
café da manhã inglês

yolk
la yema
gema

kippers
los arenques ahumados
arenques defumados

french toast
la torrija
torrada

boiled egg
el huevo pasado por agua
ovo cozido

scrambled eggs
los huevos revueltos
ovos mexidos

cream
la nata
creme

fruit yoghurt
el yogurt de frutas
iogurte de frutas

pancakes
los crepes
panquecas

waffles
los gofres
waffles

porridge
las gachas de avena
mingau de aveia

fresh fruit
la fruta fresca
fruta fresca

english • español • *português*   157

EATING OUT • COMER FUERA • *COMER FORA*

dinner • la comida principal • *café da manhã*

soup | la sopa | *sopa*

broth | el caldo | *caldo*

stew | el guiso | *guisado*

curry | el curry
prato ao curry

roast
el asado
assado

pie
el pastel
torta

soufflé
el soufflé
soufflé

kebab
el pincho
espetinho

noodles
los fideos
macarrão

meatballs
las albóndigas
almôndegas

omelette
la tortilla
omelete

stir fry | el revuelto
macarrão frito

pasta | la pasta
macarrão

rice
el arroz
arroz

mixed salad
la ensalada mixta
salada mista

green salad
la ensalada verde
salada verde

dressing
el aliño
molho de salada

158   **english** • español • *português*

EATING OUT • COMER FUERA • *COMER FORA*

techniques • las técnicas • *técnicas*

stuffed | relleno | *recheio*

in sauce | en salsa
no molho

grilled | a la plancha
grelhado

marinated | adobado
marinado

poached | escalfado
ovo poché

mashed | hecho puré
purê

baked | cocido en el
horno | *assado no forno*

pan fried | frito con poco
aceite | *frito com pouco óleo*

fried | frito | *frito*

pickled | en vinagre
em conserva

smoked | ahumado
defumado

deep fried | frito con mucho
aceite | *frito com muito óleo*

in syrup
en almíbar
em calda

dressed
aliñado
temperado

al vapor
steamed
a vapor

cured
curado
curado

english • español • *português* 159

study
el estudio
estudo

STUDY • EL ESTUDIO • *ESTUDO*

school • el colegio • *escola*

teacher | la profesora | *professora*

blackboard | la pizarra | *quadro-negro*

schoolboy | el colegial | *estudante*

pupil | el alumno | *aluno*

school uniform | el uniforme | *uniforme escolar*

desk | el pupitre | *carteira*

school bag | la cartera | *mochila*

chalk | la tiza | *giz*

classroom | el aula | *sala de aula*

schoolgirl | la colegiala | *estudante*

vocabulary • vocabulario • *vocabulário*		
history la historia *história*	**art** el arte *arte*	**physics** la física *física*
geography la geografía *geografia*	**music** la música *música*	**chemistry** la química *química*
literature la literatura *literatura*	**science** las ciencias *ciências*	**biology** la biología *biologia*
languages los idiomas *línguas*	**maths** las matemáticas *matemática*	**physical education** la educación física *educação física*

activities • las actividades • *atividades*

read (v) | leer | *ler*   **write (v)** | escribir | *escrever*

spell (v) deletrear *soletrar*   **draw (v)** dibujar *desenhar*

162   english • español • *português*

STUDY • **EL ESTUDIO** • *ESTUDO*

nib | la punta | *ponta*

colouring pencil | el lápiz de colores | *lápis de cor*

pencil sharpener | el sacapuntas | *apontador*

overhead projector | el proyector | *retroprojetor*

pen | el bolígrafo | *caneta*

pencil | el lápiz | *lápis*

notebook | el cuaderno | *caderno*

rubber | la goma | *borracha*

pencil case | el estuche | *estojo*

ruler | la regla | *régua*

textbook | el libro de texto | *livro de texto*

question (v) | preguntar | *perguntar*

answer (v) | contestar | *responder*

discuss (v) | discutir | *debater*

learn (v) | aprender | *aprender*

vocabulary • vocabulario • *vocabulário*

head teacher el director *diretor*	**answer** la respuesta *resposta*	**grade** la nota *nota/nível*
lesson la lección *lição*	**homework** los deberes *lição de casa*	**year** el curso *ano letivo*
question la pregunta *pergunta*	**essay** la redacción *redação*	**dictionary** el diccionario *dicionário*
take notes (v) tomar apuntes *tomar nota*	**examination** el examen *prova*	**encyclopedia** la enciclopedia *enciclopédia*

english • **español** • *português*   163

STUDY • EL ESTUDIO • *ESTUDO*

maths • las matemáticas • *matemática*

shapes • las formas • *formas*

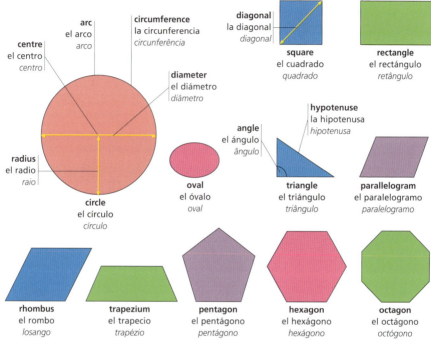

English	Español	Português
arc	el arco	*arco*
centre	el centro	*centro*
circumference	la circunferencia	*circunferência*
diameter	el diámetro	*diâmetro*
radius	el radio	*raio*
circle	el círculo	*círculo*
oval	el óvalo	*oval*
diagonal	la diagonal	*diagonal*
square	el cuadrado	*quadrado*
rectangle	el rectángulo	*retângulo*
angle	el ángulo	*ângulo*
hypotenuse	la hipotenusa	*hipotenusa*
triangle	el triángulo	*triângulo*
parallelogram	el paralelogramo	*paralelogramo*
rhombus	el rombo	*losango*
trapezium	el trapecio	*trapézio*
pentagon	el pentágono	*pentágono*
hexagon	el hexágono	*hexágono*
octagon	el octágono	*octógono*

solids • los cuerpos geométricos • *sólidos*

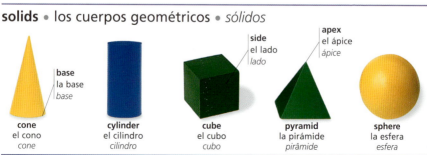

English	Español	Português
base	la base	*base*
side	el lado	*lado*
apex	el ápice	*ápice*
cone	el cono	*cone*
cylinder	el cilindro	*cilindro*
cube	el cubo	*cubo*
pyramid	la pirámide	*pirâmide*
sphere	la esfera	*esfera*

english • español • *português*

STUDY • EL ESTUDIO • ESTUDO

lines • las líneas • linhas

straight	parallel	perpendicular	curved
recto	paralelo	perpendicular	curvo
reta	*paralelas*	*perpendicular*	*curva*

measurements • las medidas • medidas

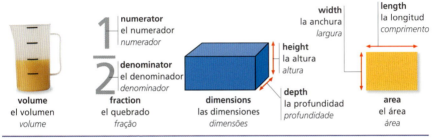

volume — el volumen — *volume*

numerator — el numerador — *numerador*

denominator — el denominador — *denominador*

fraction — el quebrado — *fração*

dimensions — las dimensiones — *dimensões*

width — la anchura — *largura*

height — la altura — *altura*

depth — la profundidad — *profundidade*

length — la longitud — *comprimento*

area — el área — *área*

equipment • los materiales • materiais

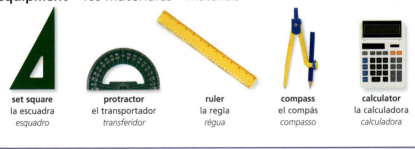

set square	protractor	ruler	compass	calculator
la escuadra	el transportador	la regla	el compás	la calculadora
esquadro	*transferidor*	*régua*	*compasso*	*calculadora*

---

vocabulary • vocabulario • *vocabulário*

geometry	plus	times	equals	add (v)	multiply (v)	equation
la geometría	más	multiplicado por	igual a	sumar	multiplicar	la ecuación
geometria	*mais*	*multiplicado por*	*igual a*	*somar*	*multiplicar*	*equação*

arithmetic	minus	divided by	count (v)	subtract (v)	divide (v)	percentage
la aritmética	menos	dividido por	contar	restar	dividir	el porcentaje
aritmética	*menos*	*dividido por*	*contar*	*subtrair*	*dividir*	*porcentagem*

english • español • *português*

STUDY • EL ESTUDIO • *ESTUDO*

science • las ciencias • *ciências*

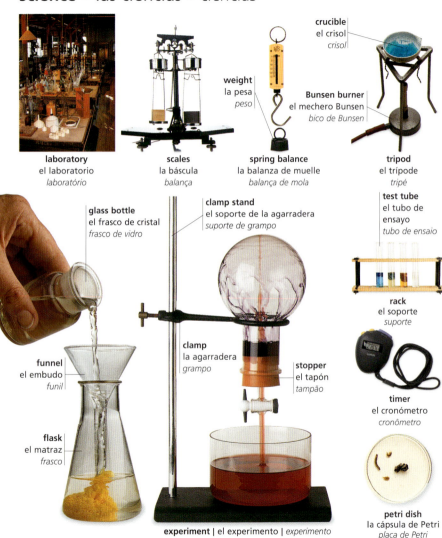

laboratory
el laboratorio
laboratório

scales
la báscula
balança

weight
la pesa
peso

spring balance
la balanza de muelle
balança de mola

crucible
el crisol
crisol

Bunsen burner
el mechero Bunsen
bico de Bunsen

tripod
el trípode
tripé

glass bottle
el frasco de cristal
frasco de vidro

clamp stand
el soporte de la agarradera
suporte de grampo

test tube
el tubo de ensayo
tubo de ensaio

funnel
el embudo
funil

clamp
la agarradera
grampo

stopper
el tapón
tampão

rack
el soporte
suporte

flask
el matraz
frasco

timer
el cronómetro
cronômetro

petri dish
la cápsula de Petri
placa de Petri

experiment | el experimento | *experimento*

166 english • español • *português*

STUDY • *EL ESTUDIO* • *ESTUDO*

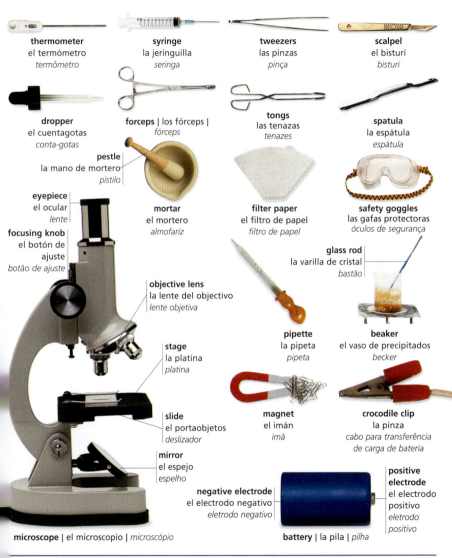

thermometer / el termómetro / *termômetro*

syringe / la jeringuilla / *seringa*

tweezers / las pinzas / *pinça*

scalpel / el bisturí / *bisturi*

dropper / el cuentagotas / *conta-gotas*

forceps | los fórceps | *fórceps*

tongs / las tenazas / *tenazes*

spatula / la espátula / *espátula*

pestle / la mano de mortero / *pistilo*

mortar / el mortero / *almofariz*

filter paper / el filtro de papel / *filtro de papel*

safety goggles / las gafas protectoras / *óculos de segurança*

eyepiece / el ocular / *lente*

focusing knob / el botón de ajuste / *botão de ajuste*

objective lens / la lente del objetivo / *lente objetiva*

glass rod / la varilla de cristal / *bastão*

pipette / la pipeta / *pipeta*

beaker / el vaso de precipitados / *becker*

stage / la platina / *platina*

slide / el portaobjetos / *deslizador*

magnet / el imán / *imã*

crocodile clip / la pinza / *cabo para transferência de carga de bateria*

mirror / el espejo / *espelho*

negative electrode / el electrodo negativo / *eletrodo negativo*

positive electrode / el electrodo positivo / *eletrodo positivo*

microscope | el microscopio | *microscópio*

battery | la pila | *pilha*

english • español • *português*   167

STUDY • EL ESTUDIO • *ESTUDO*

college • la enseñanza superior • *ensino superior*

admissions | la secretaría | *secretaria*

refectory | el refectorio | *refeitório*

health centre | el centro de salud | *centro médico*

sports field | el campo de deportes | *campo de esportes*

hall of residence | el colegio mayor | *ala residencial*

campus | el campus | *campus*

catalogue | el catálogo | *catálogo*

librarian | la bibliotecaria | *bibliotecária*

loans desk | el mostrador de préstamos | *balcão de empréstimo*

bookshelf | la estantería | *estante*

periodical | el periódico | *jornal*

journal | la revista | *revista*

library | la biblioteca | *biblioteca*

vocabulary • vocabulario • *vocabulário*		
reading room la sala de lecturas *sala de leitura*	**book** el libro *livro*	**loan** el préstamo *empréstimo*
reading list la lista de lecturas *catálogo de leitura*	**reserve (v)** reservar *reservar*	**title** el título *título*
library card la tarjeta de la biblioteca *cartão da biblioteca*	**borrow (v)** coger prestado *emprestar*	**enquiries** la información *informação*
return date la fecha de devolución *data de devolução*	**renew (v)** renovar *renovar*	**aisle** el pasillo *corredor*

english • español • *português*

STUDY • *EL ESTUDIO* • *ESTUDO*

undergraduate — el estudiante — *estudante*

lecturer — el profesor — *professor*

lecture theatre — el anfiteatro — *anfiteatro*

graduate — la licenciada — *graduada*

graduation ceremony — la ceremonia de graduación — *colação de grau*

robe — la toga — *beca*

schools • las escuelas • *escolas*

model — la modelo — *modelo*

art college — la escuela de Bellas Artes — *escola de belas artes*

music school — el conservatorio — *conservatório*

dance academy — la academia de danza — *academia de dança*

vocabulary • vocabulario • *vocabulário*

english	español	português
scholarship	la beca	*bolsa de estudos*
diploma	el diploma	*diploma*
degree	la carrera	*carreira*
postgraduate	posgrado	*pós-graduado*
research	la investigación	*pesquisa*
masters	el máster	*mestrado*
doctorate	el doctorado	*doutorado*
thesis	la tesis	*tese*
dissertation	la tesina	*dissertação*
department	el departamento	*departamento*
law	el derecho	*direito*
engineering	la ingeniería	*engenharia*
medicine	la medicina	*medicina*
zoology	la zoología	*zoologia*
physics	la física	*física*
philosophy	la filosofía	*filosofia*
politics	la política	*política*
literature	la literatura	*literatura*
history of art	la historia del arte	*história da arte*
economics	las ciencias económicas	*ciências econômicas*

english • español • *português*

work
el trabajo
trabalho

WORK • EL TRABAJO • *TRABALHO*

office 1 • la oficina 1 • *escritório 1*
office • la oficina • *oficial*

monitor | la pantalla | *monitor*
computer | el ordenador | *computador*
keyboard | el teclado | *teclado*
telephone | el teléfono | *telefone*
desk | el escritorio | *mesa*
wastebasket | la papelera | *cesto de lixo*
desktop organizer | el portabolígrafos | *porta-canetas*
file | la carpeta | *arquivo*
in-tray | la bandeja de entrada | *bandeja de entrada*
out-tray | la bandeja de salida | *bandeja de saída*
notebook | el cuaderno | *caderno*
label | la etiqueta | *etiqueta*
swivel chair | la silla giratoria | *cadeira giratória*
drawer unit | la cajonera | *gaveteiro*
drawer | el cajón | *gaveta*
filing cabinet | el archivador | *arquivo*

office equipment • el equipo de oficina • *equipamentos de escritório*

paper tray | la bandeja para el papel | *bandeja do papel*
paper guide | la guía | *guia de papel*
fax | el fax | *fax*

printer | la impresora
impressora

fax machine | la máquina del fax
aparelho de fax

---

vocabulary • vocabulario • *vocabulário*

print (v)	**enlarge (v)**
imprimir	ampliar
imprimir	*ampliar*
copy (v)	**reduce (v)**
fotocopiar	reducir
copiar	*reduzir*

I need to make some copies.
Necesito hacer unas fotocopias.
Preciso fazer umas cópias.

---

172   english • español • *português*

WORK • EL TRABAJO • *TRABALHO*

office supplies • los materiales de oficina
• *materiais de escritório*

letterhead
el membrete
papel timbrado

compliments slip
la nota con saludos
cartão de visitas

envelope
el sobre
envelope

box file
la caja archivador
armário de arquivo

tab
el rótulo
rótulo/identificador

divider
el divisor
divisória

clipboard
la tablilla con sujetapapeles
prancheta

note pad
el bloc de apuntes
bloco de notas

hanging file
el archivador suspendido
arquivo suspenso

concertina file
la carpeta de acordeón
arquivo sanfonado

lever arch file
la carpeta de anillas
pasta de arquivo

sticky tape
el papel celo
fita adesiva

staples
las grapas
grampos

ink pad
la almohadilla de la tinta
almofada de tinta

personal organizer
la agenda
agenda

stapler
la grapadora
grampeador

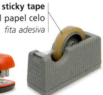

tape dispenser
el soporte del papel celo
suporte de fita adesiva

hole punch
la perforadora
perfurador

rubber stamp
el sello
carimbo

rubber band
la goma elástica
elástico

bulldog clip
el clip
prendedor

paper clip
el sujetapapeles
clipe de papel

drawing pin
la chincheta
tachinha

notice board | el tablón de anuncios
quadro de avisos

english • español • *português*   173

WORK • EL TRABAJO • TRABALHO

office 2 • la oficina 2 • *escritório 2*

- **flipchart** | la pizarra | *lousa*
- **easel** | el caballete | *cavalete*
- **proposal** | la propuesta | *proposta*
- **minutes** | el acta | *ata*
- **manager** | el director | *gerente*
- **executive** | el ejecutivo | *executivo*
- **report** | el informe | *relatório*

meeting | la reunión | *reunião*

vocabulary • vocabulario • *vocabulário*

meeting room	**attend (v)**
la sala de reuniones	asistir
sala de reuniões	*assistir*
agenda	**chair (v)**
el orden del día	presidir
agenda/compromissos do dia	*dirigir*

What time is the meeting?
¿A qué hora es la reunión?
Qual o horário da reunião?

What are your office hours?
¿Cuál es su horario de oficina?
Qual é o seu horário de trabalho?

- **speaker** | el orador | *palestrante*
- **projector** | el proyector | *projetor*

presentation | la presentación | *apresentação*

174   english • español • *português*

WORK • EL TRABAJO • TRABALHO

business • los negocios • *negócios*

laptop
el ordenador portátil
laptop

notes
los apuntes
apontamentos

businessman
el hombre de negocios
empresário

businesswoman
la mujer de negocios
empresária

la comida de negocios | business lunch
almoço de negócios

business trip | el viaje de negocios
viagem de negócios

client
el cliente
cliente

appointment
la cita
compromisso

palmtop
el PDA
palmtop

managing director
el director general
diretor-geral

diary | la agenda | *agenda*

business deal | el trato
acordo de negócios

---

vocabulary • vocabulario • *vocabulário*

company la empresa *empresa*	**sales department** el departamento de ventas *departamento de vendas*	**legal department** el departamento legal *departamento jurídico*
branch la sucursal *filial*	**accounts department** el departamento de contabilidad *departamento contábil*	**customer service department** el departamento de atención al cliente *atendimento ao cliente*
staff el personal *equipe*	**marketing department** el departamento de márketing *departamento de marketing*	**personnel department** el departamento de recursos humanos *recursos humanos*
payroll la nómina *folha de pagamento*	**head office** la oficina central *escritório central*	**salary** el sueldo *salário*

english • español • *português*   175

WORK • EL TRABAJO • *TRABALHO*

computer • el ordenador • *computador*

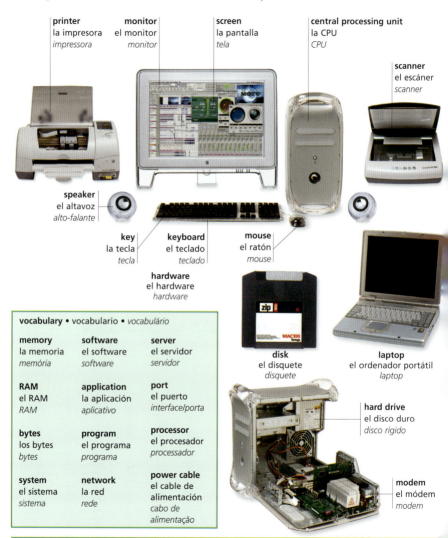

printer
la impresora
impressora

monitor
el monitor
monitor

screen
la pantalla
tela

central processing unit
la CPU
CPU

scanner
el escáner
scanner

speaker
el altavoz
alto-falante

key
la tecla
tecla

keyboard
el teclado
teclado

mouse
el ratón
mouse

hardware
el hardware
hardware

disk
el disquete
disquete

laptop
el ordenador portátil
laptop

hard drive
el disco duro
disco rígido

modem
el módem
modem

vocabulary • vocabulario • *vocabulário*		
memory la memoria *memória*	**software** el software *software*	**server** el servidor *servidor*
RAM el RAM *RAM*	**application** la aplicación *aplicativo*	**port** el puerto *interface/porta*
bytes los bytes *bytes*	**program** el programa *programa*	**processor** el procesador *processador*
system el sistema *sistema*	**network** la red *rede*	**power cable** el cable de alimentación *cabo de alimentação*

english • español • *português*

WORK • EL TRABAJO • TRABALHO

desktop • el escritorio • desktop

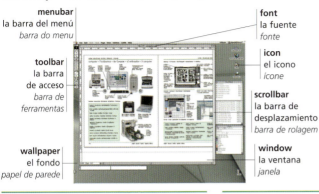

menubar
la barra del menú
barra do menu

toolbar
la barra de acceso
barra de ferramentas

wallpaper
el fondo
papel de parede

font
la fuente
fonte

icon
el icono
ícone

scrollbar
la barra de desplazamiento
barra de rolagem

window
la ventana
janela

file | el fichero
arquivo

folder | la carpeta
pasta

trash | la papelera
lixeira

internet • el internet • *internet*

browser
el navegador
navegador

inbox
la bandeja de entrada
caixa de entrada

website
el sitio web
site

browse (v) | navegar | *navegar*

email • el correo electrónico • *correio eletrônico*

email address
la dirección de correo electrónico
endereço de e-mail

---

vocabulary • vocabulario • *vocabulário*

connect (v)	**email account**	**on-line**	**download (v)**	**send (v)**	**save (v)**
conectar	la cuenta de correo	en línea	bajar	enviar	guardar
conectar	*conta de e-mail*	*on-line*	*baixar*	*enviar*	*salvar*
instal (v)	**service provider**	**log on (v)**	**attachment**	**receive (v)**	**search (v)**
instalar	el proveedor de servicios	entrar en el sistema	el documento adjunto	recibir	buscar
instalar	*provedor de serviços*	*entrar no sistema*	*anexo*	*receber*	*pesquisar*

english • español • *português*   177

WORK • EL TRABAJO • TRABALHO

media • los medios de comunicación • *meios de comunicação*

television studio • el estudio de televisión • *estúdio de televisão*

presenter / el presentador / *apresentador*

light / el foco / *luz*

set / el plató / *estúdio*

camera / la cámara / *câmera*

camera crane / la grúa de la cámara / *grua da câmera*

cameraman / el cámara / *câmera*

---

vocabulary • vocabulario • *vocabulário*

cartoon los dibujos animados *desenho animado*	**documentary** el documental *documentário*	**game show** el concurso *programa de jogos*	**soap** la telenovela *novela*	**broadcast (v)** emitir *transmitir*	**live** en directo *ao vivo*
programming la programación *programação*	**news** las noticias *notícias*	**television series** la serie televisiva *série para televisão*	**press** la prensa *imprensa*	**channel** el canal *canal*	**prerecorded** en diferido *gravado*

178   english • español • *português*

WORK • EL TRABAJO • *TRABALHO*

interviewer
el entrevistador
entrevistador

reporter | la reportera
repórter

autocue
el autocue
teleprompter

newsreader
la presentadora
de las noticias
apresentadora de notícias

actors
los actores
atores

sound boom
la jirafa
captador de som

clapper board | la claqueta
claquete

film set
el plató de rodaje
estúdio de filmagem

radio • la radio • *rádio*

mixing desk
la mesa
de mezclas
mesa de som

microphone
el micrófono
microfone

sound technician
el técnico de
sonido
técnico de som

recording studio | el estudio de grabación
estúdio de gravação

vocabulary • vocabulario • *vocabulário*	
radio station la estación de radio *estação de rádio*	**short wave** la onda corta *onda curta*
DJ el pinchadiscos *disc jockey/DJ*	**medium wave** la onda media *onda média*
broadcast la emisión *transmissão*	**frequency** la frecuencia *frequência*
wavelength la longitud de onda *comprimento de onda*	**volume** el volumen *volume*
long wave la onda larga *onda longa*	**tune (v)** sintonizar *sintonizar*

english • español • *português*

WORK • EL TRABAJO • *TRABALHO*

law • el derecho • *direito*

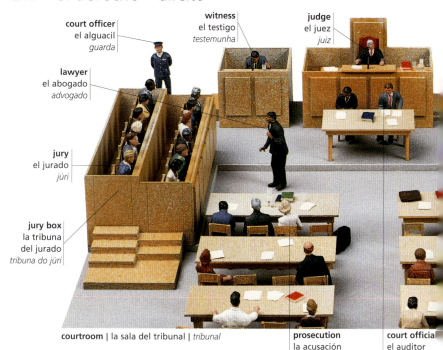

court officer | el alguacil | *guarda*

lawyer | el abogado | *advogado*

witness | el testigo | *testemunha*

judge | el juez | *juiz*

jury | el jurado | *júri*

jury box | la tribuna del jurado | *tribuna do júri*

courtroom | la sala del tribunal | *tribunal*

prosecution | la acusación | *acusação*

court official | el auditor | *meirinho*

---

vocabulary • vocabulario • *vocabulário*

lawyer's office el bufete *escritório de advogado*	**summons** la citación *citação*	**writ** la orden judicial *ordem judicial*	**court case** el juicio *auxiliar do juízo*
legal advice la asesoría jurídica *assessoria jurídica*	**statement** la declaración *declaração*	**court date** la fecha del juicio *data do juízo*	**charge** el cargo *acusação*
client el cliente *cliente*	**warrant** la orden judicial *mandado judicial*	**plea** cómo se declara el acusado *declarar-se (inocente/culpado)*	**accused** el acusado *réu*

180   english • español • *português*

WORK • EL TRABAJO • *TRABALHO*

stenographer
la taquígrafa
taquígrafa

defendant
el acusado
acusado

suspect
el sospechoso
suspeito

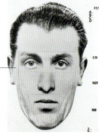

photofit
el retrato robot
retrato falado

criminal
el criminal
criminoso

criminal record
los antecedentes
ficha criminal

defence
la defensa
defesa

prison guard
los funcionarios de la prisión
guardas da prisão

cell
la celda
cela

prison
la cárcel
prisão

vocabulary • vocabulario • *vocabulário*

evidence la prueba *evidência/prova*	**guilty** culpable *culpado*	**bail** la fianza *fiança*	**I want to see a lawyer.** Quiero ver a un abogado. *Quero ver um advogado.*
verdict el veredicto *veredito*	**acquitted** absuelto *absolvido*	**appeal** la apelación *apelação*	**Where is the courthouse?** ¿Dónde está el juzgado? *Onde é o tribunal?*
innocent inocente *inocente*	**sentence** la sentencia *sentença*	**parole** la libertad condicional *liberdade condicional*	**Can I post bail?** ¿Puedo pagar la fianza? *Posso pagar a fiança?*

english • español • *português*   181

WORK • EL TRABAJO • *TRABALHO*

farm 1 • la granja 1 • *fazenda 1*

farmer
el granjero
fazendeiro

farmland
las tierras de labranza
terras de cultura

farmyard
el corral
curral

outbuilding
el cobertizo
galpão

farmhouse
la casa
de labranza
casa da fazenda

field
el campo
campo

barn
el granero
celeiro

hedge
el set
sebe

vegetable plot
el huerto
horta

gate
la puerta
porteira

fence
la cerca
cerca

pasture
el pasto
pasto

livestock
el ganado
gado

cultivator
el cultivador
cultivadeira

tractor | el tractor | *trator*

combine harvester | la cosechadora
colheitadeira

182   english • español • *português*

WORK • EL TRABAJO • *TRABALHO*

types of farm • los tipos de granja • *tipos de fazenda*

crop
la cosecha
colheita

arable farm
la granja de tierras cultivables
terras cultiváveis

dairy farm
la vaquería
gado leiteiro

flock
el rebaño
rebanho

sheep farm
la granja de ganado ovino
ovinocultura

poultry farm
la granja avícola
avicultura

pig farm
la granja de ganado porcino
suinocultura

fish farm
la piscifactoría
psicicultura

fruit farm
la granja de frutales
fruticultura

vine
la vid
videira

vineyard
el viñedo
vinicultura

actions • las actividades • *atividades*

furrow
el surco
sulco

plough (v)
arar
arar

sow (v)
sembrar
semear

milk (v)
ordeñar
ordenhar

feed (v)
dar de comer
alimentar

water (v) | regar | *regar*

harvest (v) | recolectar
colher

vocabulary • vocabulario • *vocabulário*		
herbicide el herbicida *herbicida*	**herd** la manada *rebanho*	**trough** el comedero *cocho/gamela*
pesticide el pesticida *pesticida*	**silo** el silo *silo*	**plant (v)** plantar *plantar*

english • español • *português*

WORK • EL TRABAJO • *TRABALHO*

farm 2 • la granja 2 • *fazenda 2*

crops • las cosechas • *colheitas*

wheat
el trigo
trigo

corn
el maíz
milho

barley
la cebada
cevada

rapeseed
la colza
colza

sunflower
el girasol
girassol

bale
la bala
rolo

hay
el heno
feno

alfalfa
la alfalfa
alfafa

tobacco
el tabaco
tabaco

rice
el arroz
arroz

tea
el té
chá

coffee
el café
café

flax
el lino
linho

sugarcane
la caña de azúcar
cana-de-açúcar

cotton
el algodón
algodão

scarecrow
el espantapájaros
espantalho

english • español • *português*

WORK • EL TRABAJO • *TRABAJO*

livestock • el ganado • *criação de animais*

piglet	calf		
el cerdito	el ternero		
leitão	*bezerro*		
pig	**cow**	**bull**	**sheep**
el cerdo	la vaca	el toro	la oveja
porco	*vaca*	*touro*	*ovelha*

	kid	foal	
	el cabrito	el potro	
	cabrito	*potro*	
lamb	**goat**	**horse**	**donkey**
el cordero	la cabra	el caballo	el burro
cordeiro	*cabra*	*cavalo*	*burro*

chick			duckling
el polluelo			el patito
pintinho			*patinho*
chicken	**cockerel**	**turkey**	**duck**
la gallina	el gallo	el pavo	el pato
galinha	*galo*	*peru*	*pato*

stable	**pen**	**chicken coop**	**pigsty**
el establo	el redil	el gallinero	la pocilga
estábulo	*celeiro*	*galinheiro*	*chiqueiro*

english • español • *português*

WORK • EL TRABAJO • *TRABALHO*

construction • la construcción • *construção*

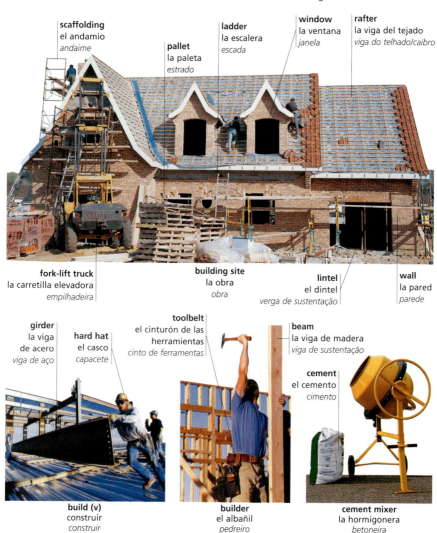

WORK • EL TRABAJO • TRABALHO

materials • los materiales • *materiais*

brick
el ladrillo
tijolo

timber
la madera
vigotas de madeira

roof tile
la teja
telha

concrete block
el bloque de hormigón
bloco de concreto

tools • las herramientas • *ferramentas*

mortar
la argamasa
argamassa

trowel
la paleta
colher de pedreiro

spirit level
el nivel
nível

handle
el mango
cabo

sledgehammer
el mazo
marreta

pickaxe
el pico
picareta

shovel
la pala
pá

machinery • la maquinaria • *maquinário*

roller
la apisonadora
rolo compressor

dumper truck
el camión volquete
caminhão basculante

support
el soporte
suporte

hook
el gancho
gancho

crane | la grúa | *grua*

roadworks • las obras • *pavimentação*

tarmac
el asfalto
asfalto

cone
el cono
cone

pneumatic drill
el martillo neumático
britadeira

resurfacing
el revestimiento
recapeamento

mechanical digger
la excavadora mecánica
escavadeira mecânica

english • **español** • *português*   187

WORK • EL TRABAJO • *TRABALHO*

occupations 1 • las profesiones 1 • *profissões 1*

carpenter
el carpintero
carpinteiro/marceneiro

electrician
el electricista
eletricista

plumber
el fontanero
encanador

builder
el albañil
pedreiro

gardener
el jardinero
jardineiro

vacuum cleaner
la aspiradora
aspirador de pó

cleaner
el empleado de la limpieza
faxineiro

mechanic
el mecánico
mecânico

butcher
el carnicero
açougueiro

scissors
las tijeras
tesouras

fishmonger
la pescadera
peixeira

greengrocer
el frutero
verdureiro

florist
la florista
florista

hairdresser
el peluquero
cabeleireiro

barber
el barbero
barbeiro

jeweller
el joyero
joalheiro

shop assistant
la dependienta
vendedora

english • español • *português*

WORK • EL TRABAJO • *TRABALHO*

estate agent
la agente inmobiliario
corretora

optician
el óptico
optometrista

mask
la mascarilla
máscara

dentist
la dentista
dentista

doctor
el médico
médico

pharmacist
la farmacéutica
farmacêutica

nurse
la enfermera
enfermeira

vet
la veterinaria
veterinária

farmer
el agricultor
fazendeiro

fisherman
el pescador
pescador

machine-gun
la metralleta
metralhadora

identity badge
la placa de
identificación
*distintivo de
identificação*

security guard
el guardia de seguridad
guarda de segurança

uniform
el uniforme
uniforme

sailor
el marino
marinheiro

soldier
el soldado
soldado

policeman
el policía
policial

fireman
el bombero
bombeiro

english • español • *português*

WORK • EL TRABAJO • *TRABALHO*

occupations 2 • las profesiones 2 • *profissões 2*

lawyer
el abogado
advogado

accountant
el contable
contador

model
la maqueta
maquete

architect
el arquitecto
arquiteto

scientist
el científico
cientista

teacher
el profesor
professor

librarian
el bibliotecario
bibliotecário

receptionist
la recepcionista
recepcionista

mailbag
la cartera
carteira

postman
el cartero
carteiro

bus driver
el conductor de autobús
motorista de ônibus

lorry driver
el camionero
caminhoneiro

taxi driver
el taxista
taxista

chef's hat
el gorro de cocinero
chapéu de cozinheiro

pilot
el piloto
piloto

air stewardess
la azafata
comissária de bordo

travel agent
la agente de viajes
agente de viagens

chef
el chef
chefe de cozinha

english • español • *português*

WORK • EL TRABAJO • *TRABALHO*

tutu
el tutú
tutu

musician
el músico
músico

dancer
la bailarina
bailarina

actor
el actor
ator

singer
la cantante
cantora

waitress
la camarera
garçonete

barman
el camarero
garçom/barman

sportsman
el deportista
esportista

sculptor
el escultor
escultor

notes
las notas
anotações

painter
la pintora
pintora

photographer
el fotógrafo
fotógrafo

newsreader
el presentador
apresentador

journalist
el periodista
jornalista

editor
la redactora
redatora

designer
la diseñadora
desenhista/designer

seamstress
la modista
costureira

tailor
el sastre
alfaiate

english • español • português   191

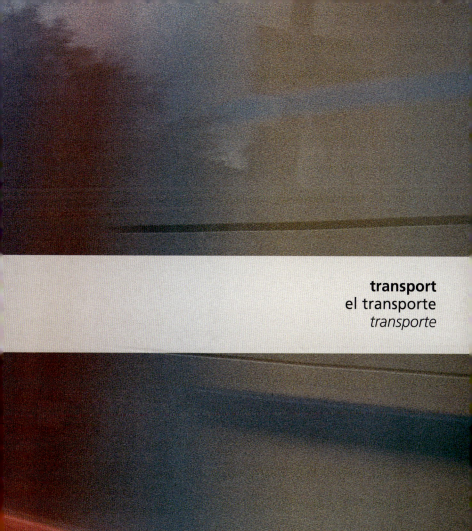

transport
el transporte
transporte

TRANSPORT • EL TRANSPORTE • *TRANSPORTE*

roads • las carreteras • *rodovias*

motorway
la autopista
rodovia

toll booth
la caseta de peaje
cabine de pedágio

road markings
las señales horizontales
sinalizações de pista

slip road
la vía de acceso
via de acesso

one-way
de sentido único
sentido único

divider
la línea divisoria
divisão

junction
la salida
junção

traffic light
el semáforo
semáforo

inside lane
el carril para el tráfico lento
faixa para tráfego lento

middle lane
el carril central
pista central

outside lane
el carril de adelantamiento
pista de ultrapassagem

exit ramp
la vía de salida
rampa de saída

traffic
el tráfico
tráfego

flyover
el paso elevado
viaduto

hard shoulder
el arcén
acostamento

lorry
el camión
caminhão

central reservation
la mediana
faixas de tráfego

underpass
el paso subterráneo
passagem subterrânea

194

english • español • *português*

TRANSPORT • **EL TRANSPORTE** • *TRANSPORTE*

pedestrian crossing
el paso de peatones
faixa de pedestres

emergency phone
el teléfono de emergencia
telefone de emergência

disabled parking
el aparcamiento para minusválidos
estacionamento para deficientes

traffic jam
el atasco de tráfico
congestionamento

map
el mapa
mapa

parking meter
el parquímetro
parquímetro

traffic policeman
el policía de tráfico
policial de trânsito

vocabulary • **vocabulario** • *vocabulário*

roundabout la glorieta *rotatória*	**reverse (v)** dar marcha atrás *dar marcha a ré*	**tow away (v)** remolcar *rebocar*
diversion el desvío *desvio*	**drive (v)** conducir *dirigir*	**dual carriageway** la autovía *rodovia com pista dupla*
park (v) aparcar *estacionar*	**roadworks** las obras *obras rodoviárias*	**Is this the road to...?** ¿Es ésta la carretera hacia...? *Esta estrada vai para...?*
overtake (v) adelantar *acelerar*	**crash barrier** la barrera de seguridad *guard-rail*	**Where can I park?** ¿Dónde se puede aparcar? *Onde pode-se estacionar?*

road signs • las señales de tráfico • *sinais de trânsito*

no entry
prohibido el paso
proibida a entrada

speed limit
el límite de velocidad
limite de velocidade

hazard
peligro
perigo

no stopping
prohibido parar
proibido parar

no right turn
no torcer a la derecha
não entrar à direita

english • **español** • *português*

TRANSPORT • EL TRANSPORTE • *TRANSPORTE*

bus • el autobús • *ônibus*

driver's seat
el asiento del conductor
assento do motorista

handrail
la barandilla
cabine

automatic door
la puerta automática
porta automática

front wheel
la rueda delantera
roda dianteira

luggage hold
el portaequipajes
porta-malas/bagageiro

door | la puerta | *porta*

coach | el autocar | *ônibus de viagem*

types of buses • los tipos de autobuses • *tipos de ônibus*

route number
el número de ruta
número da rota

driver
el conductor
motorista

trolley bus
el trolebús
ônibus elétrico

double-decker bus
el autobús de dos pisos
ônibus de dois andares

tram
el tranvía
bonde

school bus | el autobús escolar | *ônibus escolar*

196   english • español • português

TRANSPORT • **EL TRANSPORTE** • *TRANSPORTE*

rear wheel
la rueda trasera
roda traseira

window
la ventana
janela

stop button
el botón de parada
botão de parada

bus ticket
el billete de autobús
bilhete de ônibus

bell
el timbre
sinal

bus station
la estación de autobuses
terminal rodoviário

bus stop
la parada de autobús
ponto de ônibus

---

vocabulary • vocabulario • *vocabulário*

fare	**bus shelter**
la tarifa	la marquesina
tarifa	*toldo*
timetable	**wheelchair access**
el horario	la rampa para sillas de ruedas
horário	*rampa para cadeira de rodas*

Do you stop at...?   **Which bus goes to...?**
¿Para usted en...?   ¿Qué autobús va a...?
Você para em...?   *Que ônibus vai para...?*

minibus
el microbús
micro-ônibus

tourist bus | el autobús turístico | *ônibus turístico*

shuttle bus | el autobús de enlace
ônibus de serviço

---

english • español • *português*   197

TRANSPORT • EL TRANSPORTE • *TRANSPORTE*

car 1 • el coche 1 • *carro 1*

exterior • el exterior • *exterior*

rear view mirror
el espejo retrovisor
espelho retrovisor

windscreen wiper
el limpiaparabrisas
limpador de para-brisas

door
la puerta
porta

windscreen
el parabrisas
para-brisas

wing mirror
el retrovisor exterior
retrovisor

bonnet
el capó
capô

boot
el maletero
porta-malas

indicator
el intermitente
pisca-alerta

licence plate
la matrícula
placa

bumper
el parachoques
para-choque

headlight
el faro
farol

wheel
la rueda
roda

tyre
el neumático
pneu

luggage
el equipaje
bagagem

roofrack
la baca
bagageiro

tailgate
la puerta del maletero
porta do bagageiro

seat belt
el cinturón de seguridad
cinto de segurança

child seat
la silla para niños
assento para crianças

english • español • *português*

TRANSPORT • EL TRANSPORTE • *TRANSPORTE*

types • los modelos • *tipos*

small car
el compacto
compacto

hatchback
el coche de cinco puertas
carro de cinco-portas

saloon
el turismo
sedã

estate
el coche ranchera
perua

convertible
el coche descapotable
conversível

sports car
el coche deportivo
esportivo

people carrier
el monovolumen
monovolume

four-wheel drive
el todoterreno
tração quatro rodas

vintage
el coche de época
clássico

limousine
la limousine
limusine

petrol station • la gasolinera • *posto de combústivel*

price | el precio | *preço*
petrol pump | el surtidor | *bomba*
forecourt | la zona de abastecimiento | *área de abastecimento*
air supply | la bomba del aire | *bomba de ar*

vocabulary • vocabulario • *vocabulário*		
petrol la gasolina *gasolina*	**leaded** con plomo *com chumbo*	**car wash** el lavadero de coches *lavador de carros*
oil el aceite *óleo*	**diesel** el diesel *diesel*	**antifreeze** el anticongelante *anticongelante*
unleaded sin plomo *sem chumbo*	**garage** el taller *oficina*	**antifreeze** el líquido limpiaparabrisas *líquido limpador de para-brisas*

Fill the tank, please.
Lleno por favor.
Encha o tanque, por favor.

english • español • *português*

TRANSPORT • EL TRANSPORTE • *TRANSPORTE*

car 2 • el coche 2 • *carro 2*

interior • el interior • *interior*

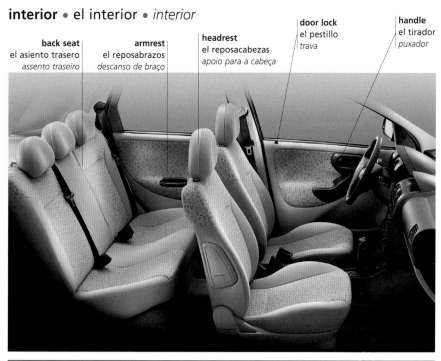

back seat | el asiento trasero | *assento traseiro*

armrest | el reposabrazos | *descanso de braço*

headrest | el reposacabezas | *apoio para a cabeça*

door lock | el pestillo | *trava*

handle | el tirador | *puxador*

---

vocabulary • vocabulario • *vocabulário*

two-door deportivo *duas-portas*	**four-door** de cuatro puertas *quatro-portas*	**automatic** automático *automático*	**brake** el freno *freio*	**accelerator** el acelerador *acelerador*
three-door de tres puertas *três-portas*	**manual** manual *manual*	**ignition** el encendido *ignição*	**clutch** el embrague *embreagem*	**air conditioning** el aire acondicionado *ar-condicionado*

Can you tell me the way to...? ¿Me puede decir cómo se va a...? *Poderia me dizer como ir a...?*

Where is the car park? ¿Dónde hay un parking? *Onde fica o estacionamento?*

Can I park here? ¿Se puede aparcar aquí? *Posso estacionar aqui?*

TRANSPORT • EL TRANSPORTE • *TRANSPORTE*

controls • los controles • *controles*

steering wheel | **horn** | **dashboard** | **hazard lights** | **satellite navigation**
el volante | la bocina | el salpicadero | las luces de emergencia | la navegación por satélite
volante | *buzina* | *painel* | *luzes de emergência* | *navegação por satélite*

left-hand drive | el volante a la izquierda | *direção do lado esquerdo*

temperature gauge | **rev counter** | **speedometer** | **fuel gauge**
el indicador de temperatura | el cuentarrevoluciones | el indicador de velocidad | el indicador de la gasolina
medidor de temperatura | *conta-giros* | *velocímetro* | *indicador de combústivel*

lights switch
el conmutador de luces
interruptor de luz

car stereo
la radio del coche
rádio

odometer
el cuentakilómetros
odômetro

heater controls
los mandos de la calefacción
controles de aquecimento

gearstick
la palanca de cambios
câmbio

air bag
el airbag
airbag

right-hand drive | el volante a la derecha | *direção do lado direito*

english • **español** • *português*

201

TRANSPORT • EL TRANSPORTE • *TRANSPORTE*

car 3 • el coche 3 • *carro 3*

mechanics • la mecánica • *mecânica*

screen wash reservoir
el depósito del limpiaparabrisas
água do limpador de para-brisas

dipstick
la varilla del nivel del aceite
vareta para verificar óleo

air filter
el filtro del aire
filtro de ar

brake fluid reservoir
el depósito del líquido de frenos
reservatório de fluido de freio

battery
la batería
bateria

bodywork
la chapa
carroceria

coolant reservoir
el depósito del líquido refrigerante
depósito de água do radiador

cylinder head
la culata
cabeça do cilindro

pipe
el tubo
cano

sunroof
el techo solar
teto solar

radiator
el radiador
radiador

fan
el ventilador
ventilador

engine
el motor
motor

hubcap
el tapacubo
calota

gearbox
la caja de cambios
caixa de câmbio

transmission
la transmisión
transmissão

driveshaft
el eje de la transmisión
eixo de transmissão

english • español • *português*

TRANSPORT • EL TRANSPORTE • *TRANSPORTE*

puncture • el pinchazo
• *furo no pneu*

spare tyre
la rueda de repuesto
estepe

wrench
la llave
chave

wheel nuts
los tornillos de la rueda
parafusos da roda

jack
el gato
macaco

change a wheel (v)
cambiar una rueda
trocar o pneu

roof
el techo
teto

suspension
la suspensión
suspensão

silencer
el silenciador
silenciador

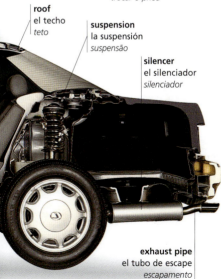

exhaust pipe
el tubo de escape
escapamento

vocabulary • vocabulario • *vocabulário*

car accident el accidente de coche *acidente de carro*	**petrol tank** el tanque de la gasolina *tanque de combustível*
breakdown la avería *avaria/quebra*	**cam belt** la correa del disco *correia do disco*
insurance el seguro *seguro*	**turbocharger** el turbo *turbocompressor*
tow truck la grúa *guincho*	**distributor** el distribuidor *distribuidor*
mechanic el mecánico *mecânico*	**timing** el ralentí *rpm*
fuse box la caja de fusibles *caixa de fusíveis*	**chassis** el chasis *chassi*
spark plug la bujía *vela*	**handbrake** el freno de mano *freio de mão*
tyre pressure la presión del neumático *pressão do pneu*	**alternator** el alternador *alternador*
fan belt la correa del ventilador *correia do ventilador*	**I've broken down.** Mi coche se ha averiado. *Meu carro quebrou.*
	My car won't start. Mi coche no arranca. *Meu carro não liga.*

english • español • *português*

TRANSPORT • EL TRANSPORTE • *TRANSPORTE*

motorbike • la motocicleta • *motocicleta*

indicator / el intermitente / *pisca-alerta*

speedometer / el cuentakilómetros / *velocímetro*

clutch / el embrague / *embreagem*

brake / el freno / *freio*

horn / el claxon / *buzina*

throttle / el acelerador / *acelerador*

controls | los controles | *controles*

helmet / el casco / *capacete*

carrier / el portaequipaje / *bagageiro*

reflector / el captafaros / *refletor*

pillion / el asiento trasero / *assento traseiro*

seat / el asiento / *assento*

engine / el motor / *motor*

fuel tank / el tanque de la gasolina / *tanque de gasolina*

tail light / la luz trasera / *luz traseira*

exhaust pipe / el tubo de escape / *escapamento*

silencer / el silenciador / *silenciador*

oil tank / el depósito del aceite / *tanque de óleo*

gearbox / la caja de cambios / *caixa de câmbios*

air filter / el filtro del aire / *filtro do ar*

english • español • *português*

TRANSPORT • EL TRANSPORTE • *TRANSPORTE*

types • los tipos • *tipos*

visor | la visera | *viseira*

leathers | el traje de cuero | *traje de couro*

reflector strap | la cinta reflectante | *cinto refletor*

knee pad | la rodillera | *joelheira*

clothing | el equipo | *vestuário*

headlight | el faro | *farol*

suspension | la suspensión | *suspensão*

mudguard | el guardabarros | *para-lamas*

brake pedal | el pedal de los frenos | *pedal dos freios*

axle | el eje | *eixo*

tyre | el neumático | *pneu*

racing bike | la moto de carreras | *moto esportiva*

windshield | el parabrisas | *para-brisa*

tourer | la moto de carretera | *moto de estrada*

dirt bike | la moto de cross | *motocross*

stand | el soporte | *suporte*

scooter | la vespa | *scooter*

english • español • *português* 205

TRANSPORT • EL TRANSPORTE • *TRANSPORTE*

bicycle • la bicicleta • *bicicleta*

tandem | el tándem | *dupla*

racing bike imagery

racing bike
la bicicleta de carreras
bicicleta de competição

mountain bike
la bicicleta de montaña
mountain bike

touring bike
la bicicleta de paseo
bicicleta de passeio

road bike
la bicicleta de carretera
bicicleta de estrada

Labels on main bicycle:
- **saddle** — el sillín — *selim*
- **seat post** — el soporte del sillín — *suporte do selim*
- **water bottle** — la botella del agua — *garrafa de água*
- **frame** — el cuadro — *quadro*
- **brake** — el freno — *freio*
- **hub** — el eje — *eixo*
- **gears** — las marchas — *marchas*
- **pedal** — el pedal — *pedal*
- **cog** — el diente de la rueda — *dente de roda*
- **rim** — la llanta — *aro*
- **tyre** — la cubierta — *pneu*
- **chain** — la cadena — *corrente*
- **helmet** — el casco — *capacete*

cycle lane | el carril de bicicletas | *ciclovia*

206 english • español • *português*

TRANSPORT • **EL TRANSPORTE** • *TRANSPORTE*

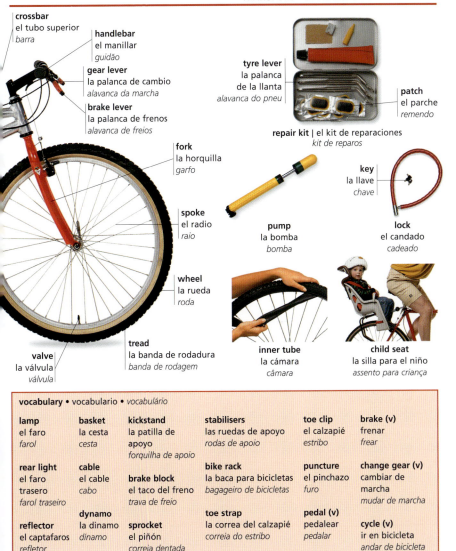

crossbar / el tubo superior / *barra*

handlebar / el manillar / *guidão*

gear lever / la palanca de cambio / *alavanca da marcha*

brake lever / la palanca de frenos / *alavanca de freios*

fork / la horquilla / *garfo*

spoke / el radio / *raio*

wheel / la rueda / *roda*

tread / la banda de rodadura / *banda de rodagem*

valve / la válvula / *válvula*

tyre lever / la palanca de la llanta / *alavanca do pneu*

patch / el parche / *remendo*

repair kit | **el kit de reparaciones** | *kit de reparos*

key / la llave / *chave*

pump / la bomba / *bomba*

lock / el candado / *cadeado*

inner tube / la cámara / *câmara*

child seat / la silla para el niño / *assento para criança*

---

vocabulary • **vocabulario** • *vocabulário*

lamp el faro *farol*	**basket** la cesta *cesta*	**kickstand** la patilla de apoyo *forquilha de apoio*	**stabilisers** las ruedas de apoyo *rodas de apoio*	**toe clip** el calzapié *estribo*	**brake (v)** frenar *frear*
rear light el faro trasero *farol traseiro*	**cable** el cable *cabo*	**brake block** el taco del freno *trava de freio*	**bike rack** la baca para bicicletas *bagageiro de bicicletas*	**puncture** el pinchazo *furo*	**change gear (v)** cambiar de marcha *mudar de marcha*
reflector el captafaros *refletor*	**dynamo** la dinamo *dínamo*	**sprocket** el piñón *correia dentada*	**toe strap** la correa del calzapié *correia do estribo*	**pedal (v)** pedalear *pedalar*	**cycle (v)** ir en bicicleta *andar de bicicleta*

english • **español** • *português*

TRANSPORT • EL TRANSPORTE • *TRANSPORTE*

train • el tren • *trem*

carriage | el vagón | *vagão*

platform | el andén | *plataforma*

trolley | el carrito | *carrinho de bagagem*

platform number | el número de andén | *número da plataforma*

commuter | el viajero de cercanías | *usuário*

train station | la estación de tren | *estação de trem*

types of train • los tipos de tren • *tipos de trem*

steam train | el tren de vapor | *trem a vapor*

engine | la locomotora | *locomotiva*

driver's cab | la cabina del conductor | *cabine do condutor*

rail | el raíl | *trilho*

diesel train | el tren diesel | *trem a diesel*

electric train | el tren eléctrico | *trem elétrico*

high-speed train | el tren de alta velocidad | *trem-bala*

monorail | el monorraíl | *monotrilho*

underground train | el metro | *metrô*

tram | el tranvía | *bonde*

freight train | el tren de mercancías | *trem de carga*

english • español • *português*

TRANSPORT • EL TRANSPORTE • *TRANSPORTE*

luggage rack
el portaequipajes
bagageiro

window
la ventanilla
janela

door
la puerta
porta

compartment
el vagón
vagão

track
la vía
trilho

seat
el asiento
assento

ticket barrier | la barrera
catraca

public address system
el sistema de megafonía
serviço de alto-falante

timetable
el horario
horário

ticket
el billete
bilhete

dining car | el vagón restaurante
vagão-restaurante

concourse | el vestíbulo | *saguão*

sleeping compartment
el cochecama
vagão-dormitório

---

vocabulary • vocabulario • *vocabulário*

rail network la red ferroviaria *rede ferroviária*	**underground map** el plano del metro *mapa do metrô*	**ticket office** la taquilla *bilheteria*	**live rail** el raíl electrificado *trilho eletrificado*
inter-city train el tren intercity *trem intermunicipal*	**delay** el retraso *atraso*	**ticket inspector** el revisor *inspetor de bilhete*	**signal** la señal *sinalização*
rush hour la hora punta *horário de pico*	**fare** el precio *preço*	**change (v)** cambiar *trocar*	**emergency lever** la palanca de emergencia *alavanca de emergência*

english • español • *português*

TRANSPORT • EL TRANSPORTE • *TRANSPORTE*

aircraft • el avión • *avião*

airliner • el avión de pasajeros • *avião de passageiros*

nose / el morro / *bico*

cockpit / la cabina de pilotaje / *cabine de comando*

engine / el motor / *turbina*

fuselage / el fuselaje / *fuselagem*

wing / el ala / *asa*

tail / la cola / *cauda*

rudder / el timón / *leme*

nosewheel / el tren delantero / *trem de pouso dianteiro*

exit / la salida / *saída*

landing gear / el tren de aterrizaje / *trem de aterrissagem*

aileron / el alerón / *aileron*

fin / la aleta / *ponta da asa*

tailplane / el estabilizador / *estabilizador*

cabin • la cabina • *cabine*

emergency exit / la salida de emergencia / *saída de emergência*

flight attendant / la azafata de vuelo / *comissária de bordo*

overhead locker / el compartimento portaequipajes / *compartimento de bagagem*

window / la ventanilla / *janela*

air vent / el ventilador / *ventilador*

reading light / la luz de lectura / *luz de leitura*

seat / el asiento / *assento*

row / la fila / *fileira*

armrest / el apoyabrazos / *descansador de braço*

aisle / el pasillo / *corredor*

tray-table / la bandeja / *mesa móvel*

seat back / el respaldo / *encosto*

210 english • español • *português*

TRANSPORT • EL TRANSPORTE • *TRANSPORTE*

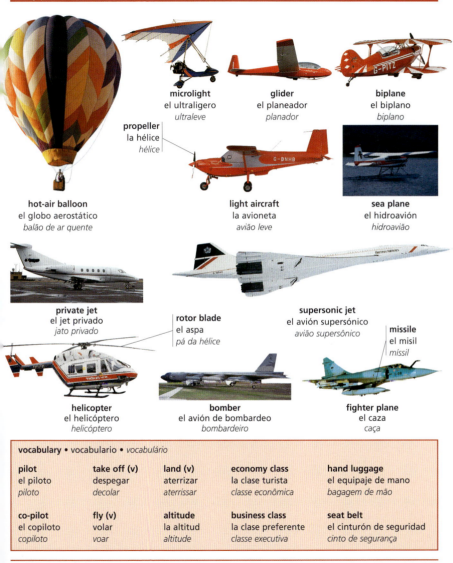

microlight
el ultraligero
ultraleve

glider
el planeador
planador

biplane
el biplano
biplano

propeller
la hélice
hélice

hot-air balloon
el globo aerostático
balão de ar quente

light aircraft
la avioneta
avião leve

sea plane
el hidroavión
hidroavião

private jet
el jet privado
jato privado

rotor blade
el aspa
pá da hélice

supersonic jet
el avión supersónico
avião supersônico

missile
el misil
míssil

helicopter
el helicóptero
helicóptero

bomber
el avión de bombardeo
bombardeiro

fighter plane
el caza
caça

vocabulary • vocabulario • *vocabulário*

pilot	**take off (v)**	**land (v)**	**economy class**	**hand luggage**
el piloto	despegar	aterrizar	la clase turista	el equipaje de mano
piloto	*decolar*	*aterrissar*	*classe econômica*	*bagagem de mão*
co-pilot	**fly (v)**	**altitude**	**business class**	**seat belt**
el copiloto	volar	la altitud	la clase preferente	el cinturón de seguridad
copiloto	*voar*	*altitude*	*classe executiva*	*cinto de segurança*

english • español • *português* 211

TRANSPORT • EL TRANSPORTE • *TRANSPORTE*

airport • el aeropuerto • *aeroporto*

apron
la pista de estacionamiento
pátio de estacionamento

baggage trailer
el remolque del equipaje
reboque de bagagem

terminal
la terminal
terminal

service vehicle
el vehículo de servicio
veículo de serviço

walkway
la pasarela
passarela

airliner | el avión de línea | *avião comercial*

vocabulary • vocabulario • *vocabulário*

runway la pista *pista*	**flight number** el número de vuelo *número do voo*	**carousel** la cinta de equipajes *carrossel de bagagens*	**holiday** las vacaciones *férias*
domestic flight el vuelo nacional *voo doméstico*	**immigration** inmigración *imigração*	**security** la seguridad *segurança*	**book a flight (v)** reservar un vuelo *reservar um voo*
connection la conexión *conexão*	**customs** la aduana *alfândega*	**X-ray machine** la máquina de rayos X *máquina de raio X*	**check in (v)** facturar *despachar*
international flight el vuelo internacional *voo internacional*	**excess baggage** el exceso de equipaje *excesso de bagagem*	**holiday brochure** el folleto de viajes *folheto de viagens*	**control tower** la torre de control *torre de controle*

english • **español** • *português*

TRANSPORT • **EL TRANSPORTE** • *TRANSPORTE*

hand luggage
el equipaje de mano
bagagem de mão

luggage
el equipaje
bagagem

trolley
el carro
carrinho

check-in desk
el mostrador de facturación
check-in

visa
el visado
visto

passport | el pasaporte | *passaporte*

passport control
el control de pasaportes
controle de passaporte

boarding pass
la tarjeta de embarque
cartão de embarque

ticket
el billete
bilhete

gate number
el número de puerta de embarque
número da porta de embarque

departures
las salidas
partidas

departure lounge
la sala de embarque
sala de embarque

destination
el destino
destino

arrivals
las llegadas
chegadas

information screen
la pantalla de información
painel de informações

duty-free shop
la tienda libre de impuestos
free shop

baggage reclaim
la recogida de equipajes
retirada de bagagem

taxi rank
la parada de taxis
serviço de táxi

car hire
el alquiler de coches
aluguel de carros

english • **español** • *português*   213

TRANSPORT • **EL TRANSPORTE** • *TRANSPORTE*

ship • el barco • *navio*

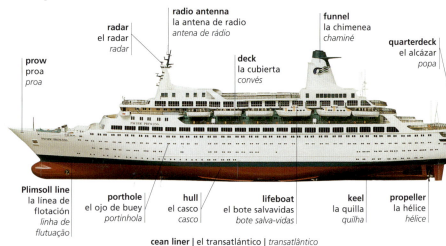

radar | el radar | *radar*

radio antenna | la antena de radio | *antena de rádio*

deck | la cubierta | *convés*

funnel | la chimenea | *chaminé*

quarterdeck | el alcázar | *popa*

prow | proa | *proa*

Plimsoll line | la línea de flotación | *linha de flutuação*

porthole | el ojo de buey | *portinhola*

hull | el casco | *casco*

lifeboat | el bote salvavidas | *bote salva-vidas*

keel | la quilla | *quilha*

propeller | la hélice | *hélice*

ocean liner | el transatlántico | *transatlântico*

bridge | el puente | *sala de controle*

engine room | la sala de máquinas | *sala de máquinas*

cabin | el camarote | *cabine*

galley | la cocina | *cozinha*

vocabulary • vocabulario • *vocabulário*

dock el muelle *cais*	**windlass** el cabrestante *cabrestante*
port el puerto *porto*	**captain** el capitán *capitão*
gangway la pasarela *passadiço*	**speedboat** la lancha motora *lancha*
anchor el ancla *âncora*	**rowing boat** la barca de remos *barco a remo*
bollard el noray *mastro*	**canoe** la piragua *canoa*

214   english • español • *português*

TRANSPORT • EL TRANSPORTE • *TRANSPORTE*

other ships • otras embarcaciones • *outras embarcações*

ferry | el ferry | *balsa*

outboard motor
el motor fueraborda
motor de popa

inflatable dinghy
la zodiac
bote inflável

hydrofoil
el hidrodeslizador
hidrofólio

yacht
el yate
iate

catamaran
el catamarán
catamarã

tug boat
el remolcador
rebocador

hovercraft
el aerodeslizador
hovercraft

container ship
el buque portacontenedores
navio porta-contêineres

rigging
las jarcias
cordoalha

sailboat
el barco de vela
barco a vela

hold
la bodega
porão

freighter
el buque de carga
navio cargueiro

oil tanker
el petrolero
petroleiro

aircraft carrier
el portaviones
porta-aviões

battleship
el barco de guerra
encouraçado

conning tower
la falsa torre
torre de comando

submarine
el submarino
submarino

english • **español** • *português*

TRANSPORT • EL TRANSPORTE • *TRANSPORTE*

port • el puerto • *porto*

warehouse
el almacén
armazém

crane
la grúa
grua

fork-lift truck
la carretilla elevadora
guindaste

access road
la carretera de acceso
estrada de acesso

customs house
las aduanas
del puerto
alfândega do porto

dock
la dársena
doca

container
el contenedor
contêiner

quay
el muelle
cais

cargo
la carga
carga

ferry terminal
la terminal del ferry
terminal da balsa

ferry
el ferry
balsa

ticket office
la ventanilla
de pasajes
bilheteria

passenger
el pasajero
passageiro

container port | el muelle comercial | *porto comercial*

passenger port | el muelle de pasajeros
cais de passageiros

216   english • español • *português*

TRANSPORT • EL TRANSPORTE • *TRANSPORTE*

net | la red | *rede*

fishing boat | el barco de pesca | *barco de pesca*

mooring | el punto de amarre | *ancoradouro*

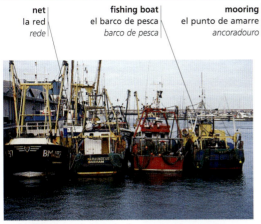

fishing port | el puerto de pesca | *porto pesqueiro*

marina | el puerto deportivo | *marinha*

harbour | el puerto | *porto*

pier | el embarcadero | *píer*

jetty | el espigón | *quebra-mar*

shipyard | el astillero | *estaleiro*

lamp | la lámpara | *lâmpada*

lighthouse | el faro | *farol*

buoy | la boya | *boia*

vocabulary • vocabulario • *vocabulário*		
coastguard el guardacostas *guarda-costeira*	**dry dock** el dique seco *doca flutuante*	**board (v)** embarcar *embarcar*
harbour master el capitán del puerto *capitão do porto*	**moor (v)** amarrar *amarrar*	**disembark (v)** desembarcar *desembarcar*
drop anchor (v) fondear *ancorar*	**dock (v)** atracar *atracar*	**set sail (v)** zarpar *partir*

english • español • *português*   217

sports
los deportes
esportes

SPORTS • LOS DEPORTES • ESPORTES

American football • el fútbol americano
• *futebol americano*

goalpost
el poste de
la portería
trave de gol

sideline
la línea de banda
linha lateral

line judge
el juez de línea
juiz de linha

goal line
la línea de gol
linha de gol

football field | el campo | *campo*

end zone
la zona final
área final

football
el balón
bola

pads
las rodilleras
joelheira

helmet
el casco
capacete

boot
la bota
chuteira

football player
el jugador
jogador de futebol

tackle (v)
placar
deter o ataque/marcar

pass (v)
pasar
passar

catch (v)
coger
pegar/agarrar

---

vocabulary • vocabulario • *vocabulário*

time out el tiempo muerto *tempo jogado*	**team** el equipo *time*	**defence** la defensa *defesa*	**cheerleader** la animadora *animadora de torcida*	**What is the score?** ¿Cómo van? *Qual é o resultado?*
fumble el mal pase de balón *passe errado*	**attack** el ataque *ataque*	**score** la puntuación *resultado*	**touchdown** el ensayo *touchdown*	**Who is winning?** ¿Quién va ganando? *Quem está ganhando?*

220

english • español • *português*

SPORTS • LOS DEPORTES • *ESPORTES*

rugby • el rugby • *rúgbi*

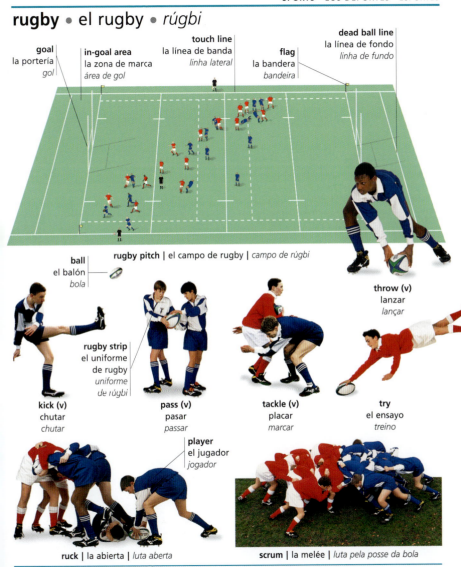

English	Español	Português
goal	la portería	*gol*
in-goal area	la zona de marca	*área de gol*
touch line	la línea de banda	*linha lateral*
flag	la bandera	*bandeira*
dead ball line	la línea de fondo	*linha de fundo*
rugby pitch	el campo de rugby	*campo de rúgbi*
ball	el balón	*bola*
rugby strip	el uniforme de rugby	*uniforme de rúgbi*
kick (v)	chutar	*chutar*
pass (v)	pasar	*passar*
tackle (v)	placar	*marcar*
throw (v)	lanzar	*lançar*
try	el ensayo	*treino*
player	el jugador	*jogador*
ruck	la abierta	*luta aberta*
scrum	la melée	*luta pela posse da bola*

english • español • *português*   221

SPORTS • LOS DEPORTES • *ESPORTES*

soccer • el fútbol • *futebol*

football
el balón
bola

forward
el delantero
atacante

referee
el árbitro
juiz

centre circle
el círculo central
círculo central

goalkeeper
el portero
goleiro

football strip
el uniforme
uniforme

footballer
el futbolista
jogador de futebol

football pitch | campo de fútbol | *campo de futebol*

goalpost
el poste
trave do gol

net
la red
rede

crossbar
el larguero
travessão

goal | el gol | *gol*

dribble (v) | regatear
driblar

head (v)
tirar de cabeza
cabecear

wall
la barrera
barreira

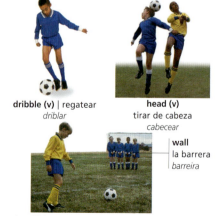

free kick | el tiro libre | *cobrança de falta*

222   english • español • *português*

SPORTS • **LOS DEPORTES** • *ESPORTES*

penalty area
el área de penalty
grande área

goal line
la línea de meta
linha de fundo

goal area
el área de meta
pequena área

goal
la portería
gol

defender
el defensa
zagueiro

linesman
el juez de línea
bandeirinha

corner flag
la bandera de esquina
bandeira do escanteio

throw-in
el saque de banda
arremesso lateral

kick (v)
chutar
chutar

boot
la bota
chuteira

pass (v)
hacer un pase
fazer um passe

shoot (v)
tirar
lançar

save (v)
hacer una parada
defender

tackle (v)
hacer una entrada
dar carrinho

---

vocabulary • **vocabulario** • *vocabulário*

stadium el estadio *estádio*	**foul** la falta *falta*	**yellow card** la tarjeta amarilla *cartão amarelo*	**league** la liga *campeonato/liga*	**extra time** la prórroga *prorrogação*
score a goal (v) marcar un gol *fazer gol*	**corner** el córner *escanteio*	**off-side** el fuera de juego *impedimento*	**draw** el empate *empate*	**substitute** el reserva *reserva*
penalty el penalty *pênalti*	**red card** la tarjeta roja *cartão vermelho*	**send off** la expulsión *expulsão*	**half time** el descanso *intervalo de jogo*	**substitution** la sustitución *substituição*

english • **español** • *português*

SPORTS • LOS DEPORTES • *ESPORTES*

hockey • el hockey • *hóquei*

ice hockey • el hockey sobre hielo • *hóquei sobre gelo*

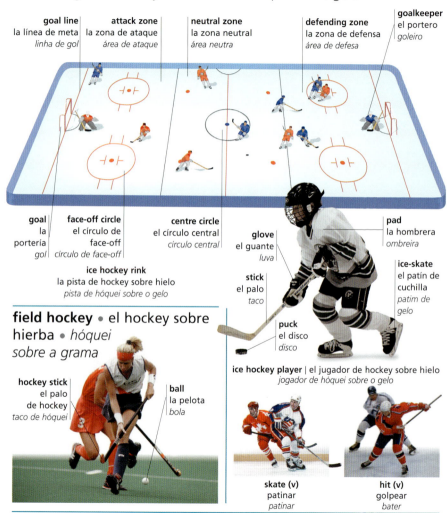

goal line la línea de meta *linha de gol*

attack zone la zona de ataque *área de ataque*

neutral zone la zona neutral *área neutra*

defending zone la zona de defensa *área de defesa*

goalkeeper el portero *goleiro*

goal la portería *gol*

face-off circle el círculo de face-off *círculo de face-off*

centre circle el círculo central *círculo central*

glove el guante *luva*

pad la hombrera *ombreira*

ice-skate el patín de cuchilla *patim de gelo*

stick el palo *taco*

puck el disco *disco*

ice hockey rink la pista de hockey sobre hielo *pista de hóquei sobre o gelo*

ice hockey player | el jugador de hockey sobre hielo *jogador de hóquei sobre o gelo*

field hockey • el hockey sobre hierba • *hóquei sobre a grama*

hockey stick el palo de hockey *taco de hóquei*

ball la pelota *bola*

skate (v) patinar *patinar*

hit (v) golpear *bater*

224 english • español • *português*

SPORTS • LOS DEPORTES • ESPORTES

cricket • el críquet • *críquete*

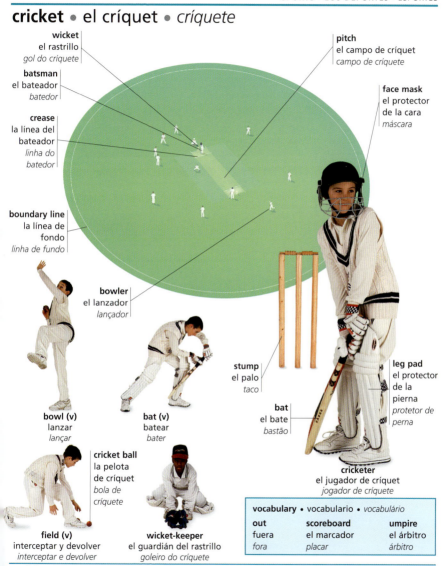

wicket
el rastrillo
gol do críquete

batsman
el bateador
batedor

crease
la línea del bateador
linha do batedor

boundary line
la línea de fondo
linha de fundo

pitch
el campo de críquet
campo de críquete

face mask
el protector de la cara
máscara

bowler
el lanzador
lançador

stump
el palo
taco

bat
el bate
bastão

leg pad
el protector de la pierna
protetor de perna

bowl (v)
lanzar
lançar

bat (v)
batear
bater

cricket ball
la pelota de críquet
bola de críquete

field (v)
interceptar y devolver
interceptar e devolver

wicket-keeper
el guardián del rastrillo
goleiro do críquete

cricketer
el jugador de críquet
jogador de críquete

vocabulary • vocabulario • *vocabulário*		
out	**scoreboard**	**umpire**
fuera	el marcador	el árbitro
fora	*placar*	*árbitro*

english • **español** • *português*

SPORTS • LOS DEPORTES • *ESPORTES*

basketball • el baloncesto • *basquetebol*

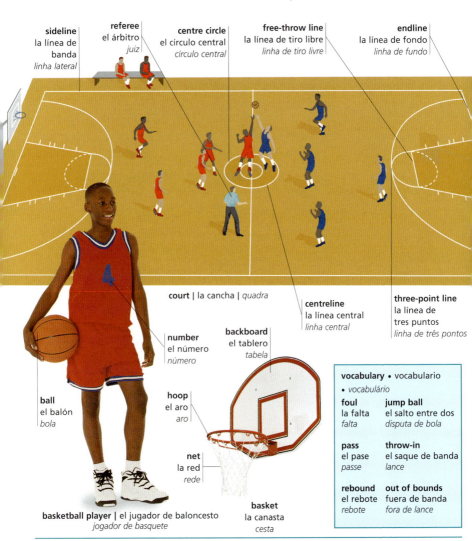

sideline | la línea de banda | *linha lateral*

referee | el árbitro | *juiz*

centre circle | el círculo central | *círculo central*

free-throw line | la línea de tiro libre | *linha de tiro livre*

endline | la línea de fondo | *linha de fundo*

court | la cancha | *quadra*

centreline | la línea central | *linha central*

three-point line | la línea de tres puntos | *linha de três pontos*

number | el número | *número*

backboard | el tablero | *tabela*

ball | el balón | *bola*

hoop | el aro | *aro*

net | la red | *rede*

basket | la canasta | *cesta*

basketball player | el jugador de baloncesto | *jogador de basquete*

vocabulary • vocabulario
• *vocabulário*

foul la falta *falta*	**jump ball** el salto entre dos *disputa de bola*
pass el pase *passe*	**throw-in** el saque de banda *lance*
rebound el rebote *rebote*	**out of bounds** fuera de banda *fora de lance*

226

english • español • *português*

SPORTS • LOS DEPORTES • *ESPORTES*

actions • las acciones • *ações*

throw (v)	catch (v)	shoot (v)	jump (v)	
lanzar	coger	tirar	saltar	
lançar	*pegar/agarrar*	*arremessar*	*saltar*	

mark (v)	block (v)	bounce (v)	dunk (v)
marcar	bloquear	botar	marcar
marcar	*bloquear*	*quicar a bola*	*fazer pontos*

volleyball • el balonvolea • *voleibol*

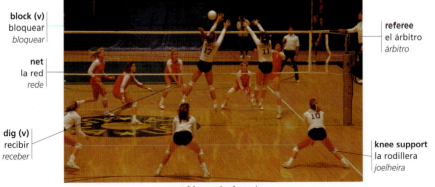

block (v) bloquear *bloquear*

net la red *rede*

dig (v) recibir *receber*

referee el árbitro *árbitro*

knee support la rodillera *joelheira*

court | la cancha | *quadra*

english • *español* • *português* 227

SPORTS • LOS DEPORTES • *ESPORTES*

baseball • el béisbol • *beisebol*

field • el campo • *campo*

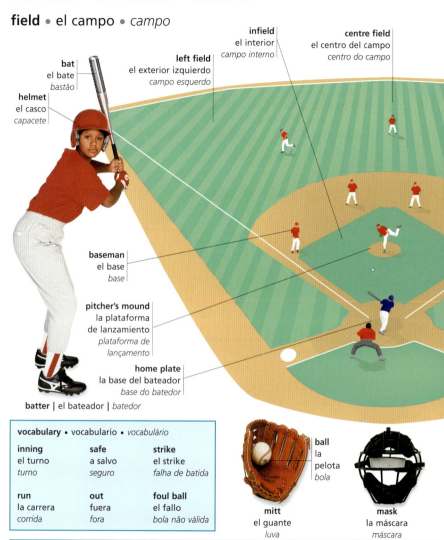

bat | el bate | *bastão*
helmet | el casco | *capacete*
left field | el exterior izquierdo | *campo esquerdo*
infield | el interior | *campo interno*
centre field | el centro del campo | *centro do campo*
baseman | el base | *base*
pitcher's mound | la plataforma de lanzamiento | *plataforma de lançamento*
home plate | la base del bateador | *base do batedor*
batter | el bateador | *batedor*
ball | la pelota | *bola*
mitt | el guante | *luva*
mask | la máscara | *máscara*

vocabulary • vocabulario • *vocabulário*		
inning el turno *turno*	**safe** a salvo *seguro*	**strike** el strike *falha de batida*
run la carrera *corrida*	**out** fuera *fora*	**foul ball** el fallo *bola não válida*

228 english • español • *português*

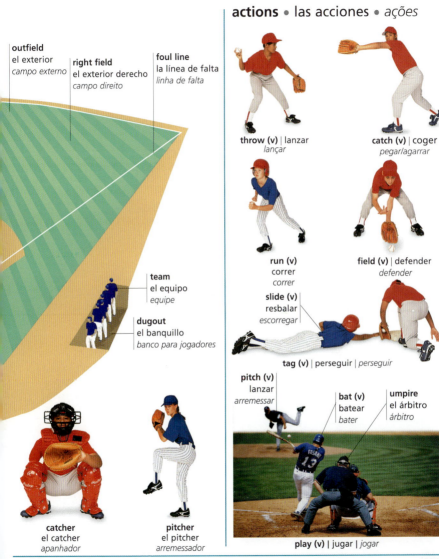

SPORTS • LOS DEPORTES • ESPORTES

tennis • el tenis • tênis

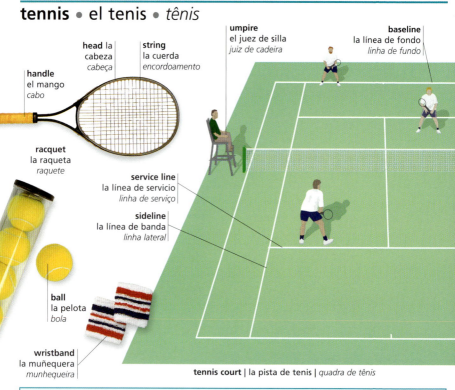

tennis court | la pista de tenis | quadra de tênis

vocabulary • vocabulario • *vocabulário*					
singles el individual *simples*	**set** el set *set*	**tiebreak** el tiebreak *tie break*	**fault** la falta *falta*	**rally** el peloteo *troca de bola*	**spin** el efecto *bola de efeito*
doubles los dobles *duplas*	**match** el partido *partida*	**advantage** la ventaja *vantagem*	**ace** el ace *ace*	**let!** ¡red! *rede*	**linesman** el juez de línea *juiz de linha*
game el juego *jogo*	**love** nada *nulo*	**deuce** cuarenta iguales *quarenta iguais*	**dropshot** la dejada *largadinha*	**slice** el tiro con efecto *golpe com efeito*	**championship** el campeonato *campeonato*

230   english • español • *português*

SPORTS • LOS DEPORTES • *ESPORTES*

strokes • los golpes • *golpes*

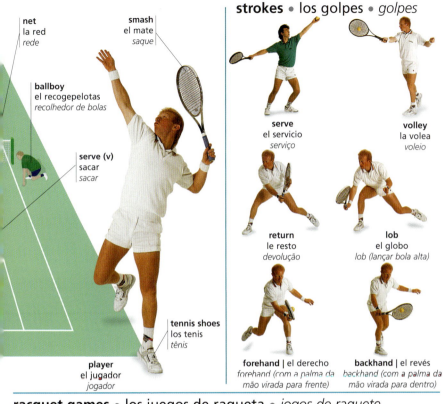

net | la red | *rede*

ballboy | el recogepelotas | *recolhedor de bolas*

serve (v) | sacar | *sacar*

smash | el mate | *saque*

tennis shoes | los tenis | *tênis*

player | el jugador | *jogador*

serve | el servicio | *serviço*

volley | la volea | *voleio*

return | le resto | *devolução*

lob | el globo | *lob (lançar bola alta)*

forehand | el derecho | *forehand (com a palma da mão virada para frente)*

backhand | el revés | *backhand (com a palma da mão virada para dentro)*

racquet games • los juegos de raqueta • *jogos de raquete*

shuttlecock | el volante | *peteca*

badminton | el bádminton | *badminton*

bat | la pala | *raquete*

el ping-pong | **table tennis** | *pingue-pongue*

el squash | **squash** | *squash*

el racketball | **racquetball** | *racquetball*

english • español • *português*

SPORTS • LOS DEPORTES • *ESPORTES*

golf • el golf • *golfe*

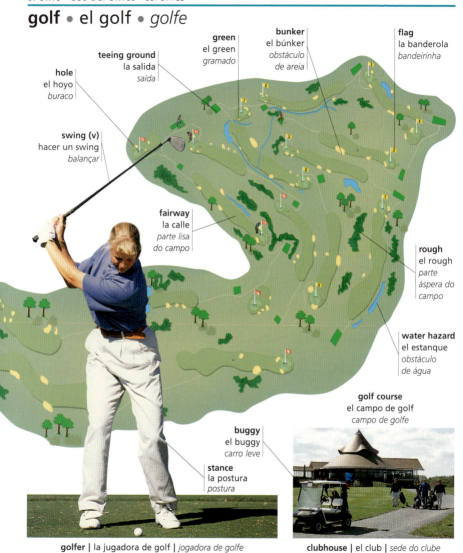

- **hole** | el hoyo | *buraco*
- **teeing ground** | la salida | *saída*
- **green** | el green | *gramado*
- **bunker** | el búnker | *obstáculo de areia*
- **flag** | la banderola | *bandeirinha*
- **swing (v)** | hacer un swing | *balançar*
- **fairway** | la calle | *parte lisa do campo*
- **rough** | el rough | *parte áspera do campo*
- **water hazard** | el estanque | *obstáculo de água*
- **golf course** | el campo de golf | *campo de golfe*
- **buggy** | el buggy | *carro leve*
- **stance** | la postura | *postura*

golfer | la jugadora de golf | *jogadora de golfe*

clubhouse | el club | *sede do clube*

232   english • español • *português*

SPORTS • LOS DEPORTES • ESPORTES

equipment • el equipo • *equipamento*

golf ball
la pelota de golf
bola de golfe

tee
el tee
anteparo

glove
el guante
luva

umbrella
el paraguas
guarda-chuva

golf bag
la bolsa de golf
sacola de golfe

spikes
los clavos
cravos

golf trolley
el carrito de golf
carrinho de golfe

golf shoe
el zapato de golf
sapato de golfe

golf clubs • los palos de golf • *tacos de golfe*

wood
el palo de madera
taco de madeira

putter
el putter
taco de lance curto

iron
el palo de hierro
taco de ferro

wedge
el wedge
wedge

actions • las acciones • *ações*

tee off (v)
salir
dar saída/iniciar

drive (v)
hacer un drive
fazer um drive

putt (v)
tirar al hoyo con un putter
bater com o putter

chip (v)
hacer un chip
fazer um chip

---

vocabulary • vocabulario • *vocabulário*

par el par *par*	**over par** el sobre par *sobrepar*	**handicap** el handicap *desvantagem*	**caddy** el caddy *carregador*	**backswing** el backswing *movimento para trás*	**stroke** el golpe *golpe*
under par el bajo par *subpar*	**hole in one** el hoyo en uno *buraco em um*	**tournament** el torneo *torneio*	**spectators** los espectadores *espectadores*	**practice swing** el swing de práctica *praticar balanço*	**line of play** la línea de juego *linha de jogo*

english • español • *português*

SPORTS • LOS DEPORTES • ESPORTES

athletics • el atletismo • atletismo

lane / la calle / *rua lateral*
track / la pista / *pista*
finishing line / la línea de meta / *linha de chegada*
starting line / la línea de salida / *linha de partida*
starting blocks / el cajón de salida / *calço de partida*
sprinter / el esprinter / *corredor*
field / el campo / *campo*
athlete / la atleta / *atleta*
discus / el lanzamiento de disco / *lançamento de disco*
shotput / el lanzamiento de peso / *arremesso de peso*
javelin / el lanzamiento de jabalina / *lançamento de dardo*
stopwatch / el cronómetro / *cronômetro*

vocabulary • vocabulario • *vocabulário*

race	record	photo finish	pole vault
la carrera	el récord	la fotofinish	el salto con pértiga
corrida	*recorde*	*definir por foto*	*salto com vara*

time	break a record (v)	marathon	personal best
el tiempo	batir un récord	la maratón	la marca personal
tempo	*quebrar um recorde*	*maratona*	*marca pessoal*

english • español • português

SPORTS • **LOS DEPORTES** • *ESPORTES*

baton | el testigo | *bastão*

relay race | la carrera de relevos | *corrida de revezamento*

crossbar | el listón | *travessão*

high jump | el salto de altura | *salto em altura*

long jump | el salto de longitud | *salto em distância*

hurdles | la carrera de vallas | *corrida com obstáculos*

gymnastics • la gimnasia • *ginástica*

springboard | el trampolín | *trampolim*

gymnast | la gimnasta | *ginasta*

horse | el caballo | *cavalo*

somersault | el salto mortal | *salto mortal*

beam | la barra de equilibrio | *trave*

mat | la colchoneta | *esteira*

vault | el salto | *salto*

floor exercises | los ejercicios de suelo | *exercícios de solo*

ribbon | la cinta | *fita*

tumble | la voltereta | *salto acrobático no solo*

rhythmic gymnastics | la gimnasia rítmica | *ginástica rítmica*

---

vocabulary • **vocabulario** • *vocabulário*

horizontal bar la barra fija *barra fixa*	**asymmetric bars** las paralelas asimétricas *paralelas assimétricas*	**rings** las anillas *argolas*	**medals** las medallas *medalhas*	**silver** la plata *prata*
parallel bars las paralelas *barras paralelas*	**pommel horse** el caballo con arcos *cavalo com argolas*	**podium** el podio *pódio*	**gold** el oro *ouro*	**bronze** el bronce *bronze*

english • español • *português*

SPORTS • LOS DEPORTES • ESPORTES

combat sports • los deportes de combate
• *esportes de combate*

opponent
el adversario
adversário

glove
el guante
luva

guard
el protector
protetor

belt
el cinturón
faixa

tae-kwon-do
el taekwondo
tae-kwon-do

karate
el karate
caratê

judo
el judo
judô

mask
la careta
máscara

sword
la espada
florete

kendo
el kendo
kendo

kung fu
el kung fu
kung fu

aikido
el aikido
aikido

kickboxing
el full contact
kickboxing

wrestling
la lucha libre
luta romana

boxing
el boxeo
boxe

236   english • español • *português*

SPORTS • **LOS DEPORTES** • *ESPORTES*

actions • los movimientos • *ações*

fall
la caída
queda

hold
el agarre
pegada

throw
el derribo
derrubada

pin
la inmovilización
imobilização

kick
la patada
chute

punch
el puñetazo
soco

strike
el golpe
ataque

jump
el salto
salto

block
la parada
bloqueio

chop
el golpe
golpe

vocabulary • vocabulario • *vocabulário*				
boxing ring el ring *ringue*	**round** el asalto *assalto*	**fist** el puño *punho*	**black belt** el cinturón negro *faixa preta*	**capoeira** la capoeira *capoeira*
mouth guard el protegedientes *protetor bucal*	**bout** el combate *combate*	**knock out** el K.O. *nocaute*	**martial arts** las artes marciales *artes marciais*	**sumo wrestling** el sumo *sumô*
boxing gloves los guantes de boxeo *luvas de boxe*	**sparring** el entrenamiento *pugilato*	**punch bag** el saco de arena *saco de pancada*	**self defence** la defensa personal *defesa pessoal*	**tai-chi** el tai-chi *tai-chi*

english • español • *português*   237

SPORTS • LOS DEPORTES • ESPORTES

swimming • la natación • natação
equipment • el equipo • equipamento

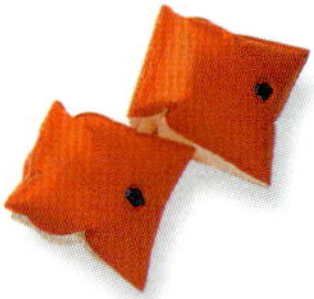

nose clip
la pinza para la nariz
pinça de nariz

armband
el manguito
boia de braço

goggles
las gafas de natación
óculos de natação

float
el flotador
prancha

swimsuit
el traje de baño
maiô de natação

lane
la calle
raia

water
el agua
água

starting block
el cajón de salida
baliza

cap
el gorro de baño
touca

trunks
el bañador
calção

swimming pool
la piscina
piscina

springboard
el trampolín
trampolim

diver
el saltador
mergulhador

swimmer | el nadador | *nadador*

dive (v) | tirarse de cabeza | *mergulhar*

swim (v) | nadar | *nadar*

turn | el giro | *girar*

238

english • español • *português*

SPORTS • **LOS DEPORTES** • *ESPORTES*

styles • los estilos • *estilos*

front crawl
el crol
nado crawl

breaststroke
la braza
nado de peito

stroke
la brazada
braçada

kick
la patada
batida de perna

backstroke | la espalda | *nado de costas*

butterfly | la mariposa | *nado borboleta*

scuba diving • el buceo • *mergulho*

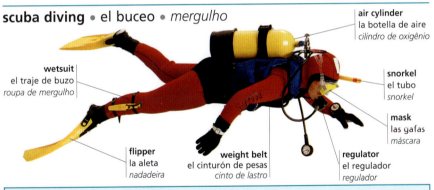

air cylinder
la botella de aire
cilindro de oxigênio

wetsuit
el traje de buzo
roupa de mergulho

snorkel
el tubo
snorkel

mask
las gafas
máscara

flipper
la aleta
nadadeira

weight belt
el cinturón de pesas
cinto de lastro

regulator
el regulador
regulador

vocabulary • vocabulario • *vocabulário*					
dive el salto *mergulho*	**tread water (v)** hacer agua *boiar*	**lockers** las taquillas *armários com chaves*	**water polo** el waterpolo *pólo aquático*	**shallow end** la zona poco profunda *área pouco profunda*	**cramp** el tirón *cãibra*
high dive el salto alto *mergulho profundo*	**racing dive** el salto de salida *mergulho de competição*	**lifeguard** el socorrista *salva-vidas*	**deep end** la zona profunda *área profunda*	**synchronized swimming** la natación sincronizada *nado sincronizado*	**drown (v)** ahogarse *afogar-se*

english • español • *português*

SPORTS • LOS DEPORTES • *ESPORTES*

sailing • la vela • *velejar*

compass | la brújula | *bússola*

anchor | el ancla | *âncora*

cleat | la escotera | *stopper*

sidedeck | la cubierta | *convés*

headsail | el foque | *vela de proa*

bow | la proa | *proa*

tiller | la caña del timón | *timão*

hull | el casco | *casco*

mast | el mástil | *mastro*

rigging | las jarcias | *estai*

mainsail | la vela mayor | *vela mestra*

boom | la botavara | *árvore*

stern | la popa | *popa*

navigate (v) | navegar | *navegar*

yacht | el yate | *iate*

safety • la seguridad • *segurança*

flare
la bengala
foguete de sinalização

lifebuoy
el salvavidas
boia salva-vidas

life jacket
el chaleco salvavidas
colete salva-vidas

life raft
la balsa salvavidas
balsa salva-vidas

240   english • español • *português*

SPORTS • **LOS DEPORTES** • *ESPORTES*

watersports • los deportes acuáticos • *esportes aquáticos*

rower | el remero | *remador*
oar | el remo | *remo*
kayak | el kayak | *caiaque*
paddle | el remo | *remo*

row (v) | remar | *remar*

canoeing | el piragüismo | *canoagem*

sail | la vela | *vela*
surfboard | la tabla de surf | *prancha de surfe*
ski | el esquí | *esqui*

windsurfer | el windsurfista | *adepto de windsurfista*

surfing | el surfing | *surfe*
waterskiing | el esquí acuático | *esqui aquático*
speed boating | la carrera de motoras | *corrida de barcos a motor*

board | la tabla | *prancha*

footstrap | la cinta para el pie | *cinto para o pé*

rafting | el rafting | *rafting*
jet skiing | la moto acuática | *jet ski*

windsurfing | el windsurf | *windsurfing*

vocabulary • vocabulario • *vocabulário*					
surfer	crew	wind	surf	sheet	centreboard
el surfista	la tripulación	el viento	la rompiente	la escota	la orza
surfista	*tripulação*	*vento*	*rebentação*	*escota*	*quilha*
waterskier	tack (v)	wave	rapids	rudder	capsize (v)
el esquiador acuático	virar	la ola	los rápidos	el timón	volcar
esquiador aquático	*mudar de rumo*	*onda*	*correnteza*	*leme*	*virar*

english • **español** • *português*   241

SPORTS • **LOS DEPORTES** • *ESPORTES*

horse riding • la equitación • *equitação*

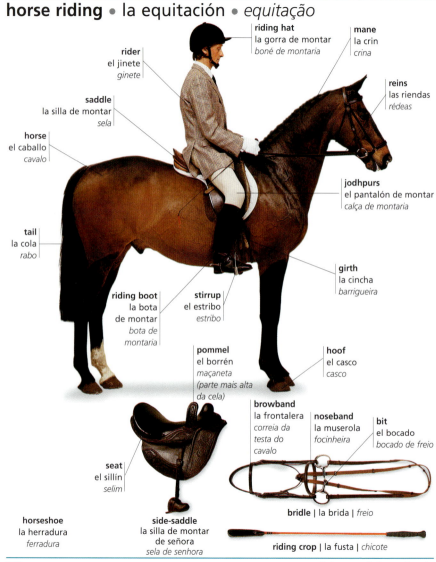

242   **english** • **español** • *português*

SPORTS • LOS DEPORTES • *ESPORTES*

events • las modalidades • *eventos*

racehorse
el caballo de carreras
cavalo de corrida

fence
la valla
obstáculo de vala

horse race
la carrera de caballos
corrida de cavalos

steeplechase
la carrera de obstáculos
corrida com obstáculos

harness race
la carrera al trote
corrida de trote

rodeo
el rodeo
rodeio

showjumping
el concurso de saltos
hipismo

carriage race
la carrera de carrozas
corrida de carruagens

trekking
el paseo
passeio a cavalo

dressage
la doma y monta
adestramento

polo
el polo
polo

vocabulary • vocabulario • *vocabulário*					
walk el paso *passo*	**canter** el medio galope *meio galope*	**gallop** el galope *galope*	**halter** el cabestro *cabresto*	**paddock** el cercado *cercado*	**racecourse** el hipódromo *hipódromo*
trot el trote *trote*	**groom** el mozo de cuadra *cavalariço*	**jump** el salto *salto*	**stable** la cuadra *estábulo*	**arena** el ruedo *areia*	**flat race** la carrera sin obstáculos *corrida sem obstáculos*

english • español • *português*

SPORTS • LOS DEPORTES • ESPORTES

fishing • la pesca • *pesca*

weight | el plomo
chumbo

barb
la lengüeta
farpa

eye
el ojo
olho

fishhook
el anzuelo
anzol

bait | el cebo | *ceva*

float
el flotador
boia

lure
el señuelo
isca

fly
la mosca
mosca

landing net
la red para recoger
camaroeiro

tackle box
la caja de aparejos
caixa de equipamentos

keep net
la red para las capturas
rede de captura

waders
las botas altas de goma
botas altas e impermeáveis

line
el sedal
linha

fishing rod
la caña de pescar
vara de pesca

reel
el carrete
molinete

angler | el pescador | *pescador*

244 english • español • *português*

SPORTS • LOS DEPORTES • *ESPORTES*

types of fishing • los tipos de pesca • *tipos de pesca*

freshwater fishing
la pesca en agua dulce
pesca em água doce

fly fishing
la pesca con mosca
pesca com mosca

sport fishing
la pesca deportiva
pesca esportiva

deep sea fishing
la pesca de altura
pesca em alto-mar

surfcasting
la pesca en la orilla
pesca na orla

activities • las acciones • *ações*

cast (v)
lanzar
lançar

catch (v)
coger
fisgar

reel in (v)
recoger
recolher

net (v)
coger con la red
recolher a rede

release (v)
soltar
soltar

---

vocabulary • vocabulario • *vocabulário*

bait (v)	**tackle**	**waterproofs**	**fishing permit**	**creel**
cebar	los aparejos	la ropa impermeable	la licencia de pesca	la nasa
cevar	*equipamentos*	*roupa impermeável*	*licença de pesca*	*cesto para peixes*
spool	**bite (v)**	**pole**	**marine fishing**	**spearfishing**
el carrete	picar	la pértiga	la pesca en alta mar	la pesca con arpón
carretel	*morder a isca*	*vara comprida*	*pesca em alto mar*	*pesca com arpão*

---

english • **español** • *português*

SPORTS • LOS DEPORTES • *ESPORTES*

skiing • el esquí • *esqui*

ski slope | la pista | *pista*

chairlift | la telesilla | *cadeira de teleférico*

cable car | el teleférico | *cabina de teleférico*

ski suit | el traje de esquí | *traje para esquiar*

ski pole | el bastón | *bastão*

glove | el guante | *luva*

ski run | la pista de esquí | *pista para esquiar*

ski boot | la bota de esquí | *botina para esquiar*

safety barrier | la barrera de seguridad | *barreira de segurança*

ski | el esquí | *esqui*

edge | el canto | *quina*

skier | la esquiadora | *esquiadora*

tip | la punta | *ponta*

246 english • español • *português*

SPORTS • LOS DEPORTES • *ESPORTES*

events • las modalidades • *eventos*

downhill skiing
el descenso
descida

gate
el poste
estaca divisória

slalom
el slálom
corrida de esquis

ski jump
el salto
salto de esqui

cross-country skiing
el esquí de fondo
esqui cross-country

winter sports • los deportes de invierno • *esportes de inverno*

ice climbing
la escalada en hielo
alpinismo no gelo

ice-skating
el patinaje sobre hielo
patinação sobre gelo

skate
el patín
patim

figure skating
el patinaje artístico
patinação artística

goggles
las gafas
óculos

snowboarding
el snowboarding
snowboarding

bobsleigh
el bobsleigh
trenó de corrida

luge
el luge
tobogã

snowmobile
la moto de nieve
moto para neve

sledding
tirarse en trineo
deslizar de trenó

vocabulary • vocabulario • *vocabulário*	
alpine skiing el esquí alpino *esqui alpino*	**dog sledding** el trineo con perros *trenó puxado por cães*
giant slalom el slálom gigante *slalom gigante*	**biathlon** el biatlón *duatlo*
off-piste fuera de pista *fora da pista*	**avalanche** la avalancha *avalanche*
curling el curling *curling*	**speed skating** el patinaje de velocidad *patinação de velocidade*

english • español • *português*

SPORTS • LOS DEPORTES • *ESPORTES*

other sports • los otros deportes • *outros esportes*

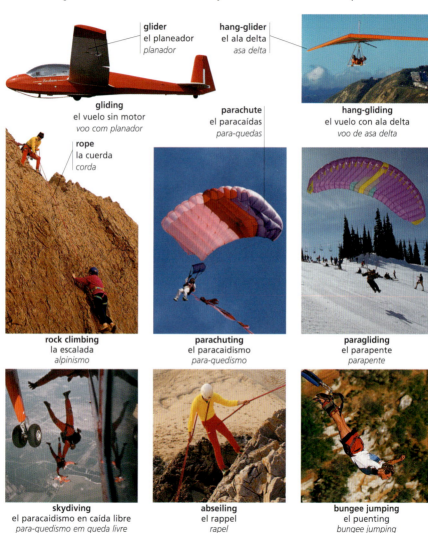

glider
el planeador
planador

hang-glider
el ala delta
asa delta

gliding
el vuelo sin motor
voo com planador

parachute
el paracaídas
para-quedas

hang-gliding
el vuelo con ala delta
voo de asa delta

rope
la cuerda
corda

rock climbing
la escalada
alpinismo

parachuting
el paracaidismo
para-quedismo

paragliding
el parapente
parapente

skydiving
el paracaidismo en caída libre
para-quedismo em queda livre

abseiling
el rappel
rapel

bungee jumping
el puenting
bungee jumping

248　　　　　　　　　　　　　　　　　　　　　　　　　　english • español • *português*

SPORTS • **LOS DEPORTES** • *ESPORTES*

rally driving
el rally
rali

racing driver
el piloto de carreras
piloto de corrida

motor racing
el automovilismo
automobilismo

motorcross
el motocross
motocross

motorbike racing
el motociclismo
motociclismo

skateboard
el monopatín
skate

skateboarding
montar en monopatín
andar de skate

rollerskate
el patín de ruedas
patim de rodas

roller skating
el patinaje
patinação

stick
el palo
bastão

lacrosse
el lacrosse
lacrosse

mask
la máscara
máscara

foil
el florete
florete

fencing
el esgrima
esgrima

pin
el bolo
pino de boliche

bow
el arco
arco

arrow
la flecha
flecha

quiver
el carcaj
aljava

archery
el tiro con arco
arco e flecha

target
la diana
alvo

target shooting
el tiro
tiro ao alvo

bowling ball
la bola de bowling
bola de boliche

bowling
los bolos
boliche

pool
el billar americano
bilhar

snooker
el billar
sinuca

english • **español** • *português*   249

SPORTS • LOS DEPORTES • ESPORTES

fitness • la forma física • *forma física*

exercise bike
la bicicleta fija
bicicleta ergométrica

gym machine
la máquina de ejercicios
aparelho para exercícios

bench
el banco
bancada

free weights
las pesas
pesos

bar
la barra
barra

gym
el gimasio
academia

rowing machine
la máquina de remos
aparelho de remo

personal trainer
la entrenadora personal
treinador(a) pessoal

step machine
la máquina de step
aparelho de step

treadmill
la banda de paseo
esteira de correr

swimming pool
la piscina
piscina

cross trainer
la máquina de cross
esteira ergométrica

sauna
la sauna
sauna

250   english • español • *português*

SPORTS • LOS DEPORTES • *ESPORTES*

exercises • los ejercicios • *exercícios*

stretch
el estiramiento
alongamento

lunge
la flexión con estiramiento
flexão com alongamento

tights | los leotardos | *meia-calça*

press-up
la flexión
flexão

squat
ponerse en cuclillas
agachamento

sit-up
el abdominal
exercício abdominal

biceps curl
el ejercicio de bíceps
desenvolvimento do bíceps

dumb bell
la pesa
peso

leg press
los ejercicios de piernas
exercícios com as pernas

chest press
los ejercicios pectorales
exercícios peitorais

trainers | las zapatillas | *tênis*

weight training
el levantamiento de pesas
levantamento de peso

weight bar
la barra de pesas
barra com pesos

vest
la camiseta
camiseta

jogging
el footing
caminhada

aerobics
el aerobic
aeróbica

---

vocabulary • vocabulario • *vocabulário*

train (v) entrenar *treinar*	**jog on the spot (v)** correr en parada *correr na esteira*	**extend (v)** estirar *alongar*	**Pilates** el pilates *pilates*	**circuit training** la tabla de gimnasia *quadra de ginástica*
warm up (v) calentar *aquecer*	**flex (v)** flexionar *flexionar*	**pull up (v)** levantar *levantar peso*	**boxercise** la gimnasia prepugilística *ginástica de boxe*	**skipping** saltar a la comba *pular corda*

english • español • *português*   251

leisure
el ocio
lazer

LEISURE • EL OCIO • *LAZER*

theatre • el teatro • *teatro*

curtain / el telón / *cortina*

wings / los bastidores / *bastidores*

set / el decorado / *cenografia*

audience / el público / *público*

orchestra / la orquesta / *orquestra*

stage | el escenario | *palco*

seat / la butaca / *poltrona*
upper circle / la platea alta / *galeria alta*
row / la fila / *fileira*
box / el palco / *camarote*
circle / la platea / *galeria*
balcony / la galería / *balcão*
aisle / el pasillo / *corredor*
stalls / el patio de butacas / *plateia*

seating | las butacas | *poltronas*

vocabulary • vocabulario • *vocabulário*		
play la obra *peça*	**director** el director *diretor*	**first night** el estreno *estreia*
cast el reparto *elenco*	**producer** el productor *produtor*	**interval** el descanso *intervalo*
actor el actor *ator*	**script** el guión *roteiro*	**backdrop** el telón de fondo *pano de fundo*
actress la actriz *atriz*	**programme** el programa *programa*	**orchestra pit** el foso de la orquesta *fosso da orquestra*

254   english • español • *português*

LEISURE • EL OCIO • *LAZER*

concert
el concierto
concerto

musical
el musical
musical

costume
el traje
traje

ballet
el ballet
balé

opera
la ópera
ópera

vocabulary • vocabulario • *vocabulário*		
usher el acomodador *lanterninha*	**soundtrack** la banda sonora *trilha sonora*	**I'd like two tickets for tonight's performance.** Quisiera dos entradas para la sesión de esta noche. *Gostaria de duas entradas para esta noite.*
classical music la música clásica *música clássica*	**applaud (v)** aplaudir *aplaudir*	
musical score la partitura *partitura*	**encore** el bis *pedir bis*	**What time does it start?** ¿A qué hora empieza? *A que horas começa?*

cinema • el cine • *cinema*

popcorn
las palomitas
pipoca

poster
el póster
pôster

box office
la taquilla
bilheteria

lobby
el vestíbulo
saguão

cinema hall
el cine
cinema

screen
la pantalla
tela

vocabulary • vocabulario • *vocabulário*	
comedy la comedia *comédia*	**romance** la película romántica *filme romântico*
thriller la película de suspense *filme de suspense*	**science fiction film** la película de ciencia ficción *filme de ficção científica*
horror film la película de terror *filme de terror*	**adventure** la película de aventuras *filme de ação*
western la película del oeste *filme de faroeste*	**animated film** la película de dibujos animados *filme de animação*

english • español • *português*   255

LEISURE • EL OCIO • *LAZER*

orchestra • la orquesta • *orquesta*

strings • la cuerda • *cordas*

harp | el arpa | *harpa*
conductor | el director de orquesta | *regente*
double bass | el contrabajo | *contrabaixo*
violin | el violín | *violino*
podium | el podio | *pódio*
viola | la viola | *viola*
cello | el violoncelo | *violoncelo*
score | la partitura | *partitura*
treble clef | la clave de sol | *clave de sol*
note | la nota | *nota*
staff | el pentagrama | *pentagrama*
bass clef | la clave de fa | *clave de fá*

piano | el piano | *piano*

notation | la notación | *notação musical*

vocabulary • vocabulario • *vocabulário*					
overture la obertura *introdução*	**sonata** la sonata *sonata*	**rest** la pausa *pausa*	**sharp** sostenido *sustenido*	**natural** natural *natural*	**scale** la escala *escala*
symphony la sinfonía *sinfonia*	**instruments** los instrumentos *instrumentos*	**pitch** el tono *tom*	**flat** bemol *bemol*	**bar** la barra *compasso*	**baton** la batura *batuta*

english • español • *português*

LEISURE • EL OCIO • *LAZER*

woodwind • el viento-madera • *instrumentos de sopro*

piccolo
el flautín
flautim

flute
la flauta
flauta

oboe
el oboe
oboé

cor anglais
el corno inglés
corne inglês/trompa

clarinet
el clarinete
clarinete

bass clarinet
el clarinete bajo
baixo clarinete

bassoon
el fagote
fagote

double bassoon
el contrafagote
contrafagote

saxophone
el saxofón
saxofone

percussion • la percusión • *percussão*

bongos
los bongos
bongôs

snare drum
el tambor pequeño
tamborim

kettledrum
el timbal
timbale

gong
el gong
gongo

cymbals
los platillos
pratos

tambourine
la pandereta
pandeiro

vibraphone
el vibráfono
vibrafone

triangle
el triángulo
triângulo

maracas
las maracas
maracas

brass • el viento-metal
• *instrumentos de sopro*

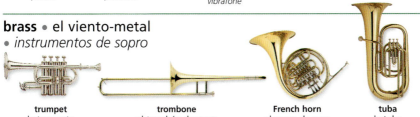

trumpet
la trompeta
trompete

trombone
el trombón de varas
trombone

French horn
el corno de caza
trompa

tuba
la tuba
tuba

english • español • *português*

LEISURE • EL OCIO • *LAZER*

concert • el concierto • *show*

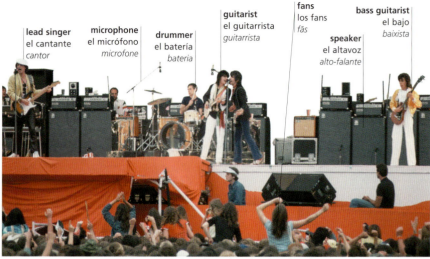

lead singer / el cantante / *cantor*
microphone / el micrófono / *microfone*
drummer / el batería / *bateria*
guitarist / el guitarrista / *guitarrista*
fans / los fans / *fãs*
speaker / el altavoz / *alto-falante*
bass guitarist / el bajo / *baixista*

rock concert | el concierto de rock | *show de rock*

instruments • los instrumentos • *instrumentos*

pickup / la pastilla / *captador*
neck / el mástil / *braço*
bass guitar / el contrabajo / *contrabaixo*
keyboard / el teclado / *teclado*
fret / el traste / *traste*
bridge / el puente / *ponte*
electric guitar / la guitarra eléctrica / *guitarra elétrica*
tuning peg / la clavija / *tarracha*
string / la cuerda / *corda*
drum / el tambor / *tambor*
drum kit / la batería / *bateria*

258

english • español • *português*

LEISURE • EL OCIO • *LAZER*

musical styles • los estilos musicales • *estilos musicais*

jazz | el jazz | *jazz*

blues | el blues | *blues*

punk | el punk | *punk*

folk music | la música folk | *música folk*

pop | el pop | *pop*

dance | la música de baile | *dance*

rap | el rap | *rap*

heavy metal | el heavy metal | *heavy metal*

classical music | la música clásica | *música clássica*

vocabulary • vocabulario • *vocabulário*						
song	**lyrics**	**melody**	**beat**	**reggae**	**country**	**spotlight**
la canción	la letra	la melodía	el ritmo	el reggae	la música country	el foco
música	*letra*	*melodia*	*ritmo*	*reggae*	*música country*	*holofote*

english • español • *português*

LEISURE • EL OCIO • *LAZER*

sightseeing • el turismo • *turismo*

itinerary | el itinerario | *itinerário*

open-top | descubierto | *ônibus aberto*

tour bus | el autobús turístico | *ônibus turístico*

tourist | el turista | *turista*

tourist attraction | la atracción turística | *atração turística*

tour guide | la guía turística | *guia turística*

guided tour | la visita con guía | *visita guiada*

statuette | la estatuilla | *estatueta*

souvenirs | los recuerdos | *lembranças*

vocabulary • vocabulario • *vocabulário*				
open abierto *aberto*	**left** la izquierda *à esquerda*	**directions** las indicaciones *indicações*	**camcorder** la cámara de vídeo *câmera de vídeo*	**Where is…?** ¿Dónde está…? *Onde está…?*
closed cerrado *fechado*	**right** la derecha *à direita*	**guide book** la guía del viajero *guia de viagem*	**entrance fee** el precio de entrada *preço da entrada*	**I'm lost.** Me he perdido. *Estou perdido.*
batteries las pilas *pilhas*	**straight on** recto *reto*	**film** la película *filme*	**camera** la máquina fotográfica *máquina fotográfica*	**Can you tell me the way to….?** ¿Podría decirme cómo se va a…? *Pode me dizer como chegar a…?*

260   english • español • *português*

LEISURE • EL OCIO • *LAZER*

attractions • los lugares de interés • *atrações*

painting
el cuadro
quadro

exhibit
la muestra
mostra

exhibition
la exposición
exposição

famous ruin
la ruina famosa
ruina famosa

art gallery
el museo
galeria de arte

monument
el monumento
monumento

museum
el museo
museu

historic building
el edificio histórico
edifício histórico

casino
el casino
cassino

gardens
los jardines
jardins

national park
el parque nacional
parque nacional

information • la información • *informação*

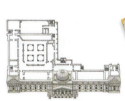

times
las horas
horas

floor plan
el plano de la planta
planta de construção

map
el plano
mapa

timetable
el horario
horário

tourist information
la oficina de información
informação turística

english • español • *português* 261

LEISURE • EL OCIO • *LAZER*

outdoor activities • las actividades al aire libre
• *atividades ao ar livre*

footpath | el sendero | *trilha*

sundial | el reloj de sol | *relógio solar*

café | la cafetería | *café*

park | el parque | *parque*

grass | la hierba | *grama*

bench | el banco | *banco*

formal gardens | los jardines clásicos | *jardins clássicos*

roller coaster | la montaña rusa | *montanha russa*

fairground | la feria | *parque de diversões*

theme park | el parque de atracciones | *parque temático*

safari park | el safari park | *zoo safári*

zoo | el zoo | *zoológico*

262 english • español • *português*

LEISURE • EL OCIO • *LAZER*

activites • las actividades • *atividades*

cycling
el ciclismo
ciclismo

jogging
el footing
corrida

skateboarding
montar en patinete
andar de skate

rollerblading
el patinaje
patinação

bridle path
el sendero para caballos
trilha para cavalos

hamper
la cesta
cesta

bird watching
la ornitología
ornitologia

horse riding
la equitación
equitação

hiking
el senderismo
caminhada

picnic
el picnic
piquenique

playground • el área de juegos • *playground*

sandpit
el cajón de arena
tanque de areia

paddling pool
la piscina de plástico
piscina de plástico

swings
los columpios
balanço

seesaw | el subibaja | *gangorra*

slide
el tobogán
escorregador

climbing frame
la estructura para escalar
trepa-trepa

english • español • *português*   263

LEISURE • EL OCIO • *LAZER*

beach • la playa • *praia*

English	Español	Português
hotel	el hotel	*hotel*
beach umbrella	la sombrilla	*guarda-sol*
beach hut	la caseta	*barraca de praia*
sand	la arena	*areia*
wave	la ola	*onda*
sea	el mar	*mar*
beach bag	la bolsa de playa	*sacola de praia*
bikini	el bikini	*biquíni*

sunbathe (v) | tomar el sol | *tomar sol*

english • español • *português*

LEISURE • EL OCIO • *LAZER*

lifeguard
el socorrista
salva-vidas

lifeguard tower
la torre de vigilancia
torre de vigilância

windbreak
la barrera contra
el viento
barreira contra o vento

promenade
el paseo marítimo
calçadão

deck chair
la hamaca
cadeira de praia

sunglasses
las gafas de sol
óculos de sol

sun hat
el sombrero para el sol
chapéu de sol

suntan lotion
la crema bronceadora
bronzeador

sunblock
la crema protectora
protetor solar

beach ball
la pelota de playa
bola de praia

rubber ring
el flotador
boia

swimsuit
el bañador
maiô

spade
la pala
pá

bucket
el cubo
balde

sandcastle
el castillo de arena
castelo de areia

beach towel
la toalla de playa
toalha de praia

shell
la concha
concha

english • **español** • *português*   265

LEISURE • EL OCIO • *LAZER*

camping • el camping • *acampamento*

toilets / los aseos / *sanitários*

waste disposal / el contenedor de la basura / *depósito de lixo*

shower block / las duchas / *chuveiros*

electric hook-up / el punto eléctrico / *ponto elétrico*

flysheet / el doble techo / *cobertura dupla*

tent peg / la clavija / *cravo*

guy rope / la cuerda / *corda*

caravan / la roulotte / *trailer*

campsite | el camping | *acampamento*

---

vocabulary • vocabulario • *vocabulário*

camp (v)
acampar
acampar

site manager's office
la oficina del director
escritório do gerente

pitches available
hay plazas libres
vagas disponíveis

full
completo
lotado

pitch
la plaza
praça

pitch a tent (v)
montar una tienda
montar a barraca

tent pole
el palo de la tienda
suporte da barraca

camp bed
el catre de campaña
cama de acampamento

picnic bench
la mesa de picnic
mesa de piquenique

hammock
la hamaca
rede

camper van
la cámper
perua de acampar

trailer
el remolque
trailer

charcoal
el carbón vegetal
carvão vegetal

campfire
la hoguera
fogueira

firelighter
la pastilla para hogueras
acendedor de fogueira

light a fire (v)
encender una hoguera
acender uma fogueira

266

english • español • *português*

LEISURE • EL OCIO • *LAZER*

frame | la estructura | *estrutura*

ground sheet | el suelo aislante | *isolante do chão*

backpack | la mochila | *mochila*

vacuum flask | el termo | *garrafa térmica*

water bottle | la cantimplora | *cantil*

tent | la tienda de campaña | *barraca*

insect repellent | la loción contra los insectos | *repelente*

torch | la linterna | *lanterna*

mosquito net | la mosquitera | *mosquiteiro*

thermals | la ropa termoaislante | *roupa termoisolante*

walking boots | las botas de trekking | *calçado de caminhada*

waterproofs | la ropa impermeable | *roupa impermeável*

sleeping bag | el saco de dormir | *saco de dormir*

sleeping mat | la esterilla | *esteira*

camping stove | el hornillo | *fogão de acampamento*

barbecue | la barbacoa | *churrasqueira*

air mattress | la colchoneta | *colchonete*

english • español • *português* 267

LEISURE • EL OCIO • *LAZER*

home entertainment • el ocio en el hogar
• *entretenimento no lar*

personal CD player
el discman
discman

mini disk recorder
la grabadora de minidisks
gravador de CD

MP3 player
el lector de MP3
aparelho de MP3

DVD disk
el disco de DVD
disco de DVD

DVD player
el reproductor de DVD
aparelho de DVD

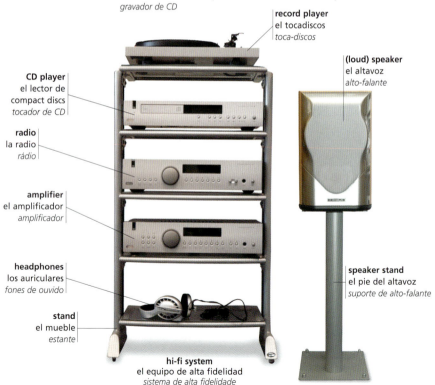

record player
el tocadiscos
toca-discos

CD player
el lector de compact discs
tocador de CD

radio
la radio
rádio

amplifier
el amplificador
amplificador

headphones
los auriculares
fones de ouvido

stand
el mueble
estante

hi-fi system
el equipo de alta fidelidad
sistema de alta fidelidade

(loud) speaker
el altavoz
alto-falante

speaker stand
el pie del altavoz
suporte de alto-falante

268   english • español • *português*

LEISURE • EL OCIO • *LAZER*

video tape
la cinta de vídeo
fita de vídeo

video recorder
el aparato de vídeo
aparelho de vídeo

screen
la pantalla
tela

eyecup
el borde del ocular
lente ocular

camcorder
la cámara de vídeo
câmera de vídeo

satellite dish
la antena parabólica
antena parabólica

widescreen television
la televisión de pantalla panorámica
televisão de tela panorâmica

console
la consola
console

fast forward
el avance rápido
avanço rápido

pause
la pausa
pausa

record
el botón para grabar
gravar

volume
el volumen
volume

controller
los controles
controles

rewind
el botón para rebobinar
rebobinar

play
el play
executar

stop
el stop
parar

remote control
el mando a distancia
controle remoto

video game | el videojuego | *videogame*

---

vocabulary • vocabulario • *vocabulário*

compact disc el compact disc *CD*	**feature film** el largometraje *longa-metragem*	**digital** digital *digital*	**pay per view channel** el canal de pay per view *canal pago*	**tune the radio (v)** sintonizar la radio *sintonizar a rádio*
cassette tape la casete *fita cassete*	**cassette player** el magnetofón *gravador de cassete*	**programme** el programa *programa*	**turn the television on (v)** encender la televisión *ligar a televisão*	**watch television (v)** ver la televisión *assistir à televisão*
advertisement el anuncio *publicidade*	**cable television** la televisión por cable *televisão a cabo*	stereo estéreo *estéreo*	**turn the television off (v)** apagar la televisión *desligar a televisão*	**change channel (v)** cambiar de canal *trocar de canal*

english • español • *português*   269

LEISURE • EL OCIO • *LAZER*

photography • la fotografía • *fotografia*

frame counter
el indicador de fotos
contador de fotos

flash
el flash
flash

aperture dial
la rueda del diafragma
regulador do diafragma

shutter release
el disparador
disparador

filter
el filtro
filtro

lens caps
la tapa del objetivo
tampa da objetiva

shutter-speed dial
la rueda de la velocidad
regulador de velocidade

lens
el objetivo
lente

SLR camera I la cámara réflex I *câmera reflex*

flash gun
el flash electrónico
flash eletrônico

lightmeter
el fotómetro
fotômetro

zoom lens
el teleobjetivo
objetiva

tripod
el trípode
tripé

types of camera • los tipos de cámara • *tipos de câmera*

digital camera
la cámara digital
câmera digital

APS camera
la cámara APS
câmera APS

instant camera
la cámara Polaroid
câmera instantânea

disposable camera
la cámara desechable
câmera descartável

english • español • *português*

LEISURE • EL OCIO • *LAZER*

photograph (v) • fotografiar • *fotografar*

film spool
el carrete
rolo de filme

film
la película
filme

focus (v)
enfocar
focar

develop (v)
revelar
revelar

negative
el negativo
negativo

landscape
apaisado
paisagem

portrait
en formato vertical
retrato

photograph | la fotografía | *fotografía*

photo album
el álbum de fotos
álbum de fotos

photo frame
el portarretratos
porta-retratos

problems • los problemas • *problemas*

underexposed
subexpuesto
subexposto

overexposed
sobreexpuesto
superexposto/estourado

out of focus
desenfocado
desfocado

red eye
los ojos rojos
olhos vermelhos

vocabulary • vocabulario • *vocabulário*

viewfinder
el visor
visor

print
la foto (revelada)
cópia

camera case
la funda de la cámara
estojo da câmera

mat
mate
fosco

exposure
la exposición
exposição

gloss
con brillo
brilho

darkroom
el cuarto oscuro
quarto escuro

enlargement
la ampliación
ampliação

I'd like this film processed.
Me gustaría revelar este carrete.
Gostaria de revelar este filme.

english • español • *português* 271

LEISURE • EL OCIO • *LAZER*

games • los juegos • *jogos*

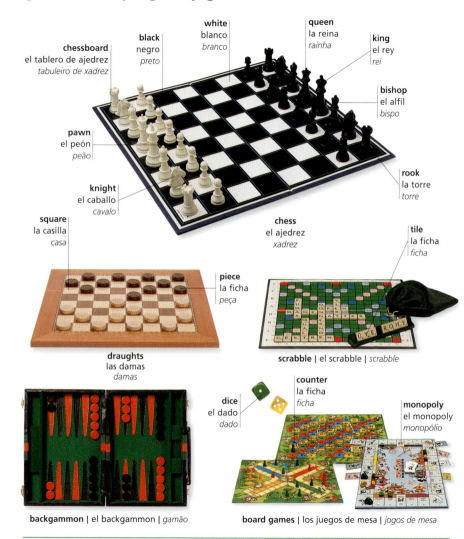

chessboard / el tablero de ajedrez / *tabuleiro de xadrez*

black / negro / *preto*

white / blanco / *branco*

queen / la reina / *rainha*

king / el rey / *rei*

bishop / el alfil / *bispo*

pawn / el peón / *peão*

rook / la torre / *torre*

knight / el caballo / *cavalo*

square / la casilla / *casa*

chess / el ajedrez / *xadrez*

tile / la ficha / *ficha*

piece / la ficha / *peça*

draughts / las damas / *damas*

scrabble | el scrabble | *scrabble*

counter / la ficha / *ficha*

dice / el dado / *dado*

monopoly / el monopoly / *monopólio*

backgammon | el backgammon | *gamão*

board games | los juegos de mesa | *jogos de mesa*

272 english • español • *português*

LEISURE • EL OCIO • *LAZER*

stamp collecting
la filatelia
filatelia

jigsaw puzzle
el puzzle
quebra-cabeça

dominoes
el dominó
dominó

dartboard
la diana
alvo

bullseye
el centro
centro

darts
los dardos
dardos

joker
el comodín
curinga

jack
la jota
valete

queen
la reina
dama

king
el rey
rei

ace
el as
ás

cards
las cartas
cartas

diamond
el rombo
ouros

spade
la pica
espadas

heart
el corazón
copas

club
el trébol
paus

shuffle (v) | barajar
embaralhar

deal (v) | dar
distribuir/dar

vocabulary • vocabulario • *vocabulário*					
move el turno *lance*	**win (v)** ganar *ganhar*	**loser** el perdedor *perdedor*	**point** el punto *ponto*	**bridge** el bridge *bridge*	**Whose turn is it?** ¿A quién le toca? *De quem é a vez?*
play (v) jugar *jogar*	**winner** el ganador *ganhador*	**game** la partida *partida*	**score** la puntuación *pontuação*	**pack of cards** la baraja *baralho*	**It's your move.** Te toca a ti. *É sua vez.*
player el jugador *jogador*	**lose (v)** perder *perder*	**bet** la apuesta *aposta*	**poker** el póquer *pôquer*	**suit** el palo *naipe*	**Roll the dice.** Tira los dados. *Jogue os dados.*

english • español • *português*

LEISURE • EL OCIO • *LAZER*

arts and crafts 1 • las manualidades 1 • *trabalhos manuais 1*

artist | la pintora | *artista*
painting | el cuadro | *pintura*
easel | el caballete | *cavalete*
canvas | el lienzo | *tela*
brush | el pincel | *pincel*
palette | la paleta | *paleta*

painting | la pintura | *pintura*

paints • las pinturas • *tintas*

oil paints
las pinturas al óleo
tinta a óleo

watercolour paint
las acuarelas
aquarela

pastels
los pasteles
giz pastel

acrylic paint
la pintura acrílica
tinta acrílica

poster paint
la témpera
tinta guache

colours • los colores • *cores*

red | rojo
vermelho

blue | azul
azul

yellow | amarillo
amarelo

green | verde
verde

orange | naranja
laranja

purple | morado
roxo

white | blanco
branco

black | negro
preto

grey | gris
cinza

pink | rosa
rosa

brown | marrón
marrom

indigo | azul añil
azul anil

english • **español** • *português*

LEISURE • EL OCIO • *LAZER*

other crafts • las otras manualidades • *outros trabalhos manuais*

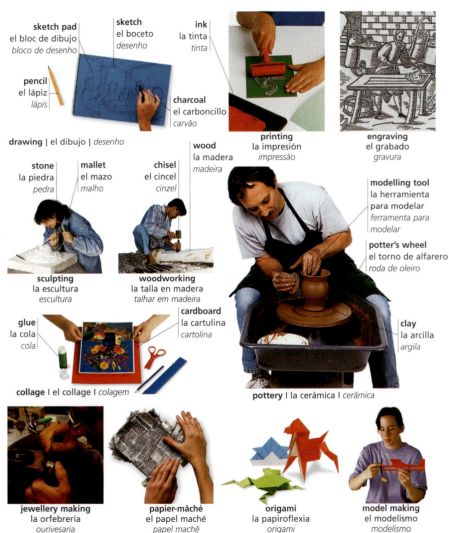

sketch pad | el bloc de dibujo | *bloco de desenho*
sketch | el boceto | *desenho*
pencil | el lápiz | *lápis*
charcoal | el carboncillo | *carvão*

drawing | el dibujo | *desenho*

ink | la tinta | *tinta*

printing | la impresión | *impressão*

engraving | el grabado | *gravura*

stone | la piedra | *pedra*
mallet | el mazo | *malho*

sculpting | la escultura | *escultura*

wood | la madera | *madeira*
chisel | el cincel | *cinzel*

woodworking | la talla en madera | *talhar em madeira*

modelling tool | la herramienta para modelar | *ferramenta para modelar*
potter's wheel | el torno de alfarero | *roda de oleiro*
clay | la arcilla | *argila*

glue | la cola | *cola*
cardboard | la cartulina | *cartolina*

collage | el collage | *colagem*

pottery | la cerámica | *cerâmica*

jewellery making | la orfebrería | *ourivesaria*

papier-mâché | el papel maché | *papel machê*

origami | la papiroflexia | *origami*

model making | el modelismo | *modelismo*

english • español • *português*

LEISURE • EL OCIO • *LAZER*

arts and crafts 2 • las manualidades 2 • *trabalhos manuais 2*

thread guide | la guía del hilo | *guia do fio*

needle | la aguja | *agulha*

presser foot | el pie de la aguja | *pé da agulha*

needle plate | la placa de la aguja | *placa da agulha*

thread reel | el carrete de hilo | *carretel de linha*

balance wheel | la rueda de ajuste | *roda de ajuste*

stitch selector | el selector de puntada | *seletor de ponto*

sewing machine | la máquina de coser | *máquina de costura*

scissors | las tijeras | *tesoura*

pattern | el patrón | *molde*

pincushion | el alfiletero | *alfineteiro*

tape measure | la cinta métrica | *fita métrica*

material | la tela | *pano*

pin | el alfiler | *alfinete*

sewing basket | el costurero | *cesta de costura*

thread | el hilo | *linha*

eye | el ojo | *olho*

bobbin | la bobina | *bobina*

hook | el corchete | *colchete*

thimble | el dedal | *dedal*

tailor's chalk | el jaboncillo | *giz de alfaiate*

tailor's dummy | el maniquí | *manequim*

276   **english** • **español** • *português*

LEISURE • EL OCIO • LAZER

thread (v)
enhebrar
enfiar a linha

sew (v)
coser
coser

stitch
la puntada
ponto

darn (v)
zurcir
cerzir

tack (v)
hilvanar
alinhavar

cut (v)
cortar
cortar

needlepoint
el bordado en cañamazo
ponto de agulha

embroidery
el bordado
bordado

crochet hook
la aguja de ganchillo
agulha de crochê

crochet
el ganchillo
crochê

macramé
el macramé
macrame

patchwork
la labor de retales
costura de retalhos

lace bobbin
el bolillo
bilro

loom
el telar
tear

lace-making
la labor de encaje
rendado

weaving
tejer
tecer

vocabulary • vocabulario • *vocabulário*	
unpick (v) descoser *descosturar*	nylon el nailon *náilon*
fabric la tela *tecido*	**silk** la seda *seda*
cotton el algodón *algodão*	**designer** el diseñador *designer*
linen el lino *linho*	**fashion** la moda *moda*
polyester el poliéster *poliéster*	**zip** la cremallera *zíper*

knitting needle
la aguja de tejer
agulha de tricô

wool
la lana
lã

knitting | la labor de punto | *tricô*   **skein** | la madeja | *novelo*

english • español • *português*   277

environment
el medio ambiente
meio ambiente

ENVIRONMENT • EL MEDIO AMBIENTE • *MEIO AMBIENTE*

space • el espacio • *espaço*

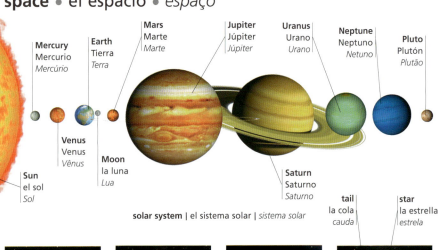

Mercury / Mercurio / *Mercúrio*
Venus / Venus / *Vênus*
Earth / Tierra / *Terra*
Moon / la luna / *Lua*
Mars / Marte / *Marte*
Jupiter / Júpiter / *Júpiter*
Saturn / Saturno / *Saturno*
Uranus / Urano / *Urano*
Neptune / Neptuno / *Netuno*
Pluto / Plutón / *Plutão*
Sun / el sol / *Sol*
tail / la cola / *cauda*
star / la estrella / *estrela*

solar system | el sistema solar | *sistema solar*

galaxy
la galaxia
galáxia

nebula
la nebulosa
nebulosa

asteroid
el asteroide
asteroide

comet
el cometa
cometa

vocabulary • vocabulario • *vocabulário*

universe el universo *universo*	**planet** el planeta *planeta*	**full moon** la luna llena *lua cheia*
orbit la órbita *órbita*	**meteor** el meteorito *meteorito*	**new moon** la luna nueva *lua nova*
gravity la gravedad *gravidade*	**black hole** el agujero negro *buraco negro*	**crescent moon** la media luna *lua crescente*

eclipse | el eclipse | *eclipse*

english • español • *português*

ENVIRONMENT • EL MEDIO AMBIENTE • *MEIO AMBIENTE*

space exploration • la exploración espacial • *exploração espacial*

booster
el lanzacohetes
lança-foguetes

space shuttle
el trasbordador espacial
nave espacial

astronaut
el astronauta
astronauta

space suit
el traje espacial
traje espacial

thruster
el propulsor
propulsor

radar
el radar
radar

crew hatch
la escotilla
escotilha

lunar module | el módulo lunar | *módulo lunar*

launch
el lanzamiento
lançamento

launch pad
la rampa de lanzamiento
rampa de lançamento

satellite
el satélite
satélite

space station
la estación espacial
estação espacial

astronomy • la astronomía • *astronomia*

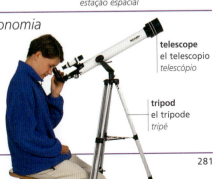

constellation
la constelación
constelação

binoculars
los prismáticos
binóculos

telescope
el telescopio
telescópio

tripod
el trípode
tripé

english • español • *português*

ENVIRONMENT • EL MEDIO AMBIENTE • *MEIO AMBIENTE*

Earth • la Tierra • *Terra*

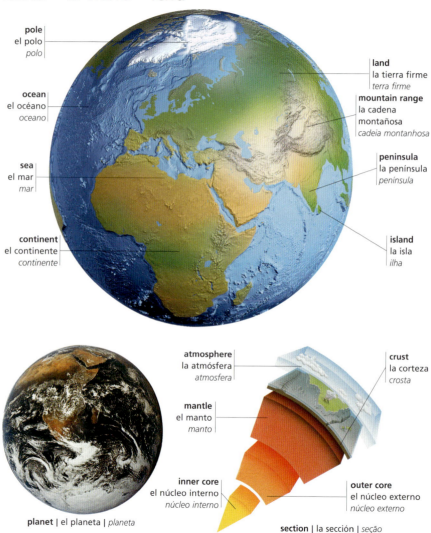

pole | el polo | *polo*
ocean | el océano | *oceano*
sea | el mar | *mar*
continent | el continente | *continente*
land | la tierra firme | *terra firme*
mountain range | la cadena montañosa | *cadeia montanhosa*
peninsula | la península | *peninsula*
island | la isla | *ilha*

atmosphere | la atmósfera | *atmosfera*
mantle | el manto | *manto*
inner core | el núcleo interno | *núcleo interno*
crust | la corteza | *crosta*
outer core | el núcleo externo | *núcleo externo*

planet | el planeta | *planeta*

section | la sección | *seção*

english • español • *português*

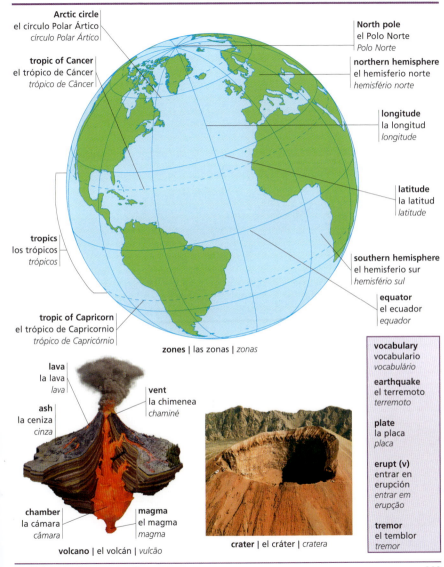

ENVIRONMENT • EL MEDIO AMBIENTE • *MEIO AMBIENTE*

zones | las zonas | *zonas*

volcano | el volcán | *vulcão*

crater | el cráter | *cratera*

vocabulary
vocabulario
vocabulário
earthquake
el terremoto
terremoto
plate
la placa
placa
erupt (v)
entrar en erupción
entrar em erupção
tremor
el temblor
tremor

english • español • português 283

ENVIRONMENT • EL MEDIO AMBIENTE • *MEIO AMBIENTE*

landscape • el paisaje • *paisagem*

mountain | la montaña | *montanha*

slope | la ladera | *ladeira*

bank | la orilla | *margem*

river | el río | *rio*

rapids | los rápidos | *corredeiras*

rocks | las rocas | *rochas*

glacier | el glaciar | *geleira*

valley | el valle | *vale*

hill | la colina | *colina*

plateau | la meseta | *platô*

gorge | el desfiladero | *desfiladeiro*

cave | la cueva | *caverna*

english • español • *português*

ENVIRONMENT • EL MEDIO AMBIENTE • *MEIO AMBIENTE*

plain | la llanura | *planície*

desert | el desierto
deserto

forest | el bosque
floresta

wood | el bosque
bosque

rainforest
la selva tropical
floresta tropical

swamp
el pantano
pântano

meadow
el prado
prado

grassland
la pradera
pradaria

waterfall
la cascada
cachoeira

stream
el arroyo
correnteza

lake
el lago
lago

geyser
el géiser
gêiser

coast
la costa
costa

cliff
el acantilado
precipício

coral reef
el arrecife de coral
recife de corais

estuary
el estuario
estuário

english • español • *português*

ENVIRONMENT • EL MEDIO AMBIENTE • *MEIO AMBIENTE*

weather • el tiempo • *tempo*

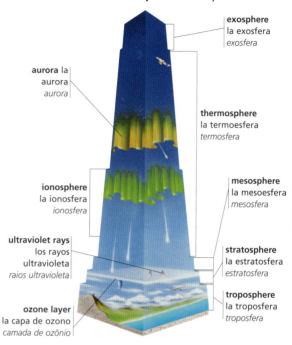

- **exosphere** | la exosfera | *exosfera*
- **aurora** la aurora | *aurora*
- **thermosphere** | la termoesfera | *termosfera*
- **ionosphere** | la ionosfera | *ionosfera*
- **mesosphere** | la mesoesfera | *mesosfera*
- **ultraviolet rays** | los rayos ultravioleta | *raios ultravioleta*
- **stratosphere** | la estratosfera | *estratosfera*
- **troposphere** | la troposfera | *troposfera*
- **ozone layer** | la capa de ozono | *camada de ozônio*

atmosphere | la atmósfera | *atmosfera*

sunshine | el sol | *sol*

wind | el viento | *vento*

vocabulary • vocabulario • *vocabulário*					
sleet el aguanieve *neve com chuva*	**shower** el chubasco *aguaceiro*	**hot** caluroso *calor*	**dry** seco *seco*	**windy** ventoso *ventania*	**I'm hot/cold.** Tengo calor/frío. *Estou com calor/frio.*
hail el granizo *granizo*	**sunny** soleado *ensolarado*	**cold** frío *frio*	**wet** lluvioso *chuvoso*	**gale** el temporal *tempestade*	**It's raining.** Está lloviendo. *Está chovendo*
thunder el trueno *trovão*	**cloudy** nublado *nublado*	**warm** cálido *morno*	**humid** húmedo *úmido*	**temperature** la temperatura *temperatura*	**It's... egrees.** Estamos a... grados. *São... graus.*

286   english • español • *português*

ENVIRONMENT • **EL MEDIO AMBIENTE** • *MEIO AMBIENTE*

cloud | la nube | *nuvem*

rain | la lluvia | *chuva*

lightning el relámpago
relâmpago

storm | la tormenta | *tempestade*

mist | la neblina | *névoa*

fog | la niebla | *neblina*

rainbow | el arcoiris | *arco-íris*

snow | la nieve | *neve*

frost | la escarcha | *geada*

el carámbano
icicle

ice | el hielo | *gelo*

freeze | la helada
congelamento

hurricane | el huracán
furação

tornado | el tornado
tornado

monsoon | el monzón
monção

flood | la inundación
inundação

english • **español** • *português*

ENVIRONMENT • EL MEDIO AMBIENTE • *MEIO AMBIENTE*

rocks • las rocas • *rochas*

igneous • ígneo • *ígneo* | sedimentary • sedimentario • *sedimentar*

granite
el granito
granito

obsidian
la obsidiana
obsidiana

sandstone
la piedra arenisca
arenito

limestone
la piedra caliza
pedra calcárea

chalk
la tiza
giz

basalt
el basalto
basalto

pumice
la piedra pómez
pedra-pomes

flint
el pedernal
quartzo

conglomerate
el conglomerado
conglomerado

coal
el carbón
carvão

metamorphic • metamórfico • *metamórfico*

gems • las gemas • *pedras preciosas*

slate
la pizarra
ardósia

schist
el esquisto
xisto

ruby
el rubí
rubi

amethyst
la amatista
ametista

diamond
el diamante
diamante

aquamarine
la aguamarina
água marinha

jade
el jade
jade

jet
el azabache
azeviche

opal
el ópalo
opala

emerald
la esmeralda
esmeralda

sapphire
el zafiro
safira

gneiss
el gneis
gnaisse

marble
el mármol
mármore

moonstone
la piedra lunar
pedra lunar

garnet
el granate
granada

topaz
el topacio
topázio

tourmaline
la turmalina
turmalina

english • español • *português*

ENVIRONMENT • EL MEDIO AMBIENTE • *MEIO AMBIENTE*

minerals • los minerales • *minerais*

quartz
el cuarzo
quartzo

mica
la mica
mica

sulphur
el azufre
enxofre

hematite
el hematites
hematita

calcite
la calcita
calcita

malachite
la malaquita
malaquita

turquoise
la turquesa
turquesa

onyx
el ónice
ônix

agate
el ágata
ágata

graphite
el grafito
grafite

metals • los metales • *metais*

gold
el oro
ouro

silver
la plata
prata

platinum
el platino
platina

nickel
el níquel
níquel

iron
el hierro
ferro

copper
el cobre
cobre

tin
el estaño
estanho

aluminium
el aluminio
alumínio

mercury
el mercurio
mercúrio

zinc
el zinc
zinco

english • español • *português*

ENVIRONMENT • EL MEDIO AMBIENTE • *MEIO AMBIENTE*

animals 1 • los animales 1 • *animais 1*
mammals • los mamíferos • *mamíferos*

290   english • español • *português*

ENVIRONMENT • EL MEDIO AMBIENTE • *MEIO AMBIENTE*

english • español • *português*

ENVIRONMENT • EL MEDIO AMBIENTE • *MEIO AMBIENTE*

animals 2 • los animales 2 • *animais 2*
birds • las aves • *aves*

tail / la cola / *rabo*

canary / el canario / *canário*

sparrow / el gorrión / *pardal*

hummingbird / el colibrí / *beija-flor*

swallow / la golondrina / *andorinha*

crow / el cuervo / *corvo*

pigeon / la paloma / *pomba*

woodpecker / el pájaro carpintero / *pica-pau*

falcon / el halcón / *falcão*

owl / el búho / *coruja*

gull / la gaviota / *gaivota*

eagle / el águila / *águia*

pelican / el pelícano / *pelicano*

flamingo / el flamenco / *flamingo*

stork / la cigüeña / *cegonha*

crane / la grulla / *grou*

penguin / el pingüino / *pinguim*

ostrich / el avestruz / *avestruz*

english • español • *português*

ENVIRONMENT • EL MEDIO AMBIENTE • *MEIO AMBIENTE*

reptiles • los reptiles • *répteis*

scales / las escamas / *escamas*

alligator / el caimán / *jacaré*

el lagarto / lizard / *lagarto*

iguana / la iguana / *iguana*

shell / el caparazón / *carapaça*

turtle / el galápago / *cágado*

tortoise / la tortuga / *tartaruga*

snake / la serpiente / *serpente/cobra*

snout / el hocico / *focinho*

crocodile / el cocodrilo / *crocodilo*

goose | la oca | *ganso*

swan / el cisne / *cisne*

pheasant / el faisán / *faisão*

peacock / el pavo real / *pavão*

turkey / el pavo / *peru*

cockatoo / la cacatúa / *cacatua*

bill / el pico / *bico*

feather / la pluma / *pena*

wing / el ala / *asa*

claw / la garra / *garra*

parrot / el loro / *papagaio*

english • español • *português* 293

ENVIRONMENT • EL MEDIO AMBIENTE • *MEIO AMBIENTE*

animals 3 • los animales 3 • *animais 3*
amphibians • los anfibios • *anfíbios*

frog
la rana
rã

toad
el sapo
sapo

tadpole
el renacuajo
girino

salamander
la salamandra
salamandra

fish • los peces • *peixes*

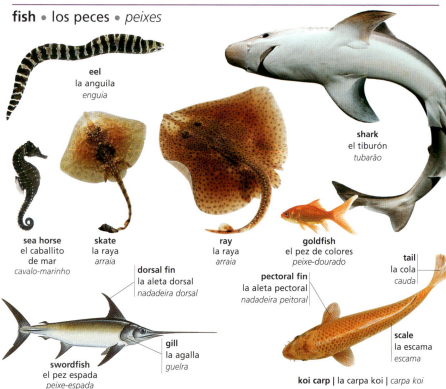

eel
la anguila
enguia

shark
el tiburón
tubarão

sea horse
el caballito
de mar
cavalo-marinho

skate
la raya
arraia

ray
la raya
arraia

goldfish
el pez de colores
peixe-dourado

tail
la cola
cauda

dorsal fin
la aleta dorsal
nadadeira dorsal

pectoral fin
la aleta pectoral
nadadeira peitoral

scale
la escama
escama

gill
la agalla
guelra

swordfish
el pez espada
peixe-espada

koi carp | la carpa koi | *carpa koi*

english • español • *português*

ENVIRONMENT • *EL MEDIO AMBIENTE* • *MEIO AMBIENTE*

invertebrates • los invertebrados • *invertebrados*

ant
la hormiga
formiga

termite
la termita
cupim

bee
la abeja
abelha

wasp
la avispa
vespa

beetle
el escarabajo
besouro

cockroach
la cucaracha
barata

moth
la polilla
mariposa

antenna
la antena
antena

butterfly
la mariposa
borboleta

cocoon
el capullo
casulo

caterpillar
la oruga
lagarta

cricket
el grillo
grilo

grasshopper
el saltamontes
gafanhoto

praying mantis
la mantis religiosa
louva-a-deus

sting
el aquijón
ferrão

scorpion
el escorpión
escorpião

centipede
el ciempiés
centopeia

dragonfly
la libélula
libélula

fly
la mosca
mosca

mosquito
el mosquito
mosquito

ladybird
la mariquita
joaninha

spider
la araña
aranha

slug
la babosa
lesma

snail
el caracol
caracol

worm
el gusano
minhoca

starfish
la estrella de mar
estrela-do-mar

mussel
el mejillón
mexilhão

crab
el cangrejo
caranguejo

lobster
la langosta
lagosta

octopus
el pulpo
polvo

squid
el calamar
lula

jellyfish
la medusa
água-viva

english • español • *português*

ENVIRONMENT • EL MEDIO AMBIENTE • *MEIO AMBIENTE*

plants • las plantas • *plantas*

tree • el árbol • *árvore*

- **branch** / la rama / *galho*
- **leaf** / la hoja / *folha*
- **twig** / la ramita / *ramo*
- **bark** / la corteza / *casca*
- **root** / la raíz / *raíz*
- **trunk** / el tronco / *tronco*

oak | el roble | *carvalho*

willow / el sauce / *salgueiro*

poplar / el álamo / *álamo*

eucalyptus / el eucalipto / *eucalipto*

larch / el alerce / *lariço*

beech / la haya / *faia*

birch / el abedul / *bétula*

pine / el pino / *pinheiro*

cedar / el cedro / *cedro*

maple / el arce / *bordo*

elm / el olmo / *olmo*

lime / el tilo / *tília*

berry / la baya / *baga*

holly / el acebo / *azevinho*

palm / la palmera / *palmeira*

296   **english** • **español** • *português*

ENVIRONMENT • EL MEDIO AMBIENTE • *MEIO AMBIENTE*

flowering plant • la planta de flor
• *floríferas*

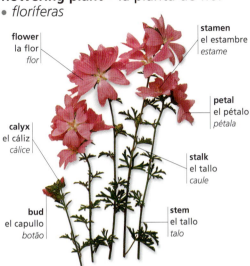

flower
la flor
flor

stamen
el estambre
estame

petal
el pétalo
pétala

calyx
el cáliz
cálice

stalk
el tallo
caule

bud
el capullo
botão

stem
el tallo
talo

buttercup
el ranúnculo
botão-de-ouro

daisy
la margarita
margarida

thistle
el cardo
cardo

dandelion
el diente de león
dente-de-leão

heather
el brezo
urze

poppy
la amapola
papoula

foxglove
la dedalera
dedaleira

honeysuckle
la madreselva
madressilva

sunflower
el girasol
girassol

clover
el trébol
trevo

bluebells
los narcisos silvestres
narciso

primrose
la prímula
prímula

lupins
el lupino
tremoço

nettle
la ortiga
urtiga

english • español • *português*   297

ENVIRONMENT • EL MEDIO AMBIENTE • *MEIO AMBIENTE*

town • la ciudad • *cidade*

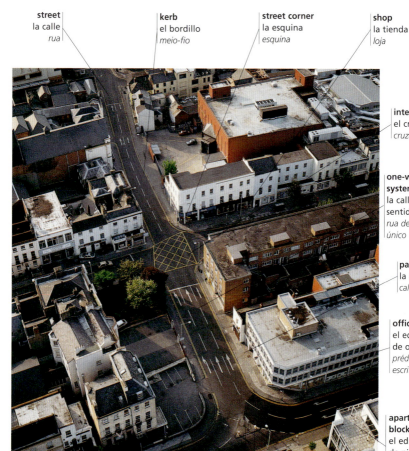

street | la calle | *rua*
kerb | el bordillo | *meio-fio*
street corner | la esquina | *esquina*
shop | la tienda | *loja*
intersection | el cruce | *cruzamento*
one-way system | la calle de sentido único | *rua de sentido único*
pavement | la acera | *calçada*
office block | el edificio de oficinas | *prédio de escritórios*
apartment block | el edificio de pisos | *prédio de apartamentos*
alley | el callejón | *beco*
car park | el aparcamiento | *estacionamento*
street sign | la señal de tráfico | *placa de rua*
bollard | la baliza | *baliza*
street light | la farola | *poste de iluminação*

298   **english** • español • *português*

ENVIRONMENT • *EL MEDIO AMBIENTE* • *MEIO AMBIENTE*

buildings • los edificios • *edifícios*

town hall
el ayuntamiento
prefeitura

library
la biblioteca
biblioteca

cinema
el cine
cinema

theatre
el teatro
teatro

university
la universidad
universidade

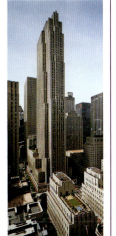

school
el colegio
escola

skyscraper
el rascacielos
arranha-céu

areas • las zonas • *áreas*

industrial estate
la zona industrial
zona industrial

city
la ciudad
cidade

suburb
la periferia
periferia

village
el pueblo
povoado

---

vocabulary • vocabulario • *vocabulário*

pedestrian zone	**side street**	**manhole**	**gutter**	**church**
la zona peatonal	la calle lateral	la boca de alcantarilla	la alcantarilla	la iglesia
área de pedestre	*rua lateral*	*boca de lobo*	*sarjeta*	*igreja*
avenue	**square**	**bus stop**	**factory**	**drain**
la avenida	la plaza	la parada de autobús	la fábrica	el sumidero
avenida	*praça*	*parada de ônibus*	*fábrica*	*ralo*

english • español • *português*

ENVIRONMENT • EL MEDIO AMBIENTE • *MEIO AMBIENTE*

architecture • la arquitectura • *arquitetura*

buildings and structures • los edificios y las estructuras • *edifícios e estruturas*

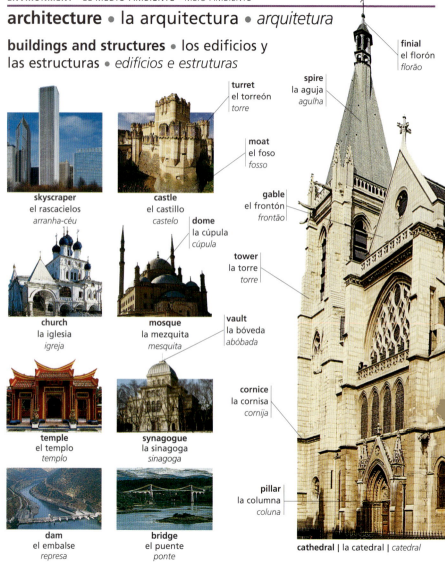

skyscraper
el rascacielos
arranha-céu

castle
el castillo
castelo

turret
el torreón
torre

moat
el foso
fosso

finial
el florón
florão

spire
la aguja
agulha

church
la iglesia
igreja

mosque
la mezquita
mesquita

dome
la cúpula
cúpula

gable
el frontón
frontão

tower
la torre
torre

vault
la bóveda
abóbada

temple
el templo
templo

synagogue
la sinagoga
sinagoga

cornice
la cornisa
cornija

dam
el embalse
represa

bridge
el puente
ponte

pillar
la columna
coluna

cathedral | la catedral | *catedral*

english • español • *português*

ENVIRONMENT • EL MEDIO AMBIENTE • *MEIO AMBIENTE*

styles • los estilos • *estilos*

architrave
el arquitrabe
arquitrave

baroque | barroco | *barroco*

gothic | gótico | *gótico*

arch
el arco
arco

Renaissance
Renacimiento
Renascentista

frieze
el friso
friso

choir
el coro
coro

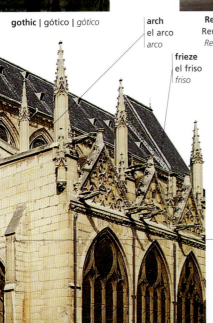

pediment
el frontón
frontão

rococo | rococó | *rococó*

buttress
el contrafuerte
contraforte

neoclassical | neoclásico
neoclássico

art nouveau
el estilo modernista
art noveau

art deco
art decó
art déco

english • español • *português*   301

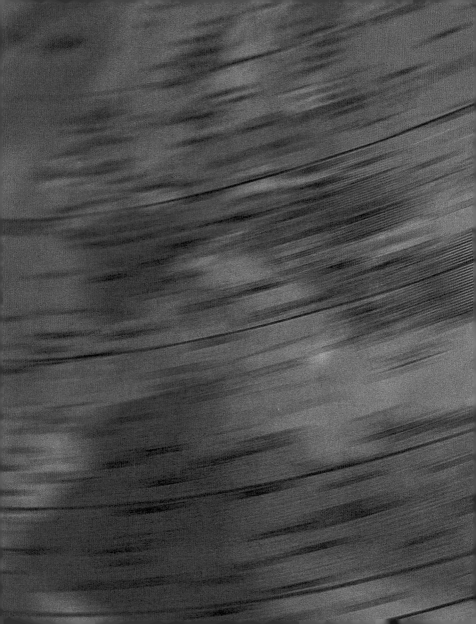

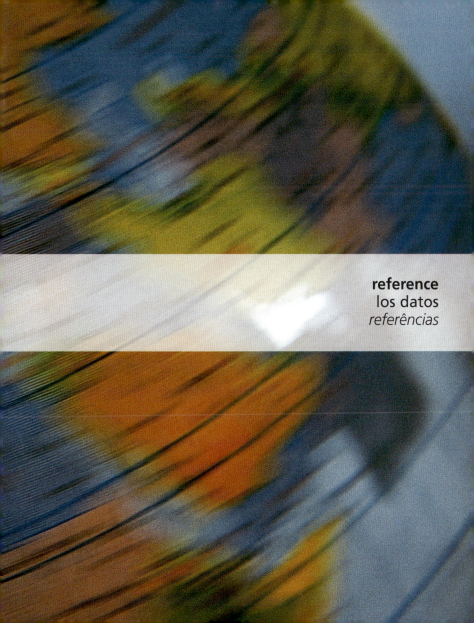

reference
los datos
referências

REFERENCE • LOS DATOS • REFERÊNCIAS

time • el tiempo • *hora*

minute hand
el minutero
ponteiro de minutos

hour hand
la aguja de la hora
ponteiro de horas

clock | el reloj | *relógio*

vocabulary • vocabulario • *vocabulário*		
second el segundo *segundo*	**now** ahora *agora*	**a quarter of an hour** un cuarto de hora *um quarto de hora*
minute el minuto *minuto*	**later** más tarde *mais tarde*	**twenty minutes** veinte minutos *vinte minutos*
hour la hora *hora*	**half an hour** media hora *meia hora*	**forty minutes** cuarenta minutos *quarenta minutos*
What time is it? ¿Qué hora es? *Que horas são?*	**It's three o'clock.** Son las tres en punto. *São três horas.*	

five past one
la una y cinco
uma e cinco

ten past one
la una y diez
uma e dez

quarter past one
la una y cuarto
uma e quinze

twenty past one
la una y veinte
uma e vinte

second hand
la trotteuse
ponteiro de segundos

one thirty
la una y media
uma e meia

twenty five to two
las dos menos veinticinco
vinte e cinco para as duas

twenty to two
las dos menos veinte
vinte para as duas

twenty five past one
la una y veinticinco
uma e vinte e cinco

quarter to two
las dos menos cuarto
quinze para as duas

ten to two
las dos menos diez
dez para as duas

five to two
las dos menos cinco
cinco para as duas

two o'clock
las dos en punto
duas horas

english • español • *português*

REFERENCE • **LOS DATOS** • *REFERÊNCIAS*

night and day • el noche y el día • *noite e dia*

midnight
la medianoche
meia-noite

sunrise
el amanecer
nascer do sol

dawn
el alba
amanhecer/aurora

morning
la mañana
manhã

sunset
la puesta de sol
pôr do sol

midday
el mediodía
meio-dia

dusk | el anochecer | *anoitecer*

evening | la noche | *noite*

afternoon | la tarde | *tarde*

---

vocabulary • vocabulario • *vocabulário*

early	**You're early.**	**Please be on time.**	**What time does it finish?**
temprano	Llegas temprano.	Por favor, sé puntual.	¿A qué hora termina?
cedo	*Você chegou cedo.*	*Por favor, seja pontual.*	*A que horas termina?*
on time	**You're late.**	**I'll see you later.**	**How long will it last?**
puntual	Llegas tarde.	Hasta luego.	¿Cuánto dura?
pontual	*Você está atrasado.*	*Até logo.*	*Quanto tempo demora?*
late	**I'll be there soon.**	**What time does it start?**	**It's getting late.**
tarde	Llegaré dentro de poco.	¿A qué hora comienza?	Se está haciendo tarde.
tarde	*Chegarei em breve.*	*A que horas começa?*	*Está ficando tarde.*

english • español • *português*

REFERENCE • LOS DATOS • *REFERÊNCIAS*

calendar • el almanaque • *calendário*

month
el mes
mês

year
el año
ano

January
enero
Janeiro

2010

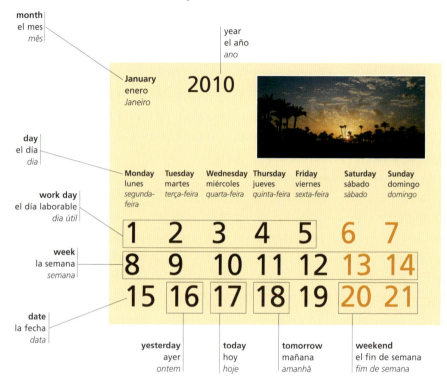

day
el día
día

work day
el día laborable
dia útil

week
la semana
semana

date
la fecha
data

Monday	**Tuesday**	**Wednesday**	**Thursday**	**Friday**	**Saturday**	**Sunday**
lunes	martes	miércoles	jueves	viernes	sábado	domingo
segunda-feira	*terça-feira*	*quarta-feira*	*quinta-feira*	*sexta-feira*	*sábado*	*domingo*

1 2 3 4 5 6 7
8 9 10 11 12 13 14
15 16 17 18 19 20 21

yesterday
ayer
ontem

today
hoy
hoje

tomorrow
mañana
amanhã

weekend
el fin de semana
fim de semana

---

vocabulary • vocabulario • *vocabulário*

January	**March**	**May**	**July**	**September**	**November**
enero	marzo	mayo	julio	septiembre	noviembre
janeiro	*março*	*maio*	*julho*	*setembro*	*novembro*
February	**April**	**June**	**August**	**October**	**December**
febrero	abril	junio	agosto	octubre	diciembre
fevereiro	*abril*	*junho*	*agosto*	*outubro*	*dezembro*

english • español • *português*

REFERENCE • **LOS DATOS** • *REFERÊNCIAS*

years • los años • *anos*

1900   **nineteen hundred** • mil novecientos • *mil e novecentos*

1901   **nineteen hundred and one** • mil novecientos uno • *mil novecentos e um*

1910   **nineteen ten** • mil novecientos diez • *mil novecentos e dez*

2000   **two thousand** • dos mil • *dois mil*

2001   **two thousand and one** • dos mil uno • *dois mil e um*

seasons • las estaciones • *estações*

spring
la primavera
primavera

summer
el verano
verão

autumn
el otoño
outono

winter
el invierno
inverno

---

vocabulary • vocabulario • *vocabulário*

century el siglo *século*	**last week** la semana pasada *semana passada*	**monthly** mensual *mensal*	**the day after tomorrow** pasado mañana *depois de amanhã*	**What's the date today?** ¿Qué día es hoy? *Que dia é hoje?*
decade la década *década*	**next week** la semana que viene *próxima semana*	**annual** anual *anual*	**weekly** semanalmente *semanalmente*	**It's February seventh, two thousand and two.** Es el siete de febrero del dos mil dos. *Sete de fevereiro de dois mil e dois.*
millennium el milenio *milênio*	**the day before yesterday** antes de ayer *anteontem*	**fortnight** quince días *quinzena*	**this week** esta semana *esta semana*	

english • español • *português*

REFERENCE • LOS DATOS • *REFERÊNCIAS*

numbers • los números • *números*

0	**zero** • cero • *zero*	**20**	**twenty** • veinte • *vinte*
1	**one** • uno • *um*	**21**	**twenty-one** • veintiuno • *vinte e um*
2	**two** • dos • *dois*	**22**	**twenty-two** • veintidós • *vinte e dois*
3	**three** • tres • *três*	**30**	**thirty** • treinta • *trinta*
4	**four** • cuatro • *quatro*	**40**	**forty** • cuarenta • *quarenta*
5	**five** • cinco • *cinco*	**50**	**fifty** • cincuenta • *cinquenta*
6	**six** • seis • *seis*	**60**	**sixty** • sesenta • *sessenta*
7	**seven** • siete • *sete*	**70**	**seventy** • setenta • *setenta*
8	**eight** • ocho • *oito*	**80**	**eighty** • ochenta • *oitenta*
9	**nine** • nueve • *nove*	**90**	**ninety** • noventa • *noventa*
10	**ten** • diez • *dez*	**100**	**one hundred** • cien • *cem*
11	**eleven** • once • *onze*	**110**	**one hundred and ten** • ciento diez • *cento e dez*
12	**twelve** • doce • *doze*	**200**	**two hundred** • doscientos • *duzentos*
13	**thirteen** • trece • *treze*	**300**	**three hundred** • trescientos • *trezentos*
14	**fourteen** • catorce • *quatorze*	**400**	**four hundred** • cuatrocientos • *quatrocentos*
15	**fifteen** • quince • *quinze*	**500**	**five hundred** • quinientos • *quinhentos*
16	**sixteen** • dieciséis • *dezesseis*	**600**	**six hundred** • seiscientos • *seiscentos*
17	**seventeen** • diecisiete • *dezessete*	**700**	**seven hundred** • setecientos • *setecentos*
18	**eighteen** • dieciocho • *dezoito*	**800**	**eight hundred** • ochocientos • *oitocentos*
19	**nineteen** • diecinueve • *dezenove*	**900**	**nine hundred** • novecientos • *novecentos*

REFERENCE • LOS DATOS • REFERÊNCIAS

1000 one thousand • mil • *mil*

10,000 ten thousand • diez mil • *dez mil*

20,000 twenty thousand • veinte mil • *vinte mil*

50,000 fifty thousand • cincuenta mil • *cinquenta mil*

55,500 fifty-five thousand five hundred • cincuenta y cinco mil quinientos • *cinquenta e cinco mil e quinhentos*

100,000 one hundred thousand • cien mil • *cem mil*

1,000,000 one million • un millón • *um milhão*

1,000,000,000 one billion • mil millones • *um bilhão*

first | **second** | **third**
primero | segundo | tercero
primero | *segundo* | *terceiro*

fourth • cuarto • *quarto*

fifth • quinto • *quinto*

sixth • sexto • *sexto*

seventh • séptimo • *sétimo*

eighth • octavo • *oitavo*

ninth • noveno • *nono*

tenth • décimo • *décimo*

eleventh • undécimo • *décimo primeiro*

twelfth • duodécimo • *décimo segundo*

thirteenth • decimotercero • *décimo terceiro*

fourteenth • decimocuarto • *décimo quarto*

fifteenth • decimoquinto • *décimo quinto*

sixteenth • decimosexto • *décimo sexto*

seventeenth • decimoséptimo • *décimo sétimo*

eighteenth • décimo octavo • *décimo oitavo*

nineteenth • décimo noveno • *décimo nono*

twentieth • vigésimo • *vigésimo*

twenty-first • vigésimo primero • *vigésimo primeiro*

twenty-second • vigésimo segundo • *vigésimo segundo*

twenty-third • vigésimo tercero • *vigésimo terceiro*

thirtieth • trigésimo • *trigésimo*

fortieth • cuadragésimo • *quadragésimo*

fiftieth • quincuagésimo • *quinquagésimo*

sixtieth • sexagésimo • *sexagésimo*

seventieth • septuagésimo • *septuagésimo*

eightieth • octogésimo • *octogésimo*

ninetieth • nonagésimo • *nonagésimo*

hundredth • centésimo • *centésimo*

english • español • *português* 309

REFERENCE • LOS DATOS • *REFERÊNCIAS*

weights and measures • los pesos y las medidas • *pesos e medidas*

area • el área • *área*

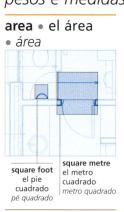

square foot
el pie cuadrado
pé quadrado

square metre
el metro cuadrado
metro quadrado

distance • la distancia • *distância*

kilometre
el kilómetro
quilômetro

mile
la milla
milha

pan
la bandeja
prato

pound
la libra
libra

kilogram
el kilogramo
quilograma

ounce
la onza
onça

gram
el gramo
grama

scales | la balanza | *balança*

vocabulary • vocabulario • *vocabulário*		
yard la yarda *jarda*	**tonne** la tonelada *tonelada*	**measure (v)** medir *medir*
metre el metro *metro*	**milligram** el miligramo *miligrama*	**weigh (v)** pesar *pesar*

length • la longitud • *comprimento*

foot
el pie
pé

millimetre
el milímetro
milímetro

centimetre
el centímetro
centímetro

inch
la pulgada
polegada

310   **english** • **español** • *português*

REFERENCE • LOS DATOS • *REFERÊNCIAS*

capacity • la capacidad • *capacidade*

half-litre
el medio litro
meio litro

pint
la pinta
graduação

volume
el volumen
volume

millilitre
el mililitro
mililitro

measuring jug | la jarra graduada
jarra graduada

liquid measure | la medida de capacidad | *medida de líquido*

vocabulary
vocabulario
vocabulário
gallon
el galón
galão
quart
el cuarto de galón
um quarto
litre
el litro
litro

container • el recipiente • *recipiente*

carton | el tetrabrik
caixa de papelão

packet | el paquete
pacote

bottle | la botella
garrafa

bag
la bolsa
saco

tub | la tarrina | *terrina*

jar | el tarro | *jarro*

can
la lata
lata

tin | la lata | *lata*

liquid dispenser
el pulverizador
pulverizador

bar
la pastilla
barra

tube
el tubo
tubo

roll
el rollo
rolo

pack
el paquete
pacote

spray can
el spray
spray

english • **español** • *português*

REFERENCE • LOS DATOS • *REFERÊNCIAS*

world map • el mapamundi • *mapa-múndi*

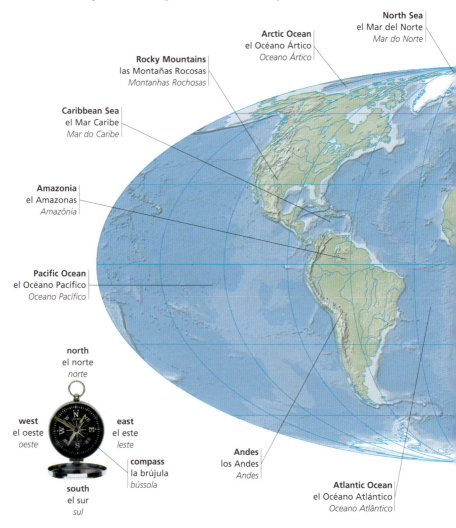

North Sea
el Mar del Norte
Mar do Norte

Arctic Ocean
el Océano Ártico
Oceano Ártico

Rocky Mountains
las Montañas Rocosas
Montanhas Rochosas

Caribbean Sea
el Mar Caribe
Mar do Caribe

Amazonia
el Amazonas
Amazônia

Pacific Ocean
el Océano Pacífico
Oceano Pacífico

north
el norte
norte

west
el oeste
oeste

east
el este
leste

compass
la brújula
bússola

south
el sur
sul

Andes
los Andes
Andes

Atlantic Ocean
el Océano Atlántico
Oceano Atlântico

312　　　　　　　　　　　　　　　english • español • *português*

REFERENCE • **LOS DATOS** • *REFERÊNCIAS*

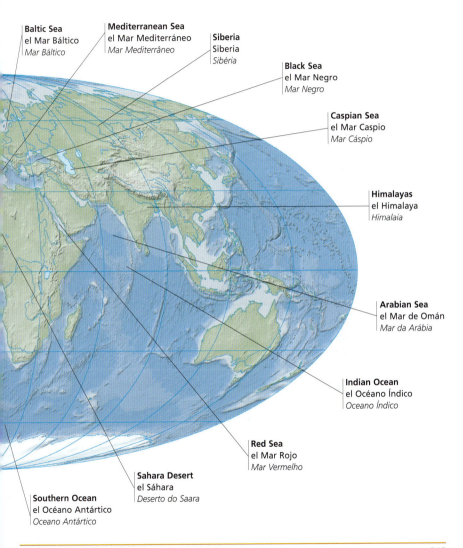

Baltic Sea
el Mar Báltico
Mar Báltico

Mediterranean Sea
el Mar Mediterráneo
Mar Mediterrâneo

Siberia
Siberia
Sibéria

Black Sea
el Mar Negro
Mar Negro

Caspian Sea
el Mar Caspio
Mar Cáspio

Himalayas
el Himalaya
Himalaia

Arabian Sea
el Mar de Omán
Mar da Arábia

Indian Ocean
el Océano Índico
Oceano Índico

Red Sea
el Mar Rojo
Mar Vermelho

Sahara Desert
el Sáhara
Deserto do Saara

Southern Ocean
el Océano Antártico
Oceano Antártico

english • español • *português* 313

REFERENCE • LOS DATOS • *REFERÊNCIAS*

North and Central America • América del Norte y Central • *América do Norte e Central*

Hawaii
Hawaii
Havaí

1 **Alaska** • Alaska • *Alasca*
2 **Canada** • Canadá • *Canadá*
3 **Greenland** • Groenlandia • *Groenlândia*
4 **United States of America**
 • Estados Unidos de América
 • *Estados Unidos da América*
5 **Mexico** • México • *México*
6 **Guatemala** • Guatemala • *Guatemala*
7 **Belize** • Belice • *Belize*
8 **El Salvador** • El Salvador • *El Salvador*
9 **Honduras** • Honduras • *Honduras*
10 **Nicaragua** • Nicaragua • *Nicarágua*
11 **Costa Rica** • Costa Rica • *Costa Rica*
12 **Panama** • Panamá • *Panamá*
13 **Cuba** • Cuba • *Cuba*
14 **Bahamas** • Bahamas • *Bahamas*
15 **Jamaica** • Jamaica • *Jamaica*
16 **Haiti** • Haití • *Haiti*
17 **Dominican Republic** • República Dominicana
 • *República Dominicana*
18 **Puerto Rico** • Puerto Rico • *Porto Rico*
19 **Barbados** • Barbados • *Barbados*
20 **Trinidad and Tobago** • Trinidad y Tobago
 • *Trinidad e Tobago*
21 **St. Kitts and Nevis** • Saint Kitts y Nevis
 • *São Cristovão e Névis*
22 **Antigua and Barbuda** • Antigua y Barbuda
 • *Antígua e Barbuda*
23 **Dominica** • Dominica • *Dominica*
24 **St. Lucia** • Santa Lucía • *Santa Lúcia*
25 **St. Vincent and The Grenadines**
 • San Vicente y las Granadinas
 • *São Vicente e Granadinas*
26 **Grenada** • Granada • *Granada*

314   english • español • *português*

REFERENCE • LOS DATOS • *REFERÊNCIAS*

South America • América del Sur • *América do Sul*

1 **Venezuela** • Venezuela • *Venezuela*
2 **Colombia** • Colombia • *Colômbia*
3 **Ecuador** • Ecuador • *Equador*
4 **Peru** • Perú • *Peru*
5 **Galapagos Islands**
 • las Islas Galápagos
 • *Ilhas Galápagos*
6 **Guyana** • Guyana • *Guiana*
7 **Suriname** • Suriname
 • *Suriname*
8 **French Guiana**
 • la Guayana Francesa
 • *Guiana Francesa*
9 **Brazil** • Brasil • *Brasil*
10 **Bolivia** • Bolivia • *Bolívia*
11 **Chile** • Chile • *Chile*
12 **Argentina** • Argentina • *Argentina*
13 **Paraguay** • Paraguay • *Paraguai*
14 **Uruguay** • Uruguay • *Uruguai*
15 **Falkland Islands** • las Malvinas
 • *Ilhas Malvinas*

vocabulary • **vocabulario** • *vocabulário*		
continent	**country**	**nation**
el continente	el país	la nación
continente	*país*	*nação*
principality	**colony**	**district**
el principado	la colonia	el distrito
principado	*colônia*	*distrito*
province	**capital**	**region**
la provincia	la capital	la región
província	*capital*	*região*
territory	**state**	**zone**
el territorio	el estado	la zona
território	*estado*	*zona*

english • español • *português*

REFERENCE • LOS DATOS • *REFERÊNCIAS*

Europe • Europa • *Europa*

1 **Ireland** • Irlanda • *Irlanda*
2 **United Kingdom** • Reino Unido • *Reino Unido*
3 **Portugal** • Portugal • *Portugal*
4 **Spain** • España • *Espanha*
5 **Balearic Islands** • las Islas Baleares • *Ilhas Baleares*
6 **Andorra** • Andorra • *Andorra*
7 **France** • Francia • *França*
8 **Belgium** • Bélgica • *Bélgica*
9 **Netherlands** • los Países Bajos • *Holanda*
10 **Luxembourg** • Luxemburgo • *Luxemburgo*
11 **Germany** • Alemania • *Alemanha*
12 **Denmark** • Dinamarca • *Dinamarca*
13 **Norway** • Noruega • *Noruega*
14 **Sweden** • Suecia • *Suécia*
15 **Finland** • Finlandia • *Finlândia*
16 **Estonia** • Estonia • *Estônia*
17 **Latvia** • Letonia • *Letônia*
18 **Lithuania** • Lituania • *Lituânia*
19 **Kaliningrad** • Kaliningrado • *Kaliningrado*
20 **Poland** • Polonia • *Polônia*
21 **Czech Republic** • República Checa • *República Tcheca*
22 **Austria** • Austria • *Áustria*
23 **Liechtenstein** • Liechtenstein • *Liechtenstein*
24 **Switzerland** • Suiza • *Suíça*
25 **Italy** • Italia • *Itália*
26 **Monaco** • Mónaco • *Mônaco*
27 **Corsica** • Córcega • *Córsega*
28 **Sardinia** • Cerdeña • *Sardenha*
29 **San Marino** • San Marino • *San Marino*
30 **Vatican City** • la Ciudad del Vaticano • *Cidade do Vaticano*
31 **Sicily** • Sicilia • *Sicília*
32 **Malta** • Malta • *Malta*
33 **Slovenia** • Eslovenia • *Eslovênia*
34 **Croatia** • Croacia • *Croácia*
35 **Hungary** • Hungría • *Hungria*
36 **Slovakia** • Eslovaquia • *Eslováquia*
37 **Ukraine** • Ucrania • *Ucrânia*
38 **Belarus** • Belarús • *Bielo-Rússia*
39 **Moldova** • Moldavia • *Moldávia*
40 **Romania** • Rumanía • *Romênia*
41 **Serbia** • Serbia • *Sérvia*
42 **Bosnia and Herzegovina** • Bosnia y Herzegovina • *Bósnia e Herzegóvina*
43 **Albania** • Albania • *Albânia*
44 **Macedonia** • Macedonia • *Macedônia*
45 **Bulgaria** • Bulgaria • *Bulgária*
46 **Greece** • Grecia • *Grécia*
47 **Kosovo** • Kosovo • *Kosovo*
48 **Montenegro** • Montenegro • *Montenegro*

316　　　english • español • *português*

REFERENCE • LOS DATOS • *REFERÊNCIAS*

Africa • África • *África*

1 **Morocco** • Marruecos • *Marrocos*
2 **Western Sahara** • Sáhara Occidental • *Saara Ocidental*
3 **Mauritania** • Mauritania • *Mauritânia*
4 **Senegal** • Senegal • *Senegal*
5 **Gambia** • Gambia • *Gâmbia*
6 **Guinea-Bissau** • Guinea-Bissau • *Guiné-Bissau*
7 **Guinea** • Guinea • *Guiné*
8 **Sierra Leone** • Sierra Leona • *Serra Leoa*
9 **Liberia** • Liberia • *Libéria*
10 **Ivory Coast** • Costa de Marfil • *Costa do Marfim*
11 **Burquina Faso** • Burkina Faso • *Burkina Faso*
12 **Mali** • Malí • *Mali*
13 **Algeria** • Argelia • *Argélia*
14 **Tunisia** • Túnez • *Tunísia*
15 **Libya** • Libia • *Líbia*
16 **Níger** • Niger • *Níger*
17 **Ghana** • Ghana • *Gana*
18 **Togo** • Togo • *Togo*
19 **Benin** • Benin • *Benin*
20 **Nigeria** • Nigeria • *Nigéria*
21 **São Tomé and Principe** • Santo Tomé y Príncipe • *São Tomé e Príncipe*
22 **Equatorial Guinea** • Guinea Ecuatorial • *Guiné Equatorial*
23 **Cameroon** • Camerún • *Camarões*
24 **Chad** • Chad • *Chade*
25 **Egypt** • Egipto • *Egito*
26 **Sudan** • Sudán • *Sudão*
27 **Eritrea** • Eritrea • *Eritreia*
28 **Djibouti** • Djibouti • *Djibuti*
29 **Ethiopia** • Etiopía • *Etiópia*
30 **Somalia** • Somalia • *Somália*
31 **Kenya** • Kenya • *Quênia*
32 **Uganda** • Uganda • *Uganda*
33 **Central African Republic** • República Centroafricana • *República Centroafricana*
34 **Gabon** • Gabón • *Gabão*
35 **Congo** • Congo • *Congo*
36 **Cabinda** • Cabinda • *Cabinda*
37 **Democratic Republic of the Congo** • República Democrática del Congo • *República Democrática do Congo*
38 **Rwanda** • Rwanda • *Ruanda*
39 **Burundi** • Burundi • *Burundi*
40 **Tanzania** • Tanzania • *Tanzânia*
41 **Mozambique** • Mozambique • *Moçambique*
42 **Malawi** • Malawi • *Maláui*
43 **Zambia** • Zambia • *Zâmbia*
44 **Angola** • Angola • *Angola*
45 **Namibia** • Namibia • *Namíbia*
46 **Botswana** • Botswana • *Botsuana*
47 **Zimbabwe** • Zimbabwe • *Zimbábue*
48 **South Africa** • Sudáfrica • *África do Sul*
49 **Lesotho** • Lesotho • *Lesoto*
50 **Swazilandia** • Swaziland • *Suazilândia*
51 **Comoros** • Comoros • *Comores*
52 **Madagascar** • Madagascar • *Madagascar*
53 **Mauritius** • Mauricio • *Maurício*

english • español • *português*

REFERENCE • *LOS DATOS* • *REFERÊNCIAS*

Asia • Asia • *Ásia*

1 **Turkey** • Turquía • *Turquia*
2 **Cyprus** • Chipre • *Chipre*
3 **Russian Federation** • Federación Rusa
  • *Federação Russa*
4 **Georgia** • Georgia • *Geórgia*
5 **Armenia** • Armenia • *Armênia*
6 **Azerbaijan** • Azerbaiyán • *Azerbaijão*
7 **Iran** • Irán • *Irã*
8 **Iraq** • Iraq • *Iraque*
9 **Syria** • Siria • *Síria*
10 **Lebanon** • Líbano • *Líbano*
11 **Israel** • Israel • *Israel*
12 **Jordan** • Jordania • *Jordânia*
13 **Saudi Arabia** • Arabia Saudita
  • *Arábia Saudita*
14 **Kuwait** • Kuwait • *Kuait*
15 **Bahrain** • Bahrein • *Barein*
16 **Qatar** • Qatar • *Qatar*
17 **United Arab Emirates**
  • Emiratos Árabes Unidos
  • *Emirados Árabes Unidos*
18 **Oman** • Omán • *Omã*
19 **Yemen** • Yemen • *Iêmen*
20 **Kazakhstan** • Kazajstán • *Cazaquistão*
21 **Uzbekistan** • Uzbekistán
  • *Uzbequistão*
22 **Turkmenistan** • Turkmenistán
  • *Turcomenistão*
23 **Afghanistan** • Afganistán • *Afeganistão*
24 **Tajikistan** • Tayikistán • *Tadjiquistão*
25 **Kyrgyzstan** • Kirguistán • *Quirguistão*
26 **Pakistan** • Pakistán • *Paquistão*
27 **India** • India • *Índia*
28 **Maldives** • Maldivas • *Maldivas*
29 **Sri Lanka** • Sri Lanka • *Sri Lanka*
30 **China** • China • *China*
31 **Mongolia** • Mongolia • *Mongólia*
32 **North Korea** • Coreia del Norte • *Coreia do Norte*
33 **South Korea** • Coreia del Sur • *Coreia do Sul*
34 **Japan** • Japón • *Japão*
35 **Nepal** • Nepal • *Nepal*
36 **Bhutan** • Bhutan • *Butão*
37 **Bangladesh** • Bangladesh
  • *Bangladesh*
38 **Burma (Myanmar)** • Birmania (Myanmar)
  • *Birmânia (Mianmar)*
39 **Thailand** • Tailandia • *Tailândia*

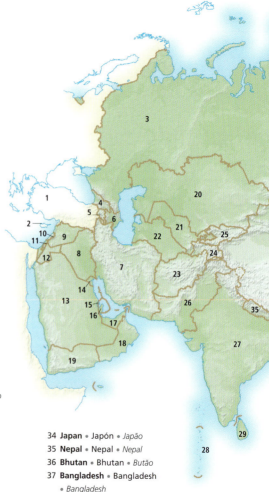

english • español • *português*

REFERENCE • LOS DATOS • *REFERÊNCIAS*

Australasia • Australasia • *Oceania*

1 **Australia** • Australia • *Austrália*
2 **Tasmania** • Tasmania • *Tasmânia*
3 **New Zealand** • Nueva Zelandia • *Nova Zelândia*

40 **Laos** • Laos • *Laos*
41 **Vietnam** • Viet Nam • *Vietnã*
42 **Cambodia** • Camboya • *Camboja*
43 **Malaysia** • Malasia • *Malásia*
44 **Singapore** • Singapur • *Cingapura*
45 **Indonesia** • Indonesia • *Indonésia*
46 **Brunei** • Brunei • *Brunei*
47 **Philippines** • Filipinas • *Filipinas*
48 **East Timor** • Timor Oriental • *Timor Leste*
49 **Papua New Guinea** • Papua Nueva Guinea • *Papua-Nova Guiné*
50 **Solomon Islands** • Islas Salomón • *Ilhas Salomão*
51 **Vanuatu** • Vanuatu • *Vanuatu*
52 **Fiji** • Fiji • *Fiji*

english • español • *português* 319

REFERENCE • LOS DATOS • *REFERÊNCIAS*

particles and antonyms • partículas y antónimos • *partículas e antônimos*

to a, hacia *a, até*	**from** de, desde *de, desde*	**for** para *para*	**towards** hacia *em direção a*
over encima de *em cima de*	**under** debajo de *debaixo de*	**along** por *ao longo de*	**across** al otro lado de *através de*
in front of delante de *diante de*	**behind** detrás de *atrás de*	**with** con *com*	**without** sin *sem*
onto sobre *sobre*	**into** dentro de *dentro de*	**before** antes *antes*	**after** después *depois*
in en *em*	**out** fuera *fora*	**by** antes de *por*	**until** hasta *até*
above sobre *sobre, acima*	**below** bajo *abaixo*	**early** temprano *cedo*	**late** tarde *tarde*
inside dentro *dentro*	**outside** fuera *fora*	**now** ahora *agora*	**later** más tarde *mais tarde*
up arriba *acima*	**down** abajo *abaixo*	**always** siempre *sempre*	**never** nunca *nunca*
at en *em*	**beyond** más allá de *além de*	**often** a menudo *frequentemente*	**rarely** rara vez *raramente*
through a través de *através de*	**around** alrededor de *ao redor de*	**yesterday** ayer *ontem*	**tomorrow** mañana *amanhã*
on top of encima de *em cima de*	**beside** al lado de *ao lado de*	**first** primer *primeiro*	**last** último *último*
between entre *entre*	**opposite** en frente de *em frente de*	**every** cada *cada*	**some** algunos *alguns*
near cerca *perto*	**far** lejos *longe*	**about** unos *sobre*	**exactly** exactamente *exatamente*
here aquí *aqui*	**there** allí *ali, lá*	**a little** un poco *um pouco*	**a lot** mucho *muito*

english • español • *português*

REFERENCE • **LOS DATOS** • *REFERÊNCIAS*

large grande *grande*	**small** pequeño *pequeno*	**hot** caliente *calor*	**cold** frío *frio*
wide ancho *largo*	**narrow** estrecho *estreito*	**open** abierto *aberto*	**closed** cerrado *fechado*
tall alto *alto*	**short** bajo *baixo*	**full** lleno *cheio*	**empty** vacío *vazio*
high alto *alto*	**low** bajo *baixo*	**new** nuevo *novo*	**dark** oscuro *escuro*
thick grueso *grosso*	**thin** delgado *fino*	**light** claro *claro*	**difficult** difícil *difícil*
light ligero *leve*	**heavy** pesado *pesado*	**easy** fácil *fácil*	**occupied** ocupado *ocupado*
hard duro *duro*	**soft** blando *macio*	**free** libre *livre*	**weak** débil *fraco*
wet húmedo *molhado*	**dry** seco *seco*	**strong** fuerte *forte*	**thin** delgado *magro*
good bueno *bom*	**bad** malo *mau*	**fat** gordo *gordo*	**old** viejo *velho*
fast rápido *rápido*	**slow** lento *devagar*	**young** joven *jovem*	**worse** peor *pior*
correct correcto *certo*	**wrong** incorrecto *errado*	**better** mejor *melhor*	**white** blanco *branco*
clean limpio *limpo*	**dirty** sucio *sujo*	**black** negro *preto*	**boring** aburrido *aborrecido*
beautiful bonito *bonito*	**ugly** feo *feio*	**interesting** interesante *interessante*	**well** bien *bem*
expensive caro *caro*	**cheap** barato *barato*	**sick** enfermo *doente*	**end** el final *final*
quiet silencioso *silencioso*	**noisy** ruidoso *ruidoso*	**beginning** el principio *princípio*	

english • **español** • *português*

REFERENCE • LOS DATOS • REFERÊNCIAS

useful phrases • frases útiles • *frases úteis*

essential phrases • frases esenciales • *frases essenciais*

Yes
Sí
Sim

No
No
Não

Maybe
Quizá
Talvez

Please
Por favor
Por favor

Thank you
Gracias
Obrigado(a)

You're welcome
De nada
De nada

Excuse me
Perdone
Perdoe-me, com licença

I'm sorry
Lo siento
Lamento

Don't
No
Não

OK
Vale
OK

That's fine
Así vale
Está bem

That's correct
Está bien
Está certo

That's wrong
Está mal
Está errado

greetings • saludos • *saudações*

Hello
Hola
Olá

Goodbye
Adiós
Adeus

Good morning
Buenos días
Bom dia

Good afternoon
Buenas tardes
Boa tarde

Good evening
Buenas tardes
Boa noite

Good night
Buenas noches
Boa noite

How are you?
¿Cómo está?
Como vai?

My name is...
Me llamo...
Meu nome é...

What is your name?
¿Cómo se llama?
Qual é o seu nome?

What is his/her name?
¿Cómo se llama?
Qual é o nome dele/dela?

May I introduce...
Le presento a...
Queria apresentar...

This is...
Este es...
Este é...

Pleased to meet you
Encantado de conocerle
Prazer em conhecê-lo

See you later
Hasta luego
Até logo

signs • letreros • *avisos*

Tourist information
Información
Informações turísticas

Entrance
Entrada
Entrada

Exit
Salida
Saída

Emergency exit
Salida de emergencia
Saída de emergência

Push
Empuje
Empurre

Danger
Peligro
Perigo

No smoking
Prohibido fumar
Proibido fumar

Out of order
Fuera de servicio
Fora de serviço

Opening times
Horario de apertura
Horário de abertura

Free admission
Entrada libre
Entrada livre

Knock before entering
Llame antes de entrar
Bata antes de entrar

Reduced
Rebajado
Com desconto

Sale
Saldos
Liquidação

Keep off the grass
Prohibido pisar el césped
Proibido pisar na grama

help • ayuda • *ajuda*

Can you help me?
¿Me puede ayudar?
Pode me ajudar?

I don't understand
No entiendo
Eu não entendo

I don't know
No lo sé
Eu não sei

Do you speak English, French...?
¿Habla inglés, francés...?
Você fala inglês, francês...?

I speak English, Spanish...
Hablo inglés, español...
Eu falo inglês, espanhol...

Please speak more slowly
Hable más despacio, por favor
Por favor, fale mais devagar

Please write it down for me
¿Me lo puede escribir?
Por favor, escreva para mim

I have lost...
He perdido...
Eu perdi...

REFERENCE • LOS DATOS • REFERÊNCIAS

directions • indicaciones • *indicações*

I am lost
Me he perdido
Estou perdido

Where is the…?
¿Dónde está el/la…?
Onde é…?

Where is the nearest…?
¿Dónde está el/la… más cercano/a?
Onde é o mais próximo…?

Where are the toilets?
¿Dónde están los servicios?
Onde ficam os toaletes?

How do I get to…?
¿Cómo voy a…?
Com posso ir a…?

To the right
A la derecha
À direita

To the left
A la izquierda
À esquerda

Straight ahead
Todo recto
Sempre em frente

How far is…?
¿A qué distancia está…?
A que distância está…?

road signs • las señales de tráfico • *sinais de trânsito*

All directions
Todas las direcciones
Todas as direções

Caution
Precaución
Cuidado

No entry
Prohibida la entrada
Proibida a entrada

Slow down
Disminuir velocidad
Diminuir a velocidade

Diversion
Desvío
Desvio

Keep to the right
Circular por la derecha
Manter a direita

Motorway
Autopista
Estrada

No parking
Prohibido aparcar
Proibido estacionar

No through road
Callejón sin salida
Beco sem saída

One-way
Sentido único
Sentido único

Give way
Ceda el paso
Dê passagem

Road closed
Carretera cortada
Rua fechada

Roadworks
Obras
Obras na pista

Dangerous bend
Curva peligrosa
Curva perigosa

accommodation • alojamiento • *alojamento*

Tengo una reserva
I have a reservation
Tenho uma reserva

What time is breakfast?
¿A qué hora es el desayuno?
Que horas é o café da manhã?

My room number is …
El número de mi habitación es el …
O número do meu quarto é…

I'll be back at … o'clock
Voleré a las …
Voltarei à(s)… horas(s)

Where is the dining room?
¿Dónde está el comedor?
Onde é a sala de jantar?

I'm leaving tomorrow
Me marcho mañana
Vou embora amanhã

eating and drinking • comida y bebida • *comida e bebida*

Cheers!
¡Salud!
Saúde!

It's delicious/awful
Está buenísimo/malísimo
Está delicioso/péssimo

I don't drink/smoke
Yo no bebo/fumo
Eu não bebo/fumo

I don't eat meat
Yo no como carne
Eu não como carne

No more for me, thank you
Ya no más, gracias
Basta, obrigado(a)

May I have some more?
¿Puedo repetir?
Posso repetir?

May we have the bill?
¿Me trae la cuenta?
Poderia me trazer a conta?

Can I have a receipt?
¿Me da un recibo?
Pode me dar um recibo?

No-smoking area
Zona de no fumadores
Área de não fumantes

health • la salud • *saúde*

No me encuentro bien
I don't feel well
Não me sinto bem

I feel sick
Tengo náuseas
Estou com enjoo

What is the telephone number of the nearest doctor?
¿Cuál es el número del médico más cercano?
Qual o telefone do médico mais próximo?

It hurts here
Me duele aquí
Dói-me aqui

I have a temperature
Tengo fiebre
Estou com febre

I'm … months pregnant
Estoy embarrazada de … meses
Estou grávida de… meses

I need a prescription for …
Necesito una receta para …
Preciso de uma receita para…

I normally take …
Normalmente tomo …
Geralmente tomo…

I'm allergic to …
Soy alérgico a …
Sou alérgico a…

Will he/she be all right?
¿Estará bien?
Ele/ela ficará bem?

english • español • português   323

ENGLISH INDEX • ÍNDICE INGLÉS • *ÍNDICE INGLÊS*

English index • índice inglés • *índice inglês*

A

à la carte 152
abdomen 12
abdominals 16
above 320
abseiling 248
acacia 110
accelerator 200
access road 216
accessories 36, 38
accident 46
account number 96
accountant 97, 190
accounts
  department 175
accused 180
ace 230, 273
Achilles tendon 16
acorn squash 125
acquaintance 24
acquitted 181
across 320
acrylic paints 274
actions 237, 229,
  227, 233, 183
activities 263, 245,
  162, 77
actor 254, 191
actors 179
actress 254
acupressure 55
acupuncture 55
Adam's apple 19
add v 165
address 98
adhesive tape 47
adjustable spanner
  80
admissions 168
admitted 48
aduki beans 131
adult 23
advantage 230
adventure 255
advertisement 269
aerate v 91
aerobics 251
Afghanistan 318
Africa 317
after 320
afternoon 305
aftershave 73
aftersun 108
agate 289
agenda 174
aikido 236
aileron 210

air bag 201
air conditioning 200
air cylinder 239
air filter 202, 204
air letter 98
air mattress 267
air stewardess 190
air supply 199
air vent 210
aircraft 210
aircraft carrier 215
airliner 210, 212
airport 212
aisle 106, 168, 210,
  254
alarm clock 70
Alaska 314
Albania 316
alcoholic drinks 145
alfalfa 184
Algeria 317
allergy 44
alley 298
alligator 293
allspice 132
almond 129
almond oil 134
almonds 151
along 320
alpine 87
alpine skiing 247
alternating current
  60
alternative therapy
  54
alternator 203
altitude 211
aluminium 289
Amazonia 312
ambulance 94
American football
  220
amethyst 288
amniocentesis 52
amniotic fluid 52
amount 96
amp 60
amphibians 294
amplifier 268
anaesthetist 48
anchor 214, 240
Andes 312
Andorra 316
angle 164
angler 244
Angola 317
angry 25

animals 292, 294
animated film 255
ankle 13, 15
ankle-length 34
anniversary 26
annual 86, 307
anorak 31, 33
answer 163
answer v 99, 163
answering machine
  99
ant 295
antenatal 52
antenna 295
antifreeze 199, 203
Antigua and
  Barbuda 314
anti-inflammatory
  109
antique shop 114
antiseptic 47
antiseptic wipe 47
anti-wrinkle 41
antler 291
apartment block
  298
apéritif 153
aperture dial 270
apex 165
appeal 181
appearance 30
appendix 18
applaud v 255
apple 126
apple corer 68
apple juice 149
appliances 66
application 176
appointment 45,
  175
apricot 126
April 306
apron 30, 50, 69,
  212
APS camera 270
aquamarine 288
Arabian Sea 313
arable farm 183
arc 164
arch 15, 85, 301
archery 249
architect 190
architecture 300
architrave 301
Arctic circle 283
Arctic Ocean 312
area 165, 310

areas 299
arena 243
Argentina 315
arithmetic 165
arm 13
armband 238
armchair 63
Armenia 318
armpit 13
armrest 200, 210
aromatherapy 55
around 320
arrangements 111
arrest 94
arrivals 213
arrow 249
art 162
art college 169
art deco 301
art gallery 261
art nouveau 301
art shop 115
artery 19
artichoke 124
artist 274
arts and crafts 274,
  276
ash 283
ashtray 150
Asia 318
assault 94
assistant 24
assisted delivery 53
asteroid 280
asthma 44
astigmatism 51
astronaut 281
astronomy 281
asymmetric bars 235
at 320
athlete 234
athletics 234
Atlantic Ocean 312
atmosphere 282,
  286
atrium 104
attachment 177
attack 220
attack zone 224
attend v 174
attic 58
attractions 261
aubergine 125
auburn 39
audience 254
August 306
aunt 22

aurora 286
Australasia 319
Australia 319
Austria 316
autocue 179
automatic 200
automatic door 196
autumn 31, 307
avalanche 247
avenue 299
avocado 128
awning 148
axe 95
axle 205
ayurveda 55
Azerbaijan 318

B

baby 23, 30
baby bath 74
baby care 74
baby changing
  facilities 104
baby monitor 75
baby products 107
baby sling 75
babygro 30
back 13
back brush 73
back seat 200
backboard 226
backdrop 254
backgammon 272
backhand 231
backpack 31, 37,
  267
backstroke 239
backswing 233
bacon 118, 157
bad 321
badge 94
badminton 231
bag 311
bagel 139
baggage reclaim
  213
baggage trailer 212
bags 37
baguette 138
Bahamas 314
bail 181
bait 244
bait v 245
bake v 67, 138
baked 159
baker 139
baker's 114

324   english • español • *português*

ENGLISH INDEX • *ÍNDICE INGLÉS* • *ÍNDICE INGLÊS*

bakery 107, 138
baking 69
baking tray 69
balance wheel 276
balcony 59, 254
bald 39
bale 184
Balearic Islands 316
ball 15, 75, 221, 224, 226, 228, 230
ballboy 231
ballet 255
balsamic vinegar 135
Baltic Sea 313
bamboo 86,122
banana 128
bandage 47
Bangladesh 318
banister 59
bank 96, 284
bank charge 96
bank manager 96
bank transfer 96
bap 139
bar 150, 152, 250, 256, 311
bar code 106
bar counter 150
bar mitzvah 26
bar snacks 151
bar stool 150
barb 244
Barbados 314
barbecue 267
barber 39, 188
bark 296
barley 130, 184
barman 191
barn 182
baroque 301
bars 74
bartender 150
basalt 288
base 164, 229
base station 99
baseball 228
baseline 230
baseman 228
basement 58
basil 133
basin 50
basket 106, 207, 226
basket of fruit 126
basketball 226
basketball player 226
basque 35
bass clarinet 257
bass clef 256
bass guitar 258

bass guitarist 258
bassoon 257
bat 225, 228, 231, 290
bat v 225, 229
bath mat 72
bath towel 73
bathrobe 73
bathroom 72
bathtub 72
baton 235, 256
batsman 225
batter 228
batteries 260
battery 167, 202
battery pack 78
battleship 215
bay leaf 133
bayonet fitting 60
be born v 26
beach 264
beach bag 264
beach ball 265
beach hut 264
beach towel 265
beach umbrella 264
beaker 167
beam 186, 235
bean sprout 122
beans 131, 144
bear 291
beat 259
beauty 40, 105
beauty treatments 41
bed 70
bed and breakfast 101
bed linen 71
bedding 74
bedroom 70
bedside lamp 70
bedside table 70
bedspread 70
bee 295
beech 296
beef 118
beer 145,151
beer tap 150
beetle 295
beetroot 125
before 320
beginning 321
behind 320
Belarus 316
Belgium 316
Belize 314
bell 197
below 320
belt 32, 36, 236
bench 250, 262

Benin 317
berry 296
beside 320
bet 273
between 320
beyond 320
Bhutan 318
biathlon 247
bib 30
bicep curl 251
biceps 16
bicycle 206
bidet 72
biennial 86
bifocal 51
big toe 15
bike rack 207
bikini 264
bill 152, 293
binoculars 281
biology 162
biplane 211
birch 296
bird watching 263
birds 292
birth 52
birth weight 53
birth certificate 26
birthday 27
birthday cake 141
birthday candles 141
birthday party 27
biscuit 113
biscuits 141
bishop 272
bit 242
bit brace 78
bite 46
bite v 245
bitter 124, 145
black 39, 272, 274
black belt 237
black coffee 148
black hole 280
black olive 143
black pudding 157
Black Sea 313
black tea 149
blackberry 127
blackboard 162
blackcurrant 127
black-eyed beans 131
bladder 20
blade 60, 66, 78, 89
blanket 71, 74
blazer 33
bleach 77
blender 66
blister 46

block 237
block v 227
block of flats 59
blonde 39
blood pressure 44
blood pressure gauge 45
blood test 48
blouse 34
blow dry v 38
blow out v 141
blowhole 290
blue 274
blue cheese 136
bluebells 297
blueberry 127
blues 259
blusher 40
board 241
board v 217
board games 272
boarding pass 213
bob 39
bobbin 276
bobsleigh 247
body 23
body lotion 73
body systems 19
bodywork 202
boil v 67
boiled egg 137, 157
boiled sweets 113
boiler 61
Bolivia 315
bollard 214, 298
bolt 59
bomber 211
bone 17, 119, 121
bone meal 88
boned 121
bongos 257
bonnet 198
book 168
book a flight v 212
book shop 115
bookshelf 63, 168
boom 95, 240
booster 281
boot 198, 220, 223
booties 30
bored 25
borrow v 168
Bosnia and Herzegovina 316
Botswana 317
bottle 61, 75, 135, 311
bottle opener 68, 150
bottled foods 134
bottled water 144

bottom tier 141
bounce v 227
boundary line 225
bouquet 35, 111
bouquet garni 132
bout 237
boutique 115
bow 240, 249
bow tie 36
bowl 61, 65, 112
bowl v 225
bowler 225
bowling 249
bowling ball 249
box 254
box file 173
box of chocolates 113
box of tissues 70
box office 255
boxer shorts 33
boxercise 251
boxing 236
boxing gloves 237
boxing ring 237
boy 23
boyfriend 24
bra 35
brace 50
bracelet 36
brain 19
brake 200, 204, 206
brake v 207
brake block 207
brake fluid reservoir 202
brake lever 207
brake pedal 205
bran 130
branch 175, 296
brandy 145
brass 256
Brazil 315
brazil nut 129
bread 157
bread knife 68
bread roll 143
breadcrumbs 139
breadfruit 124
breads 138
break a record v 234
break waters v 52
breakdown 203
breakfast 64, 156
breakfast buffet 156
breakfast cereals 107
breakfast table 156
breakfast tray 101
breast 12, 119

english • español • *português*

ENGLISH INDEX • ÍNDICE INGLÉS • ÍNDICE INGLÊS

breast bone 17
breast pump 53
breastfeed v 53
breaststroke 239
breathing 47
breech 52
brick 187
bridge 15, 214, 258, 273, 300
bridle 242
bridle path 263
brie 142
briefcase 37
briefs 33, 35
brioche 157
broad bean 122
broad beans 131
broadcast 179
broadcast v 178
broccoli 123
brochure 175
brogue 37
bronze 235
brooch 36
broom 77
broth 158
brother 22
brother-in-law 23
browband 242
brown 274
brown bread 139, 149
brown flour 138
brown lentils 131
brown rice 130
browse v 177
browser 177
bruise 46
Brunei 319
brunette 39
brush 38, 40, 77, 83, 274
brush v 38, 50
brussel sprout 122
bubble bath 73
bucket 77, 82, 265
buckle 36
bud 111, 297
buffet 152
buggy 232
build v 186
builder 186, 188
building site 186
buildings 299
built-in wardrobe 71
bulb 86
Bulgaria 316
bull 185
bulldog clip 173
bull-nose pliers 80

bullseye 273
bumper 74, 198
bun 39, 140, 155
bunch 111
bungalow 58
bungee jumping 248
bunker 232
bunsen burner 166
buoy 217
bureau de change 97
burger 154
burger bar 154
burger meal 154
burglar alarm 58
burglary 94
Burkina Faso 317
Burma (Myanmar) 318
burn 46
burner 67
Burundi 317
bus 196
bus driver 190
bus shelter 197
bus station 197
bus stop 197, 299
bus ticket 197
buses 196
business 175
business class 211
business deal 175
business lunch 175
business partner 24
business suit 32
business trip 175
businessman 175
businesswoman 175
butcher 118, 188
butcher's 114
butter 137, 156
butter beans 131
buttercup 297
butterfly 239, 295
buttermilk 137
butternut squash 125
buttock 13, 16
button 32
buttonhole 32
buttress 301
by 320
by airmail 98
bytes 176

C
cab 95
cabbage 123
cabin 210, 214
Cabinda 317

cabinet 66
cable 79, 207
cable car 246
cable television 269
cactus 87
caddy 233
caesarean section 52
café 148, 262
cafetière 65
cake shop 114
cake tin 69
cakes 140
calcite 289
calcium 109
calculator 165
calendar 306
calf 13, 16, 185
call button 48
calyx 297
cam belt 203
Cambodia 318
camcorder 260, 269
camel 291
camembert 142
camera 178, 260, 270
camera case 271
camera crane 178
camera shop 115
cameraman 178
Cameroon 317
camisole 35
camomile tea 149
camp v 266
camp bed 266
campari 145
camper van 266
campfire 266
camping 266
camping stove 267
campsite 266
campus 168
can 145, 311
can opener 68
Canada 314
canary 292
candied fruit 129
candle 63
cane 91
canes 89
canine 50
canned drink 154
canoe 214
canoeing 241
canter 243
canvas 274
cap 21, 36, 238
capacity 311
cape gooseberry 128

capers 143
capital 315
capoeira 237
capsize v 241
capsule 109
captain 214
capuccino 148
car 198, 200
car accident 203
car hire 213
car park 298
car stereo 201
car wash 198
caramel 113
caravan 266
caraway 131
card 27
card phone 99
card slot 97
cardamom 132
cardboard 275
cardigan 32
cardiology 49
cardiovascular 19
cards 273
cargo 216
Caribbean Sea 312
carnation 110
carnival 27
carousel 212
carpenter 188
carpentry bits 80
carpet 71
carriage 208
carriage race 243
carrier 204
carrot 124
carrycot 75
cartilage 17
carton 311
cartoon 178
carve v 79
carving fork 68
case 51
cash v 97
cash machine 97
cashewnut 129
cashewnuts 151
cashier 96, 106
casino 261
Caspian Sea 313
cassava 124
casserole dish 69
cassette player 269
cassette tape 269
cast 254
cast v 245
castle 300
casual 34
casual wear 33
cat 290

catalogue 168
catamaran 215
cataract 51
catch v 220, 227, 229, 245
catcher 229
caterpillar 295
cathedral 300
catheter 53
cauliflower 124
cave 284
CD player 268
cedar 296
ceiling 62
celebration 140
celebration cakes 141
celebrations 27
celeriac 124
celery 122
cell 181
cello 256
cement 186
cement mixer 186
centimetre 310
centipede 295
Central African Republic 317
central processing unit 176
central reservation 194
centre 164
centre circle 222, 224, 226
centre field 228
centre line 226
centreboard 241
century 307
ceramic hob 66
cereal 130, 156
cervical vertebrae 17
cervix 20, 52
Chad 317
chain 36, 206
chair 64
chair v 174
chairlift 246
chalk 85, 162, 288
chamber 283
champagne 145
championship 230
change v 209
change a wheel v 203
change channel v 269
change gear v 207
changing bag 75
changing mat 74

326 english • español • português

ENGLISH INDEX • ÍNDICE INGLÉS • ÍNDICE INGLÊS

changing room 104
channel 178
charcoal 266, 275
charge 94, 180
chart 48
chassis 203
check-in v 212
check-in desk 213
checkout 106
check-up 50
cheddar 142
cheek 14
cheerleader 220
cheese 136, 156
chef 152, 190
chef's hat 190
chemist 108
chemistry 162
cheque 96
chequebook 96
cherry 126
cherry tomato 124
chess 272
chessboard 272
chest 12
chest of drawers 70
chest press 251
chestnut 129
chewing gum 113
chick 185
chick peas 131
chicken 119, 185
chicken burger 155
chicken coop 185
chicken nuggets 155
chicken pox 44
chicory 122
child 23, 31
child lock 75
child seat 198, 207
childbirth 53
children 23
children's clothing 30
children's department 104
children's ward 48
child's meal 153
Chile 315
chili 143
chill 44
chilli 124, 132
chimney 58
chin 14
China 318
china 105
chip v 233
chipboard 79
chiropractic 54
chisel 81, 275
chives 133

chocolate 113
chocolate bar 113
chocolate cake 140
chocolate chip 141
chocolate coated 140
chocolate milkshake 149
chocolate spread 135
choir 301
choke v 47
chop 119, 237
chopping board 68
chorizo 143
choux pastry 140
christening 26
Christmas 27
chrysanthemum 110
chuck 78
church 298, 300
chutney 134
cider 121
cider vinegar 135
cigar 112
cigarettes 112
cinema 255, 299
cinema hall 255
cinnamon 133
circle 165, 254
circular saw 78
circuit training 251
circumference 164
cistern 61
citrus fruit 126
city 299
clam 121
clamp 78, 166
clamp stand 166
clapper board 179
clarinet 257
clasp 36
classical music 255, 259
classroom 162
claw 291
clay 85, 275
clean v 77
clean clothes 76
cleaned 121
cleaner 188
cleaning equipment 77
cleaning fluid 51
cleanser 41
clear honey 134
cleat 240
cleaver 68
clementine 126
client 38, 175, 180
cliff 285

climber 87
climbing frame 263
clinic 48
clipboard 173
clitoris 20
clock 62
clock radio 70
closed 260, 321
clothes line 76
clothes peg 76
clothing 205
cloud 287
cloudy 286
clove 125
clover 297
cloves 133
club 273
club sandwich 155
clubhouse 232
clutch 200, 204
coach 196
coal 288
coast 285
coaster 150
coastguard 217
coat 32
coat hanger 70
cockatoo 293
cockerel 185
cockle 121
cockpit 210
cockroach 295
cocktail 151
cocktail shaker 150
cocoa powder 148
coconut 129
cocoon 295
cod 120
coffee 144, 148, 153, 156, 184
coffee cup 65
coffee machine 148, 150
coffee milkshake 149
coffee spoon 153
coffee table 62
cog 206
coin 97
coin phone 99
coin return 99
cola 144
colander 68
cold 44, 286, 321
cold tap 72
cold-pressed oil 135
collage 275
collar 32
collar bone 17
colleague 24
collection 98

college 168
Colombia 315
colony 315
colouring pencil 163
colours 39, 274
comb 38
comb v 38
combat sports 236
combine harvester 182
comedy 255
comet 280
comic 112
commis chef 152
commission 97
communications 98
commuter 208
Comoros 317
compact 40
compact disc 269
company 175
compartment 209
compass 165, 312, 240
complaint 94
complexion 41
compliments slip 173
compost 88
compost heap 85
computer 172, 176
concealer 40
conceive v 20
conception 52
concert 255, 258
concertina file 173
concourse 209
concrete block 187
concussion 46
condensed milk 136
conditioner 38
condom 21
conductor 256
cone 164, 187
confectioner 113
confectionery 107, 113
confident 25
confused 25
conglomerate 288
Congo 317
conifer 86
connect v 177
connection 212
conning tower 215
console 269
constellation 281
construction 186
consultant 49
consultation 45
contact lenses 51

container 216, 311
container port 216
container ship 215
continent 282, 315
contraception 21, 52
contraction 52
control tower 212
controller 269
controls 201, 204
convector heater 60
convenience food 107
convertible 199
conveyer belt 106
cooked meat 118, 143
cooking 67
coolant reservoir 202
cooling rack 69
co-pilot 211
copper 289
copy v 172
cor anglais 257
coral reef 285
cordless phone 99
core 127
coriander 133
cork 134
corkscrew 150
corn 130, 184
corn bread 139
corn oil 135
cornea 51
corner 223
corner flag 223
cornice 300
corset 35
Corsica 316
Costa Rica 314
costume 255
cot 74
cottage cheese 136
cottage garden 84
cotton 184, 277
cotton balls 41
cough 44
cough medicine 108
counsellor 55
count v 165
counter 96, 98, 100, 142, 272
country 259, 315
couple 24
courgette 125
courier 99
courses 153
court 226
court case 180
court date 180

english • español • português 327

ENGLISH INDEX • **ÍNDICE INGLÉS** • *ÍNDICE INGLÊS*

court officer 180
court official 180
courtroom 180
courtyard 58, 84
couscous 130
cousin 22
cow 185
cow's milk 136
crab 121, 295
cracked wheat 130
cradle 95
crafts 275
cramp 239
cramps 44
cranberry 127
crane 187, 216, 292
crash barrier 195
crater 283
crayfish 121
cream 109, 137, 140, 157
cream cheese 136
cream pie 141
crease 225
credit card 96
creel 245
creeper 87
crème caramel 141
crème patisserie 140
crêpe 155
crescent moon 280
crew 241
crew hatch 281
cricket 225, 295
cricket ball 225
cricketer 225
crime 94
criminal 181
criminal record 181
crisp 127
crispbread 139, 156
crisper 67
crisps 113, 151
Croatia 316
crochet 277
crochet hook 277
crockery 64
crockery and cutlery 65
crocodile 293
crocodile clip 167
croissant 156
crop 39, 183
crops 184
cross trainer 250
crossbar 207, 222, 235
cross-country skiing 247
crow 292
crown 50

crucible 166
crushed 132
crust 139, 282
cry 25
crystal healing 55
Cuba 314
cube 164
cucumber 125
cuff 32, 45
cufflink 36
cultivate *v* 91
cultivator 182
cumin 132
curb 298
cured 118, 159, 143
curler 38
curling 247
curling tongs 38
curly 39
currant 129
current account 96
curry 158
curry powder 132
curtain 63, 254
curved 165
cushion 62
custard 140
customer 96, 104, 106, 152
customer service department 175
customer services 104
customs 212
customs house 216
cut 46
cut *v* 38, 79, 277
cuticle 15
cutlery 64
cuts 119
cutting 91
cuttlefish 121
cycle *v* 207
cycle lane 206
cycling 263
cylinder 164
cylinder head 202
cymbals 257
Cyprus 316
Czech Republic 316

D

daffodil 111
dairy 107
dairy farm 183
dairy produce 136
daisy 110, 297
dam 300
dance 259
dance academy 169
dancer 191

dandelion 123, 297
dandruff 39
dark 41, 321
darkroom 271
darn *v* 277
dartboard 273
darts 273
dashboard 201
date 129, 306
daughter 22
daughter-in-law 22
dawn 305
day 305, 306
dead ball line 221
deadhead *v* 91
deal *v* 273
debit card 96
decade 307
decay 50
December 306
deciduous 86
decimal 165
deck 214
deck chair 265
decking 85
decorating 82
decoration 141
decorator 82
deep end 239
deep fried 159
deep sea fishing 245
deer 291
defence 181, 220
defendant 181
defender 223
defending zone 224
defrost *v* 67
degree 169
delay 209
deli 107
delicatessen 142
delivery 52, 98
deltoid 16
Democratic Republic of the Congo 317
Denmark 316
denomination 97
denominator 165
dental care 108
dental floss 50, 72
dental hygiene 72
dental x-ray 50
dentist 50, 189
dentist's chair 50
dentures 50
deodorant 73
deodorants 108
department 169
department store 105
departments 49

departure lounge 213
departures 213
depth 165
dermatology 49
descaled 121
desert 285
desiccated 129
designer 191, 277
desk 162, 172
desktop 177
dessert 153
desserts 140
destination 213
detached 58
detective 94
detergent 77
deuce 230
develop *v* 271
diabetes 44
diagonal 164
dial *v* 99
diameter 164
diamond 273, 288
diaphragm 19, 21
diarrhoea 44, 109
diary 175
dice 272
dictionary 163
die *v* 26
diesel 199
diesel train 208
difficult 321
dig *v* 90, 227
digestive 19
digital 269
digital camera 270
dilation 52
dill 133
dimensions 165
dimple 15
dining car 209
dining room 64
dinner 64, 158
dinner plate 65
diopter 51
diploma 169
dipstick 202
direct current 60
direct debit 96
directions 260
director 254
directory enquiries 99
dirt bike 205
dirty washing 76
disabled parking 195
discharged 48
disconnected 99
discus 234

discuss *v* 163
disembark *v* 217
dishwasher 66
disinfectant solution 51
disk 176
dispensary 108
disposable 109
disposable camera 270
disposable nappy 30
disposable razor 73
dissertation 169
distance 310
distributor 203
district 315
dive 239
dive *v* 238
diver 238
diversion 195
divide *v* 165
divided by 165
dividends 97
divider 173, 194
divorce 26
Diwali 27
DJ 179
Djibouti 317
do not bend *v* 98
dock 214, 216
dock *v* 217
doctor 45, 189
doctorate 169
documentary 178
dog 290
dog sledding 247
doll 75
doll's house 75
dolphin 290
dome 300
domestic flight 212
Dominica 314
Dominican Republic 314
dominoes 273
donkey 185
door 196, 198, 209
door chain 59
door knob 59
door knocker 59
door lock 200
doorbell 59
doormat 59
dormer 58
dorsal fin 294
dosage 109
double 151
double bass 256
double bassoon 257
double bed 71
double cream 137

328   english • español • *português*

ENGLISH INDEX • *ÍNDICE INGLÉS* • *ÍNDICE INGLÊS*

double room 100
double-decker bus 196
doubles 230
dough 138
Dover sole 120
down 320
downhill skiing 247
download v 177
dragonfly 295
drain 61, 72, 299
drain cock 61
drainage 91
draining board 67
draughts 272
draw 223
draw v 162
drawer 66, 70, 172
drawer unit 172
drawing 275
drawing pin 173
dress 31, 34
dressage 243
dressed 159
dressed chicken 119
dressing 47, 158
dressing gown 31, 32
dressing table 71
dribble v 223
dried flowers 111
dried fruit 156
drill 50
drill v 79
drill bit 78
drill bits 80
drinking cup 75
drinking fountain 262
drinks 107, 144, 156
drip 53
drive v 195, 233
driver 196
driver's cab 208
driver's seat 196
driveshaft 202
drop anchor v 217
dropper 109, 167
drops 109
dropshot 230
drown v 239
drum 258
drum kit 258
drummer 258
dry 39, 41, 130, 145, 286, 321
dry v 76
dry cleaners 115
dry dock 217
dual carriageway 195

duck 119, 185
duck egg 137
duckling 185
duffel coat 31
dugout 229
dumb bell 251
dumper truck 187
dungarees 30
dunk v 227
duodenum 18
dusk 305
dust v 77
dust pan 77
duster 77
dustsheet 83
duty-free shop 213
duvet 71
DVD disk 269
DVD player 268
dyed 39
dynamo 207

E

eagle 292
ear 14
early
earring 36
Earth 280, 282
earthenware dish 69
earthing 60
earthquake 283
easel 174, 274
east 312
East Timor 319
Easter 27
easy 321
easy cook 130
eat v 64
eat-in 154
eating 75
eau de toilette 41
éclair 140
eclipse 280
economics 169
economy class 211
Ecuador 315
eczema 44
Edam 142
edge 246
editor 191
eel 294
egg 20
egg cup 65, 137
egg white 137
eggs 137
Egypt 317
eight 308
eight hundred 308
eighteen 308
eighteenth 309

eighth 309
eightieth 309
eighty 308
ejaculatory duct 21
El Salvador 314
elbow 13
electric blanket 71
electric drill 78
electric guitar 258
electric razor 73
electric shock 46
electric train 208
electrical goods 105, 107
electrician 188
electricity 60
electricity meter 60
elephant 291
eleven 308
eleventh 309
elm 296
email 98, 177
email account 177
email address 177
embarrassed 25
embossed paper 83
embroidery 277
embryo 52
emerald 288
emergency 46
emergency exit 210
emergency lever 209
emergency phone 195
emergency room 48
emergency services 94
emigrate v 26
emotions 25
employee 24
employer 24
empty 321
emulsion 83
enamel 50
encore 255
encyclopedia 163
end 321
end zone 220
endive 123
endline 226
endocrine 19
endocrinology 49
engaged/busy 99
engaged couple 24
engine 202, 204, 208, 210
engine room 214
engineering 169
English breakfast 157

english mustard 135
engraving 275
enlarge v 172
enlargement 271
enquiries 168
ENT 49
entrance 59
entrance fee 260
envelope 98, 173
environment 280
epidural 52
epiglottis 19
epilepsy 44
episiotomy 52
equals 165
equation 165
equator 283
equipment 233, 238
equipment 165
Equitorial Guinea 317
equity 97
Eritrea 317
erupt v 283
escalator 104
espresso 148
essay 163
essential oils 55
estate 199
estate agent 189
estate agent's 115
Estonia 316
estuary 285
Ethiopia 317
eucalyptus 296
Europe 316
evening 305
evening dress 34
evening menu 152
events 243, 247
evergreen 86
evidence 181
examination 163
excess baggage 212
exchange rate 97
excited 25
excuse me 322
executive 174
exercise bike 250
exercises 251
exfoliate v 41
exhaust pipe 203, 204
exhibit v 261
exhibition 261
exit 210
exit ramp 194
exosphere 286
expectant 52
experiment 166
expiry date 109

exposure 271
extend v 251
extension 58
extension lead 78
exterior 198
extra time 223
extraction 50
extractor 66
eye 14, 51, 244, 276
eye shadow 40
eye test 51
eyebrow 14, 51
eyebrow brush 40
eyebrow pencil 40
eyecup 269
eyelash 14, 51
eyelet 37
eyelid 51
eyeliner 40
eyepiece 167

F

fabric 277
fabric conditioner 76
face 14
face cream 73
face mask 225
face pack 41
face powder 40
face-off circle 224
facial 41
factory 299
faint v 25, 44
fair 41
fairground 262
fairway 232
falcon 292
Falkland Islands 315
fall 237
fall in love v 26
Fallopian tube 20
family 22
famous ruin 261
fan 60, 202
fan belt 203
fans 258
far 320
fare 197, 209
farm 182, 183, 184
farmer 182, 189
farmhouse 182
farmland 182
farmyard 182
fashion 277
fast 321
fast food 154
fast forward 269
fastening 37
fat 119, 321
fat free 137

english • español • *português*   329

ENGLISH INDEX • **ÍNDICE INGLÉS** • *ÍNDICE INGLÊS*

father 22
father-in-law 23
fault 230
fax 98, 172
fax machine 172
feather 293
feature film 269
February 306
feed *v* 183
feijoa 128
female 12, 20
feminine hygiene 108
femur 17
fence 85, 182, 243
fencing 249
feng shui 55
fennel 122, 133
fennel seeds 133
fenugreek 132
fern 86
ferry 215, 216
ferry terminal 216
fertilization 20
fertilize *v* 91
fertilizer 91
festivals 27
fever 44
fiancé 24
fiancée 24
fibre 127
fibula 17
field 182, 222, 228, 234
field *v* 225, 229
field hockey 224
fifteen 308
fifteenth 309
fifth 309
fiftieth 309
fifty 308
fifty five thousand, five hundred 309
fifty thousand 309
fig 129
fighter plane 211
figure skating 247
Fiji 319
filament 60
file 81, 172, 177
filing cabinet 172
fill *v* 82
filler 83
fillet 119, 121
filleted 121
filling 50, 140, 155
film 260, 271
film chamber 270
film set 179
film spool 271
filo pastry 140

filter 270
filter coffee 148
filter paper 167
fin 210
finance 97
financial advisor 97
fingerprint 94
finial 300
finishing line 234
Finland 316
fire 95
fire alarm 95
fire brigade 95
fire engine 95
fire escape 95
fire extinguisher 95
fire fighters 95
fire station 95
firelighter 266
fireman 189
fireplace 63
firm 124
first 309
first aid 47
first aid box 47
first floor 104
first night 254
fish 107, 120, 294
fish and chips 155
fish farm 183
fish slice 68
fisherman 189
fishhook 244
fishing 244, 245
fishing boat 217
fishing permit 245
fishing port 217
fishing rod 244
fishmonger 188
fishmonger's 114, 120
fist 15, 237
fitness 250
five 308
five hundred 308
flag 221, 232
flageolet beans 131
flakes 132
flamingo 292
flan 142
flan dish 69
flare 240
flash 270
flash gun 270
flask 166
flat 59, 256
flatbread 139
flat race 243
flat wood bit 80
flavoured oil 134
flax 184

fleece 74
flesh 124, 127, 129
flex *v* 251
flight attendant 210
flight number 213
flint 288
flipchart 174
flip-flop 37
flipper 239, 290
float 238, 244
float ball 61
flock 183
flood 287
floor 58, 62, 71
floor exercises 235
floor plan 261
florentine 141
floret 122
florist 110, 188
floss *v* 50
flours 138
flower 297
flowerbed 85, 90
flowering plant 297
flowering shrub 87
flowers 110
flu 44
flute 139, 257
fly 244, 295
fly *v* 211
fly fishing 245
flyover 194
flysheet 266
foal 185
focus *v* 271
focusing knob 167
foetus 52
fog 287
foil 249
folder 177
foliage 110
folk music 259
follicle 20
font 177
food 118, 130, 149
food hall 105
food processor 66
foot 12, 15, 310
football 220, 222
football field 220
football player 220
football strip 31, 222
footballer 222
footboard 71
footpath 262
footstrap 241
for 320
forceps 53, 167
forearm 12
forecourt 199

forehand 231
forehead 14
foreign currency 97
foreskin 21
forest 285
fork 65, 88, 153, 207
fork-lift truck 186, 216
formal 34
formal garden 84
formal gardens 262
fortieth 309
fortnight 307
forty 308
forty minutes 304
forward 222
foul 222, 226
foul ball 228
foul line 229
foundation 40
fountain 85
four 308
four hundred 308
four-door 200
fourteen 308
fourteenth 309
fourth 309
four-wheel drive 199
fox 290
foxglove 297
fraction 165
fracture 46
fragile 98
fragranced 130
frame 51, 62, 206, 230, 269
frame counter 270
France 316
freckle 15
free 321
free kick 222
free range 118
free weights 250
free-throw line 226
freesia 110
freeze 287
freeze *v* 67
freezer 67
freight train 208
freighter 215
French bean 122
french fries 154
French Guiana 315
French horn 257
french mustard 135
french pleat 39
French toast 157
frequency 179
fresh 121, 127, 130
fresh cheese 136

fresh fruit 157
freshwater fishing 245
fret 258
fretsaw 81
Friday 306
fridge-freezer 67
fried 159
fried chicken 155
fried egg 157
friend 24
frieze 301
frog 294
from 320
front crawl 239
front door 58
front wheel 196
frontal 16
frost 287
froth 148
frown 25
frozen 121, 124
frozen food 107
frozen yoghurt 137
fruit 107, 126, 128
fruit bread 139
fruit cake 140
fruit farm 183
fruit gum 113
fruit juice 127, 156
fruit tart 140
fruit yoghurt 157
fry *v* 67
frying pan 69
fuel gauge 201
fuel tank 204
full 64, 266, 321
full board 101
full moon 280
fumble 220
funeral 26
funnel 166, 214
furniture shop 115
furrow 183
fuse 60
fuse box 60, 203
fuselage 210

G

gable 300
Gabon 317
Galapagos Islands 315
galaxy 280
gale 286
galley 214
gallon 311
gallop 243
galvanised 79
Gambia 317
game 119, 230, 273

330   english • español • *português*

ENGLISH INDEX • *ÍNDICE INGLÉS* • *ÍNDICE INGLÊS*

game show 178
games 272
gangway 214
garage 58, 199, 203
garden 84
garden centre 115
garden features 84
garden pea 122
garden plants 86
garden styles 84
garden tools 88
gardener 188
gardening 90
gardening gloves 89
gardens 261
garland 111
garlic 125, 132
garlic press 68
garnet 288
garter 35
gas burner 61
gasket 61
gate 85, 182, 247
gate number 213
gauze 47, 167
gear lever 207
gearbox 202, 204
gears 206
gearstick 201
gel 38, 109
gems 288
generation 23
generator 60
genitals 12
geography 162
geometry 165
Georgia 318
gerbera 110
Germany 316
get a job v 26
get married v 26
get up v 71
geyser 285
Ghana 317
giant slalom 247
gifts shop 114
gill 294
gin 145
gin and tonic 151
ginger 39, 125, 133
giraffe 291
girder 186
girl 23
girlfriend 24
girth 242
glacier 284
gladiolus 110
gland 19
glass 69, 152
glass bottle 166
glass rod 167

glasses 51, 150
glassware 64
glaze v 139
glider 211, 248
gliding 248
gloss 83, 271
glove 224, 233, 236, 246
gloves 36
glue 275
glue gun 78
gneiss 288
go to bed v 71
go to sleep v 71
goal 221, 223, 224
goal area 223
goal line 220, 223, 224
goalkeeper 222, 224
goalpost 220, 222
goat 185
goat's cheese 142
goat's milk 136
goggles 238, 247
going out 75
gold 235, 289
goldfish 294
golf 232
golf bag 233
golf ball 233
golf clubs 233
golf course 232
golf shoe 233
golf trolley 233
golfer 232
gong 257
good 321
good afternoon 322
good evening 322
good morning 322
good night 322
goodbye 322
goose 119, 293
goose egg 137
gooseberry 127
gorge 284
gorilla 291
gothic 301
grade 163
graduate 169
graduate v 26
graduation ceremony 169
graft v 91
grains 130
gram 310
granary bread 139
grandchildren 23
granddaughter 22
grandfather 22
grandmother 22

grandparents 23
grandson 22
granite 288
grape juice 144
grapefruit 126
grapeseed oil 134
graphite 289
grass 86, 262
grass bag 88
grasshopper 295
grassland 285
grate v 67
grated cheese 136
grater 68
gratin dish 69
gravel 88
gravity 280
graze 46
greasy 39
Greece 316
green 129, 232, 274
green olive 143
green peas 131
green salad 158
green tea 149
greengrocer 188
greengrocer's 114
greenhouse 85
Greenland 314
Grenada 314
grey 39, 274
grill v 67
grill pan 69
grilled 159
grip 78
groceries 106
grocer's 114
groin 12
groom 243
ground 132
ground coffee 144
ground cover 87
ground floor 104
ground sheet 267
groundnut oil 135
group therapy 55
grout 83
guard 236
Guatemala 314
guava 128
guest 64, 100
guidebook 260
guided tour 260
guilty 181
Guinea 317
Guinea-Bissau 317
guitarist 258
gull 292
gum 50
gun 94
gutter 58, 299

guy rope 266
Guyana 315
gym 101, 250
gym machine 250
gymnast 235
gymnastics 235
gynaecologist 52
gynaecology 49
gypsophila 110

H

haberdashery 105
hacksaw 81
haddock 120
haemorrhage 46
hail 286
hair 14, 38
hair dye 40
hairband 38
hairdresser 38, 188
hairdresser's 115
hairdryer 38
hairpin 38
hairspray 38
hairtie 39
Haiti 314
half an hour 304
half board 101
half time 223
half-litre 311
hall of residence 168
hallibut fillets 120
Halloween 27
hallway 59
halter 243
halter neck 35
ham 119, 143, 156
hammer 80
hammer v 79
hammock 266
hamper 263
hamster 290
hamstring 16
hand 13, 15
hand drill 81
hand fork 89
hand luggage 211, 213
hand rail 59
hand saw 89
hand towel 73
handbag 37
handbrake 203
handcuffs 94
handicap 233
handkerchief 36
handle 36, 88, 106, 187, 200, 230
handlebar 207
handles 37
handrail 196

handsaw 80
handset 99
hang v 82
hang-glider 248
hang-gliding 248
hanging basket 84
hanging file 173
happy 25
harbour 217
harbour master 217
hard 129, 321
hard cheese 136
hard drive 176
hard hat 186
hard shoulder 194
hardboard 79
hardware 176
hardware shop 114
hardwood 79
haricot beans 131
harness race 243
harp 256
harvest v 91, 183
hat 36
hatchback 199
have a baby v 26
Hawaii 314
hay 184
hayfever 44
hazard 195
hazard lights 201
hazelnut 129
hazelnut oil 134
head 12, 19, 81, 230
head v 222
head injury 46
head office 175
head teacher 163
headache 44
headboard 70
headlight 198, 205
headphones 268
headrest 200
headsail 240
health 44
health centre 168
health food shop 115
heart 18, 119, 122, 273
heart attack 44
heater 60
heater controls 201
heather 297
heating element 61
heavy 321
heavy metal 259
hedge 85, 90, 182
hedgehog 290
heel 13, 15, 37
height 165

english • español • português   331

ENGLISH INDEX • ÍNDICE INGLÉS • *ÍNDICE INGLÊS*

height bar 45
helicopter 211
hello 322
helmet 95, 204, 206, 220, 224, 228
hem 34
hematite 289
hen's egg 137
herb 55, 86
herb garden 84
herbaceous border 85
herbal remedies 108
herbal tea 149
herbalism 55
herbicide 183
herbs 133, 134
herbs and spices 132
herd 183
hexagon 164
hi-fi system 268
high 321
high chair 75
high dive 239
high heel shoe 37
high jump 235
high speed train 208
highlights 39
hiking 263
hill 284
Himalayas 313
hip 12
hippopotamus 291
historic building 261
history 162
history of art 169
hit *v* 224
hob 67
hockey 224
hockey stick 224
hoe 88
hold 215, 237
holdall 37
hole 232
hole in one 233
hole punch 173
holiday 212
holiday brochure 212
holly 296
home 58
home delivery 154
home entertainment 268
home furnishings 105
home plate 228
homeopathy 55
homework 163

homogenised 137
Honduras 314
honeycomb 135
honeymoon 26
honeysuckle 297
hood 31, 75
hoof 242, 291
hook 187, 276
hoop 226, 277
horizontal bar 235
hormone 20
horn 201, 204, 291
horror film 255
horse 185, 235, 242
horse race 243
horse riding 242, 263
horseradish 125
horseshoe 242
hose 95
hose reel 89
hosepipe 89
hospital 48
host 64
hostess 64
hot 124, 286, 321
hot chocolate 144, 156
hot dog 155
hot drinks 144
hot tap 72
hot-air balloon 211
hotel 100, 264
hot-water bottle 70
hour 304
hour hand 304
house 58
household products 107
hovercraft 215
hub 206
hubcap 202
hull 214, 240
human resources 175
humerus 17
humid 286
hummingbird 292
hump 291
hundred 308
hundred and ten 308
hundred thousand 308
hundredth 309
Hungary 316
hungry 64
hurdles 235
hurricane 287
husband 22
husk 130

hydrant 95
hydrofoil 215
hydrotherapy 55
hypnotherapy 55
hypoallergenic 41
hypotenuse 164

I
ice 120, 287
ice and lemon 151
ice bucket 150
ice climbing 247
ice cream 149
ice cube 151
ice hockey 224
ice hockey player 224
ice hockey rink 224
ice maker 67
ice-cream 137
iced coffee 148
iced tea 149
ice-skate 224
ice-skating 247
icicle 287
icing 141
icon 177
identity badge 189
identity tag 53
igneous 288
ignition 200
iguana 293
illness 44
immigration 212
impotent 20
in 320
in brine 143
in front of 320
in oil 143
in sauce 159
in syrup 159
inbox 177
inch 310
incisor 50
incubator 53
index finger 15
India 318
Indian Ocean 312
indicator 198, 204
indigo 274
Indonesia 319
induce labour *v* 53
industrial estate 299
infection 44
infertile 20
infield 228
inflatable dinghy 215
information 261
information screen 213

in-goal area 221
inhaler 44, 109
injection 48
injury 46
ink 275
ink pad 173
inlet 61
inner core 282
inner tube 207
inning 228
innocent 181
inoculation 45
insect repellent 108, 267
inside 320
inside lane 194
insomnia 71
inspector 94
install *v* 177
instant camera 270
instep 15
instructions 109
instruments 256, 258
insulating tape 81
insulation 61
insulin 109
insurance 203
intensive care unit 48
inter-city train 209
intercom 59
intercostal 16
intercourse 20
interest rate 96
interior 200
internal systems 60
international flight 212
internet 177
intersection 298
interval 254
interviewer 179
into 320
in-tray 172
invertebrates 295
investigation 94
investment 97
ionosphere 286
Iran 318
Iraq 318
Ireland 316
iris 51, 110
iron 76, 109, 233, 289
iron *v* 76
ironing board 76
island 282
Israel 318
Italy 316
itinerary 260

IUD 21
Ivory Coast 317

J
jack 203, 273
jacket 32, 34
jade 288
jam 134, 156
Jamaica 314
January 306
Japan 318
jar 134, 311
javelin 234
jaw 14, 17
jazz 259
jeans 31
jelly bean 113
jellyfish 295
Jerusalem artichoke 125
jet 288
jet skiing 241
jetty 217
jeweller 188
jeweller's 114
jewellery 36
jewellery box 36
jewellery making 275
jigsaw 78
jigsaw puzzle 273
jodhpurs 242
jog on the spot 251
jogging 251, 263
joint 17, 119
joker 273
Jordan 318
journal 168
journalist 190
judge 180
judo 236
jug 65
juices and milkshakes 149
juicy 127
July 306
jump 237, 243
jump *v* 227
jump ball 226
junction 194
June 306
Jupiter 280
jury 180
jury box 180

K
kale 123
kangaroo 291
karate 236
Karliningrad 316
kayak 241

332 english • español • *português*

ENGLISH INDEX • ÍNDICE INGLÉS • ÍNDICE INGLÊS

Kazakhstan 318
kebab 155, 158
keel 214
keep net 244
kendo 236
Kenya 317
kernel 122, 129, 130
ketchup 135
kettle 66
kettledrum 257
key 59, 80, 176, 207
keyboard 172, 176, 258
keypad 97, 99
kick 237, 239
kick v 221, 223
kickboxing 236
kickstand 207
kid 185
kidney 18, 119
kilogram 310
kilometre 310
king 272, 273
king prawn 121
kippers 157
kitchen 66, 152
kitchen knife 68
kitchenware 68, 105
kitten 290
kiwifruit 128
knead v 138
knee 12
knee pad 205
knee support 227
kneecap 17
knee-length 34
knickers 35
knife 65, 80
knife sharpener 68, 118
knight 272
knitting 277
knitting needle 277
knock out 237
knuckle 15
koala 291
kohlrabi 123
koi carp 294
kumquat 126
kung fu 236
Kuwait 318
Kyrgyzstan 318

L

label 172
labels 89
labia 20
laboratory 166
lace 35, 37
lace bobbin 277
lace making 277
lace-up 37
lacrosse 249
lactose 137
ladder 95, 186
ladle 68
ladybird 295
lake 285
lamb 118, 185
lamp 62, 207, 217
land 282
land v 211
landing 59
landing gear 210
landing net 244
landlord 58
landscape 271, 284
landscape v 91
lane 234, 238
languages 162
Laos 318
lapel 32
laptop 175
larch 296
large 321
large intestine 18
larynx 19
last week 307
lat 16
late 305
later 304
latitude 283
Latvia 316
laugh v 25
launch 281
launch pad 281
launderette 115
laundry 76
laundry basket 76
laundry service 101
lava 283
law 169, 180
lawn 85, 90
lawn rake 88
lawnmower 88, 90
lawyer 180, 190
lawyer's office 180
laxative 109
lay the table v 64
lead singer 258
leaded 199
leaf 122, 296
leaflets 96
league 223
lean meat 118
learn v 163
leather shoe 37
leather shoes 32
leathers 205
Lebanon 318
lecture theatre 169
lecturer 169
leek 125
left 260
left field 228
left-hand drive 201
leg 12, 119
leg pad 225
leg press 251
legal advice 180
legal department 175
leggings 31
leisure 258, 254, 264
lemon 126, 296
lemon curd 134
lemon grass 133
lemon sole 120
lemonade 144
length 165, 310
lens 270
lens (eye) 51
lens (glasses) 51
lens cap 270
lens case 51
Lesotho 317
lesson 163
let! 231
letter 98
letterbox 58, 99
letterhead 173
lettuce 123
lever 61, 150
lever arch file 173
Liberia 317
librarian 168, 190
library 168, 299
library card 168
Libya 317
licence plate 198
liquorice 113
lid 61, 66
Liechtenstein 316
life events 26
life jacket 240
life raft 240
lifeboat 214
lifebuoy 240
lifeguard 239, 265
lifeguard tower 265
lift 59, 100, 104
ligament 17
light 178, 321
light a fire v 266
light aircraft 211
light bulb 60
lighter 112
lighthouse 217
lighting 105
lightmeter 270
lightning 287
lights 94
lights switch 201
lily 110
lime 126, 296
limestone 288
limousine 199
line 244
line judge 220
line of play 233
linen 105, 277
linen basket 76
lines 165
linesman 223, 230
lingerie 35, 105
lining 32
lining paper 83
link 36
lintel 186
lion 291
lip 14
lip brush 40
lip gloss 40
lip liner 40
lipstick 40
liqueur 145
liquid 77
liquid dispenser 311
liquid measure 311
literature 162, 169
Lithuania 316
litre 311
little finger 15
little toe 15
live 60, 178
live rail 209
liver 18, 118
livestock 183, 185
living room 62
lizard 293
load v 76
loaf 139
loan 96, 168
loans desk 168
lob 230
lobby 100, 255
lobster 121, 295
lock 59, 207
lockers 239
log on v 177
loganberry 127
logo 31
loin 121
lollipop 113
long 32
long jump 235
long sight 51
long wave 179
long-grain 130
long-handled shears 88
longitude 283
loofah 73
loom 277
loose leaf tea 144
lorry 194
lorry driver 190
lose v 273
loser 273
lotion 109
lottery tickets 112
love 230
low 321
luge 247
luggage 100, 198, 213
luggage department 104
luggage hold 196
luggage rack 209
lumbar vertebrae 17
lunar module 281
lunch 64
lunch menu 152
lung 18
lunge 251
lupins 297
lure 244
Luxembourg 316
lychee 128
lymphatic 19
lyrics 259

M

macadamia 129
mace 132
Macedonia 316
machine gun 189
machinery 187
mackerel 120
macramé 277
Madagascar 317
magazine 112
magazines 107
magma 283
magnesium 109
magnet 167
maid service 101
mailbag 98, 190
main course 153
mains supply 60
mainsail 240
make a will v 26
make friends v 26
make the bed v 71
make-up 40
making bread 138
malachite 288
Malawi 317
Malaysia 318
Maldives 318
male 12, 21
Mali 317
mallet 78, 275
malt vinegar 135

ENGLISH INDEX • ÍNDICE INGLÉS • *ÍNDICE INGLÊS*

Malta 316
malted drink 144
mammals 290
man 23
manager 24, 174
managing director 175
manchego 142
mane 242, 291
mango 128
mangosteen 128
manhole 299
manicure 41
mantelpiece 63
mantle 282
manual 200
map 195, 261
maple 296
maple syrup 134
maracas 257
marathon 234
marble 288
March 306
margarine 137
marina 217
marinated 143, 159
marine fishing 245
marjoram 133
mark v 227
market 115
marketing department 175
marmalade 134, 156
marrow 124
Mars 280
marshmallow 113
martial arts 237
martini 151
marzipan 141
mascara 40
mashed 159
masher 68
mask 189, 228, 236, 239, 249
masking tape 83
masonry bit 80
massage 54
mast 240
masters 169
mat 54, 83, 235, 271
match 230
matches 112
material 276
materials 79, 187
maternity 49
maternity ward 48
maths 162, 164
mattress 70, 74
Mauritania 317
Mauritius 317
May 306

maybe 322
mayonnaise 135
MDF 79
meadow 285
meal 64
measles 44
measure 150, 151
measure v 310
measurements 165
measuring jug 69, 311
measuring spoon 109
meat 119
meat and poultry 106
meat tenderizer 68
meatballs 158
meathook 118
mechanic 188, 203
mechanical digger 187
mechanics 202
medals 235
media 178
medical examination 45
medication 109
medicine 109, 169
medicine cabinet 72
meditation 54
Mediterranean Sea 313
medium wave 179
meeting 174
meeting room 174
melody 259
melon 127
memory 176
men's clothing 32
men's wear 105
menstruation 20
menu 148, 153, 154
menubar 177
mercury 289
Mercury 280
meringue 140
mesosphere 286
messages 100
metacarpal 17
metal 79
metal bit 80
metals 289
metamorphic 288
metatarsal 17
meteor 280
metre 310
Mexico 314
mica 289
microlight 211
microphone 179, 258

microscope 167
microwave oven 66
midday 305
middle finger 15
middle lane 194
midnight 305
midwife 53
migraine 44
mile 310
milk 136, 156
milk v 183
milk carton 136
milk chocolate 113
milkshake 137
millennium 307
millet 130
milligram 310
millilitre 311
millimetre 310
mince 119
mineral 144
minerals 289
mini bar 101
mini disk recorder 268
mini-dress 34
minibus 197
minus 165
minute 304
minute hand 304
minutes 174
mirror 40, 63, 71, 167
miscarriage 52
Miss 23
missile 211
mist 287
mitre block 81
mitt 228
mittens 30
mix v 67, 138
mixed salad 158
mixing bowl 66, 69
mixing desk 179
moat 300
mobile 74
mobile phone 99
model 169, 190
model making 275
modelling tool 275
modem 176
moisturizer 41
molar 50
Moldova 316
mole 14
Monaco 316
Monday 306
money 97
Mongolia 318

monitor 172, 176
monitor 53
monkey 291
monkfish 120
monopoly 272
monorail 208
monsoon 287
month 306
monthly 307
monument 261
Moon 280
moonstone 288
moor v 217
mooring 217
mop 77
morning 305
Morocco 317
mortar 68, 167, 187
mortgage 96
moses basket 74
mosque 300
mosquito 295
mosquito net 267
moth 295
mother 22
mother-in-law 23
motor 88
motor racing 249
motorbike 204
motorbike racing 249
motorcross 249
motorway 194
moulding 63
mountain 284
mountain bike 206
mountain range 282
mouse 176, 290
mousse 141
mouth 14
mouth guard 237
mouthwash 72
move 273
mow v 90
Mozambique 317
mozzarella 142
MP3 player 268
Mr 23
Mrs 23
mudguard 205
muffin 140
muffin tray 69
mug 65
mulch v 91
multiply v 165
multivitamin tablets 109
mumps 44
mung beans 131
muscles 16
museum 261

mushroom 125
music 162
music school 169
musical 255
musical score 255
musical styles 259
musician 191
mussel 121, 295
mustard 155
mustard seed 131
Myanmar 318

N

naan bread 139
nail 15, 80
nail clippers 41
nail file 41
nail scissors 41
nail varnish 41
nail varnish remover 41
Namibia 317
nape 13
napkin 65, 152
napkin ring 65
nappy 75
nappy rash cream 74
narrow 321
nation 315
national park 261
natural 256
natural fibre 31
naturopathy 55
nausea 44
navel 12
navigate v 240
near 320
nebula 280
neck 12, 258
neck brace 46
necklace 36
neckline 34
nectarine 126
needle 109, 276
needle plate 276
needle-nose pliers 80
needlepoint 277
negative 271
negative electrode 167
negligée 35
neighbour 24
neoclassical 301
Nepal 318
nephew 23
Neptune 280
nerve 19, 50
nervous 19, 25
net 217, 222, 226, 227, 231

334   english • español • *português*

ENGLISH INDEX • ÍNDICE INGLÉS • *ÍNDICE INGLÊS*

net *v* 245
net curtain 63
Netherlands 316
nettle 297
network 176
neurology 49
neutral 60
neutral zone 224
new 321
new moon 280
new potato 124
New Year 27
New Zealand 319
newborn baby 53
news 178
newsagent 112
newspaper 112
newsreader 179, 191
next week 306
nib 163
Nicaragua 314
nickel 289
niece 23
Niger 317
Nigeria 317
night 305
nightdress 35
nightie 31
nightwear 31
nine 308
nine hundred 308
nineteen 308
nineteen hundred 307
nineteen hundred and one 307
nineteen ten 307
nineteenth 309
ninetieth 309
ninety 308
ninth 309
nipple 12
no 322
no entry 195
no right turn 195
no stopping 195
non-smoking section 152
non-stick 69
noodles 158
normal 39
north 312
North and Central America 314
North Korea 318
North pole 283
North Sea 312
northern hemisphere 283
Norway 316

nose 14, 210
nose clip 238
noseband 242
nosebleed 44
nosewheel 210
nostril 14
notation 256
note 97, 256
note pad 173
notebook 163, 172
notes 175, 191
notice board 173
nougat 113
November 306
now 304
nozzle 89
number 226
numbers 308
numerator 165
nurse 45, 48, 52, 189
nursery 74
nursing 53
nursing bra 53
nut 80
nutmeg 132
nuts 151
nuts and dried fruit 129
nylon 277

O

oak 296
oar 241
oats 130
objective lens 167
oboe 257
obsidian 288
obstetrician 52
occupations 188, 190
occupied 321
ocean 282
ocean liner 215
octagon 164
October 306
octopus 121, 295
odometer 201
oesophagus 19
off licence 115
offal 118
offers 106
office 24, 172, 174
office block 298
office equipment 172
office supplies 173
off-piste 247
off-side 223
oil 142, 199
oil paints 274

oil tank 204
oil tanker 215
oils 134
oily 41
ointment 47, 109
okra 122
old 321
olive oil 134
olives 151
Oman 318
omelette 158
on time 305
on top of 320
oncology 49
one 308
one billion 309
one million 309
one thousand 309
one-way 194
one-way system 298
onion 124
on-line 177
onto 320
onyx 289
opal 288
open 260, 321
open sandwich 155
open-top 260
opera 255
operating theatre 48
operation 48
operator 99
ophthalmology 49
opponent 236
opposite 320
optic 150
optic nerve 51
optician 51, 189
orange 126, 274
orange juice 148
orangeade 144
orbit 280
orchestra 254, 256
orchestra pit 254
orchid 111
order *v* 153
oregano 133
organic 91, 118, 122
organic waste 61
origami 275
ornamental 87
orthopaedy 49
ostrich 292
otter 290
ounce 310
out 225, 228, 320
out of bounds 226
out of focus 271
outboard motor 215

outbuilding 182
outdoor activities 262
outer core 282
outfield 229
outlet 61
outpatient 48
outside 320
outside lane 194
out-tray 172
oval 164
ovary 20
oven 66
oven glove 69
ovenproof 69
over 320
over par 233
overalls 82
overdraft 96
overexposed 271
overflow pipe 61
overhead locker 210
overhead projector 163
overtake *v* 195
overture 256
ovulation 20, 52
owl 292
oyster 121
ozone layer 286

P

Pacific Ocean 312
pack 311
pack of cards 273
packet 311
packet of cigarettes 112
pad 224
paddle 241
paddling pool 263
paddock 242
pads 53, 220
paediatrics 49
painkiller 109
painkillers 47
paint 83
paint *v* 83
paint tin 83
paint tray 83
painter 191
painting 62, 261, 274
paints 274
pak-choi 123
Pakistan 318
palate 19
palette 274
pallet 186
palm 15, 86, 296
palm hearts 122

palmtop 175
pan 310
pan fried 159
Panama 314
pancakes 157
pancreas 18
panda 291
panty liner 108
papaya 128
paper clip 173
paper guide 172
paper napkin 154
paper tray 172
papier-maché 275
paprika 132
Papua New Guinea 319
par 233
parachute 248
parachuting 248
paragliding 248
Paraguay 315
parallel 165
parallel bars 235
parallelogram 164
paramedic 94
parcel 99
parents 23
park 262
park *v* 195
parking meter 195
parmesan 142
parole 181
parrot 293
parsley 133
parsnip 125
partner 23
pass 226
pass *v* 220, 223
passenger 216
passenger port 216
passion fruit 128
Passover 27
passport 213
passport control 213
pasta 158
pastels 274
pasteurized 137
pasting brush 82
pasting table 82
pastry 140, 149
pastry brush 69
pasture 182
patch 207
patchwork 277
pâté 142, 156
path 58, 85
pathology 49
patient 45
patio garden 85
pattern 276

english • español • *português* 335

ENGLISH INDEX • *ÍNDICE INGLÉS* • *ÍNDICE INGLÊS*

pause 269
pavement 298
pavement café 148
paving 85
pawn 272
pay v 153
pay in v 96
pay per view channel 269
paying-in slips 96
payment 96
payroll 175
peach 126, 128
peacock 293
peanut 129
peanut butter 135
peanuts 151
pear 127
peas 131
pecan 129
pectoral 16
pectoral fin 294
pedal 61, 206
pedal v 207
pedestrian crossing 195
pedestrian zone 299
pedicure 41
pediment 301
peel v 67
peeled prawns 120
peeler 68
pelican 292
pelvis 17
pen 163, 185
pen holder 172
penalty 222
penalty area 223
pencil 163, 275
pencil case 163
pencil sharpener 163
pendant 36
penfriend 24
penguin 292
peninsula 282
penis 21
pentagon 164
peony 111
people 12, 16
people carrier 199
pepper 64, 124, 152
peppercorn 132
pepperoni 142
percentage 165
percussion 257
perennial 86
perfume 41
perfumery 105
pergola 84
periodical 168

perm 39
perpendicular 165
persimmon 128
personal best 234
personal CD player 269
personal organizer 173, 175
personal trainer 250
Peru 315
pesticide 89, 183
pestle 68, 167
pet food 107
pet shop 115
petal 297
petri dish 166
petrol 199
petrol pump 199
petrol station 199
petrol tank 203
pharmacist 108, 189
pharynx 19
pheasant 119, 293
phillips screwdriver 81
philosophy 169
Philippines 319
photo album 271
photo finish 234
photo frame 271
photofit 181
photographer 191
photograph 271
photograph v 271
photography 270
physical education 162
physics 162, 169
physiotherapy 49
piano 256
piccolo 257
pick v 91
pick and mix 113
pickaxe 187
pickled 159
pickup 258
picnic 263
picnic bench 266
pie 158
pie tin 69
piece 272
pier 217
pies 143
pig 185
pig farm 183
pigeon 292
pigeonhole 100
piglet 185
pigsty 185
pigtails 39
Pilates 251

pill 21, 109
pillar 300
pillion 204
pillow 70
pillowcase 71
pilot 190, 211
pin 60, 237, 249, 276
pin number 96
pincushion 276
pine 296
pine nut 129
pineapple 128
pineapple juice 149
pink 274
pint 311
pinto beans 131
pip 128
pipe 112, 202
pipe cutter 81
pipette 167
piping bag 69
pistachio 129
pitch 225, 256, 266
pitch v 229
pitch a tent v 266
pitcher 151, 229
pitcher's mound 228
pitches available 266
pith 126
pitta bread 139
pizza 154
pizza parlour 154
place mat 64
place setting 65
placenta 52
plain 285
plain chocolate 113
plain flour 139
plait 39
plane 81
plane v 79
planet 280, 282
plant v 183
plant pot 89
plants 86, 296
plaque 50
plaster 47, 83
plaster v 82
plastic bag 122
plastic pants 30
plastic surgery 49
plate 65, 283
plateau 284
platform 208
platform number 208
platform shoe 37
platinum 289
play 254, 269
play v 229, 273

player 221, 231, 273
playground 263
playhouse 75
playing 75
playpen 75
plea 180
please 322
Plimsoll line 214
plough v 183
plug 60, 72
plum 126
plumb line 82
plumber 188
plumbing 61
plunger 81
plus 165
Pluto 280
plywood 79
pneumatic drill 187
poach v 67
poached 159
pocket 32
pod 122
podium 235, 256
point 273
poisoning 46
poker 273
Poland 316
polar bear 291
pole 245, 282
pole vault 234
police 94
police car 94
police cell 94
police officer 94
police station 94
policeman 189
polish 77
polish v 77
politics 169
polo 243
polyester 277
pomegranate 128
pommel 242
pommel horse 235
pond 85
ponytail 39
pool 249
pop 259
popcorn 255
poplar 296
popper 30
poppy 297
poppy seeds 138
porch 58
porch light 58
pore 15
pork 118
porridge 156
port 145, 176, 214, 216

porter 100
portfolio 97
porthole 214
portion 64
portrait 271
Portugal 316
positive electrode 167
post office 98
postage 98
postal code 98
postal order 98
postal worker 98
postbox 99
postcard 112
poster 255
poster paint 274
postgraduate 169
postman 98, 190
postmark 98
pot plant 110
pot up v 91
potato 124
pot-pourri 111
potted plant 87
potter's wheel 275
pottery 275
potty 74
pouch 291
poultry 119
poultry farm 183
pound 310
pour v 67
powder 77, 109
powder puff 40
powdered milk 137
power 60
power cable 176
power cut 60
practice swing 233
pram 75
praying mantis 295
pregnancy 52
pregnancy test 52
pregnant 52
premature 52
premolar 50
prerecorded 178
prescription 45
present 27
presentation 174
presenter 178
preservative 83
preserved fruit 134
press 178
presser foot 276
press-up 251
pressure valve 61
price 152, 199
price list 154
prickly pear 128

336   english • español • *português*

ENGLISH INDEX • ÍNDICE INGLÉS • *ÍNDICE INGLÊS*

primer 83
primrose 297
principality 315
print 271
print *v* 172
printer 172, 176
printing 275
prison 181
prison guard 181
private bathroom 100
private jet 211
private room 48
probe 50
problems 271
processed grains 130
procession 27
processor 176
producer 254
program 176
programme 254, 269
programming 178
projector 174
promenade 265
propagate *v* 91
propeller 211, 214
proposal 174
prosciutto 143
prosecution 180
prostate 21
protractor 165
proud 25
prove *v* 139
province 315
prow 215
prune 129
prune *v* 91
psychiatry 49
psychotherapy 55
public address system 209
puck 224
pudding rice 130
Puerto Rico 314
puff pastry 140
pull up *v* 251
pulp 127
pulse 47
pulses 130
pumice 288
pumice stone 73
pump 207
pumpkin 125
pumpkin seed 131
punch 237
punch bag 237
puncture 203, 207
pup 290
pupil 51, 162

puppy 290
purple 274
purse 37
pushchair 75
putt *v* 233
putter 233
pyjamas 33
pyramid 164

Q
Qatar 318
quadriceps 16
quail 119
quail egg 137
quart 311
quarter of an hour 304
quarterdeck 214
quartz 289
quay 216
queen 272, 273
question 163
question *v* 163
quilt 71
quilting 277
quince 128
quinoa 130
quiver 249

R
rabbit 118, 290
raccoon 290
race 234
racecourse 243
racehorse 243
racing bike 205, 206
racing dive 239
racing driver 249
rack 166
racquet 230
racquet games 231
racquetball 231
radar 214, 281
radiator 60, 202
radicchio 123
radio 179, 268
radio antenna 214
radio station 179
radiology 49
radish 124
radius 17, 164
rafter 186
rafting 241
rail 208
rail network 209
rain 287
rainbow 287
rainbow trout 120
raincoat 31, 32
rainforest 285
raisin 129

rake 88
rake *v* 90
rally 230
rally driving 249
RAM 176
Ramadan 26
ramekin 69
rap 259
rapeseed 184
rapeseed oil 135
rapids 240, 284
rash 44
rasher 119
raspberry 127
raspberry jam 134
rat 290
rattle 74
raw 124, 129
ray 294
razor blade 73
razor-shell 121
read *v* 162
reading light 210
reading list 168
reading room 168
reamer 80
rear light 207
rear wheel 197
rearview mirror 198
receipt 152
receive *v* 177
receiver 99
reception 100
receptionist 100, 190
rechargeable drill 78
record 234, 269
record player 268
record shop 115
recording studio 179
rectangle 164
rectum 21
recycling bin 61
red 145, 274
red card 223
red eye 271
red kidney beans 131
red lentils 131
red meat 118
red mullet 120
Red Sea 313
reduce *v* 172
reel 244
reel in *v* 245
refectory 168
referee 222, 226
referral 49
reflector 50, 204, 207

reflector strap 205
reflexology 54
refrigerator 67
reggae 259
region 315
register 100
registered post 98
regulator 239
re-heat *v* 154
reiki 55
reins 242
relationships 24
relatives 23
relaxation 55
relay race 235
release *v* 245
remote control 269
Renaissance 301
renew *v* 168
rent 58
rent *v* 58
repair kit 207
report 174
reporter 179
reproduction 20
reproductive 19
reproductive organs 20
reptiles 293
research 169
reserve *v* 168
respiratory 19
rest 256
restaurant 101, 152
result 49
resurfacing 187
resuscitation 47
retina 51
retire *v* 26
return 231
return address 98
return date 168
rev counter 201
reverse *v* 195
reverse charge call 99
rewind 269
rhinoceros 291
rhombus 164
rhubarb 127
rhythmic gymnastics 235
rib 17, 119
rib cage 17
ribbon 27
ribbon 39, 111, 141, 235
ribs 155
rice 130, 158, 184
rice pudding 140
rider 242

riding boot 242
riding crop 242
riding hat 242
rigging 215, 240
right 260
right field 229
right-hand drive 201
rim 206
rind 119, 127, 136, 142
ring 36
ring finger 15
ring ties 89
rings 235
rinse *v* 38, 76
ripe 129
rise *v* 139
river 284
road bike 206
road markings 194
road signs 195
roads 194
roadworks 187, 195
roast 158
roast *v* 67
roasted 129
roasting tin 69
robe 38, 169
rock climbing 248
rock concert 258
rock garden 84
rocket 123
rocks 284, 288
Rocky Mountains 312
rococo 301
rodeo 243
roll 139, 311
roll *v* 67
roller 83, 187
roller blind 63
roller coaster 262
roller skating 249
rollerblading 263
rollerskate 249
rolling pin 69
romance 255
Romania 316
romper suit 30
roof 58, 203
roof garden 84
roof tile 187
roofrack 198
rook 272
room 58
room key 100
room number 100
room service 101
rooms 100
root 50, 124, 296

english • español • *português*   337

ENGLISH INDEX • ÍNDICE INGLÉS • *ÍNDICE INGLÊS*

roots 39
rope 248
rose 89, 110, 145
rosé 145
rosemary 133
rotor blade 211
rotten 127
rough 232
round 237
round neck 33
roundabout 195
route number 196
router 78
row 210, 254
row *v* 241
rower 241
rowing boat 214
rowing machine 250
rubber 163
rubber band 173
rubber boots 89
rubber ring 265
rubber stamp 173
rubbish bin 61, 67
ruby 288
ruck 221
rudder 210, 241
rug 63
rugby 221
rugby pitch 221
rugby strip 221
ruler 163, 165
rum 145
rum and coke 151
rump steak 119
run 228
run *v* 228
runner bean 122
runway 212
rush 86
rush hour 209
Russian Federation 318
Rwanda 317
rye bread 138

S

sad 25
saddle 206, 242
safari park 262
safe 228
safety 75, 240
safety barrier 246
safety goggles 81, 167
safety pin 47
saffron 132
sage 133
Sahara Desert 313
sail 241
sailboat 215

sailing 240
sailor 189
salad 149
salamander 294
salami 142
salary 175
sales assistant 104
sales department 175
salmon 120
saloon 199
salt 64, 152
salted 121, 129, 137, 143
San Marino 316
sand 85, 264
sand *v* 82
sandal 37
sandals 31
sandcastle 265
sander 78
sandpaper 81, 83
sandpit 263
sandstone 288
sandwich 155
sandwich counter 143
sanitary towel 108
São Tomé and Principe 317
sapphire 288
sardine 120
Sardinia 316
satellite 281
satellite dish 269
satellite navigation 201
satsuma 126
Saturday 306
Saturn 280
sauce 134, 143, 155
saucepan 69
Saudi Arabia 318
sauna 250
sausage 155, 157
sausages 118
sauté *v* 67
save *v* 177, 223
savings 96
savings account 97
savoury 155
saw *v* 79
saxophone 257
scaffolding 186
scale 121, 256, 294
scales 45, 53, 69, 98, 118, 166, 212, 293, 310
scallop 121
scalp 39
scalpel 81, 167

scan 48, 52
scanner 106, 176
scarecrow 184
scared 25
scarf 31, 36
schist 288
scholarship 169
school 162, 299
school bag 162
school bus 196
school uniform 162
schoolboy 162
schoolgirl 162
schools 169
science 162, 166
science fiction film 255
scientist 190
scissors 38, 47, 82,188, 276
scoop 68, 149
score 220, 256, 273
score a goal *v* 223
scoreboard 225
scorpion 295
scotch and water 151
scrabble 272
scrambled eggs 157
scrape *v* 77
scraper 82
screen 59, 63, 97, 176, 255, 269
screen wash 199
screen wash reservoir 202
screw 80
screwdriver 80
screwdriver bits 80
script 254
scrollbar 177
scrotum 21
scrub *v* 77
scrum 221
scuba diving 239
sculpting 275
sculptor 191
sea 264, 282
sea bass 120
sea bream 120
sea horse 294
sea lion 290
sea plane 211
seafood 121
seal 290
sealant 83
sealed jar 135
seam 34
seamstress 191
search *v* 177

seasonal 129
seasons 306
seat 61, 204, 209, 210, 242, 254
seat back 210
seat belt 198, 211
seat post 206
seating 254
secateurs 89
second 304, 309
second floor 104
second hand 304
second-hand shop 115
section 282
security 212
security bit 80
security guard 189
sedative 109
sedimentary 288
seed 122, 127, 130
seed tray 89
seeded bread 139
seedless 127
seedling 91
seeds 88, 131
seesaw 263
segment 126
self defence 237
self-raising flour 139
self-tanning cream 41
semidetached 58
semi-hard cheese 136
seminal vesicle 21
semi-skimmed milk 136
semi-soft cheese 136
semolina 130
send *v* 177
send off 223
Senegal 317
sensitive 41
sentence 181
September 306
series 179
serve 231
serve *v* 64, 231
server 176
service included 152
service line 230
service not included 152
service provider 177
service vehicle 212
serving spoon 68
sesame seed 131
sesame seed oil 134

set 178, 230, 254
set *v* 38
set honey 134
set sail *v* 217
set square 165
set the alarm *v* 71
seven 308
seven hundred 308
seventeen 308
seventeenth 309
seventh 309
seventieth 309
seventy 308
sew *v* 277
sewing basket 276
sewing machine 276
sexually transmitted disease 20
shade 41
shade plant 87
shallot 125
shallow end 239
shampoo 38
shapes 164
share price 97
shares 97
shark 294
sharp 256
sharpening stone 81
shaving 73
shaving foam 73
shears 89
shed 84
sheep 185
sheep farm 183
sheep's milk 137
sheet 71, 74, 241
shelf 67, 106
shell 129, 137, 265, 293
shelled 129
shelves 66
sherry 145
shiatsu 54
shield 88
shin 12
ship 214
ships 215
shipyard 217
shirt 32
shock 47
shocked 25
shoe department 104
shoe shop 114
shoes 34, 37
shoot *v* 223, 227
shop 298
shop assistant 188
shopping 104
shopping bag 106

338 english • español • *português*

ENGLISH INDEX • *ÍNDICE INGLÉS* • *ÍNDICE INGLÊS*

shopping centre 104
shops 114
short 32, 321
short sight 51
short wave 179
short-grain 130
shorts 30, 33
shot 151
shotput 234
shoulder 13
shoulder bag 37
shoulder blade 17
shoulder pad 35
shoulder strap 37
shout v 25
shovel 187
shower 72, 286
shower block 266
shower curtain 72
shower door 72
shower gel 73
shower head 72
showjumping 243
shuffle v 273
shutoff valve 61
shutter 58
shutter release 270
shutter-speed dial 270
shuttle bus 197
shuttlecock 231
shy 25
Siberia 313
Sicily 316
side 164
sideline 220
side order 153
side plate 65
side saddle 242
side street 299
sidedeck 240
side-effects 109
sideline 220, 230
Sierra Leone 317
sieve 68, 89
sieve v 91
sift v 138
sigh v 25
sightseeing 260
sign 104
signal 209
signature 96, 98
silencer 203, 204
silk 277
silo 183
silt 85
silver 235, 289
simmer v 67
Singapore 319
singer 191
single 151
single bed 71

single cream 137
single room 100
singles 230
sink 38, 61, 66
sinus 19
siren 94
sirloin steak 119
sister 22
sister-in-law 23
site manager's office 266
sit-up 251
six 308
six hundred 308
sixteen 308
sixteenth 309
sixth 309
sixtieth 309
sixty 308
skate 120, 247, 294
skate v 224
skate wings 120
skateboard 249
skateboarding 249, 263
skein 277
skeleton 17
sketch 275
sketch pad 275
skewer 68
ski 241, 246
ski boot 246
ski jump 247
ski pole 246
ski run 246
ski slope 246
ski suit 246
skier 246
skiing 246
skimmed milk 136
skin 14, 119, 128
skin care 108
skinned 121
skipping 251
skirt 30, 34
skull 17
skydiving 248
skyscraper 299, 300
slalom 247
slate 288
sledding 247
sledgehammer 187
sleeping 74
sleeping bag 267
sleeping compartment 209
sleeping mat 267
sleeping pill 109
sleepsuit 30
sleet 286
sleeve 34

sleeveless 34
slice 119, 139, 140, 230
slice v 67
sliced bread 138
slicer 139
slide 167, 263
slide v 229
sling 46
slip 35
slip road 194
slip-on 37
slippers 31
slope 284
slotted spoon 68
Slovakia 316
Slovenia 316
slow 321
slug 295
small 321
small car 199
small intestine 18
small of back 13
smash 231
smile 25
smoke 95
smoke alarm 95
smoked 118, 121, 143, 159
smoked fish 143
smoking 112
smoking section 152
snack bar 113, 148
snail 295
snake 293
snare drum 257
sneeze 44
snooker 249
snore v 71
snorkel 239
snout 293
snow 287
snowboarding 247
snowmobile 247
snowsuit 30
soak v 130
soap 73, 178
soap dish 73
soccer 222
socket 60, 80
socket wrench 80
socks 33
soda bread 139
soda water 144
sofa 62
sofabed 63
soft 129, 321
soft cheese 136
soft drink 154
soft drinks 144
soft toy 75

software 176
softwood 79
soil 85
solar system 280
solder 79, 80
solder v 79
soldering iron 81
soldier 189
sole 15, 37
solids 164
Soloman Islands 319
soluble 109
solvent 83
Somalia 317
somersault 235
son 22
sonata 256
song 259
son-in-law 22
sorbet 141
sorrel 123
sorting unit 61
soufflé 158
soufflé dish 69
sound boom 179
sound technician 179
soundtrack 255
soup 153, 158
soup bowl 65
soup spoon 65
sour 127
sour cream 137
sourdough bread 139
south 312
South Africa 317
South Korea 318
southern hemisphere 283
Southern Ocean 313
souvenirs 260
sow v 90, 183
soya beans 131
space 280
space exploration 281
space shuttle 281
space station 281
space suit 281
spade 88, 265, 273
Spain 316
spanner 80
spare tyre 203
spark plug 203
sparkling 144
sparring 237
sparrow 292
spatula 68, 167
speaker 174, 176, 258, 268

speaker stand 268
spearfishing 245
specials 152
spectators 233
speed boating 241
speed limit 195
speed skating 247
speedboat 214
speedometer 201, 204
spell v 162
sperm 20
sphere 164
spices 132
spicy sausage 142
spider 295
spike v 90
spikes 233
spin 230
spin v 76
spin dryer 76
spinach 123
spine 17
spire 300
spirit level 80, 187
splashback 66
spleen 18
splint 47
splinter 46
split ends 39
split peas 131
spoke 207
sponge 73, 74, 83
sponge cake 140
sponge fingers 141
spool 245
spoon 65
sport fishing 245
sports 105, 220, 236, 248
sports car 198
sports field 168
sports jacket 33
sportsman 191
spotlight 259
sprain 46
spray 109
spray v 91
spray can 311
spray gun 89
spring 71, 307
spring balance 166
spring greens 123
spring onion 125
springboard 235, 238
sprinkler 89
sprinter 234
sprocket 207
spy hole 59
square 164, 272, 299

english • español • *português* 339

ENGLISH INDEX • ÍNDICE INGLÉS • *ÍNDICE INGLÊS*

square foot 310
square metre 310
squash 231
squat 251
squid 121, 295
squirrel 290
Sri Lanka 318
St Kitts and Nevis 314
St Lucia 314
St Vincent and the Grenadines 314
stabilisers 207
stable 185, 243
stadium 223
staff 175, 256
stage 167, 254
stages 23
stainless steel 79
stair gate 75
staircase 59
stake 90
stake *v* 91
stalk 122, 297
stalls 254
stamen 297
stamp 98
stamp collecting 273
stamps 112
stance 232
stand 88, 205, 268
stanley knife 82
stapler 173
staples 173
star 280
star anise 133
starfish 295
starfruit 128
start school *v* 26
starter 153
starting block 234, 238
starting line 234
state 315
statement 180
stationery 105
statuette 260
steak 121
steam *v* 67
steam train 208
steamed 159
steeplechase 243
steering wheel 201
stem 111, 112, 297
stencil 83
stenographer 181
step machine 250
stepdaughter 23
stepfather 23
stepladder 82

stepmother 23
stepson 23
stereo 269
sterile 47
stern 240
stethoscope 45
stew 158
stick 224, 249
sticks 133
sticky tape 173
still 144
sting 46, 295
stir *v* 67
stir fry 158
stirrer 150
stirrup 242
stitch 277
stitch selector 276
stitches 52
stock broker 97
stock exchange 97
stockings 35
stocks 97, 110
stomach 18
stomach ache 44
stone 36, 275
stoned fruit 126
stop 269
stop button 197
stopper 166
stopwatch 234
store directory 104
stork 292
storm 287
stout 145
straight 39, 165
straight on 260
straighten *v* 39
strap 35
strapless 34
stratosphere 286
straw 144, 154
strawberry 127
strawberry milkshake 149
stream 285
street 298
street corner 298
street light 298
street sign 298
street stall 154
stress 55
stretch 251
stretcher 94
strike 228, 237
string 230, 258
string of pearls 36
strings 256
strip *v* 72
stroke 44, 233, 239
strokes 231

strong 321
strong flour 139
stub 96
study 63, 162
stuffed 159
stuffed olive 143
stump 225
styles 39, 239, 301
submarine 215
subsoil 91
substitute 223
substitution 223
subtract *v* 165
suburb 299
succulent 87
suction hose 77
Sudan 317
sugarcane 184
suit 273
sulphur 289
sultana 129
summer 31, 307
summons 180
sumo wrestling 237
Sun 280
sunbathe *v* 264
sunbed 41
sunblock 108, 265
sunburn 46
Sunday 306
sunflower 184, 297
sunflower oil 134
sunflower seed 131
sunglasses 51, 265
sunhat 30, 265
sunny 286
sunrise 305
sunroof 202
sunscreen 108
sunset 305
sunshine 286
suntan lotion 265
supermarket 106
supersonic jet 211
supplement 55
supply pipe 61
support 187
suppository 109
surf 241
surfboard 241
surfcasting 245
surfer 241
surfing 241
surgeon 48
surgery 45, 48
Suriname 315
surprised 25
suspect 94, 181
suspenders 35
suspension 203, 205
swallow 292

swamp 285
swan 293
Swaziland 317
sweater 33
sweatpants 33
sweatshirt 33
swede 125
Sweden 316
sweep *v* 77
sweet 124, 127, 155
sweet potato 125
sweet shop 113
sweet spreads 134
sweet trolley 152
sweetcorn 122
sweets 113
swim *v* 238
swimmer 238
swimming 238
swimming pool 101, 238, 250
swimsuit 238, 265
swing *v* 232
swings 263
swiss chard 123
switch 60
Switzerland 316
swivel chair 172
sword 236
swordfish 120, 294
symphony 256
synagogue 300
synchronized swimming 239
synthetic 31
Syria 318
syringe 109, 167
syrup 109
system 176

T

tab 173
table 64, 148
table tennis 231
tablecloth 64
tack *v* 241, 277
tackle 245
tackle *v* 220, 223
tackle box 244
tadpole 294
tae-kwon-do 236
tag *v* 229
tai chi 236
tail 121, 210, 242, 280, 290, 294
tail light 204
tailbone 17
tailgate 198
tailor 191
tailored 35
tailor's 115

tailor's chalk 276
tailor's dummy 276
tailplane 210
Taiwan 319
Tajikistan 318
take a bath *v* 72
take a shower *v* 72
take notes *v* 163
take off *v* 211
take-away 154
talcum powder 73
tall 321
tambourine 257
tampon 108
tan 41
tandem 206
tangerine 126
tank 61
Tanzania 317
tap 61, 66
tap water 144
tape deck 268
tape dispenser 173
tape measure 80, 276
target 249
target shooting 249
tarmac 187
taro root 124
tarragon 133
Tasmania 319
tattoo 41
tax 96
taxi driver 190
taxi rank 213
tea 144, 149, 184
tea with lemon 149
tea with milk 149
teabag 144
teacher 54, 162, 191
teacup 65
team 220, 229
teapot 65
tear 51
teaspoon 65
teat 75
techniques 79, 159
teddy bear 75
tee 233
teeing ground 232
teenager 23
tee-off *v* 233
telegram 98
telephone 99, 172
telephone box 99
telescope 281
television 268
television series 178
television studio 178
temperature 286

340

english • español • *português*

ENGLISH INDEX • ÍNDICE INGLÉS • ÍNDICE INGLÊS

temperature gauge 201
temple 14, 300
ten 308
ten thousand 309
tenant 58
tend v 91
tendon 17
tennis 230
tennis court 230
tennis shoes 231
tenon saw 81
tent 267
tent peg 266
tent pole 266
tenth 309
tequila 145
terminal 212
termite 295
terrace café 148
terraced 58
territory 315
terry nappy 30
test 49
test tube 166
testicle 21
text message 99
textbook 163
Thailand 318
thank you 322
Thanksgiving 27
the day after tomorrow 307
the day before yesterday 307
theatre 254, 299
theme park 262
therapist 55
thermal underwear 35
thermals 267
thermometer 45, 167
thermosphere 286
thermostat 61
thesis 169
thick 321
thigh 12, 119
thimble 276
thin 321
third 309
thirteen 308
thirteenth 309
thirtieth 309
thirty 308
this way up 98
this week 307
thistle 297
thoracic vertebrae 17
thread 276

thread v 277
thread guide 276
thread reel 276
three 308
three hundred 308
three-door 200
three-point line 226
thriller 255
throat 19
throat lozenge 109
throttle 204
through 320
throw 237
throw v 221, 227, 229
throw-in 223, 226
thruster 281
thumb 15
thunder 286
Thursday 306
thyme 133
thyroid gland 18
tibia 17
ticket 209, 213
ticket barrier 209
ticket inspector 209
ticket office 209, 216
tie 32
tiebreak 230
tie-pin 36
tiger 291
tights 35, 251
tile 58, 272
tile v 82
till 106, 150
tiller 240
timber 187
time 234, 304
time out 220
timer 166
times 165, 261
timetable 197, 209, 261
timing 203
tin 289, 311
tinned food 107
tip 36, 122, 246
tissue 108
title 168
titles 23
to 320
toad 294
toast 157
toasted sandwich 149
toaster 66
tobacco 112, 184
today 306
toddler 30
toe 15

toe clip 207
toe strap 207
toenail 15
toffee 113
toggle 31
Togo 317
toilet 72
toilet brush 72
toilet roll 72
toilet seat 72
toiletries 41, 107
toilets 104, 266
toll booth 194
tomato 125, 157
tomato juice 144, 149
tomato sauce 154
tomorrow 306
toner 41
tongs 150, 167
tongue 19, 37, 118
tonic water 144
tonne 310
tool rack 78
toolbar 177
toolbelt 186
toolbox 80
tools 187
tooth 50
toothache 50
toothbrush 72
toothpaste 72
top coat 83
top dress v 90
top tier 141
topaz 288
topiary 87
topping 155
topsoil 85
torch 267
tornado 287
tortoise 293
touch line 221
touchdown 221
tour bus 260
tour guide 260
tourer 205
touring bike 206
tourist 260
tourist attraction 260
tourist bus 197
tourist information 261
tourmaline 288
tournament 233
tow away v 195
tow truck 203
towards 320
towel rail 72
towels 73

tower 300
town 298
town hall 299
townhouse 58
toy 75
toy basket 75
toys 105
track 208, 234
tracksuit 31, 32
tractor 182
traffic 194
traffic jam 195
traffic light 194
traffic policeman 195
trailer 266
train 35, 208
train v 91, 251
train station 208
trainer 37
trainers 31, 251
tram 196, 208
transfer 223
transformer 60
transmission 202
transplant v 91
transport 194
trapezium 164
trapezius 16
trash 177
travel agent 190
travel agent's 114
travel sickness pills 109
traveller's cheque 97
tray 152, 154
tray-table 210
tread 207
tread water v 239
treadmill 250
treble clef 256
tree 86, 296
trekking 243
trellis 84
tremor 283
triangle 164, 257
triceps 16
trifle 141
trim v 39, 90
trimester 52
trimmer 88
Trinidad and Tobago 314
tripod 166, 270, 281
trolley 48, 100, 106, 208, 213
trolley bus 196
trombone 257
tropic of Cancer 283
tropic of Capricorn 283

tropical fruit 128
tropics 283
troposphere 286
trot 243
trough 183
trout 120
trowel 89, 187
truffle 113, 125
trug 88
trumpet 257
truncheon 94
trunk 291, 296
trunks 238
try 221
t-shirt 30, 33
tub 311
tuba 257
tube 311
Tuesday 306
tug boat 215
tulip 111
tumble 235
tumble dryer 76
tumbler 65
tuna 120
tune v 179
tune the radio v 269
tuning peg 258
Tunisia 317
turbocharger 203
turf v 90
Turkey 316
turkey 119, 185, 293
Turkmenistan 318
turmeric 132
turn 238
turn v 79
turn the television off v 269
turn the television on v 269
turnip 124
turpentine 83
turquoise 289
turret 300
turtle 293
tusk 291
tutu 191
tweezers 40, 47, 167
twelfth 309
twelve 308
twentieth 309
twenty 308
twenty minutes 304
twenty thousand 309
twenty-first 309
twenty-one 308
twenty-second 309

english • español • português 341

ENGLISH INDEX • ÍNDICE INGLÉS • ÍNDICE INGLÊS

twenty-third 309
twenty-two 308
twig 296
twin room 100
twine 89
twins 23
twist ties 89
two 308
two hundred 308
two o'clock 304
two thousand 307
two thousand and one 307
two-door 200
types 199, 205
types of buses 196
types of camera 270
types of farm 183
types of plants 86
types of fishing 245
types of train 208
tyre 198, 205, 206
tyre lever 207
tyre pressure 203

U
Uganda 317
ugli 126
Ukraine 316
ulna 17
ultrasound 52
ultraviolet rays 286
umbilical cord 52
umbrella 36, 233
umbrella stand 59
umpire 225, 229, 230
uncle 22
unconscious 47
uncooked meat 142
under 320
under par 233
undercoat 83
underexposed 271
undergraduate 169
underground map 209
underground train 209
underpass 194
underwear 32, 35
underwired 35
uniform 94, 189
United Arab Emirates 318
United Kingdom 316
United States of America 314
universe 280
university 299

unleaded 199
unpasteurised 137
unpick v 277
unsalted 137
until 320
up 320
upper circle 254
upset 25
Uranus 280
ureter 21
urethra 20
urinary 19
urology 49
Uruguay 315
usher 255
uterus 20, 52
utility room 76
Uzbekistan 318

V
vacuum cleaner 77, 188
vacuum flask 267
vagina 20
valance 71
valley 284
valve 207
vanilla 132
Vanuatu 319
varnish 79, 83
vas deferens 21
vase 63, 111
Vatican City 316
vault 235, 300
veal 118
vegetable garden 85
vegetable oil 135
vegetable plot 182
vegetables 107, 122, 124
veggie burger 155
veil 35
vein 19
venetian blind 63
Venezuela 315
venison 118
vent 283
ventouse cup 53
Venus 280
verdict 181
vest 33, 35, 251
vet 189
vibraphone 257
vice 78
video game 269
video phone 99
video recorder 269
video tape 269
Viet Nam 318
viewfinder 271

village 299
vine 183
vinegar 135, 142
vineyard 183
vintage 199
viola 256
violin 256
virus 44
visa 213
vision 51
visiting hours 48
visor 205
vitamins 108
v-neck 33
vocal cords 19
vodka 145
vodka and orange 151
voice message 99
volcano 283
volley 231
volleyball 227
voltage 60
volume 165, 179, 269, 311
vomit v 44

W
waders 244
waffles 157
waist 12
waistband 35
waistcoat 33
waiter 148, 152
waiting room 45
waitress 191
wake up v 71
walk 243
walking boot 37
walking boots 267
walkway 212
wall 58, 186, 222
wall light 62
wallet 37
wallpaper 82, 177
wallpaper v 82
wallpaper brush 82
wallpaper paste 82
walnut 129
walnut oil 134
walrus 290
ward 48
wardrobe 70
warehouse 216
warm 286
warm up v 251
warrant 180
wash v 38, 77
washbasin 72
washer 80
washer-dryer 76

washing machine 76
wasp 295
waste disposal 61, 266
waste disposal unit 61
waste pipe 61
wastebasket 172
watch 36
watch television v 269
water 144, 238
water v 90, 183
water bottle 206, 267
water chamber 61
water chestnut 124
water closet 61
water garden 84
water hazard 232
water jet 95
water plant 86
water polo 239
watercolour paints 274
watercress 123
waterfall 285
watering 89
watering can 89
watermelon 127
waterproofs 245, 267
waterskier 241
waterskiing 241
watersports 241
wave 241, 264
wavelength 179
wax 41
weak 321
weather 286
weaving 277
website 177
wedding 26, 35
wedding cake 141
wedding dress 35
wedding reception 26
wedge 233
Wednesday 306
weed v 91
weed killer 91
weeds 86
week 306
weekend 306
weekly 307
weigh v 310
weight 166, 244
weight bar 251
weight belt 239
weight training 251
wellington boots 31

west 312
western 255
Western sahara 317
wet 286, 321
wet wipe 75, 108
wetsuit 239
whale 290
wheat 130, 184
wheel 198, 207
wheel nuts 203
wheelbarrow 88
wheelchair 48
wheelchair access 197
whiplash 46
whipped cream 137
whisk 68
whisk v 67
whiskers 290
whisky 145
white 39, 145, 272, 274
white bread 139
white chocolate 113
white coffee 148
white currant 127
white flour 138
white meat 118
white rice 130
white spirit 83
whiting 120
whole 129, 132
whole milk 136
wholegrain 131
wholegrain mustard 135
wholemeal bread 139
wholemeal flour 138
wicket 225
wicket-keeper 225
wide 321
widescreen television 269
width 165
wife 22
wig 39
wild rice 130
willow 296
win v 273
wind 241, 286
windbreak 265
windcheater 33
windlass 214
window 58, 96, 98, 177, 186, 197, 209, 210
windpipe 18
windscreen 198

342 english • español • português

ENGLISH INDEX • ÍNDICE INGLÉS • *ÍNDICE INGLÊS*

windscreen wiper 198
windshield 205
windsurfer 241
windsurfing 241
windy 286
wine 145, 151
wine glass 65
wine list 152
wine vinegar 135
wing 119, 210, 293
wing mirror 198
wings 254
winner 273
winter 31, 307
winter sports 247
wipe *v* 77
wire 79
wire cutter 80
wire strippers 81

wire wool 81
wires 60
with 320
withdrawal slip 96
without 320
witness 180
wok 69
wolf 290
woman 23
womb 52
women's clothing 34
women's wear 105
wood 79, 233, 275, 285
wood glue 78
wood shavings 78
wooden spoon 68
woodpecker 292
woodstain 79

woodwind 257
woodworking 275
wool 277
work 172
work day 306
workbench 78
workshop 78
worktop 66
world map 312
worm 295
worried 25
wound 46
wrap 155
wrapping 111
wreath 111
wrench 81, 203
wrestling 236
wrinkle 15
wrist 13, 15
wristband 230

writ 180
write *v* 162

X
x-ray 48
x-ray film 50
x-ray machine 212
x-ray viewer 45

Y
yacht 215, 240
yam 125
yard 310
yawn *v* 25
year 163, 306
yeast 138
yellow 274
yellow card 223
Yemen 318
yes 322

yesterday 306
yoga 54
yoghurt 137
yolk 137, 157
you're welcome 322
Yugoslavia 316

Z
Zambia 317
zebra 291
zero 308
zest 126
Zimbabwe 317
zinc 289
zip 277
zone 315
zones 283
zoo 262
zoology 169
zoom lens 270

english • **español** • *português*

SPANISH INDEX • ÍNDICE ESPAÑOL • ÍNDICE ESPANHOL

Spanish index • índice español • *índice espanhol*

A
a 320
a la carta 152
a la plancha 159
a salvo 228
a través de 320
abadejo m 120
abajo 320
abdomen m 12
abdominal m 16, 251
abedul m 296
abeja f 295
abierta f 221
abierto 260, 321
abogado m 180, 190
abonar 91
abonar en la superficie 90
abono m 91
abono compuesto m 88
aborto espontáneo m 52
abrazadera f 78
abrebotellas m 68, 150
abrelatas m 68
abrigo m 32
abril 306
absuelto 181
abuela f 22
abuelo m 22
abuelos m 23
aburrido 25
acacia f 110
academia de danza f 169
acampar 266
acantilado m 285
accesorios m 36, 38
accidente m 46
accidente de coche m 203
acciones f 77, 97, 227, 229, 233
acebo m 296
acedera f 123
aceite m 142, 199
aceite aromatizado m 134
aceite de almendra m 134
aceite de avellanas m 134
aceite de cacahuete m 135
aceite de colza m 135
aceite de girasol m 134
aceite de maíz m 135
aceite de nueces m 134
aceite de oliva m 134
aceite de presión en frío m 135
aceite de semillas de uva m 134
aceite de sésamo m 134

aceite vegetal m 135
aceites m 134
aceites esenciales m 55
aceituna negra f 143
aceituna rellena f 143
aceituna verde f 143
aceitunas f 151
acelerador m 200, 204
acelga f 123
acelga china f 123
acera f 298
acero inoxidable m 79
aclarar 76
acolchado m 277
acomodador m 255
acompañamiento m 153
acontecimientos de una vida m 26
acostarse 71
acta m 174
actividades f 162, 183, 245, 263
actividades al aire libre f 262
actor m 191, 254
actores m 179
actriz f 254
acuarelas f 274
acupresión f 55
acupuntura f 55
acusación f 180
acusado m 180, 181
adelantar 195
adiós 322
adobado 143, 159
adolescente m/f 23
adornos para el jardín m 84
adosado 58
adosado por un lado 58
aduana f 212
aduanas del puerto f 216
adulto m 23
adversario m 236
aerobic m 251
aerodeslizador m 215
aeropuerto m 212
afeitado m 73
Afganistán 318
afilador m 68, 118
África 317
aftershave m 73
agalla f 294
agarradera f 166
agarre m 237
ágata f 289
agencia de viajes f 114
agencia inmobiliaria f 115
agenda f 173, 175
agente de bolsa m 97
agente de policía m 94

agente de viajes f 190
agente inmobiliario f 189
agitador m 150
aglomerado m 79
agosto 306
agresión f 94
agricultor m 189
agua m 144, 238
agua de colonia m 41
agua del grifo m 144
agua embotellada m 144
agua mineral m 144
aguacate m 128
aguamarina f 288
aguanieve f 286
aguarrás m 83
águila f 292
aguja f 109, 276, 300
aguja de ganchillo f 277
aguja de la hora f 304
aguja de tejer f 277
agujero negro m 280
ahogarse 47, 239
ahora 304
ahorros m 96
ahumado 118, 121, 143, 159
aikido m 236
airbag m 201
aire acondicionado m 200
airear 91
aislamiento m 61
ajedrez m 272
ajo m 125, 132
al otro lado de 320
al lado de 320
al vapor 159
ala f 210, 293
ala m 119
ala delta m 248
alambre m 79, 89
álamo m 296
alargador m 78
alarma antirrobo f 58
alarma contra incendios f 95
Alaska 314
alba m 305
albahaca f 133
Albania 316
albañil m 186, 188
albaricoque m 126
albóndigas f 158
albornoz m 73
álbum de fotos m 271
alcachofa f 89, 124
alcachofa de la ducha f 72
alcantarilla f 299
alcaparras f 143
alcázar m 214
alcorza f 141

aldaba f 59
Alemania 316
alerce m 296
alergia f 44
alero m 58
alerón m 210
aleta f 210, 239, 292
aleta dorsal f 294
aleta pectoral f 294
aletas de raya f 120
alfalfa f 184
alfil m 272
alfiler m 276
alfiler de corbata m 36
alfiletero m 276
alfombra f 63
alfombrilla de baño f 72
Algeria 317
algodón m 184, 277
alguacil m 180
alhelí m 110
alicatar 82
alicates m 80
alimentos m 118, 130
alimentos embotellados m 134
aliñado 159
aliño m 158
alisar 39, 79
almacén m 216
almanaque m 306
almeja f 121
almendra f 122, 129
almendras f 151
almohada f 70
almohadilla f 15
almohadilla de la tinta f 173
alquilar 58
alquiler m 58
alquiler de coches m 213
alrededor de 320
altavoz m 176, 258, 268
alternador m 203
altitud f 211
alto 321
altura f 165
alubia blanca f 131
alubia blanca pequeña f 131
alubia de ojo negro f 131
alubia flageolet f 131
alubia morada f 131
alubia mung f 131
alubia pinta f 131
alubia roja f 131
alubias f 131
aluminio m 289
alumno m 162
amanecer f 305
amapola f 297
amargo 124, 127
amarillo 274

amarrar 217
amasar 138
amatista f 288
Amazonas m 312
ambulancero m 94
ambulancia f 94
América del Norte y Central 314
americana f 33
amigo m 24
amigo por correspondencia m 24
amniocentesis f 52
amperio m 60
ampliación f 58, 271
ampliar 172
amplificador m 268
ampolla f 46
anacardo m 129
anacardos m 151
analgésico m 109
analgésicos m 47
análisis m 49
análisis de sangre m 48
ancho 321
anchura f 165
ancla f 214, 240
andamio m 186
andén m 208
Andes m 312
Andorra 316
anestesista m/f 48
anfibios m 294
anfiteatro m 169
anfitrión m 64
anfitriona f 64
Angola 317
anguila f 294
ángulo m 164
anillas f 89, 235
anillo m 36
animadora f 220
animales m 292, 294
anís estrellado m 133
aniversario m 26
anochecer m 305
antebrazo m 12
antecedentes m 181
antena f 295
antena de radio f 214
antena parabólica f 269
antes 320
antes de 320
antes de ayer 307
antiadherente 69
antiarrugas 41
anticoncepción f 21, 52
anticongelante m 199, 203
Antigua y Barbuda 314
antiinflamatorio m 109
anual 86, 307

344 english • español • *português*

SPANISH INDEX • ÍNDICE ESPAÑOL • ÍNDICE ESPANHOL

anular *m* 15
anuncio *m* 269
anzuelo *m* 244
año *m* 306
Año Nuevo *m* 27
apagado 99
apagar 141
apagar la televisión 269
apaisado 271
aparato corrector *m* 50
aparato de vídeo *m* 269
aparatos eléctricos *m* 105
aparcamiento *m* 298
aparcamiento para minusválidos *m* 195
aparcar 195
aparejos *m* 245
apelación *f* 181
apéndice *m* 18
aperitivo *m* 153
aperitivos *m* 151
ápice *m* 165
apio *m* 122
apio-nabo *m* 124
apisonadora *f* 187
aplaudir 255
aplicación *f* 176
aplique *m* 62
apoyabrazos *m* 210
aprender 163
apuesta *f* 273
apuntalar 91
aquijón *m* 295
Arabia Saudita 318
arándano *m* 127
arándano rojo *m* 127
arandela *f* 80
araña *f* 295
arañazo *m* 46
arar 183
árbitro *m* 222, 225, 226, 229
árbol *m* 86, 296
arbusto de flor *m* 87
arce *m* 296
arcén *m* 194
archivador *m* 172
archivador suspendido *m* 173
arcilla *f* 85, 275
arco *m* 85, 164, 249, 301
arco del empeine *m* 15
arcoiris *m* 287
ardilla *f* 290
área *f* 165, 310
área de juegos *m* 263
área de meta *f* 223
área de penalty *f* 223
arena *f* 85, 264
arenques ahumados *m* 157
argamasa *f* 187
Argentina 315
aritmética *f* 165
armario *m* 66, 70
armario de las medicinas *m* 72

armario empotrado *m* 71
armario para clasificar la basura *m* 61
armazón *m* 230
Armenia 318
aro *m* 226
aromaterapia *f* 55
arquitecto *m* 190
arquitectura *f* 300
arquitrabe *m* 301
arrancar 82
arrecife de coral *m* 285
arreglos *m* 111
arresto *m* 94
arriate de plantas herbáceas *m* 85
arriba 320
arroyo *m* 285
arroz *m* 130, 158, 184
arroz bomba *m* 130
arroz con leche *m* 140
arroz integral *m* 130
arroz largo *m* 130
arroz salvaje *m* 130
arruga *f* 15
art déco 301
arte *m* 162
arteria *f* 19
artes marciales *f* 237
articulación *f* 17
artículos de aseo *m* 107
artículos de tocador *m* 41
artículos deportivos *m* 105
artículos para el bebé *m* 107
as *m* 230, 273
asa *f* 88, 106
asa *m* 36
asado *m* 119, 158
asalto *m* 237
asar 67
asar a la parrilla 67
asas *f* 37
ascensor *m* 59, 100, 104
aseos *m* 104, 266
asesora financiera *f* 97
asesoría jurídica *f* 180
asfalto *m* 187
Asia 318
asiento *m* 64, 204, 209, 210
asiento del conductor *m* 196
asiento trasero *m* 200, 204
asistir 174
asma *m* 44
aspa *f* 211
aspecto *m* 30
aspersor *m* 89
aspiradora *f* 77, 188
asta *f* 291
asteroide *m* 280
astigmatismo *m* 51
astilla *f* 46
astillero *m* 217

astronauta *m* 281
astronomía *f* 281
asustado 25
ataque *m* 220
atasco de tráfico *m* 195
aterrizar 211
ático *m* 58
atleta *f* 234
atletismo *m* 234
atmósfera *f* 282, 286
atracar 217
atracción turística *f* 260
atrio *m* 104
atún *m* 120
auditor *m* 180
aula *f* 162
auricular *m* 99
auriculares *m* 268
aurora *f* 286
Australasia 319
Australia 319
Austria 316
autobús *m* 196
autobús de dos pisos *m* 196
autobús de enlace *m* 197
autobús escolar *m* 196
autobús turístico *m* 197, 260
autobuses *m* 196
autocar *m* 196
autocue *m* 179
automático 200
automovilismo *m* 249
autopista *f* 194
autovía *f* 195
avalancha *f* 247
avance rápido *m* 269
avellana *f* 129
avena *f* 130
avenida *f* 299
avergonzado 25
avería *f* 203
aves *f* 292
avestruz *f* 292
avión *m* 210
avión de línea *m* 212
avión de pasajeros *m* 210
avión supersónico *m* 211
avioneta *f* 211
avispa *f* 295
axila *f* 13
ayer 306
ayudante *f* 24
ayudante del chef *m* 152
ayuntamiento *m* 299
ayurveda *f* 55
azabache *m* 288
azada *f* 88
azafata *f* 190
azafata de vuelo *f* 210
azafrán *m* 132
azada *f* 110
azufre *m* 289
azul 274
azul añil 274

B

babero *m* 30
babosa *f* 295
baca *f* 198
baca para bicicletas *f* 207
bacalao *m* 120
backgammon *m* 272
backswing *m* 233
bacon *m* 118, 157
bádminton *m* 231
baguette *f* 138
Bahamas 314
bailarina *f* 191
bajar 177
bajo 320, 321
bajo *m* 258
bajo par *m* 233
bala *f* 184
balancín *m* 263
balanza *f* 310
balanza de cocina *f* 69
balanza de muelle *f* 166
balcón *m* 59
baliza *f* 298
ballena *f* 290
ballet *m* 255
balón *m* 220, 221, 222, 226
baloncesto *m* 226
balonvolea *m* 227
balsa salvavidas *f* 240
bambú *m* 86, 122
banco *m* 96, 250, 262
banco de trabajo *m* 78
banda de paseo *f* 250
banda de rodadura *f* 207
banda sonora *f* 255
bandeja *f* 152, 154, 210, 310
bandeja de entrada *f* 172, 177
bandeja de horno *f* 69
bandeja de salida *f* 172
bandeja del desayuno *f* 101
bandeja para el papel *f* 172
bandeja para la pintura *f* 83
bandera *f* 221
bandera de esquina *f* 223
banderola *f* 232
Bangladesh 318
banquillo *m* 229
bañador *m* 238, 265
bañera *f* 72
bañera de plástico *f* 74
bar *m* 148, 150, 152
bar mitzvah *m* 26
baraja de cartas *f* 273
barajar 273
barandilla *f* 59, 196
barbacoa *f* 267
Barbados 314
barbero *m* 39, 188
barbilla *f* 14
barca de remos *m* 214

barco *f* 214
barco de vela *m* 215
barco de guerra *m* 215
barco de pesca *m* 217
barniz *m* 79, 83
barra *f* 139, 150, 250, 256
barra de acceso *f* 177
barra de desplazamiento *f* 177
barra de equilibrio *f* 235
barra de labios *f* 40
barra de pesas *f* 251
barra del menú *f* 177
barra fija *f* 235
barrer 77
barrera 209, 222
barrera contra el viento *f* 265
barrera de seguridad *f* 75, 195, 246
barrita *f* 113
barroco 301
barrotes *m* 74
basalto *m* 288
báscula *f* 45, 53, 69, 98, 166
base *f* 99, 164, 229
base *m* 228
base del bateador *f* 228
bastidor *m* 277
bastidores *m* 254
bastón *m* 246
bata *f* 31, 32, 38
bate *m* 225, 228
bateador *m* 225, 228
batear 225, 229
batería *f* 78, 202, 258
batería *m* 258
batido *m* 137
batido al café *m* 149
batido de chocolate *m* 149
batido de fresa *m* 149
batidor de varillas *m* 68
batir 67
batir un récord 234
batuta *f* 256
bautizo *m* 26
baya *m* 296
bazo *m* 18
bebé *m* 23, 30
bebida malteada *f* 144
bebidas *f* 144, 107, 156
bebidas alcohólicas *f* 145
bebidas calientes *f* 144
beca *f* 169
béisbol *m* 228
Belarús 316
Bélgica 315
Belice 314
belleza *f* 40
bemol 256
bengala *f* 240
Benin 317
berberecho *m* 121
berenjena *f* 125

english • **español** • *português*   345

SPANISH INDEX • ÍNDICE ESPAÑOL • ÍNDICE ESPANHOL

berro *m* 123
berza *f* 123
besugo *m* 120
Bhutan 318
biatlón *m* 247
biberón *m* 75
biblioteca *f* 168, 299
bibliotecaria *f* 168
bibliotecario *m* 190
bíceps *m* 16
bicicleta *f* 206
bicicleta de carreras *f* 206
bicicleta de montaña *f* 206
bicicleta de paseo *f* 206
bicicleta fija *f* 250
bidé *m* 72
bienal 86
bifocal 51
bigotes *m* 290
bikini *m* 264
billar *m* 249
billar americano *m* 249
billete *m* 97, 209, 213
billete de autobús *m* 197
billetes de lotería *m* 112
biología *f* 162
biológico 91, 118, 122
biombo *m* 63
biplano *m* 211
Birmania 318
bis *m* 255
biscote *m* 139
bisturí *m* 167
blanco 39, 145, 272, 274
blando 129, 321
bloc de apuntes *m* 173
bloc de dibujo *m* 275
bloque de hormigón *m* 187
bloquear 227
blues *m* 259
blusa *f* 34
bobina *f* 276
bobsleigh *m* 247
boca *f* 14
boca de agua *f* 95
boca de alcantarilla *f* 299
bocadillo *m* 155
bocado *m* 242
boceto *m* 275
bocina *f* 201
boda *f* 26, 35
bodega *f* 177
body *m* 30
bol *m* 65
bola *f* 149
bola de bowling *f* 249
bolas de algodón *f* 41
bolígrafo *m* 163
bolillo *m* 277
Bolivia 315
bollo *m* 139, 140, 155
bolo *m* 249
bolos *m* 249
bolsa *f* 291, 311

bolsa de agua caliente *f* 70
bolsa de golf *f* 233
bolsa de la compra *f* 106
bolsa de plástico *f* 122
bolsa de playa *f* 264
bolsa de valores *f* 97
bolsa de viaje *f* 37
bolsa del bebé *f* 75
bolsa para la hierba *f* 88
bolsillo *m* 32
bolsita de té *f* 144
bolso *m* 37
bolso de mano *m* 37
bolsos *m* 37
bomba *f* 207
bomba del aire *f* 199
bombardero *m* 211
bombero *m* 189
bomberos *m* 95
bombilla *f* 60
bombón *m* 113
bongos *m* 257
boniato *m* 125
boquilla *f* 89
bordado *m* 277
bordado en cañamazo *m* 277
borde del ocular *m* 269
bordillo *m* 298
borla *f* 40
borrén *m* 242
Bosnia y Herzegovina 316
bosque *m* 285
bostezar 25
bota *f* 220, 223
bota de esquí *f* 246
bota de montar *f* 242
bota de trekking *f* 37
botar 227
botas altas de goma *f* 244
botas de agua *f* 31
botas de goma *f* 89
botas de trekking *f* 267
botavara *f* 240
bote salvavida *m* 214
botella *f* 61, 135, 311
botella de aire *f* 239
botella del agua *f* 206
botiquín *m* 47
botón *m* 32
botón de ajuste *m* 167
botón de parada *m* 197
botón para grabar *m* 269
botón para rebobinar *m* 269
botones *m* 100
Botswana 317
boutique *f* 115
bóveda *f* 300
boxeo *m* 236
boya *f* 217
bragas *f* 35
braguitas de plástico *f* 30
Brasil 315

braza *f* 239
brazada *f* 239
brazal *m* 45
brazo *m* 13, 95
brezo *m* 297
brida *f* 242
bridge *m* 273
brie *m* 142
brillo de labios *m* 40
brillo del sol *m* 286
broca *f* 78
broca de albañilería *f* 80
broca de seguridad *f* 80
broca para madera *f* 80
broca para metal *f* 80
brocas *f* 80
brocas para madera *f* 80
brocha *f* 40, 83
brocha de cocina *f* 69
brocha de empapelador *f* 82
brocha de encolar *f* 82
broche *m* 36
brócoli *m* 123
bronce *m* 235
bronceado *m* 41
brotes de soja *m* 122
brújula *f* 240, 312
Brunei 319
buceo *m* 239
buenas noches 322
buenas tardes 322
bueno 321
buenos días 322
bufanda *f* 31
bufete *m* 180
buffet *m* 152
buffet de desayuno *m* 156
buggy *m* 232
búho *m* 292
bujía *f* 203
bulbo *m* 86
Bulgaria 316
búnker *m* 232
buque de carga *m* 215
buque portacontenedores *f* 215
Burquina Faso 317
burro *m* 185
Burundi 317
buscar 177
butaca *f* 254
butacas *f* 254
buzo *m* 30
buzón *m* 58, 99
bytes *m* 176

C

caballa *f* 120
caballete *m* 174, 274
caballito de mar *m* 294
caballo *m* 185, 235, 242, 272
caballo con arcos *m* 235
caballo de carreras *m* 243

cabecero *m* 70
cabestrillo *m* 46
cabestro *m* 243
cabeza *f* 12, 19, 81, 230
cabezal *m* 78
cabezales de destornillador *m* 80
cabezuela *f* 122
cabina *f* 95, 210
cabina de pilotaje *f* 210
cabina del conductor *f* 208
cabina telefónica *f* 99
Cabinda 317
cable *m* 79, 207
cable de alimentación *m* 176
cables *m* 60
cabra *f* 185
cabrestante *m* 214
cabrito *m* 185
cacahuete *m* 129
cacahuetes *m* 151
cacao *m* 156
cacao en polvo *m* 148
cacatúa *f* 293
cachorro *m* 290
cactus *m* 87
caddy *m* 233
cadena *f* 36, 59, 206
cadena montañosa *f* 282
cadera *f* 12
café *m* 144, 148, 153, 156, 184
café con hielo *m* 148
café con leche *m* 148
café de cafetera eléctrica *m* 148
café molido *m* 144
café solo *m* 148
cafetera de émbolo *f* 65
cafetería *f* 148, 262
cafetería con mesas fuera *f* 148
caída *f* 237
caimán *m* 293
caja *f* 106, 150
caja archivador *f* 173
caja de aparejos *f* 244
caja de bombones *f* 113
caja de cambios *f* 202, 204
caja de fusibles *f* 203
caja de herramientas *f* 80
caja de los fusibles *f* 60
caja de pañuelos de papel 70
caja para cortar en inglete *f* 81
caja torácica *m* 17
cajero *m* 96, 106
cajero automático *m* 97
cajón *m* 66, 70, 172
cajón de las verduras *m* 67
cajón de salida *m* 234, 238

cajonera *f* 172
calabacín *m* 125
calabacín gigante *m* 124
calabaza *f* 125
calabaza bellota *f* 125
calamar *m* 121, 295
calambres *m* 44
calcetines *m* 33
calcio *m* 109
calcita *f* 289
calculadora *f* 165
caldera *f* 61
caldo *m* 158
calentador de convección *m* 60
cálido 286
caliente 321
cáliz *m* 297
calle *f* 232, 234, 238, 298
calle de sentido único *f* 298
calle lateral *f* 299
callejón *m* 298
calmante *m* 109
caluroso 286
calvo 39
calzapié *m* 207
calzoncillos *m* 33
calzoncillos de pata *m* 33
cama *f* 70
cama de matrimonio *f* 71
cama de rayos ultravioletas *f* 41
cama individual *f* 71
cámara *f* 178, 207, 283
cámara *m* 178
cámara APS *f* 270
cámara de canal 269
cámara de vídeo *f* 260, 269
cámara desechable *f* 270
cámara digital *f* 270
cámara Polaroid *f* 270
cámara réflex *f* 270
camarera *f* 191
camarero *m* 148, 150, 152, 191
camarote *f* 214
cambiador *m* 74
cambiar 209
cambiar de canal 269
cambiar de marcha 207
cambiar una rueda 203
Camboya 318
camello *m* 291
camembert *m* 142
Camerún 317
camilla *f* 48, 94
camino *m* 58, 85
camión *m* 194
camión volquete *m* 187
camionero *m* 190
camisa *f* 32
camiseta *f* 33, 251

SPANISH INDEX • ÍNDICE ESPAÑOL • ÍNDICE ESPANHOL

camiseta de tirantes f 35
camiseta interior f 33
camisola f 35
camisón m 31, 35
campari m 145
campeonato m 230
cámper f 266
camping m 268
campo m 182, 220, 222, 225, 228, 234
campo de críquet m 225
campo de deportes m 168
campo de golf m 232
campo de rugby m 221
campus m 168
Canadá 314
canal m 178, 269
canal de pay per view m 269
canalón m 58
canario m 292
canasta f 226
cancha f 226
canción f 259
candado m 207
canela f 133
cangrejo m 121, 295
cangrejo de río m 121
canguro m 291
canoa f 214
cantante m 258
cantante f 191
cantidad f 96
cantimplora f 267
canto m 246
caña f 91
caña de azúcar f 184
caña de pescar f 244
caña del timón f 240
cañas f 89
capa de ozono f 286
capa superior de la tierra f 85
capacidad f 311
caparazón m 293
capazo m 75
capital f 315
capitán m 214
capitán del puerto m 217
capó m 198
capoeira f 237
capota f 75
cápsula f 109
cápsula de Petri f 166
captafaros m 204, 207
cappuccino m 148
capucha f 31
capullo m 111, 295, 297
caqui m 128
cara f 14
carabola f 128
caracol m 295
carámbano m 287
caramelo m 113
caramelo blando m 113

caramelos m 113
caramelos duros m 113
carbón m 288
carbón vegetal m 266
carboncillo m 275
carcaj m 249
cárcel f 181
cardamono m 132
cardiología f 49
cardiovascular 19
cardo m 297
careta f 236
carga f 216
cargar 76
cargo m 94, 180
caries f 50
carnaval m 27
carne f 119
carne blanca f 118
carne de caza f 119
carne de vaca f 118
carne fresca f 142
carne magra f 118
carne picada f 119
carne roja f 118
carne y las aves f 106
carnicería f 114
carnicero m 118, 188
carpa koi f 294
carpeta f 172, 177
carpeta de acordeón f 173
carpeta de anillas f 173
carpintero m 188
carrera f 169, 228, 234
carrera al trote f 243
carrera de caballos f 243
carrera de carrozas f 243
carrera de motoras f 241
carrera de obstáculos f 243
carrera de relevos f 235
carrera de vallas f 235
carrera sin obstáculos f 243
carrete m 244, 245, 271
carrete de hilo m 276
carretera de acceso f 216
carreteras f 194
carretilla f 88
carretilla elevadora f 186, 216
carril central m 194
carril de adelantamiento m 194
carril de bicicletas m 206
carril para el tráfico lento m 194
carrito m 100, 208
carrito de golf m 233
carrito de los postres m 152
carro m 106, 213
carta f 98, 148, 153
carta por avión f 98
cartas f 273

cartera f 37, 97, 162, 190
cartero m 98, 190
cartílago m 17
cartón de leche m 136
cartón madera m 79
cartulina f 275
carvi m 131
casa f 58
casa de juguete f 75
casa de labranza f 182
casa de muñecas f 75
casarse 26
cascada f 285
cáscara f 129, 130, 137
casco m 95, 186, 204, 206, 214, 220, 224, 228, 240, 242
caseta f 264
caseta de peaje f 194
casete f 269
casilla f 100, 272
casino m 261
caspa f 39
castaña f 129
castaña de agua f 124
castaño 39
castillo m 300
castillo de arena m 265
catálogo m 168
catamarán m 215
catarata f 51
catcher m 229
catedral f 300
catéter m 53
catorce 308
catre de campaña m 266
cavar 90
caza m 211
cazadora m 33
cazo m 69
cazoleta f 112
cazuela f 69
cazuela de barro f 69
cebada f 130, 184
cebar 245
cebo m 244
cebolla f 124
cebolleta f 125
cebollinos m 133
cebra f 291
cedro m 296
ceja f 14, 51
celda f 94, 181
celebración f 140
celebración de la boda f 26
celebraciones f 27
cemento m 186
cemento blanco m 83
cena f 64
cenicero m 150
ceniza f 283
centésimo 309
centímetro m 310
centrifugadora f 76
centrifugar 76

centro m 122, 164
centro comercial m 104
centro de la diana m 273
centro de salud m 168
centro del campo m 228
ceño fruncido m 25
cepillar 38
cepillarse los dientes 50
cepillo m 38, 77, 81
cepillo de dientes m 72
cepillo para la espalda m 73
cepillo para las cejas m 40
cera f 77
cerámica f 275
cerca 320
cerca f 182
cercado m 242
Cerdeña 316
cerdito m 185
cerdo m 118, 185
cereales m 107, 130, 156
cerebro m 19
ceremonia de graduación f 169
cereza f 126
cerillas f 112
cero 308
cerrado 260, 321
cerrojo m 59
cerveza f 145, 151
cerveza amarga f 145
cerveza negra f 145
cesárea f 52
césped m 85, 86, 90
cesta f 263
cesta f 95, 106, 207
cesta colgante f 84
cesta de fruta f 126
cesta de jardinero f 88
cesto de la colada m 76
cesto de la ropa sucia m 76
cesto de los juguetes m 75
ceta f 85
Chad 317
chaleco m 33
chaleco salvavidas m 240
chalote m 125
champán m 145
champanera f 150
champiñón m 125
champú m 38
chancla f 37
chándal m 31, 32
chapa f 202
chaqueta f 32, 34
chaqueta sport f 33
chaquetón m 31, 33
charcutería f 107, 142
chasis m 203
cheddar m 142
chef m 152, 190

cheque m 96
cheque de viaje m 97
chica f 23
chichonera f 74
chicle m 113
chico m 23
Chile 315
chimenea f 58, 63, 214, 283
China 318
chincheta f 173
Chipre 316
chirivía f 125
chocolate blanco m 113
chocolate caliente m 144
chocolate con leche m 113
chocolate negro m 113
chocolate para untar m 135
chorizo m 143
chorro de agua m 95
chubasco m 286
chuleta f 119
chutar 221, 223
chutney m 134
ciclismo m 263
ciempiés m 295
cien 308
cien mil 308
ciencias f 162, 166
ciencias económicas f 169
cieno m 85
científico m 190
ciento diez 308
cierre m 36, 37
cierre de seguridad m 75
ciervo m 291
cigarrillos m 112
cigüeña f 292
cilantro m 133
cilindro m 164
cincel m 81, 275
cincha f 242
cinco 308
cincuenta 308
cincuenta mil 309
cincuenta y cinco mil quinientos 309
cine m 255, 299
cinta f 27, 111, 141, 235
cinta adhesiva protectora f 83
cinta aislante f 81
cinta de equipajes f 212
cinta de vídeo f 269
cinta métrica f 80, 276
cinta para el pie f 241
cinta reflectante f 205
cinta transportadora f 106
cintura f 12
cinturilla f 35
cinturón m 32, 36, 236
cinturón de las herramientas m 186
cinturón de pesas m 239

español

english • español • português 347

SPANISH INDEX • ÍNDICE ESPAÑOL • ÍNDICE ESPANHOL

cinturón de seguridad m 198, 211
cinturón negro m 237
círculo m 165
círculo central m 222, 224, 226
círculo de face-off m 224
círculo Polar Ártico m 283
circunferencia f 164
ciruela f 126
ciruela pasa f 129
cirugía f 48
cirugía plástica f 49
cirujano m 48
cisne m 293
cisterna f 61
cita f 45, 175
citación f 180
cítricos m 126
citronela f 133
ciudad f 298, 299
Ciudad del Vaticano 316
cizalla f 89
claqueta f 179
clara f 137
clarinete m 257
clarinete bajo m 257
claro 41, 321
clase preferente f 211
clase turista f 211
clavar con el martillo 79
clave de fa f 256
clave de sol f 256
clavel m 110
clavícula f 17
clavija f 60, 259, 266
clavo m 80
clavos m 133, 233
claxon m 204
cliente m 96, 104, 106, 152, 175, 180
cliente f 38
clínica f 48
clip m 173
clítoris m 20
club m 232
club sandwich m 155
cobertizo m 84, 182
cobrar 97
cobre m 289
cocer a fuego lento 67
cocer al horno 67
cocer al vapor 67
coche m 198, 200
coche de bomberos m 95
coche de cinco puertas m 199
coche de época m 199
coche de policía m 94
coche deportivo m 198
coche descapotable m 199
coche ranchera m 199
cochecama m 209
cochecito de niños m 75
cocido en el horno 159

cocina f 66, 152, 214
cocinar 67
coco m 129
cocodrilo m 293
cóctel m 151
coctelera f 150
código de barras m 106
código postal m 98
codo m 13
codorniz f 119
coger 91, 220, 227, 229, 245
coger con la red 245
coger prestado 168
coito m 20
cojín m 62
col f 123
col rizada f 123
cola f 35, 121, 144, 210, 242, 275, 280, 290, 294
cola de caballo f 39
cola de carpintero f 78
cola para empapelar f 82
colada f 76
colador m 68
colcha f 70, 71
colchón m 70, 74
colchoneta f 54, 235, 267
colegial m 162
colegiala f 162
colegio m 162, 299
colegio mayor m 168
coles de bruselas f 122
coletas f 39
colgante m 36
colibrí m 292
coliflor f 124
colina f 284
colinabo m 123
collage m 275
collar m 36
collar de perlas m 36
collarín m 46
colmillo m 50, 291
Colombia 315
colonia f 315
colores m 39, 274
colorete m 40
columna f 300
columpios m 263
colza f 184
comadrona f 53
combate m 237
combinación f 35
comedero m 183
comedia f 255
comedor m 64
comer 64
cometa m 280
comida f 64, 75, 149
comida de negocios f 175
comida para animales f 107
comida principal f 158
comida rápida f 154

comino m 132
comisario m 94
comisión f 97
comisión bancaria f 96
cómo se declara el acusado 180
cómoda f 70
comodín m 273
Comoros 317
compact disc m 269
compacto m 199
compañero m 24
compañero/-a m/f 23
compartimento del carrete m 270
compartimento portaequipajes m 210
compás m 165
complejo vitamínico m 109
completo 266
compra f 106
compras f 104
compresa f 108
comunicaciones f 98
comunicando 99
con 320
con aros m 35
con brillo 83, 271
con corriente 60
con gas 144
con hielo y limón 151
con los hombros al aire 35
con plomo 199
concebir 20
concepción f 52
concha f 265
concierto m 255, 258
concierto de rock m 258
concurso m 178
concurso de saltos m 243
condón m 21
conducir 195
conducto seminal m 21
conductor m 196
conductor de autobús m 190
conectar 177
conejo m 118, 290
conexión f 212
confitería f 107, 114
confituras f 134
confuso 25
congelado 121, 124
congelador m 67
congelados m 107
congelar 67
conglomerado m 288
Congo 317
conífera f 86
conmoción f 46
conmutador de luces m 201
cono m 164, 187
conocido m 24
conseguir un trabajo 26

conservante m 83
conservas f 107
conservatorio m 169
consola f 269
constelación f 281
construcción f 186
construir 186
consulta f 45
contable m 97, 190
contador de la luz m 60
contar 165
contenedor m 216
contenedor de la basura m 266
contento 25
contestador automático m 99
contestar 99, 163
continente m 282, 315
contrabajo m 256, 258
contracción f 52
contrachapado m 79
contrafagote m 257
contrafuerte m 301
contraventana f 58
control de pasaportes m 213
controles m 201, 204, 269
coñac m 145
copa f 152
copa de vino m 65
copas f 150
copiloto m 211
corazón m 18, 119, 127, 273
corbata f 32
Córcega 316
corchete m 30, 276
corcho m 134
cordero m 118, 185
cordón umbilical m 52
cordonera f 37
Corea del Norte 318
Corea del Sur 318
córnea f 51
córner m 223
cornisa 300
corno de caza m 257
corno inglés m 257
coro m 301
corona f 50, 111
corral m 182
correa f 37
correa del calzapié f 207
correa del disco f 203
correa del ventilador f 203
correo certificado m 98
correo electrónico m 98, 177
correr 228
correr en parada 251
corriente alterna f 60
corriente continua f 60
corriente eléctrica f 60
corsé m 35
corsé con liguero m 35

cortaalambres m 80
cortacésped m 88, 90
cortar 38, 67, 79, 277
cortar el césped 90
cortar las puntas 39
cortatuberías m 81
cortaúñas m 41
corte m 46
corte de luz m 60
cortes m 119
corteza f 126, 127, 136, 139, 142, 282, 296
cortina f 63
cortina de ducha f 72
corto 33, 130, 151
cosecha f 183
cosechadora f 182
cosechar 91
cosechas f 184
coser 277
costa f 285
Costa de Marfil 317
Costa Rica 314
costilla f 17, 119
costillas f 155
costura f 34
costurera f 277
costurero m 276
coxis m 17
CPU f 176
cráneo m 17
cráter m 283
crema f 109
crema autobronceadora f 41
crema bronceadora f 265
crema de limón f 134
crema hidratante f 41
crema para la cara f 73
crema para las escoceduras f 74
crema pastelera f 140
crema protectora f 108, 265
crema protectora total f 108
cremallera f 277
crepe f 155
crepes m 157
cría f 290
criba f 89
cribar 91, 138
crimen m 94
criminal m 181
crin f 242
crin/melena f 291
críquet m 225
crisantemo m 110
crisol m 166
cristal m 51
cristalería f 64
cristaloterapia m 55
Croacia 316
croissant m 156
crol m 239
cronómetro m 166, 234
cruce m 298

348 english • español • português

SPANISH INDEX • ÍNDICE ESPAÑOL • ÍNDICE ESPANHOL

crudo 124, 129
cuaderno m 163, 172
cuadra f 243
cuadrado m 164
cuadragésimo 309
cuádriceps m 16
cuadro m 62, 206, 261, 274
cuarenta 308
cuarenta iguales m 230
cuarenta minutos 304
cuarto 309
cuarto de baño m 72
cuarto de baño privado m 100
cuarto de estar m 62
cuarto de galón m 311
cuarto oscuro m 271
cuarto para cambiar a los bebés m 104
cuarzo m 289
cuatro 308
cuatrocientos 308
Cuba 314
cubierta f 206, 214, 240
cubierto m 65
cubierto de chocolate 140
cubiertos m 64
cúbito m 17
cubito de hielo m 151
cubo m 77, 82, 164, 265
cubo de basura m 67
cubo de la basura m 61
cubo para reciclar m 61
cubrecanapé m 71
cubrir la tierra 91
cucaracha f 295
cuchara f 65
cuchara de madera f 68
cuchara de servir f 68
cuchara medidora f 109
cuchara para helado f 68
cuchara sopera f 65
cucharilla de café f 65, 153
cucharón m 68
cuchilla f 66, 78
cuchilla de afeitar desechable f 73
cuchillo m 65
cuchillo de cocina m 68
cuchillo de sierra m 68
cuello m 12, 32
cuello de pico m 33
cuello del útero m 20
cuello redondo m 33
cuello uterino m 52
cuenco m 69
cuenco mezclador m 66
cuenta f 152
cuenta corriente f 96
cuenta de ahorros f 97
cuenta de correo f 177
cuentagotas m 109, 167
cuentakilómetros m 201, 204

cuentarevoluciones m 201
cuerda f 230, 248, 256, 258, 266
cuerda de plomada f 82
cuerda para tender la ropa f 76
cuerdas vocales f 19
cuerno m 291
cuero cabelludo m 39
cuerpo m 12
cuerpos geométricos m 164
cuervo m 292
cueva f 284
cuidado de la piel m 108
cuidado del bebé m 74
cuidado dental m 108
cuidar 91
culata f 202
culpable 181
cultivador m 182
cultivar 91
cumpleaños m 27
cuna f 74
cuñada f 23
cuñado m 23
cúpula f 300
curado 118, 143, 159
cúrcuma f 132
curling m 247
curry m 158
curry en polvo m 132
curso m 163
curvo 165
cuscús m 130
cúter m 80, 82
cutícula f 15
cutis m 41

D

dado de alta 48
dados m 272
damas f 272
dar 273
dar de comer 183
dar el pecho 53
dar marcha atrás 195
dardos m 273
darse un baño 72
darse una ducha 72
dársena f 216
dátil m 129
de 320
de cristal 69
de cuatro puertas 200
de fácil cocción 130
de granja 118
de hoja caduca 86
de hoja perenne 86
de mucho viento 286
de nada 322
de preparación al parto 52
de sentido único 194
de temporada 129
de tres puertas 200

de vestir 34
debajo de 320
deberes m 163
débil 321
década f 307
décimo 309
décimo noveno 309
décimo octavo 309
decimocuarto 309
decimoquinto 309
decimoséptimo 309
decimosexto 309
decimotercero 309
declaración f 180
decoración f 82, 141
decorado m 254
dedal m 276
dedalera f 297
dedo corazón m 15
dedo del pie m 15
dedo gordo del pie m 15
dedo pequeño del pie m 15
defender 229
defensa m 223
defensa f 181, 220
defensa personal f 237
dejada f 230
delantal m 30, 50, 69
delante de 320
delantero m 222
deletrear 162
delfín m 290
delgado 321
deltoides m 16
denominador m 165
dentadura postiza f 50
dentista m 189
dentista m 50
dentro 320
dentro de 320
denuncia f 94
departamento m 169
departamento de atención al cliente m 175
departamento de contabilidad m 175
departamento de márketing m 175
departamento de recursos humanos m 175
departamento de ventas m 175
departamento legal m 175
dependienta f 188
dependiente m 104
depilación a la cera f 41
deportes m 220, 236, 248
deportes acuáticos m 241
deportes de combate m 236
deportes de invierno m 247

deportista m 191
deportivo 200
depósito del aceite m 204
depósito del limpiaparabrisas m 202
depósito del líquido de frenos m 202
depósito del líquido refrigerante m 202
derecha f 260
derecho m 169, 180, 231
dermatología f 49
derrame cerebral m 44
derribo m 237
desagüe m 61, 72
desatascador m 81
desayuno m 64, 156
desayuno inglés m 157
descansillo m 59
descanso m 223
descarga eléctrica f 46
descenso m 247
descongelar 67
descorazonador m 68
descoser 277
descubierto 260
descubierto m 96
desde 320
desecado 129
desechable 109
desembarcar 217
desenfocado 271
desfiladero m 284
desfile m 27
desierto m 285
desinfectante m 47
desmayarse 25, 44
desodorante m 73
desodorantes m 108
despacho m 63
despegar 211
desperdicios orgánicos m 61
despertarse 71
desplantador m 89
después 320
destino m 213
destornillador m 80
destornillador de estrella m 81
desvío m 195
detective m 94
detector de humos m 95
detergente m 77
detrás de 320
día m 305, 306
día de Acción de Gracias m 27
día de Halloween m 27
día laborable 304
diabetes f 44
diadema f 38
diafragma m 19, 21
diagonal f 164
diamante m 288

diámetro m 164
diana f 249, 273
diarrea f 44, 109
dibujar 162
dibujo m 275
dibujos animados m 178
diccionario m 163
diciembre 306
diecinueve 308
dieciocho 308
dieciséis 308
diecisiete 308
diente m 50, 125
diente de la rueda m 206
diente de león m 123, 297
diesel m 199
diez 308
diez mil 309
difícil 321
digestivo 19
digital 269
dilatación f 52
Dinamarca 316
dinamo f 207
dinero m 97
dintel m 186
dioptría f 51
diploma m 169
dique seco m 217
dirección f 98
dirección de correo electrónico f 177
director m 163, 174, 254
director de banco m 96
director de orquesta m 256
director general m 175
directorio m 104
discman m 269
disco m 224
disco de DVD m 269
disco duro m 176
discos protectores m 53
discutir 163
diseñador m 277
diseñadora f 191
diseñar 91
disolvente m 83
disparador m 270
dispensario m 108
dispositivo intrauterino DIU m 21
disquete m 176
distancia f 310
distribuidor m 203
distrito m 315
dividendos m 97
dividido por 165
dividir 165
divisas f 97
divisor m 173
divorcio m 26
Diwali m 27
Djibouti 317
dobladillo m 34

english • español • português 349

SPANISH INDEX • ÍNDICE ESPAÑOL • ÍNDICE ESPANHOL

doble techo m 266
doce 308
doctorado m 169
documental m 178
documento adjunto m 177
dolor de cabeza m 44
dolor de estómago m 44
dolor de muelas m 50
doma y monta f 243
domiciliación bancaria f 96
domingo 306
Dominica 314
dominó m 273
dormirse 71
dormitorio m 70
dorsal m 16
dos 308
dos en punto 304
dos mil 307
dos mil uno 307
doscientos 308
dosis f 109
drenaje m 91
ducha f 72
duchas f 266
dulce 124, 127,155
duodécimo 309
duodeno m 18
duro 129, 321

E

eccema m 44
echar 67
eclipse m 280
ecografía f 48, 52
ecuación f 165
Ecuador 315
ecuador m 283
edificio m 59
edificio de oficinas m 298
edificio de pisos m 298
edificio histórico m 261
edificios m 299
edredón m 71
educación física f 162
efecto m 230
efectos secundarios m 109
Egipto 317
eje m 205, 206
eje de la transmisión m 202
ejecutivo m 174
ejercicio de bíceps m 251
ejercicios f 251
ejercicios de piernas m 251
ejercicios de suelo m 235
ejercicios pectorales f 251
El Salvador 314
electricidad f 60
electricista m 188

electrodo negativo m 167
electrodo positivo m 167
electrodomésticos m 66, 107
elefante m 291
eliminación de desechos f 61
embalse m 300
embarazada 52
embarazo m 52
embarcaciones f 215
embarcadero m 217
embarcar 217
embrague m 200, 204
embrión m 52
embudo m 166
emigrar 26
Emiratos Árabes Unidos 318
emisión f 179
emitir 178
emociones f 25
empapelar 82
empaste m 50
empate m 223
empeine m 15
empezar el colegio 26
empleado m 24
empleado de correos m 98
empleado de la limpieza m 188
empresa f 175
empresaria f 24
en 320
en aceite 143
en almíbar 159
en directo 178
en diferido 178
en filetes 121
en formato vertical 271
en frente de 320
en línea 177
en polvo 77
en salmuera 143
en salsa 159
en vinagre 159
enamorarse 26
encaje m 35, 80
encender la televisión 269
encender una hoguera 266
encendido m 200
enchufe hembra m 60
enchufe macho m 60
encía f 50
enciclopedia f 163
encima de 320
encimera f 66
encinta 52
endibia f 122
endocrino 19
endocrinología f 49
eneldo m 133
enero 306
enfadado 25

enfermedad f 44
enfermedad de transmisión sexual f 20
enfermera f 45, 48, 52, 189
enfocar 271
enhebrar 277
enjuagar 38
enjuague bucal m 72
enrollador de manguera m 89
ensalada f 149
ensalada mixta f 158
ensalada verde f 158
ensayo m 221
enseñanza superior f 168
entarimado m 85
entero 129, 132
entrada f 59
entrante m 153
entrar en el sistema 177
entrar en erupción 283
entre 320
entrega a domicilio f 154
entrenadora personal f 250
entrenamiento m 237
entrenar 251
entrevistador m 179
entusiasmado 25
envenenamiento m 46
enviar 177
envoltorio m 111
enyesar 82
epidural f 52
epiglotis f 19
epilepsia f 44
episiotomía f 52
equipaje m 100, 198, 213
equipaje de mano m 211, 213
equipo m 205, 220, 229, 233, 238
equipo de alta fidelidad m 268
equipo de limpieza m 77
equipo de oficina m 172
equitación f 242, 263
Eritrea 317
erizo m 290
escala f 256
escalada f 248
escalada en hielo f 247
escalera f 59, 95, 186
escalera de mano f 82
escalera mecánica f 104
escalfar 67
escalfado 159
escalpelo f 81
escama f 121, 294
escamas f 293
escáner m 106
escarabajo m 295
escarcha f 287
escardar 91

escariador m 80
escarola f 123
escenario m 254
escoba f 77
escobilla del wáter f 72
escorpión m 295
escota f 241
escote m 34
escotera f 240
escotilla f 281
escribir 162
escritorio m 172, 177
escroto m 21
escuadra f 165
escucha-bebés m 75
escuela de Bellas Artes f 169
escuelas f 169
escultor m 191
escultura f 275
escurridor m 67, 68
esfera f 164
esgrima f 249
eslabón m 36
Eslovaquia 316
Eslovenia 316
esmalte m 50
esmalte de uñas m 41
esmeralda f 288
esófago m 19
espacio m 280
espada f 236
espalda f 13, 239
espaldera f 84
espantapájaros m 184
España 316
esparadrapo m 47
espátula f 68, 167
especialista m 49
especias f 132
espectadores m 233
espejo m 40, 63, 71, 167
espejo retrovisor m 198
esperma m 20
espigón m 217
espina f 121
espina dorsal f 17
espinaca f 123
espinilla f 12
esponja f 73, 74, 83
esponja de luffa f 73
esposas f 94
esprinter m 234
espuma f 148
espuma de afeitar f 73
espumadera f 68
esqueje m 91
esqueleto m 17
esquí m 241, 246
esquí acuático m 241
esquí alpino m 247
esquí de fondo m 247
esquiador acuático m 241
esquiadora f 246
esquina f 298
esquisto m 288

esta semana 307
estabilizador horizontal m 210
establo m 185
estaca f 90
estación de autobuses f 197
estación de policía f 94
estación de radio f 179
estación de tren f 208
estación espacial f 281
estaciones f 306
estadio 223
estado m 315
Estados Unidos de América 314
estambre m 297
estanque m 67, 85, 106, 232
estantería f 63, 168
estantes m 66
estaño m 289
estatuilla f 260
este m 312
estéreo 269
estéril 20, 47
esterilla f 267
esternón m 17
estetoscopio m 45
estilo modernista m 301
estilos m 39, 239, 301
estilos de jardín m 84
estilos musicales m 259
estiramiento m 251
estirar 251
estómago m 18
Estonia 316
estor m 63
estor de láminas m 63
estornudo m 44
estragón m 133
estratosfera f 286
estrecho 321
estrella f 280
estrella de mar f 295
estreno m 254
estrés m 55
estribo m 71, 242
estructura f 267
estructura para escalar f 263
estuario m 285
estuche m 163
estuche para las lentillas m 51
estudiante m 169
estudio m 162
estudio de grabación m 179
estudio de televisión m 178
estufa f 60
etapas f 23
Etiopía 317
etiqueta f 172
etiquetas f 89
eucalipto m 296
Europa 316

350 english • español • português

SPANISH INDEX • ÍNDICE ESPAÑOL • ÍNDICE ESPANHOL

examen m 163
examen de ojos m 51
examen médico m 45
excavadora mecánica f 187
exceso de equipaje m 212
exfoliar 41
exósfera f 286
experimento m 166
exploración espacial f 281
exposición f 261, 271
expulsión f 223
extender con el rodillo 67
exterior m 198, 229
exterior derecho m 229
exterior izquierdo m 228
extintor m 95
extracción f 50
extractor m 66

F
fábrica f 299
fácil 321
facturar 212
fagote m 257
faisán m 119, 293
falda f 30, 34
fallo m 228
falsa torre f 215
falta f 222, 226, 230
familia f 22
fans m 258
faringe f 19
farmacéutica f 189
farmacéutico m 108
farmacia f 108
faro m 198, 205, 207, 217
faro trasero m 207
farola f 298
fax m 98, 172
febrero 306
fecha f 306
fecha de caducidad f 109
fecha de devolución f 168
fecha del juicio f 180
Federación Rusa 318
feijoa f 128
felpudo m 59
femenino 20
fémur m 17
feng shui m 55
feria f 262
ferretería f 114
ferry m 215, 216
fertilización f 20
festivales m 27
feto m 52
fiambre m 118, 142, 143
fianza f 181
fibra f 127
fibra natural f 31
ficha f 272

fichero m 177
fideos m 158
fiebre f 44
fiebre del heno f 44
fiesta de cumpleaños f 27
Fiji 319
fila f 210, 254
filamento m 60
filatelia f 273
filete m 119, 121
filete de lomo m 119
filete de solomillo m 119
filetes de mero m 120
Filipinas 319
filosofía f 169
filtro m 270
filtro de papel m 167
filtro del aire m 202, 204
fin de semana m 306
final m 321
finanzas f 97
Finlandia 316
firma f 96, 98
firme 124
física f 162, 169
fisioterapia f 49
flamenco m 292
flanera f 69
flash m 270
flash electrónico m 270
flauta f 257
flautín m 257
flecha f 249
flexión f 251
flexión con estiramiento f 251
flexionar 251
flor f 297
florentina f 141
flores f 110
flores secas f 111
florete m 249
florista f 188
floristería f 110
florón 300
flotador m 61, 238, 244, 265
foca f 290
foco m 50, 178, 259
folículo m 20
follaje m 110
folleto m 175
folleto de viajes m 212
folletos m 96
fondear 217
fondo m 177
fontanería f 61
fontanero m 188
footing m 251, 263
foque m 240
fórceps m 53, 167
forma física f 250
formas f 164
forro m 32
foso m 300
foso de la orquesta m 254
foto f 271

foto (revelada) f 271
fotocopiar 172
fotofinish f 234
fotografía f 270
fotografiar 271
fotógrafo m 191
fotómetro m 270
fractura f 46
frágil 98
frambuesa f 127
frambuesa Logan f 127
Francia 316
franqueo m 98
frasco de cristal m 166
frecuencia f 179
fregadero m 66
fregador m 61
fregar 77
fregona f 77
freír 67
frenar 207
freno m 200, 204, 206
freno de mano m 203
frente f 14
frente de la cocina m 66
fresa f 127
fresco 121, 127, 130
fresia f 110
friegaplatos m 66
frigorífico m 67
frigorífico congelador m 67
frío 286, 321
friso m 301
frito 159
frito con mucho aceite 159
frito con poco aceite 159
frontal m 16
frontalera f 242
frontón m 300, 301
fruta f 107, 126, 128
fruta con hueso f 126
fruta desecada f 156
fruta en conserva f 134
fruta escarchada f 129
fruta fresca f 157
frutas tropicales f 128
frutero m 188
fruto del pan m 124
frutos secos m 129, 151
fuente f 85, 177
fuente para gratinar f 69
fuera 225, 228, 320
fuera de banda 226
fuera de juego m 223
fuera de pista 247
fuerte 321
full contact m 236
fumar 112
funcionario de prisiones m 181
funda f 51
funda de la almohada f 71
funda de la cámara f 271
funeral m 26

fuselaje m 210
fusible m 60
fusta f 242
fútbol m 222
fútbol americano m 220
futbolista m 222

G
gabardina f 32
Gabón 317
gachas de avena f 157
gafas f 51, 239, 247
gafas de natación f 238
gafas de seguridad f 81
gafas de sol f 51, 265
gafas protectoras f 167
gajo m 126
galápago m 293
galaxia f 280
galería f 254
galleta f 113
galleta de centeno f 156
galletas f 141
gallina f 185
gallinero m 185
gallo m 185
galón m 311
galope m 243
galvanizado 79
gambas peladas f 120
Gambia 317
ganado m 183, 185
ganador m 273
ganar 273
ganchillo m 277
gancho m 118, 187
garaje m 58
garbanzos m 131
garganta f 19
garra f 293
gasa f 47
gasolina f 199
gasolinera f 199
gatito m 290
gato m 290
gaviota f 292
géiser m 285
gel m 38, 109
gel de baño m 73
gel de ducha m 73
gemas f 288
gemelo m 36
gemelos m 23
generación f 23
generador m 60
genitales m 12
gente f 12, 16
geografía f 162
geometría f 165
Georgia 318
gerbera f 110
Ghana 317
giba f 291
gimnasia f 235
gimnasia prepugilística f 251
gimnasia rítmica f 235
gimnasio m 101, 250

gimnasta f 235
gin tonic m 151
ginebra f 145
ginecología f 49
ginecólogo m 52
girasol m 184, 297
giro m 238
giro postal m 98
glaciar m 284
gladiolo m 110
glándula f 19
glándula del tiroides f 18
glasear 139
globo m 230
globo aerostático m 211
glorieta f 195
glúteo m 16
gneis m 288
gofres m 157
golf m 232
golondrina f 292
golosinas f 113
golosinas a granel f 113
golpe m 233, 237
golpear 224
golpes m 231
goma f 163
goma del pelo f 39
goma elástica f 173
gominola f 113
gong m 257
gordo 321
gorila m 291
gorra f 36
gorra de montar f 242
gorrión m 292
gorro de baño m 238
gorro de cocinero m 190
gorro para el sol m 30
gotas f 109
gotero m 53
gótico 301
grabado m 275
grabado con antelación 178
grabadora de minidisks f 268
gracias 322
gráfica del paciente f 48
grafito m 289
gramo m 310
Granada 314
granada f 128
granate m 288
grande 321
grandes almacenes m 105
granero m 182
granito m 288
granizo m 286
granja f 182, 184
granja de ganado porcino f 183
granja avícola f 183
granja de frutales f 183
granja de ganado ovino f 183

SPANISH INDEX • ÍNDICE ESPAÑOL • *ÍNDICE ESPANHOL*

granja de tierras cultivables f 183
granjero m 182
grano m 130
granos m 130, 144
granos procesados m 130
grapadora f 173
grapas f 173
grasa f 119
graso 39, 41
grava f 88
gravedad f 280
Grecia 316
green m 232
grifo m 61, 66
grifo de agua caliente m 72
grifo de agua fría m 72
grifo de la cerveza m 150
grillo m 295
gripe f 44
gris 39, 274
gritar 25
Groenlandia 314
grosella blanca f 127
grosella espinosa f 127
grosella negra f 127
grúa f 187, 203, 216
grúa de la cámara f 178
grueso 321
grulla f 292
guante m 224, 228, 233, 236, 246
guantes m 36
guantes de boxeo m 237
guantes de jardín m 89
guardabarros m 205
guardacostas m 217
guardar 177
guardia de seguridad m 189
guardián del rastrillo m 225
guarnecedor m 88
Guatemala 314
guayaba f 128
Guayana Francesa 315
guía f 172
guía del hilo f 276
guía del viajero f 260
guía turístico m 260
guiar 91
guimbarda f 78
guindilla f 124, 132, 143
Guinea 317
Guinea Ecuatorial 317
Guinea-Bissau 317
guión m 254
guirnalda f 111
guisante m 122
guisantes m 131
guisantes secos m 131
guisantes tiernos m 131
guiso m 158
guitarra eléctrica f 258

guitarrista m 258
gusano m 295
Guyana 315
gypsofila 110

H

haba f 122
habas f 131
habitación f 58
habitación con desayuno incluido f 101
habitación con dos camas individuales f 100
habitación de los niños f 74
habitación doble f 100
habitación individual f 100
habitación privada f 48
habitaciones f 100
hacer agua 239
hacer agujeros con la horquilla 90
hacer amigos 26
hacer ejercicios de calentamiento 251
hacer la cama 71
hacer testamento 26
hacer un chip 233
hacer un drive 233
hacer un pase 223
hacer un swing 232
hacer una entrada 223
hacer una parada 223
hacha f 95
hacha de cocina f 68
hacia 320
hacia arriba 98
haciendo pan 138
Haití 314
halcón m 292
hamaca f 265, 266
hambriento 64
hamburguesa f 154
hamburguesa con patatas fritas f 154
hamburguesa de pollo f 155
hamburguesa vegetariana f 155
hamburguesería f 154
hámster m 290
handicap m 233
hardware m 176
harina blanca f 138, 139
harina con levadura f 139
harina de huesos f 88
harina integral f 138
harina morena f 138
harina para pan f 139
harinas f 138
harpa f 256
hasta 320
hasta la rodilla 34
Hawaii 314
haya f 296
heavy metal m 259

hebilla f 36
hecho puré 159
helada f 287
helado m 137, 149
helecho m 86
hélice f 211, 214
helicóptero m 211
hematites m 289
hematoma m 46
hemisferio norte m 283
hemisferio sur m 283
hemorragia f 46
hemorragia nasal f 44
heno m 184
heno griego m 132
herbicida m 91, 183
herbolario m 55
herboristería f 115
herida f 46
hermana f 22
hermano m 22
herradura f 242
herramienta para modelar f 275
herramientas f 187
herramientas de jardinería f 88
hervidor m 66
hervir a fuego lento 67
hexágono m 164
hidroavión m 211
hidrodeslizador m 215
hidroterapia f 55
hielo m 120, 287
hierba f 55, 86, 262
hierbas f 133, 134
hierbas y las especias f 132
hierro m 109, 289
hígado m 18, 118
higiene dental f 72
higiene femenina f 108
higo m 129
higo chumbo m 128
hija f 22
hijastra f 23
hijastro m 23
hijo m 22
hilo m 276
hilo de bramante m 89
hilo de estaño m 79, 80
hilo dental m 50, 72
hilvanar 277
Himalaya m 313
hinojo m 122, 133
hipermetropía f 51
hipnoterapia f 55
hipoalergénico 41
hipódromo m 243
hipopótamo m 291
hipoteca f 96
hipotenusa f 164
historia f 162
historia del arte f 169
hocico m 293
hockey m 224
hockey sobre hielo m 224

hockey sobre hierba m 224
hogaza f 139
hoguera f 266
hoja f 60, 89, 122, 296
hoja de afeitar f 73
hoja de ingreso f 96
hoja de reintegro f 96
hojaldre m 140
hola 322
hombre m 12, 23
hombre de negocios m 175
hombrera f 35, 225
hombro m 13
homeopatía f 55
homogeneizado 137
Honduras 314
hora f 304
hora de dormir f 74
hora punta f 209
horario m 197, 209, 261
horas f 261
horas de visita f 48
horca f 88
hormiga f 295
hormigonera f 186
hormona f 20
hornear 138
hornillo m 267
horno m 66
horno microondas m 66
horquilla f 38, 89, 207
horrorizado 25
hospital m 48
hotel m 100, 264
hoy 306
hoyo m 232
hoyo en uno m 233
hoyuelo m 15
huella dactilar f 94
huerto m 85, 182
hueso m 17, 119
huésped m 100
huevera f 65, 137
huevo de codorniz m 137
huevo de gallina m 137
huevo de oca m 137
huevo de pato m 137
huevo frito m 157
huevo pasado por agua m 137, 157
huevos m 137
huevos revueltos m 157
húmedo 286, 321
húmero m 17
humo m 95
Hungría 316
huracán m 287

I

icono m 177
idiomas m 162
iglesia f 298, 300
ígneo 288
igual a 165
iguana f 293
iluminación f 105

imán m 167
imperdible m 47
impermeable m 31
impotente 20
impresión f 275
impresora f 172, 176
imprimación f 83
imprimir 172
impuestos m 96
incendio m 95
incisivo m 50
inconsciente 47
incubadora f 53
India 318
indicaciones f 260
indicador de fotos m 270
indicador de la gasolina m 201
indicador de temperatura m 201
indicador de velocidad m 201
indicador para medir la tensión m 45
índice m 15
Indonesia 319
infarto de miocardio m 44
infección f 44
información f 168, 261
información telefónica f 99
informe m 174
infusión f 149
ingeniería f 169
ingle f 12
ingredientes m 155
ingresado 48
ingresar 96
inhalador m 44, 109
injertar 91
inmigración 212
inmovilización f 237
inocente 181
inoculación f 45
inquilino m 58
insomnio m 71
instalaciones internas f 60
instalar 177
instrumentos m 256, 258
insulina f 109
integral 131
interceptar y devolver 225
intercostal m 16
interfono m 59
interior m 200, 228
intermitente m 198, 204
internet m 177
interruptor m 60
intestino delgado m 18
intestino grueso m 18
inundación f 287
invernadero m 85
inversión f 97
invertebrados m 295
investigación f 94, 169

352   english • español • *português*

SPANISH INDEX • ÍNDICE ESPAÑOL • ÍNDICE ESPANHOL

invierno m 31, 307
invitado m 64
inyección f 48
ionosfera f 286
ir en bicicleta 207
Irán 318
Iraq 318
iris m 51, 110
Irlanda 316
isla f 282
Islas Baleares 316
Islas Galápagos 315
Islas Salomón 319
Israel 318
Italia 316
itinerario m 260
izquierda 260

J
jabón m 73
jaboncillo m 276
jabonera f 73
jade m 288
Jamaica 314
jamón m 119, 143, 156
jamón serrano m 143
Japón 318
jaqueca f 44
jarabe m 109
jarabe de arce m 134
jarabe para la tos m 108
jarcias f 240
jarcias f 215
jardín m 84
jardín acuático m 84
jardín campestre m 84
jardín clásico m 84
jardín de plantas herbáceas m 84
jardín en la azotea m 84
jardinería f 90
jardinero m 188
jardines m 261
jardines clásicos m 262
jarra f 65, 151
jarra graduada f 69, 311
jarrón m 63, 111
jazz m 259
jefe m 24
jengibre m 125, 133
jeringuilla f 109, 167
jersey m 33
jet privado m 211
jinete m 242
jirafa f 179, 291
Jordania 318
jota f 273
joyas f 36
joyería f 114
joyero m 36, 188
jubilarse 26
judía verde f 122
judo m 236
juego m 230
juego de dobles m 230
juego individual m 230
juegos m 75, 272
juegos de mesa m 272

juegos de raqueta m 231
jueves 306
juez m 180
juez de línea m 220, 223, 230
juez de silla m 230
jugador m 220, 221, 231, 273
jugador de baloncesto m 226
jugador de críquet m 225
jugador de hockey sobre hielo m 224
jugadora de golf f 232
jugar 229, 273
jugoso 127
juguete m 75
juguetería f 105
juicio m 180
julio 306
junco m 86
junio 306
junta f 61
Júpiter m 280
jurado m 180

K
K. O. m 237
Kaliningrado 316
karate m 236
kayak m 241
Kazajstán 318
kendo m 236
Kenya 317
ketchup m 135, 154
kilogramo m 310
kilómetro m 310
Kirguistán 318
kit de reparaciones m 207
kiwi m 128
koala m 291
kumquat m 126
kung fu m 236
Kuwait 318

L
labio m 14
labios m 20
labor de encaje f 277
labor de punto f 277
labor de retales f 277
laboratorio m 166
laca f 38
lacio 39
lacrosse f 249
lactancia f 53
lácteos m 107
lactosa f 137
ladera f 284
lado m 164
ladrillo m 187
lagarto m 293
lago m 285
lágrima f 51
laminado 132
lámpara f 62, 217
lámpara de la mesilla f 70
lana f 277

lana de acero f 81
lancha motora f 214
langosta f 121, 295
langostino m 121
lanzacohetes m 281
lanzador m 225
lanzamiento m 281
lanzamiento de disco m 234
lanzamiento de jabalina m 234
lanzamiento de peso m 234
lanzar 221, 225, 227, 229, 245
lanzarse 229
Laos 318
lápiz m 163, 275
lápiz corrector m 40
lápiz de cejas m 40
lápiz de colores m 163
lápiz de labios m 40
lápiz de ojos m 40
largo 32, 34, 130, 151
largometraje m 269
larguero m 222
laringe f 19
lata f 145, 311
lata de bebida f 154
lata de pintura f 83
latitud f 283
laurel m 133
lava f 283
lavabo m 38, 50, 72
lavadero m 76
lavadero de coches m 198
lavadora f 76
lavadora secadora f 76
lavandería f 115
lavar 38
laxante m 109
lazo m 39
lección f 163
leche f 136, 156
leche condensada f 136
leche de cabra f 136
leche de oveja f 137
leche de vaca f 136
leche del cuerpo f 73
leche desnatada f 136
leche en polvo f 137
leche entera f 136
leche limpiadora f 41
leche semidesnatada f 136
lechuga f 123
lector de compact discs m 268
lector de MP3 m 268
lector de rayos x m 45
leer 162
legumbres f 130
lejía f 77
lejos 320
lencería f 35, 105
lengua f 19
lengua f 118

lenguado m 120
lengüeta f 37, 244
lente del objetivo f 167
lenteja castellana f 131
lenteja roja f 131
lentes de contacto f 51
lentilla f 51
lento 321
león m 291
león marino m 290
leotardos m 251
lesión f 46
lesión en la cabeza f 46
Lesotho 317
Letonia 316
letra f 259
letrero m 104
levadura f 138
levantamiento de pesas m 251
levantar 251
levantarse 71
levar 139
Líbano 318
libélula f 295
Liberia 317
libertad condicional f 181
Libia 317
libra f 310
libre 321
librería f 115
libro m 168
libro de texto m 163
licencia de pesca f 245
licenciada f 169
licenciarse 26
lichi m 128
licor m 145
licuadora f 66
Liechtenstein 316
lienzo m 274
liga f 35, 223
ligamento m 17
ligas f 35
ligero 321
lijadora f 78
lijar 82
lima f 81, 126
lima de uñas f 41
límite de velocidad m 195
limón m 126
limonada f 144
limousine f 199
limpiaparabrisas m 198
limpiar 77
limpiar el polvo 77
limpieza de cutis f 41
limpio 121
línea central f 226
línea de banda f 220, 221, 226, 230
línea de falta f 229
línea de flotación f 214
línea de fondo f 221, 225, 226, 230
línea de gol f 220
línea de juego f 233

línea de meta f 223, 224, 234
línea de salida f 234
línea de servicio f 230
línea de tiro libre f 226
línea de tres f 226
línea del bateador f 225
línea divisoria f 194
líneas f 165
linfático 19
lino m 184, 277
linterna f 267
líquido 77
líquido amniótico m 52
líquido limpiador m 51
líquido limpiaparabrisas m 199
lista de lecturas f 168
lista de precios f 154
lista de vinos f 152
listón m 235
literatura f 162, 169
litro m 311
Lituania 316
llamada a cobro revertido f 99
llanta f 206
llanura f 285
llave f 59, 80, 203, 207
llave de boca f 80
llave de la habitación f 100
llave de paso f 61
llave de tubo f 80
llave del desagüe f 61
llave inglesa f 80
llegadas f 213
lleno 64, 321
llorar 25
lluvia f 287
lo siento 322
lobo m 290
loción f 109
loción contra los insectos f 267
loción para después del sol f 108
locomotora f 208
logotipo m 31
lomo m 121
loncha f 119
longitud f 165, 283, 310
longitud de onda f 179
loro m 293
lubina f 120
luces f 94
luces de emergencia f 201
lucha libre f 236
lugares de interés m 261
luge m 247
luna f 280
luna de miel f 26
luna llena f 280
luna nueva f 280
lunar m 14
lunes 306
lupino m 297

english • español • português 353

SPANISH INDEX • ÍNDICE ESPAÑOL • ÍNDICE ESPANHOL

Luxemburgo 316
luz de lectura f 210
luz del porche f 58
luz trasera f 204

M
macadamia f 129
Macedonia 316
maceta f 89, 110
machacado 132
macis f 132
macramé m 277
Madagascar 317
madeja f 277
madera f 79, 187, 275
madera de pino f 79
madera noble f 79
madrastra f 23
madre f 22
madreselva f 297
maduro 129
magdalena f 140
magma m 283
magnesio m 109
magnetofón m 269
maíz m 130, 184
maíz dulce m 122
mal pase de balón m 220
malaquita f 288
malas hierbas f 86
Malasia 318
Malawi 317
Maldivas 318
maletero m 198
maletín m 37
Malí 317
mallas f 31
malo 321
Malta 316
Malvinas 315
mamíferos m 290
manada f 183
manchego m 142
mandarina f 126
mandarina clementina f 126
mandarina satsuma f 126
mandíbula f 14, 17
mandioca f 124
mando a distancia m 269
mandos de la calefacción m 201
manga f 34
manga pastelera f 69
mango m 128, 187, 230
mangostán m 128
manguera f 89, 95
manguito m 238
manicura f 41
manillar m 207
maniquí m 276
mano f 13, 15
mano de mortero m 68, 167
manopla de cocina f 69
manoplas f 30

manta f 71, 74
manta eléctrica f 71
mantel m 64
mantel individual m 64
mantequilla f 137, 156
mantequilla de cacahuetes f 135
mantis religiosa f 295
manto m 282
manual 200
manualidades f 274, 275, 276
manzana f 126
manzanilla f 149
mañana f 305
mañana 306
mapa m 195
mapache m 290
mapamundi m 312
maqueta f 190
maquillaje m 40
maquillaje de fondo m 40
máquina de coser f 276
máquina de cross f 250
máquina de ejercicios f 250
máquina de los cubitos f 67
máquina de rayos x f 212
máquina de remos f 250
máquina de step f 250
máquina del café f 148, 150
máquina del fax f 172
máquina fotográfica f 260
maquinaria f 187
maquinilla de afeitar eléctrica f 73
mar m 264, 282
Mar Báltico m 313
Mar Caribe m 312
Mar Caspio m 313
Mar de Omán m 313
Mar del Norte m 312
Mar Mediterráneo m 313
Mar Negro m 313
Mar Rojo m 313
maracas f 257
maracuyá m 128
maratón f 234
marca personal f 234
marcador m 225
marcar 38, 99, 227
marcar un gol 223
marchas f 206
marco m 62
margarina f 137
margarita f 110, 297
marido m 22
marino m 189
mariposa f 239, 295
mariquita f 295
marisco m 121
mármol m 288
marquesina f 197

marrón 274
Marruecos 317
Marte 280
martes 306
martillo m 80
martillo neumático m 187
martini m 151
marzo 306
más 165
más allá de 320
más tarde
masa f 138, 140
masa brisa f 140
masa de profiteroles f 140
masaje m 54
máscara f 228, 249
mascarilla f 41, 189
masculino 21
masilla f 83
máster m 169
mástil m 240, 258
matasellos m 98
mate 83, 271
mate m 231
matemáticas f 162, 164
materiales m 79, 165, 187
materiales de oficina m 173
maternidad f 49
matraz m 166
matrícula f 198
matriz f 52, 96
Mauricio 317
Mauritania 317
mayo 306
mayonesa f 135
mazapán m 141
mazo m 187, 275
mazo de cocina m 68
mazo para puré de patatas m 68
mecánica f 202
mecánico m 188, 203
mechero m 112
mechero Bunsen m 166
medallas f 235
media luna f 280
media pensión f 101
mediana f 194
medianoche f
medias f 35
medias de liguero f 35
medicación f 109
medicamento m 109
medicina f 169
médico m 45, 189
medida f 151
medida de capacidad f 311
medidas f 165
medidor m 150
medidor de altura m 45
medidor óptico m 150
medio ambiente m 280
medio galope m 243

medio litro m 311
mediodía m 305
medios de comunicación m 178
medir 310
meditación f 54
médula f 126
medusa f 295
mejilla f 14
mejillón m 121, 295
mejorana f 133
meleé f 221
melena f 39, 291
melocotón m 126, 128
melodía f 259
melón m 127
membrete m 173
membrillo m 128
memoria f 176
menaje de hogar m 105
menos 165
mensaje de texto m 99
mensaje de voz m 99
mensajero m 99
mensajes m 100
menstruación f 20
mensualmente 307
menta f 133
menta poleo f 149
menú m 154
menú de la cena m 152
menú de la comida m 152
menú para niños m 153
menudillos m 118
meñique m 15
mercado m 115
mercería f 105
mercurio m 289
Mercurio m 280
merengue m 140
mermelada f 134, 156
mermelada de frambuesa f 134
mermelada de naranja f 134, 156
mes m 306
mesa f 64, 148
mesa de café f 62
mesa de encolar f 82
mesa de mezclas f 179
mesa de picnic f 266
mesa del desayuno f 156
meseta f 284
mesilla de noche f 70
mesoesfera f 286
metacarpo m 17
metal m 79
metales m 289
metamórfico 288
metatarso m 17
meteorito m 280
metralleta f 189
metro m 209, 310
metro cuadrado m 310
México 314
mezclar 67, 138
mezquita f 300

mica f 289
microbús m 197
micrófono m 179, 258
microscopio m 167
miel compacta f 134
miel líquida f 134
miércoles 306
mijo m 130
mil 309
mil millones 309
mil novecientos 307
mil novecientos diez 307
mil novecientos uno 307
milenio m 307
miligramo m 310
mililitro m 311
milímetro m 310
milla f 310
millón m 309
minerales m 289
mini bar m 101
minutero m 304
minuto m 304
miopía f 51
mirilla f 59
misil m 211
mobiliario para el hogar m 105
mocasín m 37
mochila f 31, 37, 267
mochila del bebé f 75
moda f 277
modalidades f 243
modelismo m 275
modelo f 169
modelos m 199
módem m 176
modista f 191
modo de empleo m 109
módulo lunar m 281
moisés m 74
Moldavia 316
molde para bizcocho m 69
molde para magdalenas m 69
molde para suflé m 69
molde redondo m 69
moldura f 63
molido 132
Mónaco 316
mondador m 68
moneda f 97
monedas devueltas f 99
monedero m 37
Mongolia 318
monitor m 176
monitor m 53
mono m 82, 291
monopatín m 249
monopoly m 272
monorrail m 208
monovolumen m 199
montaña f 284
montaña rusa f 262
Montañas Rocosas f 312

SPANISH INDEX • ÍNDICE ESPAÑOL • ÍNDICE ESPANHOL

montar en monopatín 249
montar en patinete 263
montar una tienda 266
montón de abono compuesto m 85
montura f 51
monumento m 261
monzón m 287
moño m 39
moño francés m 39
moqueta f 71
mora f 127
morado 274
morcilla f 157
mordisco m 46
moreno 41
morir 26
morro m 210
morsa f 290
mortero m 68, 167
mosca f 244, 295
mosquitera f 267
mosquito m 295
mostaza f 155
mostaza en grano f 131, 135
mostaza francesa f 135
mostaza inglesa f 135
mostrador m 96, 98, 100, 142
mostrador de bocadillos m 143
mostrador de facturación m 213
mostrador de préstamos m 168
moto acuática f 241
moto de carreras f 205
moto de carretera f 205
moto de cross f 205
moto de nieve f 247
motocicleta f 204
motociclismo m 249
motocross m 249
motor m 88, 202, 204, 210
motor fueraborda m 215
mousse f 141
móvil m 74
movimientos m 237
Mozambique 317
mozo de cuadra m 243
mozzarella f 142
mueble m 268
muela f 50
muelle m 71, 214, 216
muelle comercial m 216
muelle de pasajeros m 216
muerte súbita f 230
muestra f 261
muffin m 140
mujer f 12, 22, 23
mujer de negocios f 175
muletilla f 31
multiplicado por 165
multiplicar 165
muñeca f 13, 15, 75

muñeco de peluche m 75
muñequera f 230
murciélago m 290
músculos m 16
museo m 261
muserola f 242
música f 162
música clásica f 255, 259
música country f 259
música de baile f 259
música folk f 259
musical m 255
músico m 191
muslo m 12, 119
Myanmar 318

N, Ñ

naan m 139
nabo m 124
nabo sueco m 125
nacer 26
nacimiento m 52
nación f 315
nada f 230
nadador m 238
nadar 238
nailon m 277
nalga f 13
Namibia 317
naranja 274
naranja f 126
naranjada f 144
narciso m 111
narcisos silvestres m 297
nariz f 14
nasa f 245
nata f 137, 140, 157
nata agria f 137
nata líquida f 137
nata montada f 137
nata para montar f 137
natación f 238
natación sincronizada f 239
natillas f 140
natural 256
naturopatía f 55
náusea f 44
navaja f 121
navegación por satélite f 201
navegador m 177
navegar 177, 240
Navidad f 27
neblina f 287
nebulosa f 280
nectarina f 126
negativo m 271
negocio m 175
negocios m 175
negro 39, 272, 274
neoclásico 301
Nepal 318
Neptuno m 280
nervio m 19, 50
nervio óptico m 51
nervioso 19, 25

neumático m 198, 205
neurología f 49
neutro 60
Nicaragua 314
niebla f 287
nieta f 22
nieto m 22
nietos m 23
nieve f 287
Níger 317
Nigeria 317
niño m 23, 31
niño pequeño m 30
niños m 23
níquel m 289
nivel m 80, 187
no 322
no adosado 58
no doblar 98
no torcer a la derecha 195
noche f 305
nómina f 175
nonagésimo 309
noray m 214
normal 39
norte m 312
Noruega 316
nota f 163, 256
nota con saludos f 173
notación f 256
notas f 191
noticias f 178
novecientos 308
noveno 309
noventa 308
novia f 24
noviembre 306
novio m 24
nube f 113, 287
nublado 286
nuca f 13
núcleo externo m 282
núcleo interno m 282
nudillo m 15
nuera f 22
Nueva Zelanda 319
nueve 308
nuevo 321
nuez f 19, 129
nuez del Brasil f 129
nuez moscada f 132
numerador m 165
número m 226
número de andén m 208
número de cuenta m 96
número de la habitación m 100
número de puerta de embarque m 213
número de ruta m 196
número de vuelo m 213
números m 308
nutria f 290
ñame m 125

O

obertura f 256

objetivo m 270
oboe m 257
obra f 186, 254
obras f 187, 195
obsidiana f 288
oca f 119, 293
océano m 282
Océano Antártico m 313
Océano Ártico m 312
Océano Atlántico m 312
Océano Índico m 312
Océano Pacífico m 312
ochenta 308
ocho 308
ochocientos 308
ocio m 254, 258, 264
ocio en el hogar m 268
octágono m 164
octavo 309
octogésimo 309
octubre 306
ocular m 167
ocupado 321
oeste m 312
ofertas f 106
oficina f 24, 172, 174
oficina central f 175
oficina de cambio f 97
oficina de correos f 98
oficina de información f 261
oficina del director del camping f 266
oftalmología f 49
ojal m 32, 37
ojo m 14, 51, 244, 276
ojo de buey m 214
ojos rojos m 271
ola f 241, 264
olmo m 296
Omán 318
ombligo m 12
oncología f 49
once 308
onda corta f 179
onda larga f 179
onda media f 179
ónice m 289
onza f 310
ópera f 255
operación f 48
operador m 99
óptico m 51, 189
orador m 174
órbita f 280
orden del día m 174
orden judicial f 180, 180
ordenador m 172, 176
ordenador portátil m 175, 176
ordeñar 183
orégano m 133
oreja f 14
orfebrería f 275
organizador de las herramientas m 78

órganos reproductores m 20
orgulloso 25
orificio nasal m 290
orilla f 284
orinal m 74
ornamental 87
ornitología f 263
oro m 235, 289
orquesta f 254, 256
orquídea f 111
ortiga f 297
ortopedia f 49
oruga f 295
orza v 241
oscuro 321
oso m 291
oso de peluche m 75
oso panda m 291
oso polar m 291
osteopatía f 54
ostra f 121
otoño m 31, 307
otorrinolaringología f 49
otras embarcaciones f 215
otras manualidades 275
otras tiendas f 114
otros deportes m 248
óvalo m 164
ovario m 20
oveja f 185
ovulación f 20, 52
óvulo m 20

P

pacana f 129
paciente m 45
paciente externo m 48
paddle m 231
padrastro m 23
padre m 22
padres m 23
pagar 153
pago m 96
país m 315
paisaje m 284
Países Bajos 316
pajarería f 115
pajarita f 36
pájaro carpintero m 292
pajita f 144, 154
Pakistán 318
pala f 88, 187, 231, 265
pala para pescado f 68
paladar m 19
palanca f 61, 150
palanca de cambio f 201, 207
palanca de emergencia f 209
palanca de frenos f 207
palanca de la llanta f 207
palco m 254
paleta f 186, 187, 274
palma de la mano f 15
palmera f 86, 296
palmitos m 122

english • español • português   355

SPANISH INDEX • ÍNDICE ESPAÑOL • ÍNDICE ESPANHOL

palo m 224, 225, 249, 273
palo de hierro m 233
palo de hockey m 224
palo de la tienda m 266
palo de madera m 233
paloma f 292
palomitas f 255
palos de golf m 233
pan m 138, 157
pan al bicarbonato sódico m 139
pan blanco m 139
pan con grano m 139
pan con semillas m 139
pan de centeno m 138
pan de maíz m 139
pan de molde m 138
pan de pita m 139
pan dulce francés m 157
pan fermentado m 139
pan integral m 139, 149
pan moreno m 139
pan rallado m 139
pan sin levadura m 139
panadería f 107, 114, 138
panadero m 139
panal m 135
Panamá 314
páncreas m 18
pandereta f 257
panecillo m 139, 143
pantalla f 97, 172, 176, 255, 269
pantalla de información f 213
pantalón de montar m 242
pantalones m 32, 34
pantalones con peto m 30
pantalones cortos m 30, 33
pantalones de chándal m 33
pantalones vaqueros m 31
pantano m 285
pantorrilla f 13, 16
pañal m 75
pañal de felpa m 30
pañal desechable m 30
pañuelo m 36
pañuelo de papel m 108
papaya f 128
papel celo m 173
papel de apresto m 83
papel de lija m 81, 83
papel estampado en relieve m 83
papel maché m 275
papel pintado m 82
papelera f 172, 177
papelería f 105
paperas f 44
papiroflexia f 275
Papua Nueva Guinea 319

paquete m 99, 311, 311
paquete de tabaco m 112
par m 233
para 320
para comer en el local 154
para llevar 154
parabrisas m 198, 205
paracaídas m 248
paracaidismo 248
paracaidismo en caída libre m 248
parachoques m 198
parada f 237
parada de autobús f 197, 299
parada de taxis f 213
paraguas m 36, 233
Paraguay 315
paragüero m 59
paralelas f 235
paralelas asimétricas f 235
paralelo 165
paralelogramo m 164
parapente m 248
parche m 207
pared f 58, 186
pareja f 24
pareja prometida f 24
parientes m 23
parmesano m 142
párpado m 51
parque m 75, 262
parque de atracciones m 262
parque de bomberos m 95
parque nacional m 261
parquímetro m 195
parrilla f 69, 69
parterre m 85, 90
partida f 273
partida de nacimiento f 26
partido m 230
partitura f 255, 256
parto m 52, 53
parto asistido m 53
parto de nalgas m 52
pasa f 129
pasa de Corinto f 129
pasa sultana f 129
pasado mañana 307
pasajero m 216
pasamanos m 59
pasaporte m 213
pasar 220
pasar la bayeta 77
pasarela f 212, 214
Pascua judía f 27
pase m 226
paseo m 75, 243
paseo marítimo m 265
pasillo m 106, 168, 210, 254

paso m 243
paso de peatones m 195
paso elevado m 194
paso subterráneo m 194
pasta f 158
pasta de dientes f 72
pastel m 149, 158
pastel de nata m 141
pasteles m 140, 274
pasteles de carne m 143
pasteurizado 137
pastilla f 258, 311, 112
pastilla de menta f 113
pastilla para hogueras f 266
pastilla para la garganta f 109
pasto m 182
pata f 64
patada f 124, 237, 239
patata nueva f 124
patatas fritas f 113, 151, 154
paté m 142, 156
patilla de apoyo f 207
patín m 247
patín de cuchilla m 224
patín de ruedas m 249
patinaje m 263
patinaje 249
patinaje artístico m 247
patinaje de velocidad m 247
patinaje sobre hielo m 247
patinar 224
patio m 58, 84
patio de butacas m 254
patito m 185
pato m 119, 185
patología f 49
patrimonio neto m 97
patrón m 276
patucos m 30
pausa f 256, 269
pavo m 119, 185, 293
pavo real m 293
PDA m 175
peca f 15
peces m 294
pecho m 12
pechuga f 119
pectoral m 16
pedal m 61, 206
pedal de los frenos m 205
pedalear 207
pedernal m 288
pediatría f 49
pedicura f 41
pedir 153
peinar 38
peine m 38
pelacables m 81
pelado 129
pelar 67
pelele m 30

pelele sin pies m 30
pelícano m 292
película f 260, 271
película de aventuras f 255
película de ciencia ficción f 255
película de dibujos animados f 255
película de terror f 255
película de suspense f 255
película del oeste f 255
película romántica f 255
peligro m 195
pelirrojo 39
pelo m 14, 38
pelo corto m 39
pelota f 75, 224, 228, 230
pelota de críquet f 225
pelota de golf f 233
pelota de playa f 265
peloteo m 230
peluca f 39
peluquera f 38
peluquería f 115
peluquero m 188
pelvis f 17
penalti m 222
pendiente m 36
pene m 21
península f 282
pensión completa f 101
pentágono m 164
pentagrama f 256
peón m 272
peonía f 111
pepino m 125
pepita f 127, 128
pequeño 321
pera f 127
percha f 70
percusión f 257
perdedor m 273
perder 273
perdone 322
perejil m 133
perenne 86
perforadora f 173
perfumado 130
perfume m 41
perfumería f 105
pérgola f 84
periferia f 299
periódico m 112, 168
periodista m 190
permanente f 39
peroné m 17
perpendicular 165
perrito caliente m 155
perro m 290
perseguir 229
personal m 175
pértiga f 245
Perú 315
pesa f 166, 251
pesado 321

pesar 310
pesas f 250
pesca f 244
pesca con arpón f 245
pesca con mosca f 245
pesca de altura f 245
pesca deportiva f 245
pesca en agua dulce f 245
pesca en alta mar f 245
pesca en la orilla f 245
pescadera f 188
pescadería f 114, 120
pescadilla f 120
pescado m 107, 120
pescado ahumado m 143
pescado y las patatas fritas m 155
pescador m 189
pescador de caña m 244
peso m 118
peso al nacer m 53
pestaña f 14, 51
pesticida m 89, 183
pestillo m 200
pétalo m 297
petrolero m 215
pez de colores m 294
pez espada m 120, 294
pezón m 12
pezuña f 291
phisicallis m 128
piano m 256
pica f 273
picadura f 46
picante 124
picar 245
picnic m 263
pico m 187, 293
pie m 12, 15, 310
pie cuadrado m 310
pie de la aguja m 276
pie del altavoz m 268
piedra f 36, 275
piedra afiladora f 81
piedra arenisca f 288
piedra caliza f 288
piedra lunar f 288
piedra pómez f 73, 288
piel f 14, 119, 128
pierna f 12, 119
pijama m 33
pijama enterizo m 30
pila f 167
pilas f 260
pilates 251
píldora f 21, 109
píldoras para el mareo f 109
piloto m 190, 211
piloto de carreras m 249
pimentón m 132
pimienta f 64, 152
pimienta de Jamaica f 132
pimienta en grano f 132

356 english • español • português

SPANISH INDEX • ÍNDICE ESPAÑOL • *ÍNDICE ESPANHOL*

pimiento *m* 124
pin *m* 96
pincel *m* 274
pincel de labios *m* 40
pinchadiscos *m* 179
pinchazo *m* 203, 207
pincho *m* 68, 158
pincho moruno *m* 155
ping-pong *m* 231
pingüino *m* 292
pino *m* 296
pinta *f* 311
pintar 83
pintor *m* 82
pintora *f* 191, 274
pintura *f* 83, 274
pintura acrílica *f* 274
pintura al agua *f* 83
pinturas *f* 274
pinturas al óleo *f* 274
pinza *f* 167
pinza para la nariz *f* 238
pinza para la ropa *f* 76
pinzas *f* 40, 47, 150, 167
piña *f* 128
piñón *m* 129, 207
pipa *f* 112
pipa de calabaza *f* 131
pipa de girasol *f* 131
pipeta *f* 167
piragüismo *m* 241
pirámide *f* 164
piruleta *f* 113
piscifactoría *f* 183
piscina *f* 101, 238, 250
piscina de plástico *f* 263
piso *m* 58, 59
pista *f* 212, 234, 246
pista de esquí *f* 246
pista de estacionamiento *f* 212
pista de hockey sobre hielo *f* 224
pista de tenis *f* 230
pistacho *m* 129
pistola *f* 94
pistola para encolar *f* 78
pitcher *m* 229
pizarra *f* 162, 174, 288
pizza *f* 154
placa *f* 67, 94, 283
placa bacteriana *f* 50
placa de identificación *f* 189
placa de la aguja *f* 276
placa vitrocerámica *f* 66
placar 220
placenta *f* 52
plancha *f* 76
planchar 76
planeador *m* 211, 248
planeta *m* 280, 282
plano *m* 261
plano de la planta *m* 261
plano del metro *m* 209
planta *f* 48
planta acuática *f* 86

planta alpestre *f* 87
planta baja *f* 104
planta de flor *f* 297
planta de maceta *f* 87
planta de sombra *f* 87
planta del pie *f* 15
planta para cubrir suelo *f* 87
planta suculenta *f* 87
planta trepadora *f* 87
plantar 183
plantar en tiesto 91
plantas *f* 296
plantas de jardín *f* 86
plantas podadas con formas *f* 87
plantilla *f* 83
plantón *m* 91
plata *f* 235, 289
plataforma de lanzamiento *f* 228
plátano *m* 128
platea *f* 254
platea alta *f* 254
platija *f* 120
platillos *m* 257
platina portaobjeto *f* 167
platino *m* 289
platito *m* 65
plató *m* 178
plató de rodaje *m* 179
plato *m* 65
plato llano *m* 65
plato principal *m* 153
plato sopero *m* 65
platos *m* 153
platos del día *m* 152
platos preparados *m* 107
play *m* 269
playa *f* 264
plaza *f* 265, 299
pletina *f* 268
plomo *m* 244
pluma *f* 293
plumcake *m* 139
plum-cake *m* 140
Plutón *m* 280
pocilga *f* 185
podadera de mango largo *f* 88
podar 90, 91
podio *m* 235, 256
podrido 127
póker *m* 273
policía *m* 189
policía *f* 94
policía de tráfico *m* 195
poliéster *m* 277
polilla *f* 295
política *f* 169
pollo *m* 119
pollo frito *m* 155
pollo preparado *m* 119
polluelo *m* 185
polo *m* 243, 282
Polo Norte *m* 283
Polonia 316
polvera *f* 40

polvos *m* 109
polvos compactos *m* 40
polvos de talco *m* 73
pomada *f* 47, 109
pomelo *m* 126
pomo de la puerta *m* 59
poner césped 90
poner el despertador 71
poner en remojo 130
poner la mesa 64
pop *m* 259
popa *f* 240
popurrí *m* 111
por 320
por avión 98
por favor 322
porcentaje *m* 165
porche *m* 58
porciones de pollo *f* 155
poro *m* 15
porra *f* 94
portaaviones *m* 215
portabolígrafo *m* 172
portaequipaje *m* 204
portaequipajes *m* 196, 209
portalámparas de bayoneta *m* 60
portaobjetos *m* 167
portarretratos *m* 271
portería *f* 221, 223, 224
portero *m* 222, 224
Portugal 316
posavasos *m* 150
posgrado 169
poste *m* 222, 247
poste de la portería *m* 220
póster *m* 255
postre *m* 153
postre de soletillas, gelatina de frutas y nata *m* 141
postura *f* 232
potro *m* 185
pradera *f* 285
prado *m* 285
precio *m* 152, 199, 209
precio de entrada *m* 260
pregunta 163
preguntar 163
prematuro 52
premolar *m* 50
prensa *f* 178
prensaajos *m* 68
preocupado 25
prepucio *m* 21
presentación *f* 174
presentador *m* 178, 191
presentadora de las noticias *f* 179
presidir 174
presión del neumático *f* 203
préstamo *m* 96, 168
primavera *f* 307
primer piso *m* 141
primera mano *f* 83

primera planta *f* 104
primero 309
primeros auxilios *m* 47
primo *m* 22
prímula *f* 297
principado *m* 315
principio *m* 321
prismáticos *m* 281
proa *f* 215, 240
probadores *m* 104
problemas *m* 271
procesador *m* 176
productor *m* 254
productos de belleza *m* 105
productos de limpieza *m* 107
productos lácteos *m* 136
profesiones *f* 188, 190
profesor *m* 54, 169, 191
profesora *f* 162
profiterol *m* 140
profundidad *f* 165
programa *m* 176, 254, 269
programación *f* 178
prohibido el paso *m* 195
prohibido parar 195
prometida *f* 24
prometido *m* 24
propagar 91
propietario *m* 58
propuesta *f* 174
propulsor *m* 281
prórroga *f* 223
próstata *f* 21
protector *m* 83, 88, 236
protector de la cara *m* 225
protector de la pierna *m* 225
protegedientes *m* 237
proveedor de servicios *m* 177
provincia *f* 315
provocar el parto 53
proyector *m* 163, 174
prueba *f* 181
prueba del embarazo *f* 52
pruebas *f* 247
psicoterapia *f* 55
psiquiatría *f* 49
público *m* 254
pueblo *m* 299
puente *m* 15, 214, 258, 300
puenting *m* 248
puerro *m* 125
puerta *f* 85, 182, 196, 198, 209
puerta automática *f* 196
puerta de la ducha *f* 72
puerta del maletero *f* 198
puerta exterior *f* 59
puerta principal *f* 58
puerto *m* 176, 214, 216, 217

puerto deportivo *m* 217
Puerto Rico 314
puesta de sol *f* 305
puesto callejero *m* 154
pulgada *f* 310
pulgar *m* 15
pulmón *m* 18
pulpa *f* 124, 127, 129
pulpejo *m* 15
pulpo *m* 121, 295
pulsera *f* 36
pulsera de identificación *f* 53
pulso *m* 47
pulverizador *m* 89, 311
punta *f* 36, 122, 163, 246
puntada *f* 277
puntas abiertas *f* 39
punto *m* 273
punto de amarre *m* 217
puntos *m* 52
puntuación *f* 220, 273
puntual 305
puñetazo *m* 237
puño *m* 15, 32, 237
pupila *f* 51
pupitre *m* 162
puro *m* 112
putter *m* 233
puzle *m* 273

Q

Qatar 318
quebrado *m* 165
quemador *m* 61, 67
quemadura *f* 46
quemadura de sol *f* 46
queso *m* 136, 156
queso azul *m* 136
queso cremoso *m* 136
queso cremoso semicurado *m* 136
queso curado *m* 136
queso de bola *m* 142
queso de cabra *m* 142
queso fresco *m* 136
queso rallado *m* 100
queso semicurado *m* 136
quiche *f* 142
quilla *f* 214
química *f* 162
quince 308
quince días 307
quincuagésimo 309
quingombó *m* 122
quinientos 308
quinoa *f* 130
quinto 309
quirófano *m* 48
quiropráctica *f* 54
quitaesmalte *m* 41
quitar las flores muertas 91
quizá 322

R

rábano *m* 124
rábano picante *m* 125

english • español • *português*

SPANISH INDEX • ÍNDICE ESPAÑOL • *ÍNDICE ESPANHOL*

ración f 64
radar 281
radar m 214
radiador m 60, 202
radicchio m 123
radio m 17, 164, 207
radio f 179, 268
radio del coche f 201
radio despertador f 70
radiografía f 48, 50
radiología f 49
rafting m 241
raíces f 39
rail m 208
rail electrificado m 209
raíz f 50, 124, 296
raíz del taro f 124
ralentí m 203
rallador m 68
rallar 67
rally m 249
RAM m 176
rama f 296
ramadán m 26
ramas f 133
ramillete aromático m 132
ramita f 296
ramo m 111
ramo de flores m 35
rampa de lanzamiento f 281
rampa para sillas de ruedas f 197
rana f 294
ranúnculo m 297
ranura de la tarjeta f 97
rap m 259
rape m 120
rápido 321
rápidos m 240, 284
rappel m 248
raqueta f 230
rascacielos m 299, 300
raspador m 82
raspar 77
rastrillar 90
rastrillo m 88, 225
rastrillo para el césped m 88
rata f 290
ratón m 176, 290
raya f 120, 294
rayos ultravioleta m 286
rayos x dentales m 50
reanimación f 47
rebanada f 139
rebanador m 139
rebaño m 183
rebeca f 32
recalentar 154
recepción f 100
recepcionista f 100, 190
receta f 45
recibir 177, 227
recibo m 152
recién nacido m 53
recipiente m 311

recogedor m 77
recogepelotas m 231
recoger 245
recogida f 98
recogida de equipajes f 213
recolectar 183
récord m 234
rectángulo m 164
recto m 21
recto 165, 260
recuerdos m 260
red f 176, 217, 222, 226, 227, 231
red! 231
red ferroviaria f 209
red para las capturas f 244
red para recoger f 244
redacción f 163
redactora f 191
redil m 185
reducir 172
refectorio m 168
reflejos m 39
reflexología f 54
refresco m 154
refrescos m 144
regadera f 89
regaliz m 113
regalo m 27
regar 90, 183
regatear 223
reggae m 259
región f 315
registro m 100
regla f 163, 165
regulador m 239
reiki m 55
reina f 272, 273
Reino Unido 316
reír 25
rejilla f 69
relaciones f 24
relajación f 55
relámpago m 287
rellenar 82
relleno 159
relleno m 140, 155
reloj m 36, 62, 304
reloj despertador m 70
remar 241
remedios de herbolario m 108
remero m 241
remite m 98
remo m 241
remolacha f 125
remolcador m 215
remolcar 195
remolque m 266
remolque del equipaje m 212
remover 67
Renacimiento 301
renacuajo m 294
renovar 168
reparto m 98, 254

repelente de insectos m 108
repisa de la chimenea f 63
reportera f 179
reposabrazos m 200
reposacabezas m 200
repostería f 69, 140
reproducción f 20
reproductor 19
reproductor de DVD m 268
reptiles m 293
República Centroafricana 317
República Checa 316
República Democrática del Congo 317
República Dominicana 314
requesón m 136
reserva m 223
reservar 168
reservar un vuelo 212
resfriado m 44
resistencia f 61
resistente al horno 69
respaldo m 64, 210
respiración f 47
respiratorio 19
respuesta f 163
restar 165
restaurante m 101, 152
resto m 231
restregar 77
resultado m 49
retina f 51
retraso m 209
retrato robot m 181
retrete m 61
retrovisor exterior m 198
reunión f 174
revelar 271
revés m 231
revestimiento m 187
revisión f 50
revisor m 209
revista f 112, 168
revistas f 107
revuelto m 158
rey m 272, 273
riego m 89
riendas f 242
rímel m 40
ring m 237
rinoceronte m 291
riñón m 18, 119
río m 284
ritmo m 259
rizado 39
roble m 296
robo m 94
robot de cocina m 66
rocalla f 84
rocas f 284, 288
rociar 91
rococó 301
rodaja f 121
rodeo m 243

rodilla f 12
rodillera f 205, 227
rodilleras f 220
rodillo m 83
rodillo de cocina m 69
rojizo 39
rojo 274
rollo m 311
rollo de papel higiénico m 72
rombo m 164, 273
romero m 133
romper aguas 52
rompiente f 241
ron m 145
ron con Coca-Cola m 151
roncar 71
ropa de caballero f 32, 105
ropa de cama f 71, 74
ropa de hogar f 105
ropa de niño f 30
ropa de señora f 34, 105
ropa impermeable f 245, 267
ropa interior f 32
ropa interior térmica f 35
ropa limpia f 76
ropa para dormir f 31
ropa sport f 33
ropa sucia f 76
ropa termoaislante f 267
rócula f 123
rosa 274
rosa f 110
rosado 145
rosquilla f 139
rótula f 17
rótulo m 173
rough m 232
roulotte f 266
rubí m 288
rubio 39
rueda f 198, 207
rueda de ajuste f 276
rueda de la velocidad f 270
rueda de repuesto f 203
rueda delantera f 196
rueda del diafragma f 270
rueda trasera f 197
ruedas de apoyo f 207
ruedo m 243
rugby m 221
ruibarbo m 127
ruina famosa f 261
rulo m 38
Rumanía 316
Rwanda 317

S
sábado 306
sábana f 71, 74

saca postal f 98
sacacorchos m 150
sacaleches m 53
sacapuntas m 163
sacar 231
sacar brillo 77
saco de arena m 237
saco de dormir m 267
safari park m 262
Sáhara m 313
Sáhara Occidental 317
Saint Kitts y Nevis 314
sal f 64, 152
sala de embarque f 213
sala de espera f 45
sala de lecturas f 168
sala de máquinas f 214
sala de maternidad f 48
sala de pediatría f 48
sala de reuniones f 174
sala de urgencias f 48
sala del tribunal f 180
salado 121, 129, 137, 143, 155
salamandra f 294
salami m 142
salchicha f 155, 157
salchichas f 118
salchichón m 142
salida f 61, 194, 210, 232
salida de emergencia f 210
salida de incendios f 95
salidas f 213
salir 233
salmón m 120
salmonete m 120
salpicadero m 201
salsa f 134, 143, 155
saltador m 238
saltamontes m 295
saltar 227
saltar a la comba 251
saltear 67
salto m 235, 237, 239, 243, 247
salto alto m 239
salto con pértiga m 234
salto de altura m 235
salto de cama m 35
salto de longitud m 235
salto de salida m 239
salto entre dos m 226
salto mortal m 235
salud f 44
salvado m 130
salvaslip m 108
salvavidas m 240
salvia f 133
San Marino 316
San Vicente y las Granadinas 314
sandalia f 37
sandalias f 31
sandía f 127
sandwich abierto m 155
sandwich tostado m 149
Santa Lucía 314

358 english • español • *português*

SPANISH INDEX • ÍNDICE ESPAÑOL • ÍNDICE ESPANHOL

Santo Tomé y Príncipe 317
sapo m 294
saque de banda m 223, 226
sarampión m 44
sardina f 120
sarpullido m 44
sartén f 69
sastre m 191
sastre 35
sastrería f 115
satélite m 281
Saturno m 280
sauce m 296
sauna f 250
saxofón m 257
scanner m 176
scrabble m 272
secador m 38
secadora f 76
secar 76
secar con el secador 38
sección f 282
sección de equipajes f 104
sección de zapatería f 104
sección infantil f 104
seco 39, 41, 130, 145, 286, 321
secretaría f 168
seda f 277
sedal m 244
sedimentario 288
segunda planta f 104
segundero m 304
segundo m 304
segundo 309
seguridad f 212, 240
seguridad f 75
seguro m 203
seguro de sí mismo 25
seis 308
seiscientos 308
selector de puntada m 276
sellante m 83
sello m 98, 173
sellos m 112
selva tropical f 285
semáforo m 194
semana f 306
semana pasada f 307
semana que viene f 306
Semana Santa f 27
semanalmente 307
sembrar 90, 183
semilla f 122, 130
semilla de sésamo f 131
semilla de soja f 131
semillas f 88, 131
semillas de amapola f 138
semillas de hinojo f 133
semillero m 89
sémola f 130
senderismo m 263
sendero m 262

sendero para caballos m 263
Senegal 317
seno m 19
sensible 41
sentarse en cuclillas 251
sentencia f 181
señal m 209
señal de tráfico f 298
señales de tráfico f 195
señales horizontales f 194
Señor m 23
Señora f 23
Señorita f 23
señuelo m 244
sepia f 121
septiembre 306
séptimo 309
septuagésimo 309
serie f 179
serie televisiva f 178
serpiente f 293
serrar 79
serrucho m 80
serrucho de costilla m 81
servicio m 231
servicio al cliente m 104
servicio de habitaciones m 101
servicio de lavandería m 101
servicio de limpieza m 101
servicio incluido 152
servicio no incluido 152
servicios m 49
servicios de emergencia m 94
servidor m 176
servilleta f 65, 152
servilleta de papel f 154
servilletero m 65
servir 64
sesenta 308
set m 230
setecientos 308
setenta 308
seto m 85, 90, 182
sexagésimo 309
sexto 309
shiatsu m 54
shock m 47
sí 322
Siberia 313
Sicilia 316
sidra f 145
sien f 14
sierra circular f 78
sierra de calar f 81
sierra de mano f 89
sierra de vaivén f 78
Sierra Leona 317
sierra para metales f 81
siete 308
siglo m 307
silenciador m 203, 204
silla f 64
silla de montar f 242

silla de montar de señora f 242
silla de ruedas f 48
silla giratoria f 172
silla para el niño f 207
silla para niños f 198
silleta de paseo f 75
sillín m 206, 242
sillón m 63
sillón del dentista m 50
silo m 183
sin 320
sin escamas 121
sin espinas 121
sin gas 144
sin grasa 137
sin mangas 34
sin pasteurizar 137
sin pepitas 127
sin piel 121
sin plomo 199
sin sal 137
sin tirantes 34
sinagoga f 300
sinfonía f 256
Singapur 319
sintético 31
sintonizar 179
sintonizar la radio 269
sirena f 94
Siria 318
sistema m 176
sistema de megafonía f 209
sistema solar m 280
sistemas m 19
sitio web m 177
slálom m 247
slálom gigante m 247
snowboard m 247
sobre 320
sobre m 98, 173
sobre par m 233
sobreexpuesto 271
sobrina f 23
sobrino m 23
socia f 24
socorrista m 239, 265
soda f 144
sofá m 62
sofá-cama m 63
software m 176
sol m 280
solapa f 32
soldado m 189
soldador m 81
soldar 79
soleado 286
solétillas f 141
soltar 245
soluble 109
solución desinfectante f 51
Somalia 317
sombra de ojos f 40
sombrero m 36
sombrero para el sol m 265

sombrilla f 264
somnífero m 109
sonajero m 74
sonata f 256
sonda f 50
sonrisa f 25
sopa f 153, 158
soporte m 88, 166, 187, 205
soporte de la agarradera m 166
soporte del papel celo m 173
soporte del sillín m 206
sorbete m 141
sorprendido 25
sospechoso m 94, 181
sostenido 256
sótano m 58
soufflé m 158
sport 34
spray m 109, 311
squash m 231
Sri Lanka 318
stop m 269
strike m 228
suavizante m 38, 76
subexpuesto 271
subibaja m 263
subir 139
submarino m 215
subsuelo m 91
sucursal f 175
sudadera f 33
Sudáfrica 317
Sudán 317
Suecia 316
suegra f 23
suegro m 23
suela f 37
sueldo m 175
suelo m 62, 71
suelo aislante m 267
suero de la leche m 137
Suiza 316
sujetador m 35
sujetador para la lactancia m 53
sujetapapeles m 173
sumar 165
sumidero m 299
suministro de electricidad m 60
sumo m 237
supermercado m 105, 106
suplemento m 55
supositorio m 109
sur m 312
surco m 183
surfing m 241
surfista m 241
surtidor m 199
suspensión f 203, 205
suspirar 25
sustitución f 223

Swazilandia 317
swing de práctica m 233

T

tabaco m 112, 184
tabla f 241
tabla de gimnasia m 251
tabla de la plancha f 76
tabla de surf f 241
tabla para cortar f 68
tablero m 226
tablero de ajedrez m 272
tablero de densidad media m 79
tableta de chocolate f 113
tablilla f 47
tablilla con sujetapapeles f 173
tablón de anuncios m 173
taburete m 150
taco m 155
taco del freno m 207
tacón m 37
taekwondo m 236
tai-chi m 236
Tailandia 318
Taiwán 319
taladrar 79
taladro eléctrico m 78
taladro inalámbrico m 78
taladro manual m 78, 81
talla en madera f 275
tallar 79
taller m 78, 199, 203
tallo m 111, 122, 297
talón m 13,15
talonario de cheques m 96
tambor pequeño m 257
tampón m 108
tándem m 206
tanque m 61
tanque de la gasolina m 203, 204
tanque del agua m 61
Tanzania 317
tapa f 61, 66
tapa del objetivo f 270
tapa del wáter f 72
tapacubo m 202
tapadera f 69
tapón m 72, 166
taquígrafa f 181
taquilla f 209, 255
taquillas f 239
tarde f 305
tarde 305
tarifa f 197
tarjeta f 27
tarjeta amarilla f 223
tarjeta de crédito f 96
tarjeta de débito f 96
tarjeta de embarque f 213
tarjeta de la biblioteca f 168

english • español • português 359

SPANISH INDEX • ÍNDICE ESPAÑOL • *ÍNDICE ESPANHOL*

tarjeta postal *f* 112
tarjeta roja *f* 223
tarrina *f* 311
tarro *m* 134, 311
tarro hermético *m* 135
tarta nupcial *f* 141
tarta de chocolate *f* 140
tarta de cumpleaños *f* 141
tartaleta de fruta *f* 140
tartas para celebraciones *f* 141
Tasmania 319
tatuaje *m* 41
taxista *m* 190
Tayikistán 318
taza *f* 61, 65, 75
taza de café *f* 65
taza de té *f* 65
té *m* 144, 149, 184
té con hielo *m* 149
té con leche *m* 149
té con limón *m* 149
té en hoja *m* 144
té solo *m* 149
té verde *m* 149
teatro *m* 254, 299
tebeo *m* 112
techo *m* 62, 203
techo solar *m* 202
tecla *f* 176
teclado *m* 97, 99, 172, 176, 258
técnicas *f* 79, 159
técnico de sonido *m* 179
tee *m* 233
teja *f* 58, 187
tejado *m* 58
tejer 277
tela *f* 276, 277
tela metálica *f* 167
telar *m* 277
teleférico *m* 246
teléfono *m* 99, 172
teléfono de emergencia *m* 195
teléfono de monedas *m* 99
teléfono de tarjeta *m* 99
teléfono inalámbrico *m* 99
teléfono móvil *m* 99
telegrama *m* 98
telenovela *f* 178
teleobjetivo *m* 270
telepizzería *f* 154
telescopio *m* 281
telesilla *f* 246
televisión *f* 268
televisión de pantalla panorámica *f* 269
televisión por cable *f* 269
telón *m* 254
telón de fondo *m* 254
temblor *m* 283
témpera *f* 274
temperatura *f* 286

templo *m* 300
temprano 305
tenacillas *f* 38
tenazas *f* 81, 167
tenazas de alambre *f* 80
tendón *m* 17
tendón de Aquiles *m* 16
tendón de la corva *m* 16
tenedor *m* 65, 153
tenedor para trinchar *m* 68
tener un hijo 26
tenis *m* 230, 231
tensión arterial *f* 44
teñido 39
tequila *m* 145
terapeuta *m* 55
terapeuta *f* 55
terapia de grupo *f* 55
terapias alternativas *f* 54
tercero 309
terminal *f* 212
terminal del ferry *f* 216
termita *f* 295
termo *m* 267
termoesfera *f* 286
termómetro *m* 45, 167
termostato *m* 61
ternera *f* 118
ternero *m* 185
terraza *f* 85, 148
terraza ajardinada *f* 85
terremoto *m* 283
territorio *m* 315
tesina *f* 169
tesis *f* 169
testículo *m* 21
testigo *m* 180, 235
tetera *f* 65
tetina *f* 75
tetrabrik *m* 311
tía *f* 22
tibia *f* 17
tiburón *m* 294
tiempo *m* 234, 286, 304
tiempo muerto *m* 220
tienda *f* 298
tienda de antigüedades *f* 114
tienda de artículos de ragalo *f* 114
tienda de campaña *f* 267
tienda de discos *f* 115
tienda de fotografía *f* 115
tienda de golosinas *f* 113
tienda de licores *f* 115
tienda de materiales de arte *f* 115
tienda de muebles *f* 115
tienda de artículos usados *f* 115
tienda libre de impuestos *f* 213
tiendas *f* 114
Tierra *f* 280, 282

tierra *f* 85
tierra firme *f* 282
tierras de labranza *f* 182
tigre *m* 291
tijeras *f* 38, 47, 82, 188, 276
tijeras de podar *f* 89
tijeras de uñas *f* 41
tilo *m* 296
timbal *m* 257
timbre *m* 48, 59, 197
tímido 25
timón *m* 210, 241
Timor Oriental 319
tinta *f* 275
tinte para el pelo *m* 40
tinte para madera *m* 79
tinto 145
tintorería *f* 115
tío *m* 22
tipo de cambio *m* 97
tipo de interés *m* 96
tipos *m* 205
tipos de autobuses *m* 196
tipos de cámara *m* 270
tipos de granja *m* 183
tipos de pesca *m* 245
tipos de plantas *m* 86
tipos de tren *m* 208
tirador *m* 200
tirante *m* 35
tirar 223, 227
tirar al hoyo con un putter *m* 233
tirar de cabeza 222
tirarse de cabeza 238
tirarse en trineo 247
tirita *f* 47
tiro *m* 249
tiro con arco *m* 249
tiro con efecto *m* 230
tiro libre *m* 222
tirón *f* 239
tirón en el cuello *m* 46
título *m* 168
tiza *f* 162, 288
toalla de ducha *f* 73
toalla de lavabo *f* 73
toalla de playa *f* 265
toallas *f* 73
toallero *m* 72
toallita antiséptica *f* 47
toallita húmeda *f* 108
toallitas húmedas *f* 75
tobillo *m* 13, 15
tobogán *m* 263
tocadiscos *m* 268
tocador *m* 71
tocólogo *m* 52
todoterreno *m* 199
toffee *m* 113
toga *f* 169
Togo 317
toldo *m* 148
toma *f* 61
toma de tierra *f* 60
toma del agua *f* 61

tomar apuntes 163
tomar el sol 264
tomate *m* 125, 157
tomate cherry *m* 124
tomillo *m* 133
tonelada *f* 310
tónica *f* 144
tónico *m* 41
tono *m* 41, 256
topacio *m* 288
topinambur *m* 125
torcedura *f* 46
tormenta *f* 287
tornado *m* 287
tornear 79
torneo *m* 233
tornillo *m* 80
tornillos de la rueda *m* 203
torno de alfarero *m* 275
torno de banco *m* 78
torno de dentista *m* 50
toro *m* 185
torre *f* 272, 300
torre de control *f* 212
torre de vigilancia *f* 265
torreón *m* 300
torrija *f* 157
tortilla *f* 158
tortuga *f* 293
tos *f* 44
tostada *f* 157
tostado 129
tostador *m* 66
trabajo *m* 172
tractor *m* 182
tráfico *m* 194
trago *m* 151
traje *m* 255
traje de baño *m* 238
traje de buzo *m* 239
traje de chaqueta *m* 32
traje de cuero *m* 205
traje de esquí *m* 246
traje de noche *m* 34
traje espacial *m* 281
traje minifaldero *m* 34
trampolín *m* 235, 238
transatlántico *m* 215
transferencia bancaria *f* 96
transformador *m* 60
transmisión *f* 202
transplantar 91
transportador *m* 165
transporte *m* 194
tranvía *m* 196, 208
trapecio *m* 16, 164
trapo del polvo *m* 77
tráquea *f* 18
trasbordador espacial *m* 281
traspaso *m* 223
traste *f* 258
tratamientos *m* 23
tratamientos de belleza *m* 41
trébol *m* 273, 297

trece 308
treinta 308
trementina *f* 83
tren *m* 208
tren de alta velocidad *m* 208
tren de aterrizaje *m* 210
tren de mercancías *m* 208
tren de vapor *m* 208
tren delantero *m* 210
tren diesel *m* 208
tren eléctrico *m* 208
tren intercity *m* 209
trenca *f* 31
trenza *f* 39
tres 308
trescientos 308
triángulo *m* 164, 257
tribuna del jurado *f* 180
tríceps *m* 16
trigésimo 309
trigo *m* 130, 184
trigo partido *m* 130
trimestre *m* 52
trineo con perros *m* 247
Trinidad y Tobago 314
trípode *m* 166, 270, 281
tripulación *f* 241
triste 25
triturador de basuras *m* 61
trocitos de chocolate *m* 141
trolebús *m* 196
trombón de varas *m* 257
trompa *f* 291
trompa de Falopio *f* 20
trompeta *f* 257
trona *f* 75
tronco *m* 296
trópico de Cáncer *m* 283
trópico de Capricornio *m* 283
trópicos *m* 283
troposfera *f* 286
trote *m* 243
trozo *m* 140
trucha *f* 120
trucha arco iris *f* 120
trueno *m* 286
trufa *f* 113, 125
tuba *f* 257
tubo *m* 112, 202, 239, 311
tubo de desagüe *m* 61
tubo de ensayo *m* 166
tubo de escape *m* 203, 204
tubo de la aspiradora *m* 77
tubo superior *m* 207
tuerca *f* 80
tulipán *m* 111
Túnez 317
turbo 203
turismo *m* 199, 260

360

english • español • *português*

SPANISH INDEX • ÍNDICE ESPAÑOL • ÍNDICE ESPANHOL

turista m 260
Turkmenistán 318
turmalina f 288
turno m 228, 273
turquesa f 289
Turquía 316
turrón m 113
tutú m 191

U
Ucrania 316
Uganda 317
ugli m 126
última mano f 83
último piso m 141
ultraligero m 211
ultramarinos m 114
ultrasonido m 52
un cuarto de hora 304
una media hora 304
undécimo 309
unidad de cuidados intensivos f 48
uniforme m 94, 162, 189, 222
uniforme de rugby m 221
uniforme del equipo m 31
universidad f 299
universo m 280
uno 308
uña f 15
uña del pie f 15
Urano m 280
uréter m 21
uretra f 20
urgencia f 46
urinario 19
urología f 49
Uruguay 315
usar el hilo dental 50
utensilios de cocina m 68
útero m 20, 52
Uzbekistán 318

V
vaca f 185
vacaciones f 212
vacío 321
vagina f 20
vagón m 208, 209
vagón restaurante m 209
vaina f 122
vainilla f 132
vajilla f 64

vajilla y los cubiertos f, m 65
vajillas f 105
vale 322
valla f 85, 243
valle m 284
valor de las acciones m 97
valor nominal f 97
válvula f 207
válvula de la presión f 61
Vanuatu 319
vaquería f 183
varicela f 44
varilla de cristal f 167
varilla del nivel del aceite f 202
vaso m 65
vaso de precipitados m 167
vecino m 24
vehículo de servicio m 212
veinte 308
veinte mil 309
veinte minutos 304
veintidós 308
veintiuno 308
vejiga f 20
vela f 63, 240, 241
vela mayor f 240
velas de cumpleaños f 141
vellón m 74
velo 35
vena f 19
venado m 118
venda f 47
vendaje m 47
vendedor de golosinas m 113
vendedor de periódicos m 112
Venezuela 315
ventaja f 230
ventana f 58, 177, 186
ventana de la buhardilla f 58
ventana de la nariz f 14
ventanilla f 96, 98, 197, 209, 210
ventanilla de pasajes f 216
ventarrón 286
ventilador m 60, 202, 210
ventosa f 53
Venus 280
ver la televisión 269

verano m 31, 307
verde 129, 274
verdulería f 114
verdura f 107
verduras f 122, 124
veredicto m 181
vértebras cervicales f 17
vértebras dorsales f 17
vértebras lumbares f 17
vesícula seminal f 21
vespa f 205
vestíbulo m 59, 100, 209, 255
vestido m 31, 34
vestido de novia m 35
veterinaria f 189
vía f 208
vía de acceso f 194
vía de salida f 194
viaje de negocios m 175
viajero de cercanías m 208
vibráfono m 257
videojuego m 269
videoteléfono m 99
vieira f 121
viejo 321
viento m 241, 286
viento-madera m 257
viento-metal m 256
viernes 306
Viet Nam 318
viga de acero f 186
viga de madera f 186
viga del tejado f 186
vigésimo 309
vigésimo primero 309
vigésimo segundo 309
vigésimo tercero 309
vinagre m 135, 142
vinagre balsámico m 135
vinagre de malta m 135
vinagre de sidra m 135
vinagre de vino m 135
vino m 145, 151
vino de jerez m 145
vino de oporto m 145
viña f 183
viñedo m 183
viola f 256
violín m 256
violoncelo m 256
virar 241
virus m 44
virutas de madera f 78
visado m 213
visera f 205

visillo m 63
visita f 45
visita con guía f 260
visor m 271
vista f 51
vitaminas f 108
vivero m 115
vivienda de una planta f 58
vivienda urbana f 58
vodka m 145
vodka con naranja m 151
volante m 49, 201, 231
volante a la derecha m 201
volante a la izquierda m 201
volar 211
volcán m 283
volcar 241
volea f 231
voltaje m 60
voltereta lateral f 235
volumen m 165, 179, 269, 311
vomitar 44
vuelo con ala delta m 248
vuelo internacional m 212
vuelo nacional m 212
vuelo sin motor m 248

W
wáter m 72
waterpolo m 239
wedge m 233
whisky m 145
whisky escocés con agua m 151
windsurfing m 241
windsurfista m 241
wok m 69

Y
yarda f 310
yate m 215, 240
yema f 137, 157
Yemen 318
yerno m 22
yeso m 83
yoga m 54
yogurt m 137
yogurt de frutas m 157
yogurt helado m 137
Yugoslavia 316

Z
zafiro m 288
Zambia 317
zanahoria f 124
zapatería f 114
zapatilla deportiva f 37
zapatillas f 31, 251
zapatillas de deporte f 31
zapato de caballero m 37
zapato de cordoneras m 37
zapato de golf m 233
zapato de piel m 37
zapato de plataforma m 37
zapato de tacón m 37
zapatos m 34, 37
zapatos de piel m 32
zarpa f 291
zarpar 217
Zimbabwe 317
zinc m 289
zodiac m 215
zona f 315
zona de abastecimiento f 199
zona de ataque f 224
zona de defensa f 224
zona de fumadores f 152
zona de marca f 221
zona de no fumadores f 152
zona final f 220
zona industrial f 299
zona lumbar f 13
zona neutral f 224
zona peatonal f 299
zona poco profunda f 239
zona profunda f 239
zonas f 283, 299
zoo m 262
zoología f 169
zorro m 290
zumo m 127
zumo de frutas m 156
zumo de manzana m 149
zumo de naranja m 148
zumo de piña m 149
zumo de tomate m 144, 149
zumo de uva m 144
zumos y los batidos m 149
zurcir 277

english • español • português

Portuguese index • índice portugues • *índice português*

A
à direita 260, 323
à esquerda 260, 323
a la carte 152
A que distância está...? 323
A que horas começa? 255, 305
A que horas termina? 305
a vapor 159
a, até 320
abacate 128
abacaxi 128
abaixo 320
abajur 62
abdômen 12
abelha 295
aberto 260, 321
abóbada 300
abóbora 125
abóbora bolota 125
abóbora-moranga 125
abóbora-pescoço 124
abobrinha 125
aborrecido 25, 321
aborto espontâneo 52
abotoadura 36
abridor de garrafa 68, 150
abridor de lata 68
abrigo 31, 32
abril 306
abrir com rolo 67
absolvido 181
absorvente 108
absorvente interno 108
aca 128
acácia 110
academia 101, 250
academia de dança 169
açafrão 132
acampamento 266
acampar 266
ace 230
acelerador 200, 204
acelerar 195
acelga 123
acelga da china 123
acendedor de fogueira 266
acender uma fogueira 266
acessórios 36, 38
acetona 41
acidente 46
acidente de carro 203
acima 320
aço inoxidável 79
ações 97, 227, 229, 233, 237, 245
acolchoado 277
acompanhamento 153
acordar 71
acordo de negócios 175
acostamento 194
açougue 114
açougueiro 118, 188
acre 127
acupressão 55
acupuntura 55
acusação 94, 180
acusado 181
adepto de windsurfista 241
adestramento 243
Adeus 322
adolescente 23
adubar 91
adubar o solo 90
adulto 23
adversário 236
advogado 180, 190
aeróbica 251
aeroporto 212
Afeganistão 318
afiador de faca 68
afofar 91
afogar-se 239
África 317
África do Sul 317
agachamento 251
ágata 289
agência de câmbio 97
agência de correio 98
agência de viagens 114
agenda 173, 175
agenda/compromissos do dia 174
agente de viagens 190
agitador 150
aglomerado 79
agora 304, 320
agosto 306
agrião 123
água 144, 238
água de torneira 144
água do limpador de parabrisas 202
água engarrafada 144
água marinha 288
água mineral 144
água sanitária 77
água tônica 144
aguaceiro 286
água-de-colônia 41
aguarrás 83
água-viva 295
águia 292
agulha 109, 276, 300
agulha de crochê 277
agulha de tricô 277
aikido 236
aileron 210
aipo 122, 124
airbag 201
aiurveda 55
ajuda 322
ajudante de cozinha 152
ajustar o despertador 71
ala obstétrica 48
ala pediátrica 48
ala residencial 168
álamo 296
alarme anti-incêndio 95
alarme antirroubo 58
Alasca 314
alavanca 61, 150
alavanca da marcha 207
alavanca de emergência 209
alavanca de freios 207
alavanca do pneu 207
Albânia 316
álbum de fotos 271
alça 37, 106
alcachofra 124
alcachofra jerusalém 125
alcaçuz 113
alcaparras 143
alcaravia 131
alças 37
aldraba 59
alecrim 133
aleli 110
além de 320
Alemanha 316
alergia 44
aletas da raia 120
alface 123
alfafa 184
alfaiataria 115
alfaiate 191
alfândega 212
alfândega do porto 216
alfinete 276
alfinete de segurança 47
alfineteiro 276
algemas 94
algodão 184, 277
alguns 320
alho 125, 132
alho-poró 125
ali, lá 320
alicate 80
alicate de bico 80
alimentação natural 115
alimentar 183
alimentos 117
alimentos em frascos 134
alinhavar 277
alisar 39
aljava 249
almoço 64
almoço de negócios 175
almofada 62
almofada de tinta 173
almofariz 167
almôndegas 158
alojamento 323
alongamento 251
alongar 251
alpinismo 248
alpinismo no gelo 247
alta médica 48
alternador 203
altitude 211
alto 321, 321
alto-falante 176, 258, 268
altura 165
alugar 58
aluguel 58
aluguel de carros 213
alumínio 289
aluno 162
alvo 249, 273
amaciante 76
amamentação 53
amamentar 53
amanhã 306, 320
amanhecer/aurora 305
amarelo 274
amargo 124
amarrar 217
amassador 68
amassar 138
Amazônia 312
ambulância 94
ameixa 126
ameixa seca 129
amêndoa 122, 129
amêndoas 151
amendoim 129, 151
América do Norte e Central 314
América do Sul 315
ametista 288
amigo 24
amigo por correspondência 24
amniocêntese 52
amolador 118
amora 127
ampère 60
ampliação 271
ampliar 172
amplificador 268
ampola 46
analgésico 109
analgésicos 47
ancinho 88
âncora 214, 240
ancoradouro 217
ancorar 217
andaime 186
andar de bicicleta 207
andar de skate 249, 263
andar térreo 104
Andes 312
andorinha 292
Andorra 316
anel 36
anestesista 48
anexo 58, 177
anfíbios 294
anfiteatro 169
anfitriã 64
anfitrião 64
Angola 317
ângulo 164
animadora de torcida 220
animais 290, 292, 294
anis-estrelado 133
aniversário 26, 27
ano 306
ano letivo 163
Ano Novo 27
anoitecer 305
anos 307
anotações 191
antebraço 12
antena 295
antena de rádio 214
antena parabólica 269
anteontem 307
anteparo 233
anteparo a respingos 66
antes 320
antiaderente 69
anticongelante 199
Antígua e Barbuda 314
anti-inflamatório 109
antirrugas 41
antisséptico 47
antisséptico bucal 72
anual 307
anzol 244
ao lado de 320
ao longo de 320
ao redor de 320
ao vivo 178
apagar 141
apaixonar-se 26
apanhador 229
aparador de grama 88
aparas de madeira 78
aparelho 99
aparelho de barbear descartável 73
aparelho de DVD 268
aparelho de fax 172
aparelho de MP3 268
aparelho de remo 250
aparelho de step 250
aparelho de vídeo 269
aparelho dentário 50
aparelho para exercícios 250
aparelhos elétricos 105
aparência 29
apartamento 59
apelação 181

362 english • español • *português*

PORTUGUESE INDEX • ÍNDICE PORTUGUES • ÍNDICE PORTUGUÊS

apêndice 18
aperitivo 153, 155
aperitivos 151
ápice 164
aplainar 79
aplaudir 255
aplicativo 176
apoiar com estaca 91
apoio para a cabeça 200
apontador 163
apontamentos 175
aposentar 26
aposta 273
aprender 163
apresentação 174
apresentador 178, 191
apresentadora de notícias 179
aquarela 274
aquecedor 60
aquecedor a óleo/radiador 60
aquecedor por convecção 60
aquecer 251
aqui 320
Arábia Saudita 318
arame 79, 89
aranha 295
arar 183
árbitro 225, 227, 229
arbusto florido 87
arco 85, 164, 249, 301
arco do pé 15
arco e flecha 249
arco-íris 287
ar-condicionado 200
ardósia 288
área 165, 310
área de abastecimento 199
área de ataque 224
área de defesa 224
área de fumantes 152
área de gol 221
área de não fumantes 152, 323
área de pedestre 299
área de serviço 76
área final 220
área neutra 224
área pouco profunda 239
área profunda 239
áreas 299
areia 85, 243, 264
arenito 288
arenques defumados 157
argamassa 187
Argélia 317
Argentina 315
argila 85, 275
argolas 89, 235
aritmética 165
armação 51

armarinho 105
armário 62, 66
armário de arquivo 173
armário de remédios 72
armário embutido 71
armário para separar o lixo 61
armários com chaves 239
armazém 216
Armênia 318
aro 206, 226
aromaterapia 55
arquiteto 190
arquitetura 300
arquitrave 301
arquivo 172, 177
arquivo sanfonado 173
arquivo suspenso 173
arraia 120, 294
arrancar 82
arranha-céu 299, 300
arranjos 111
arremessador 229
arremessar 227, 229
arremesso de peso 234
arremesso lateral 223
arroz 130, 158, 184
arroz arbóreo 130
arroz branco 130
arroz doce 140
arroz integral 130
arroz selvagem 130
arruela 80
arrumar a cama 71
art déco 301
art noveau 301
arte 162
artéria 19
artes marciais 237
articulação 17
artigos de cozinha 105
artigos de higiene 41, 107
artigos esportivos 105
artigos para bebê 107
artista 274
árvore 86, 240, 296
ás 273
As flores têm perfume? 111
asa 119, 210, 293
asa delta 248
asfalto 187
Ásia 318
asma 44
aspirador de pó 77, 188
assadeira 69
assado 158
assado no forno 159
assalto 94, 237
assar 67, 138
assar na grelha 67
assento 61, 64, 204, 209, 210
assento do motorista 196

assento para criança 207
assento para crianças 198
assento traseiro 200, 204
assessoria jurídica 180
assinatura 96, 98
assistente 24
assistente financeira 97
assistir 174
assistir à televisão 269
assustado/chocado 25
asteroide 280
astigmatismo 51
astronauta 281
astronomia 281
ata 174
Até logo 305, 322
até os joelhos 34
ataque 220, 237
atacante 222
atadura 47
atendimento 100
atendimento ao cliente 175
aterrissar 211
atividades 77, 162, 183, 263
atividades ao ar livre 262
atleta 234
atletismo 234
atmosfera 282, 286
ato sexual/coito 20
ator 191, 254
atores 179
atração turística 260
atracar 217
atrações 261
atrás de 320
atraso 209
através de 320
átrio 104
atriz 254
atum 120
aurora 286
Austrália 319
Áustria 316
automático 200
automobilismo 249
auxiliar do juízo 180
avalanche 247
avanço rápido 269
avaria/quebra 203
aveia 130
avelã 129
avenida 299
avental 30, 38, 50, 69
aves 119, 292
avestruz 292
avião 210
avião comercial 212
avião de passageiros 210
avião leve 211
avião supersônico 211

avicultura 183
avisos 322
avó 22
avô 22
avós 23
axila 13
azedinha 123
azeite 142
azeite aromatizado 134
azeite de oliva 134
azeites e óleos 134
azeitona preta 143
azeitona recheada 143
azeitona verde 143
azeitonas 151
Azerbaijão 318
azeviche 288
azevinho 296
azul 274
azul anil 274
azulejar 82

B

babá eletrônica 75
babador 30
baby liss 38
bacalhau 120
bacia 61
backhand (com a palma da mão virada para dentro) 231
baço 18
bacon 118, 157
badejo 120
badminton 231
baga 296
bagageiro 198, 204, 209
bagageiro de bicicletas 207
bagagem 100, 198, 213
bagagem de mão 211, 213
bagas e melões 127
baguete 138, 139
Bahamas 314
bailarina 191
bainha 34
baioneta 60
baixar 177
baixista 258
baixo 321, 321
baixo clarinete 257
bala 113
bala de goma 113
bala toffee 113
balança 45, 53, 98, 118, 166, 310
balança de cozinha 69
balança de mola 166
balançar 232
balanço 263
balão de ar quente 211
balas 113
balaústre 59
balcão 96, 98, 100, 142, 254

balcão de empréstimo 168
balcão de sanduíches 143
balcão do bar 150
balde 265, 77, 82
balde de gelo 150
balé 255
baleia 290
baliza 238, 298
balsa 215, 216
balsa salva-vidas 240
bambu 86, 122
banana 128
bancada 250
bancada de trabalho 78
banco 96, 262
banco para jogadores 229
banda de rodagem 207
band-aid 47
bandeira 221
bandeira do escanteio 223
bandeirinha 223, 232
bandeja 152, 154
bandeja de entrada 172
bandeja de forno 69
bandeja de saída 172
bandeja de semente 89
bandeja do café da manhã 101
bandeja do papel 172
bandeja para pintura 83
bangalô 58
Bangladesh 318
banheira 72
banheira de plástico 74
banheiro 72
banheiro privativo 100
banqueta 150
bar 148, 150, 152
bar mitzvah 26
baralho 273
barata 295
barato 321
Barbados 314
barbeador elétrico 73
barbear 73
barbeiro 39, 188
barco a remo 214
barco a vela 215
barco de pesca 217
barra 207, 250, 311
barra com pesos 251
barra de chocolate 113
barra de ferramentas 177
barra de rolagem 177
barra do menu 177
barra fixa 235
barraca 267
barraca de praia 264
barras de guloseimas 113
barras paralelas 235
barreira 222

english • español • *português*

363

PORTUGUESE INDEX • ÍNDICE PORTUGUES • ÍNDICE PORTUGUÊS

barreira contra o vento 265
barreira de segurança 75, 246
barrigueira 242
barroco 301
basalto 288
base 164, 228
base 40
base do batedor 228
basquetebol 226
Basta, obrigado(a) 323
bastão 167, 225, 228, 235, 246, 249
bastidores 254
Bata antes de entrar 322
batata 124
batata nova 124
batata-baroa 125
batata-doce 125
batatas fritas 113, 151, 154
batedor 225, 228
batedor de carne 68
batedor de claras 68
bater 67, 224, 225, 229
bater com o putter 233
bateria 78, 202, 258
batida de perna 239
batismo 26
batom 40
batuta 256
baunilha 132
bebê 23, 30
bebida enlatada 154
bebida maltada 144
bebidas 107, 144, 156
bebidas alcoólicas 145
bebidas quentes 144
beca 169
becker 167
beco 298
Beco sem saída 323
beija-flor 292
beiral 58
beisebol 228
beleza 40
Bélgica 316
Belize 314
bem 321
bemol 256
Benin 317
berbigão 121
berço 74
berço de carregar/cesto 75
berinjela 125
bermuda/shorts 33
besouro 295
beterraba 125
betoneira 186
bétula 296
bexiga 20
bezerro 185
biblioteca 168, 299
bibliotecária 168
bibliotecário 190
bíceps 16

bicicleta 206
bicicleta de competição 206
bicicleta de estrada 206
bicicleta de passeio 206
bicicleta ergométrica 250
bico 75, 210, 293
bico de Bunsen 166
bico de confeiteiro 69
bidê 72
Bielo-Rússia 316
bifocal 51
bigode 290
bigudi 38
bilhar 249
bilhete 209, 213
bilhete de ônibus 197
bilheteria 209, 216, 255
bilhetes de loteria 112
bilro 277
binóculos 281
biologia 162
biombo 63
biplano 211
biquíni 264
Birmânia (Mianmar) 318
biscoitinhos de colher 141
biscoito 113
biscoito de centeio 156
biscoitos 141
bispo 272
bisturi 81, 167
bloco de concreto 187
bloco de desenho 275
bloco de notas 173
bloco para meia esquadria 81
bloqueador solar 108
bloquear 227
bloqueio 236
blues 259
blusa 34
blusa de moletom 33
blush 40
Boa noite 322, 322
Boa tarde 322
bobina 276
boca 14
boca de lobo 299
bocado de freio 242
bocal 89
bocejar 25
bochecha 14
body 30
boia 217
boia 61, 244, 265
boia de braço 238
boia salva-vidas 240
boiar 239
bola 149
bola 75, 220, 221, 222, 224, 226, 228, 230
bola de boliche 249
bola de críquete 225
bola de efeito 230
bola de golfe 233

bola de praia 265
bola do pé 15
bola não válida 228
bolas de algodão 41
boliche 249
Bolívia 315
bolo de aniversário 141
bolo de casamento 141
bolo de chocolate 140
bolo de frutas 140
bolos 140
bolos e sobremesas 140
bolos para comemorações 141
bolsa 37, 291
bolsa de água quente 70
bolsa de estudos 169
bolsa de mão 37
bolsa de valores 97
bolsa de viagem 37
bolsa para grama cortada 88
bolsas 37
bolso 32
bom 321
Bom dia 322
bomba 199, 207
bomba de ar 199
bombardeiro 211
bombeiro 189
bombeiros 95
bombinha de leite 53
bombom 113
bonde 196, 208
boné 36
boné de montaria 242
boneca 75
boneco de pelúcia 75
bongôs 257
bonito 321
borboleta 295
bordado 277
bordo 296
borracha 163
Bósnia e Herzegóvina 316
bosque 285
bota de montaria 242
botão 32, 111, 297
botão de ajuste 167
botão de parada 197
botão de pressão 30
botão-de-ouro 297
botas altas e impermeáveis 244
botas de borracha 31, 89
bote inflável 215
bote salva-vidas 214
botina de trilha 37
botina para esquiar 246
Botsuana 317
boxe 236
braçada 239
braçadeira 78
braço 13, 95, 258
branco 39, 145, 272, 274, 291

brando 129
Brasil 315
brechó 115
bridge 273
brie 142
brilhante 83
brilho 271
brinco 36
brinquedo 75
brioche 157
britadeira 187
broca 50, 78
broca de alvenaria 80
broca de segurança 80
broca para madeira 80
broca para metal 80
brocas 80
brocas para carpintaria 80
broche 36
brócolis 123
bronze 235
bronzeado 41
bronzeador 265
brotos de feijão 122
Brunei 319
bufê 152
bufê do café da manhã 156
bulbo 86
Bulgária 316
bungee jumping 248
buquê 35, 111
buraco 232
buraco em um 233
buraco negro 280
Burkina Faso 317
burro 185
Burundi 317
bússola 240, 312
Butão 318
butique 115
buzina 201, 204
bytes 176

C

cabana 85
cabeça 12, 19, 80, 230
cabeça do chuveiro 72
cabeça do cilindro 202
cabecear 222
cabeceira 70
cabeçote 78
cabeçotes de chave de fenda 80
cabeleireira 38
cabeleireiro 188
cabelo 14, 38
cabelo curto 39
cabide 70
cabina de teleférico 246
Cabinda 317
cabine 95, 196, 210, 214
cabine de comando 210
cabine de pedágio 194
cabine do condutor 208

cabine telefônica 99
cabo 36, 79, 88, 187, 207, 230
cabo de alimentação 176
cabo para transferência de carga de bateria 167
cabos 60
cabra 185
cabrestante 214
cabresto 243
cabrito 185
caça 211
caçarola 69
caçarola de barro 69
cacatua 293
cacau em pó 148
cachecol 31
cachimbo 112
cachoeira 285
cachorrinho 290
cachorro 290
cachorro-quente 155
cachumba 44
cáctus 87
cada 320
cadarço 37
cadeado 207
cadeia montanhosa 282
cadeira 64
cadeira de dentista 50
cadeira de passeio 75
cadeira de praia 265
cadeira de rodas 48
cadeira de teleférico 246
cadeira giratória 172
cadeirinha 75
caderneta de poupança 96
caderno 163, 172
café 144, 148, 153, 156, 184, 262
café com leite 148
café da manhã 64, 156
café da manhã inglês 157
café expresso 148
café gelado 148
café moído 144
café passado em filtro 148
café puro 148
cafeteira 65
cafeteria ao ar livre 148
cágado 293
caiaque 241
cãibra 239
caipira 118
cais 214, 216
cais de passageiros 216
caixa 96, 106, 150
caixa automático 97
caixa d'água 61
caixa de bombons 113
caixa de câmbio 202
caixa de câmbios 204

364   english • español • *português*

PORTUGUESE INDEX • ÍNDICE PORTUGUES • ÍNDICE PORTUGUÊS

caixa de correio 99
caixa de correspondência 58, 99
caixa de entrada 177
caixa de equipamentos 244
caixa de ferramentas 80
caixa de fusíveis 60, 203
caixa de leite 136
caixa de lenço de papel 70
caixa de papelão 311
caixa de primeiros socorros 47
caixa registradora 106
caixa torácica 17
calafrios 44
calça de moletom 33
calça de montaria 242
calça plástica 30
calçada 298
calçadão 265
calçado de caminhada 267
calcanhar 13, 15
calção 33, 238
calcário 85
calças 32, 34
calcinha 35
cálcio 109
calcita 289
calço de partida 234
calculadora 165
caldeira 61
caldo 158
calendário 306
calha 58
cálice 297
calor 286, 321
calota 202
cama 70
cama de acampamento 266
cama de bronzeamento 41
cama de casal 71
cama de solteiro 71
cama, mesa e banho 105
camada de ozônio 286
câmara 207, 283
câmara de água 61
camarão sem casca 120
camaroeiro 244
Camarões 317
camarote 254
câmbio 201
Camboja 319
camembert 142
câmera 178
câmera APS 270
câmera de vídeo 260, 269
câmera descartável 270
câmera digital 270
câmera instantânea 270
câmera reflex 270

caminhada 251, 263
caminhão 194
caminhão basculante 187
caminho 58, 85
caminhoneiro 190
camisa 32
camiseta 30, 33, 251
camiseta regata 33
camisete 35
camisola 31, 35
campainha 48, 59
campari 145
campeonato 230
campeonato/liga 223
campo 182, 220, 228, 234
campo de críquete 225
campo de esportes 168
campo de futebol 222
campo de golfe 232
campo de rúgbi 221
campo direito 229
campo esquerdo 228
campo externo 229
campo interno 228
campus 168
camundongo 290
Canadá 314
cana-de-açúcar 184
canal 178
canal pago 269
canário 292
caneca 65
canela 133
canela/tíbia 12
caneta 163
canguru 291
canhoto 96
canino 50
cano 202
cano de esgoto 61
canoa 214
canoagem 241
canteiro de flores 85, 90
cantil 267
cantor 258
cantora 191
canudo 144, 154
capa de chuva 31, 32
capacete 95, 186, 204, 206, 220, 228
capacho 59
capacidade 311
capital 315
capitão 214
capitão do porto 217
capô 198
capoeira 237
capota 75
cappuccino 148
cápsula 109
captador 258
captador de som 179
capuz 31
caqui 128
caracol 295
carambola 128

caranguejo 121, 295
carapaça 293
caratê 236
cardamono 132
cardápio 148, 153, 154
cardápio do almoço 152
cardápio do jantar 152
cardápio para crianças 153
cardiologia 49
cardiovascular 19
cardo 122, 297
careca 39
carga 216
cárie 50
carimbo 98
carnaval 27
carne 118
carne bovina 118
carne bovina e aves 107
carne branca 118
carne de caça 119
carne fresca 142
carne magra 118
carne moída 119
carne vermelha 118
caro 321
caroço 127
carpa koi 294
carpete 71
carpinteiro/marceneiro 188
carregador 100, 233
carregar 76
carreira 169
carretel 245
carretel de linha 276
carrinho 100
carrinho 75, 213
carrinho de bagagem 208
carrinho de compras 106
carrinho de doces 152
carrinho de golfe 233
carrinho de mão 88
carrinho de rua 154
carro 198 200, 202
carro de bombeiros 95
carro de cinco-portas 199
carro de polícia 94
carro leve 232
carroceria 202
carrossel de bagagens 212
carta 98
carta de vinhos 152
carta registrada 98
cartão 27
cartão amarelo 223
cartão da biblioteca 168
cartão de crédito 96
cartão de débito 96
cartão de embarque 213
cartão de visitas 173
cartão vermelho 223
cartão-postal 112

cartas 273
carteira 37, 162, 190
carteiro 98, 190
cartilagem 17
cartolina 275
carvalho 296
carvão 275, 288
carvão vegetal 266
casa 57, 272
casa da fazenda 182
casa de bonecas 75
casa de botão 32
casa urbana 58
casaco 32
casaco de lã 32
casal 24
casal de noivos 24
casamento 26, 35
casar-se 26
casca 122, 126, 127, 128, 129, 130, 137, 139, 296
cascalho 88
casco 214, 240, 242, 291
casinha de brinquedos 75
caspa 39
cassetete 94
cassino 261
castanha 129
castanha-d'água 124
castanha-de-caju 129, 151
castanha-do-pará 129
castanho 39
castanho-escuro 39
castelo 300
castelo de areia 265
casulo 295
catálogo 168
catálogo de leitura 168
catamarã 215
catarata 51
catedral 300
catéter 53
catraca 209
cauda 35, 121, 210, 280, 294
caule 111, 297
cavalariço 243
cavalete 174, 274
cavalinha 120
cavalo 185, 235, 242, 272
cavalo com argolas 235
cavalo de corrida 243
cavalo-marinho 294
cavar 90
caverna 284
Cazaquistão 318
CD 269
cebola 124
cebolinha 125, 133
cedo 305, 320
cedro 296
cegonha 292
cela 94, 181

celebrações 27
celeiro 182, 185
cem 308
cem mil 309
cenografia 254
cenoura 124
centésimo 309
centímetro 310
cento e dez 308
centopeia 295
centrífuga 76
centrifugar 76
centro 122, 164, 273
centro do campo 228
centro médico 168
cera 77
cerâmica 275
cerca 85, 182
cerca viva 85
cercadinho 75
cercado 243
cereais 107, 130, 156
cérebro 19
cereja 126
certidão de nascimento 26
certo 321
cerveja 145, 151
cerveja amarga 145
cerveja preta 145
cervo 291
cerzir 277
cesárea 52
cesta 106, 207, 226, 263
cesta de costura 276
cesta de jardineiro 88
cesto 95
cesto de brinquedos 75
cesto de lixo 172
cesto de reciclagem 61
cesto de roupa 76
cesto de roupa suja 76
cesto para peixes 245
ceva 244
cevada 130, 184
cevar 245
chá 144, 149, 156, 184
chá com leite 149
chá com limão 149
chá de camomila 149
chá de menta 149
chá gelado 149
chá puro 149
chá verde 149
Chade 317
chaleira 65
chaleira elétrica 66
chalote 125
chamada a cobrar 99
Chame a polícia! 95
chaminé 214, 283
chaminé 58
champanha 145
chapéu 36
chapéu de cozinheiro 190
chapéu de sol 30, 265

english • español • português

365

PORTUGUESE INDEX • ÍNDICE PORTUGUES • ÍNDICE PORTUGUÊS

charuto 112
chassi 203
chave 59, 80, 203, 207
chave de boca 80
chave de fenda 80
chave de soquete 80
chave do dreno 61
chave do quarto 100
chave inglesa 80
chave phillips 80
check-in 213
cheddar 142
chefe 24
chefe de cozinha 152, 190
chegadas 213
Chegarei em breve 305
cheio 64, 321
cheque 96
cheque de viagem 97
chicória vermelha 123
chicote 242
chifre 291
Chile 315
China 318
chinelo de dedo 37
Chipre 316
chiqueiro 185
chocado 25
chocalho 74
chocolate amargo 113
chocolate ao leite 113
chocolate branco 113
chocolate para cobertura 135
chocolate quente 144, 156
choque 47
choque elétrico 46
chorar 25
chouriço 143, 157
chuleta 119
chumbo 244
churrasqueira 267
chutar 221, 223
chute 237
chuteira 220, 223
chutney 135
chuva 287
chuveiro 72
chuveiros 266
chuvoso 286
ciclismo 263
ciclo anual 86
ciclo bienal 86
ciclovia 206
cidade 298, 299
Cidade do Vaticano 316
ciências 162, 166
ciências econômicas 169
cientista 190
cigarros 112
cilindro 164
cilindro de oxigênio 239
cílio 14, 51
cinco 308
cinco para as duas 304

cinema 255, 299
Cingapura 319
cinquenta 308
cinquenta e cinco mil e quinhentos 309
cinquenta mil 309
cinta elástica 35
cinto 32, 36
cinto de ferramentas 186
cinto de lastro 239
cinto de segurança 198, 211
cinto para o pé 241
cinto refletor 205
cintura 12
cinza 274, 283
cinza/grisalho 39
cinzeiro 150
cinzel 275
círculo 164
círculo central 222, 224, 226
círculo de face-off 224
círculo Polar Ártico 283
circunferência 164
cirurgia 45, 48, 49
cirurgia plástica 49
cirurgião 48
cisne 293
citação 180
cítricos 126
claquete 179
clara 137
clarinete 257
claro 41, 321
classe econômica 211
classe executiva 211
clássico 199
clave de fá 256
clave de sol 256
clavícula 17
cliente 38, 96, 104, 106, 152, 175, 180
clínica 48
clipe de papel 173
clitóris 20
coador 68
coala 291
cobertor 71, 74
cobertor de lã 74
cobertor elétrico 71
cobertura de chocolate 140
cobertura dupla 266
cobrança de falta 222
cobre 289
cobrir a terra 91
cobrir com papel de parede 82
cóccix 17
cocho/gamela 183
cocktail 151
coco 129
código de barras 106
código postal (CEP) 98
côdoa/capa do queijo 136
côdoa/casca 142

codorna 119
coelho 118, 290
coentro 133
cogumelo 125
cola 275
cola de madeira 78
cola de papel de parede 82
colação de grau 169
colagem 275
colar 36
colar cervical 46
colar de pérolas 36
colar papel de parede 82
colarinho 32
colcha 70, 71
colchão 70, 74
colchete 276
colchonete 267
colega 24
colete 33
colete salva-vidas 240
colheita 183
colheitadeira 182
colheitas 184
colher 65, 91, 183
colher de chá 65
colher de pau 68
colher de pedreiro 187
colher de servir 68
colher de sopa 65
colher dosadora 109
colher para sorvete 68
colherinha de café 153
cólicas 44
colina 284
colo do útero 20
colo uterino 52
colocar grama 90
Colômbia 315
cólon 18
colônia 315
coluna 300
coluna vertebral 17
colza 184
com 320
com aros 35
com chumbo 199
com corrente 60
Com desconto 322
com gás 144
com gelo 151
com gelo e limão 151
Com posso ir a...? 323
combate 237
combinação 35
comédia 255
comemoração 140
comer 64, 75
comer fora 147
cometa 280
comida 64, 149
comida e bebida 323
comida rápida 154
cominho 132
comissão 97
comissária de bordo 190, 210

Como funciona a lavadora? 76
Como programar para roupa colorida/branca? 76
Como se chamam estes produtos? 124
Como vai? 322
cômoda 70
Comores 317
compacto 199
compartimento de bagagem 210
compasso 165, 256
compensado 79
complexo vitamínico 109
composto 88
composto orgânico/adubo 85
compras 103, 106
comprimento 165, 310
comprimento de onda 179
compromisso 175
computador 172
computador 176
comunicações 98
conceber 20
concepção 52
concerto 255
concha 68, 265
condicionador 38
condimentos e suprimentos 135
cone 164, 187
conectar 177
conexão 212
confeitaria 69, 107, 114
confeiteiro 113
confeitos 113
confeitos para mesa 134
confiante 25
confuso 25
congelado 121, 124
congelador 67
congelados 107
congelamento 287
congelar 67
congestionamento 195
conglomerado 288
Congo 317
conhaque 145
conhecido 24
conífera 86
conseguir um trabalho 26
conservante 83
conservas 107
conservatório 169
console 269
console da lareira 63
constelação 281
construção 186
construir 186
consulta 45, 50
conta 152
conta de e-mail 177
conta-corrente 96

contador 97, 190
contador de fotos 270
conta-giros 201
conta-gotas 53, 109, 167
contar 165
contêiner 216
continente 282, 315
contrabaixo 256, 258
contração 52
contracepção 21
contrafagote 257
contraforte 301
controle de passaporte 213
controle remoto 269
controles 201, 204, 269
controles de aquecimento 201
contusão 46
conversível 199
convés 214, 240
convidado 64
copas 273
cópia 271
copiar 172
copiloto 211
copo 65
copo misturador 66
copos 150
coque 39
coque francês 39
coqueteleira 150
cor de fundo 83
coração 18, 122
corcova 291
corda 248, 258, 266
cordão umbilical 52
cordas 256
cordas vocais 19
cordeiro 185
cordoalha 215
Coréia do Norte 318
Coréia do Sul 318
Cores 39, 274
corne inglês/trompa 257
córnea 51
cornija 300
corno 291
coro 301
coroa 50, 111
corpete 35
corpete com ligas 35
corpo 12
corpo de bombeiros 95
corredeiras 284
corredor 59, 106, 168, 210, 234, 254
correia da testa do cavalo 242
correia dentada 207
correia do disco 203
correia do estribo 207
correia do ventilador 203
correio eletrônico 177
corrente 36, 59, 206
corrente alternada 60
corrente contínua 60

366   english • español • *português*

PORTUGUESE INDEX • ÍNDICE PORTUGUES • *ÍNDICE PORTUGUÊS*

corrente elétrica 60
correnteza 241, 285
correr 229
correr na esteira 251
corretivo 40
corretor 97
corretora 189
corrida 228, 234, 263
corrida com obstáculos 235, 243
corrida de barcos a motor 241
corrida de carruagens 243
corrida de cavalos 243
corrida de esquis 247
corrida de revezamento 235
corrida de trote 243
corrida sem obstáculos 243
corrimão 59
Córsega 316
corselete 35
cortador de arame 81
cortador de cano 81
cortador de grama 88, 90
cortador de pão 139
cortador de unhas 41
cortar 38, 67, 79, 277
cortar a grama 90
cortar as pontas 39
corte 46
corte chanel 39
corte de luz 60
cortes 119
cortina 63, 254
cortina de filó 63
cortina do chuveiro 72
coruja 292
corvo 292
coser 277
costa 285
Costa do Marfim 317
Costa Rica 314
costas 13
costela 17, 119
costelinhas 155
costura 34
costura de retalhos 277
costureira 191
cotovelo 13
courier 99
couro cabeludo 39
couve 123
couve-crespa 123
couve-de-bruxelas 123
couve-flor 124
covinha 15
coxa 12, 119
cozer ao banho-maria 67
cozer ao forno 67
cozer em fogo baixo 67
cozinha 66, 152, 214
cozinhar 67
CPU 176

crânio 17
cratera 283
cravo 110, 266
cravos 133, 233
creme 109, 140, 157
creme autobronzeador 41
creme azedo 137
creme de baunilha 140
creme de bolo 140
creme de leite 137
creme de leite encorpado 137
creme de leite líquido 137
creme de rosto 73
creme de sobremesa 137
creme hidratante 41
crepes 155
crespo 39
criação de animais 185
criado-mudo 70
criança 23, 31
criança pequena 30
crianças 23
crime 94
criminoso 181
crina 242, 291
críquete 225
crisântemo 110
crisol 167
cristais 65
cristalino 51
cristaloterapia 55
crivo do regador 89
Croácia 316
crocante 127
crochê 277
crocodilo 293
croissant 156
cronômetro 166, 234
crosta 282
cru 124, 129
cruzamento 298
Cuba 314
cúbito 17
cubo 164
cubo de gelo 151
cueca 33
Cuidado 323
cuidados com a pele 108
cuidados com o bebê 74
cuidados dentais 108
cuidar 91
culpado 181
cultivadeira 182
cultivar 91
cumquat 126
cunhada 23
cunhado 23
cupim 295
cúpula 300
curado 118, 143, 159
curativo 47
curinga 273

curling 247
curral 182
curry em pó 132
curto 321
curva 165
Curva perigosa 323
cuscuz 130
cuspideira 50
cutelo 68
cutícula 15

D

dado 272
dama 273
damas 272
damasco 126
dance 259
dar carrinho 223
dar marcha à ré 195
dar saída/iniciar 233
dardos 273
data 306
data de devolução 168
data de vencimento 109
data do juízo 180
de cócoras 52

D

De nada 322
Dê passagem 323
De quem é a vez? 273
de, desde 320
debaixo de 320
debater 163
débito em conta-corrente 96
década 307
décimo 309
décimo nono 309
décimo oitavo 309
décimo primeiro 309
décimo quarto 309
décimo quinto 309
décimo segundo 309
décimo sétimo 309
décimo sexto 309
décimo terceiro 309
declaração 180
declarar-se (inocente/culpado) 180
decolar 211
decoração 82, 141
decote 34
decote em v 33
decote redondo 33
dedal 276
dedaleira 297
dedão do pé 15
dedinho do pé 15
dedo anular 15
dedo do pé 15
dedo médio 15
defender 223, 229
defesa 181, 220
defesa pessoal 237
definir por foto 234
defumado 118, 121, 143, 159
deitar-se 71

delegacia 94
delineador de lábios 40
delineador de olhos 40
denominador 165
dentadura 50
dente 50, 125
dente de roda 206
dente-de-leão 123, 297
dentista 50, 189
dentro 320
dentro de 320
denúncia 94
departamento 169
departamento contábil 175
departamento de marketing 175
departamento de vendas 175
departamento jurídico 175
depilação à cera 41
depois 320
depois de amanhã 307
depositar 96
depósito de água do radiador 202
depósito de lixo 266
dermatologia 49
derrame cerebral 44
derrubada 237
descansador de braço 210
descanso de braço 200
descanso de copo 150
descanso de panela 69
descaroçador 68
descartável 109
descascado 121, 129
descascador 68
descascador de fios 81
descascar 67
descida 247
desconectado 99
descongelar 67
descongelar 277
desembarcar 217
desenhar 162
desenhista/designer 191
desenho 275
desenho animado 178
desentupidor 81
desenvolver paisagismo 91
desenvolvimento do bíceps 251
deserto 285
Deserto do Saara 313
desfiladeiro 284
desfile 27
desfocado 271
designer 277
desktop 177
desligar a televisão 269
deslizador 167
deslizar de trenó 247
desmaiar 25, 44
desodorante 73

desodorantes 108
despachar 212
despejar 67
dessecado 129
destino 213
desvantagem 233
desvio 195, 323
detector de fumaça 95
deter o ataque/marcar 220
detergente 77
detetive 94
devagar 321
devolução 231
devolução de moedas 99
dez 308
dez mil 309
dez para as duas 304
dezembro 306
dezenove 308
dezesseis 308
dezessete 308
dezoito 308
dia 306
dia de Ação de Graças 27
dia de Halloween 27
dia útil 306
diabetes 44
diafragma 19, 21
diagonal 164
diamante 288
diâmetro 164
diante de 320
diarreia 44, 109
dicionário 163
diesel 199
difícil 321
digestivo 19
digital 269
dilatação 52
diluentes 83
dimensões 165
Diminuir a velocidade 323
Dinamarca 316
dínamo 207
dinheiro 97
dioptria 51
diploma 169
direção do lado direito 201
direção do lado esquerdo 201
direito 169, 180
diretor 163, 254
diretor-geral 175
dirigir 174, 195
disc jockey/DJ 179
discar 99
discman 268
disco 224
disco de DVD 268
disco rígido 176
disparador 270
dispositivo intrauterino (DIU) 21

english • español • *português*

PORTUGUESE INDEX • ÍNDICE PORTUGUES • ÍNDICE PORTUGUÊS

disputa de bola 226
disquete 176
dissertação 169
distância 310
distintivo 94
distintivo de identificação 189
distribuidor 203
distribuir/dar 273
distrito 315
dividendos 97
dividido por 165
dividir 165
divisão 194
divisória 173
divórcio 26
Diwali 27
Djibuti 317
doca 216
doca flutuante 217
doce 124, 127, 149, 155
doce de biscoitos, gelatina de frutas e creme 141
doces sortidos 113
documentário 178
doença 44
doença sexualmente transmissível 20
doente 321
Dói-me aqui 45, 323
dois 308
dois mil e um 307
domingo 306
Dominica 314
dominó 273
dor de cabeça 44
dor de dente 50
dor de estômago 44
dormitório 70
dorso 121
dose 109, 151
dourar 67
doutorado 169
doze 308
drenagem 91
dreno 61
driblar 222
dromedário 291
duas horas 304
duas-portas 200
duatlo 247
ducto deferente 21
ducto ejaculatório 21
duodeno 18
dupla 151, 206
duplas 230
duro 129, 321
duzentos 308

E
É sua vez. 273
eclipse 280
eczema 44
edifício 59
edifício histórico 261
edifícios 299

edifícios e estruturas 300
edredom 71
educação física 162
efeitos colaterais 109
Egito 317
eixo 205, 206
eixo de transmissão 202
El Salvador 314
elástico 173
Ele/ela ficará bem? 46, 323
elefante 291
elementos de jardim 84
elenco 254
eletricidade 60
eletricista 188
eletrodo negativo 167
eletrodo positivo 167
eletrodomésticos 66, 107
elevador 59, 100, 104
elo 36
em 320
em azeite 143
em calda 159
em cima de 320
em conserva 159
em direção a 320
em filé 121
em frente de 320
em salmoura 143
embalagem 111
embaralhar 273
embarcar 217
embreagem 200, 204
embrião 52
embutidos 107
emergência 46
emigrar 26
Emirados Árabes Unidos 318
emoções 25
empate 223
empilhadeira 186
empregado 24
empregado dos correios 98
empresa 175
empresária 24, 175
empresário 175
emprestar 168
empréstimo 96, 168
Empurre 322
encaminhamento 49
encanamento 61
Encha o tanque, por favor 199
enciclopédia 163
encordoamento 230
encosto 64, 210
encouraçado 215
endereço 98
endereço de e-mail 177
endívia 122
endócrino 19
endocrinologia 49
endro 133
enfermaria 48

enfermeira 45, 48, 52, 189
enfiar a linha 277
engasgar 47
engenharia 169
enguia 294
enrolador de mangueira 89
ensino superior 168
ensolarado 286
enteada 23
enteado 23
entrada 59, 61, 153, 322
entrada do cartão 97
Entrada livre 322
entrar em erupção 283
entrar na escola 26
entrar no sistema 177
entre 320
entrega 98
entrega em domicílio 154
Entregam em domicílio? 154
entretenimento no lar 268
entrevistador 179
envelope 98, 173
envenenamento 46
envergonhado 25
enviar 177
enxada 88
enxaguar 38, 76
enxaqueca 44
enxertar 91
enxofre 289
enxugar 77
epiglote 19
epilepsia 44
episiotomia 52
equação 165
equador 283
Equador 315
equipamento 233, 238
equipamentos 245
equipamentos de escritório 172
equipamentos para limpeza 77
equipe 175, 229
equitação 242, 263
Eritreia 317
errado 321
erupção cutânea 44
erva 55, 86
erva-cidreira 133
erva-doce 122, 133
ervas 134
ervas daninhas 86
ervas e especiarias 132
ervilha 122
ervilhas frescas 131
ervilhas secas 131
escada 59, 95, 186
escada articulada 82
escada rolante 104
escala 256

escaldar 67
escama 294
escamas 293
escaninho 100
escanteio 223
escapamento 203, 204
escápula 17
escarola 123
escavadeira mecânica 187
escavar 91
escola 162, 299
escola de belas artes 169
escolas 169
escorpião 295
escorredor 67, 68
escorregador 263
escorregar 229
escota 241
escotilha 281
escova 38, 77
escova de dentes 72
escova de papel de parede 82
escova do vaso sanitário 72
escova dorsal 73
escovar 38
escovar os dentes 50
escrever 162
escritório 24, 63, 172, 174
escritório central 175
escritório de advogado 180
escritório do gerente 266
escroto 21
escultor 191
escultura 275
escumadeira 68
escumadeira para peixe 68
escuro 321
esfera 164
esfolado 46
esfoliar 41
esfregão 77
esfregar 77
esgrima 249
Eslováquia 316
Eslovênia 316
esmalte 50
esmalte de unhas 41
esmeralda 288
esôfago 19
espaço 280
espadas 273
Espanha 316
espantalho 184
esparadrapo 47
espátula 68, 82, 167
especialidades 49
especialista 49
especiarias 132
espectadores 233
espelho 40, 63, 71, 167
espelho retrovisor 198

esperma 20
espetinho 155, 158
espeto 68
espinafre 123
espinha 121
espirro 44
esponja 40, 73, 74, 83
esponja de lufa 73
esportes 219
esportes aquáticos 241
esportes de combate 236
esportes de inverno 247
esportista 191
esportivo 199
esposa 22
espuma 148
espuma de banho 73
espuma de barbear 73
esquadro 165
esqueleto 17
esqui 241, 246
esqui alpino 247
esqui aquático 241
esqui cross-country 247
esquiador aquático 241
esquiadora 246
esquilo 290
esquina 298
Está bem 322
Está certo 322
Está chovendo 286
Está delicioso/péssimo 323
Está errado 322
Esta estrada vai para...? 195
Está ficando tarde 305
esta semana 307
estabilizador 210
estábulo 185, 243
estaca 90, 91
estaca divisória 247
estação base 99
estação de rádio 179
estação de trem 208
estação espacial 281
estacionamento 298
estacionamento para deficientes 195
estacionar 195
estações 307
estádio 223
estado 315
Estados Unidos da América 314
estágios 23
estai 240
estaleiro 217
estame 297
estanho 289
estante 63, 168, 268
estatueta 260
Estava delicioso 64
Este é... 322
este lado para cima 98
esteira 54, 106, 235, 267

PORTUGUESE INDEX • ÍNDICE PORTUGUÊS • ÍNDICE PORTUGUÊS

esteira de correr 250
esteira ergométrica 250
estepe 203
estéreo 269
estéril 20, 47
esterno 17
estetoscópio 45
estilete 80, 82
estilos 39, 239, 301
estilos de jardim 84
estilos musicais 259
estojo 51, 163
estojo da câmera 271
estojo para lentes de contato 51
estômago 18
Estônia 316
Estou com calor/frio. 286
Estou com enjoo 323
Estou com febre 323
Estou grávida de... meses 323
Estou perdido 260, 323
Estou satisfeito, obrigado(a) 64
Estrada 323
estrada de acesso 216
estrado 186
estragão 133
estratosfera 286
estreia 254
estreito 321
estrela 280
estrela-do-mar 295
estresse 55
estribo 207, 242
estrutura 267
estruturar plantas 91
estuário 285
estudante 162, 169
estúdio 178
estúdio de filmagem 179
estúdio de gravação 179
estúdio de televisão 178
estudo 161
Etiópia 317
etiqueta 172
etiquetas 89
Eu falo inglês, espanhol... 322
Eu não bebo/fumo 323
Eu não como carne 323
Eu não entendo 322
Eu não sei 322
Eu perdi... 322
eucalipto 296
Europa 316
eventos 243, 247
eventos da vida 26
evidência/prova 181
exame 49
exame de sangue 48
exame de vista 51
exame médico 45
exatamente 320
exaustor 66
excesso de bagagem 212
excitado/animado 25
executar 269
executivo 174
exercício abdominal 251
exercícios 251
exercícios com as pernas 251
exercícios de solo 235
exercícios peitorais 251
exosfera 286
experimento 166
exploração espacial 281
exposição 261, 271
expulsão 223
extensão 78
exterior 198
extintor 95
extração 50

F

fábrica 299
faca 65
faca de cozinha 68
faca de serra 68
face 41
fácil 321
fácil de cozer 130
fagote 257
faia 296
faisão 119, 293
faixa 236
faixa de pedestres 195
faixa para tráfego lento 194
faixa preta 237
faixas de tráfego 194
falcão 292
falha de batida 228
falta 223, 226, 230
falta de fundo 96
família 22
faminto 64
farelo 130
farinha branca 138, 139
farinha com levedura 139
farinha de osso 88
farinha de rosca 139
farinha escura 138
farinha integral 138
farinha para pão 139
farmacêutica 189
farmacêutico 108
farmácia 108
farol 198, 205, 207, 217
farol traseiro 207
farpa 244
farpa/estilhaço 46
fás 258
fatia 119, 139
fatia gordurosa 119
fatia/pedaço 140
fava 122
favas 131
favo de mel 134
fax 172
fax 98
faxineiro 188
fazedor de gelo 67
fazenda 182
fazendeiro 182, 189
fazendo pão 138
fazer amigos 26
fazer buracos com forcado 90
fazer gol 223
fazer pontos 227
fazer testamento 26
fazer um chip 233
fazer um drive 233
fazer um passe 223
febre 44
febre do feno 44
fechado 260, 321
fechadura 59
fechadura de segurança 75
fecho 31, 36, 37
Federação Russa 318
feijão flageolet 131
feijão mung 131
feijão pinto 131
feijão roxo 131
feijão-branco 131
feijão-branco-miúdo 131
feijão-fradinho 122, 131
feijão-vermelho 131
feijões e ervilhas 131
feio 321
feira livre 115
feliz 25
fêmur 17
feng shui 55
feno 184
feno-grego 132
férias 212
ferida 46
fermento 138
ferradura 242
ferramenta para modelar 275
ferramentas 187
ferramentas de jardinagem 88
ferrão 295
ferro 109, 289
ferro de passar 76
ferro de soldar 81
ferrolho 59
fértil 20
fertilização 20
fertilizante 91
ferver 67
festa de aniversário 27
festa de casamento 26
festas 27
feto 52
fevereiro 306
fiança 181
fibra 127
fibra natural 31
fíbula 17
ficha 272
ficha criminal 181
fígado 18, 118
figo 129
figo da índia 128
Fiji 319
filamento 60
filão 139
filatelia 273
filé 119, 121
filé de alcatra 119
filé de garoupa 120
filé mignon 119
fileira 210, 254
filha 22
filho 22
filhote 290
filial 175
Filipinas 319
filme 260, 271
filme de ação 255
filme de animação 255
filme de faroeste 255
filme de ficção científica 255
filme de suspense 255
filme de terror 255
filme romântico 255
filosofia 169
filtro 270
filtro de ar 202
filtro de papel 167
filtro do ar 204
fim de semana 306
final 321
finanças 97
Finlândia 316
fino 321
fio de barbante 89
fio de estanho 79
fio de prumo 82
fio dental 50, 72
fio para soldagem 81
fio terra 60
fire 124
fisgar 245
física 162, 169
fisioterapia 49
fita 27, 111, 141, 235
fita adesiva 173
fita cassete 269
fita crepe 83
fita de vídeo 269
fita isolante 81
fita métrica 276
fita/laço 39
fitoterapia 55
fivela 36
flamingo 292
flanela 77
flash 270
flash eletrônico 270
flauta 257
flautim 257
flecha 249
flexão 251
flexão com alongamento 251
flexionar 251
floco 132
flor 297
florão 300
florentina 141
flores 110
flores secas 111
floresta 285
floresta tropical 285
florete 236, 249
floricultura 110
floríferas 297
florista 188
foca 290
focar 271
focinheira 242
focinho 293
fogão de acampamento 267
fogueira 266
foguete de sinalização 240
folha 122, 296
folha de chá 144
folha de pagamento 175
folha de proteção 83
folha perene 86
folhagem 110
folhas caídas 86
folheto de viagens 212
folhetos 96
folículo 20
fones de ouvido 268
fonte 85, 177
fora 225, 228, 320
fora da pista 247
fora de lance 226
Fora de serviço 322
fórceps 53, 167
forehand (com a palma da mão virada para frente) 231
forma de bolo 69
forma de pudim 69
forma física 250
forma para muffins 69
forma para suflê 69
forma para torta 69
formão 81
formar-se 26
formas 164
formiga 295
fornilho 112
forno 66
forno de microondas 66
forquilha de apoio 207
forro 32
forte 321
fosco 83, 271
fósforo 112
fosso 300
fosso da orquestra 254
fotografar 271
fotografia 270, 271
fotógrafo 191
fotômetro 270
fração 165
fraco 321
frágil 98
fralda 75
fralda de pano 30

english • español • português 369

PORTUGUESE INDEX • ÍNDICE PORTUGUES • ÍNDICE PORTUGUÊS

fralda descartável 30
fraldário 104
framboesa 127
framboesa Logan 127
França 316
frango 119
frango assado 119
frango frito 155
franquia 98
frasco 135, 166
frasco de vidro 166
frases essenciais 322
frases úteis 322
fratura 46
frear 207
free shop 213
freio 200, 204, 206, 242
freio de mão 203
frente única 35
frequência 179
frequentemente 320
fresco 121, 127, 130
frésia 110
frigideira 69
frio 286, 321
frios 118, 142, 143
friso 301
fritar 67
frito 159
frito com muito óleo 159
frito com pouco óleo 159
fronha 71
frontão 300, 301
fruta 126, 128
fruta cristalizada 129
fruta em conserva 135
fruta fresca 157
fruta-pão 124
frutas 107
frutas com caroço 126
frutas secas 156
frutas tropicais 129
fruteira 126
fruticultura 183
frutos do mar 121
frutos secos 129, 151
fumaça 95
fumar 112
funeral 26
funil 166
furação 287
furadeira elétrica 78
furadeira manual 78
furadeira recarregável 78
furar 79
furo 207
furo do cadarço 37
furo no pneu 203
fuselagem 210
fusível 60
futebol americano 220

G
Gabão 317
gado leiteiro 183
gafanhoto 295
gaivota 292
galão 311
galáxia 280
galeria 254
galeria alta 254
galeria de arte 261
galho 296
galinha 185
galinheiro 185
galo 185
galope 243
galpão 182
gamão 272
Gâmbia 317
Gana 317
gancho 118, 187
gangorra 263
ganhador 273
ganhar 273
ganso 119, 293
garagem 58
garçom 148, 150, 152
garçom/barman 191
garçonete 191
garfo 65, 88, 153, 207
garfo de mão 89
garfo para destrinchar 68
garganta 19
garra 291, 293
garrafa 61, 311
garrafa de água 206
garrafa térmica 267
gasolina 199
gatinho 290
gato 290
gaveta 66, 70, 172
gaveta de verduras 67
gaveteiro 172
gaze 47
geada 287
gêiser 285
gel 38, 109
geleia 156
geleia de framboesa 134
geleia de laranja 134, 156
geleia de limão 134
geleira 284
gelo 120, 287
gema 137, 157
gêmeos/gêmeas 23
geminada 58
gengibre 125, 133
gengiva 50
genro 22
geografia 162
geometria 165
Geórgia 318
geração 23
gerador 60
Geralmente tomo... 323
gérbera 110
gerência 104
gerente 174
gerente de banco 96
gergelim 131
gesso 83
gestante 52
gim 145
gim-tônica 151
ginasta 235
ginástica 234
ginástica de boxe 251
ginástica rítmica 235
ginecologia 49
ginecologista 52
ginete 242
gipsófila 110
girafa 291
girar 238
girassol 184, 297
girino 294
giz 162, 288
giz de alfaiate 276
giz pastel 274
glaçar 139
glacê 141
gladíolo 110
glândula 19
glândula tireoide 18
gloss 40
glúteos 16
gnaisse 288
goiaba 128
gol 221, 222, 223, 224
gol do críquete 225
goleiro 222, 224
goleiro do críquete 225
golfe 232
golfinho 290
golpe 233, 237
golpe com efeito 230
golpes 231
goma de mascar 113
gomo 126
gôndola 106
gongo 257
goraz 120
gordo 321
gordura 119
gorila 291
gorjeta 152
Gostaria de duas entradas para esta noite 255
Gostaria de revelar este filme 271
gota de chocolate 141
gotas 109
gótico 301
grade 74
graduação 311
graduada 169
grafite 289
grama 85, 87, 90, 262, 310
gramado 232
grampeador 173
grampo 38, 166
grampos 173
Granada 314, 288
grande 321
grande área 223
granito 288
granizo 286
grão 130
grão curto 130
grão longo 130
grão-de-bico 131
grãos 130, 144
grãos e legumes 130
grãos processados 130
gravado 178
gravador de cassete 269
gravador de CD 268
gravar 269
gravata 32
gravata borboleta 36
grávida 52
gravidade 280
gravidez 52
gravura 275
Grécia 316
grelhado 159
grifo 81
grilo 295
gripe 44
gritar 25
Groenlândia 314
groselha 127
groselha branca 127
groselha espinhosa 127
groselha preta 127
grosso 321
grou 292
grua 187, 216
grua da câmera 178
guarda 180
guarda de segurança 189
guarda-chuva 36, 233
guarda-costeira 217
guardanapo 65, 152
guardanapo de papel 154
guarda-roupa 70
guardas da prisão 181
guarda-sol 148, 264
guard-rail 195
Guatemala 314
guaxinim 290
guelra 294
guia de papel 172
guia de retirada 96
guia de viagem 260
guia do fio 276
guia turística 260
Guiana 315
Guiana Francesa 315
guichê 96, 98
guidão 207
guincho 203
guindaste 216
Guiné 317
Guiné Equatorial 317
Guiné-Bissau 317
guirlanda 111
guisado 158
guitarra elétrica 258
guitarrista 258

H
Há algum apartamento livre? 101
Há pratos vegetarianos? 153
Há um incêndio em... 95
Haiti 314
hambúrguer 154, 155
hambúrguer com batatas fritas 154
hambúrguer de frango 155
hambúrguer vegetariano 155
hamster 290
hardware 176
harpa 256
haste 122
Havaí 314
heavy metal 259
hélice 211, 214
helicóptero 211
hematita 289
hematoma 46
hemisfério norte 283
hemisfério sul 283
hemorragia 46
herbicida 91, 183
hexágono 164
hidrante 95
hidroavião 211
hidrofólio 215
hidroterapia 55
higiene dental 72
higiene feminina 108
Himalaia 313
hipermetropia 51
hipismo 243
hipnoterapia 55
hipoalérgico 41
hipódromo 243
hipopótamo 291
hipoteca 96
hipotenusa 164
história 162
história da arte 169
hoje 306
Holanda 316
holofote 259
homem 12, 13, 23
homeopatia 55
homogeneizado 137
Honduras 314
hóquei 224
hóquei sobre gelo 224
hora 304
hora de dormir 74
horário 197, 209, 261
Horário de abertura 322
horário de pico 209
horário de visita 48
horas 261
hormônio 20
horta 85, 182
hóspede 100
hospital 48
hotel 100, 264
hovercraft 215
húmus 85
Hungria 316

PORTUGUESE INDEX • ÍNDICE PORTUGUES • ÍNDICE PORTUGUÊS

I
iate 215, 240
ícone 177
lêmen 318
ígneo 288
ignição 200
igreja 299, 300
igual a 165
iguana 293
ilha 282
Ilhas Baleares 316
Ilhas Galápagos 315
Ilhas Malvinas 315
Ilhas Salomão 319
iluminação 105
imã 167
imagem 48
imigração 212
imobiliária 115
imobilização 237
impedimento 223
impostos 96
impotente 20
imprensa 178
impressão 275
impressão digital 94
impressora 172, 176
imprimir 172
inalador "bombinha" 44
inalador 109
incêndio 95
inciso 50
inconsciente 47
incubadora 53
Índia 318
indicações 260, 323
indicador 15
indicador de combústivel 201
Indonésia 319
induzir o parto 53
infarto do miocárdio 44
infecção 44
informação 168, 261
informação telefônica 99
informação turística 261
Informações turísticas 322
infusão 149
ingredientes 155
inhame 125
injeção 45, 48
inocente 181
inquilino 58
insônia 71
inspetor 94
inspetor de bilhete 209
instalar 177
instruções 109
instrumentos 256, 258
instrumentos de sopro 257
insulina 109
integral 130
inteiro 129, 132
interceptar e devolver 225
interessante 321
interface/porta 176
interfone 59
interior 200
internado 48
internet 177
interruptor 60
interruptor de luz 201
intervalo 254
intervalo de jogo 223
intestino delgado 18
introdução 256
inundação 287
inverno 31, 307
invertebrados 295
investigação 94
investimento 97
ioga 54
iogurte 137
iogurte congelado 137
iogurte de frutas 157
ionosfera 286
ir dormir 71
Irã 318
Iraque 318
íris 51, 110
Irlanda 316
irmã 22
irmão 22
irrigação 89
irrigador 89
isca 244
isolada 58
isolamento 61
isolante do chão 267
isqueiro 112
Israel 318
Isto servirá para uma criança de dois anos? 31
Itália 316
itinerário 260

J
Já estão maduros? 127
jacaré 293
jade 288
Jamaica 314
janeiro 306
janela 58, 177, 186, 197, 209, 210
janela do sótão 58
jantar 64
Japão 318
japona com capuz 31
jaqueta 34
jaqueta esportiva 33
jaqueta/blazer 33
jaquetão 31, 33
jarda 310
jardim 84
jardim aquático 84
jardim campestre 84
jardim clássico 84
jardim com herbáceas 84
jardim com pedras 84
jardim de inverno 85
jardim de quintal 84
jardim elevado 84
jardinagem 90
jardineiro 188
jardins 261
jardins clássicos 262
jarra 65, 151
jarra com medidas 69
jarra graduada 311
jarro 311
jato de água 95
jato privado 211
jazz 259
jeans 31
jet ski 241
joalheiro 188
joalheria 114
joaninha 295
joelheiras 205, 220, 227
joelho 12
jogador 221, 231, 273
jogador de basquete 226
jogador de críquete 225
jogador de futebol 220, 222
jogador de hóquei sobre o gelo 224
jogadora de golfe 232
jogar 229, 273
jogo 230
jogo americano 64
jogo de talheres 65
jogos 75, 272
jogos de mesa 272
jogos de raquete 231
Jogue os dados. 273
jóias 36
Jordânia 318
jornal 112, 168
jornaleiro 112
jornalista 191
jovem 321
juba 291
judô 236
juiz 180, 222, 226
juiz de cadeira 230
juiz de linha 220, 230
jujuba 113
julho 306
junção 194
junco 86
junho 306
Júpiter 280
júri 180

K
Kaliningrado 316
kendo 236
ketchup 135, 154
kickboxing 236
kit de reparos 207
kiwi 128
Kuait 318
kung fu 236

L
lã 277
lã de aço 81
lábio 14
lábios 20
laboratório 166
lacrosse 249
lactose 137
ladeira 284
lado 164
lagarta 295
lagarto 293
lago 85, 285
lagosta 121, 295
lagostim 121
lágrima 51
lama 85
Lamento 322
lâmina 66, 78, 89
lâmina de barbear 73
lâmpada 60, 217
lançador 225
lança-foguetes 281
lançamento 281
lançamento de dardo 234
lançamento de disco 234
lançar 221, 223, 225, 227, 229, 245
lance 226, 273
lancha 214
lanchonete 154
lanterna 267
lanterninha 255
Laos 318
lapela 32
lápis 163, 275
lápis de cor 163
lápis de sobrancelha 40
laptop 175, 176
laquê 38
laranja 126, 274
laranjada 144
lareira 63
largadinha 230
largo 321
largura 165
lariço 296
laringe 19
lata 145, 311
lata de tinta 83
laticínios 107
latitude 283
lava 283
lavabo 61
lavador de carros 199
lavadora 76
lavadora-secadora 76
lava-louças 66
lavanderia 76, 115
lavar 38, 77
laxante 109
lazer 253
leão 291
leão-marinho 290
leitão 185
leite 136, 156
leite condensado 136
leite de cabra 136
leite de limpeza 41
leite de ovelha 137
leite de vaca 136
leite desnatado 136
leite em pó 137
leite integral 136
leite semidesnatado 136
leitor óptico 106
lembranças 260
leme 210, 241
lenço 36
lenço de papel 108
lenço umedecido 74
lençol 71, 74
lenços umedecidos 108
lengerie 35
lente 51, 167, 270
lente objetiva 167
lente ocular 269
lentes de contato 51
lentilha marrom 131
lentilha vermelha 131
ler 162
lesão 46
lesão na cabeça 46
lesma 295
Lesoto 317
leste 312
Letônia 316
letra 259
levantamento de peso 251
levantar peso 251
levantar-se 71
leve 321
Líbano 318
libélula 295
liberdade condicional 181
Libéria 317
Líbia 317
libra 310
lição 163
lição de casa 163
licença de pesca 245
lichia 128
licor 145
Liechtenstein 316
liga 35
ligamento 17
ligar a televisão 269
lima 81, 126
limão 126
limite de velocidade 195
limonada 144
limpador de para-brisas 198
limpar 77
limpeza de pele 41
limpo 121, 321
limusine 199
linfático 19
lingerie 105
língua 19, 37, 118
linguado 120
línguas 162
lingueirão 121
linguiça picante 142
linha 244, 276

english • español • português 371

PORTUGUESE INDEX • ÍNDICE PORTUGUES • ÍNDICE PORTUGUÊS

linha central 226
linha de chegada 234
linha de falta 229
linha de flutuação 214
linha de fundo 221, 223, 225, 226, 230
linha de gol 220, 224
linha de jogo 233
linha de partida 234
linha de serviço 230
linha de tiro livre 226
linha de três pontos 226
linha do batedor 225
linha lateral 220, 221, 226, 230
linhas 165
linho 184, 277
Liquidação 322
liquidificador 66
líquido 77
líquido amniótico 52
líquido limpador 51
líquido limpador de para-brisas 199
lírio 110
liso 39
lista de preços 154
literatura 162, 169
litro 311
Lituânia 316
livraria 115
livre 321
livro 168
livro de texto 163
lixa 81, 83
lixa de unhas 41
lixadeira 78
lixar 82
lixeira 177
lob (lançar bola alta) 231
lobo 290
loção corporal 73
loção pós-sol 108
locomotiva 208
logotipo 31
loiro 39
loja 298
loja de antiguidades 114
loja de bebidas 115
loja de discos 115
loja de doces e guloseimas 113
loja de ferragens 114
loja de fotografia 115
loja de móveis 115
loja de presentes 114
loja de sapatos 114
lojas de departamento 105
longa-metragem 269
longe 320
longitude 283
longo 32
lontra 290
losango 164
lotado 266
louça 64
louça e talheres 65

louças e porcelana 105
louro 133
lousa 174
louva-a-deus 295
Lua 280
lua cheia 280
lua crescente 280
lua de mel 26
lua nova 280
lula 121, 295
luminária de parede 62
luta aberta 221
luta pela posse da bola 221
luta romana 236
luva 224, 228, 233, 236, 246
luva de cozinha 69
luvas 36
luvas de bebê 30
luvas de boxe 237
luvas para jardinagem 89
Luxemburgo 316
luz 178
luz da varanda 58
luz de cabeceira 70
luz de leitura 210
luz traseira 204
luzes 94
luzes de emergência 201

M

maçã 126
maca 48, 94
macacão 30, 83
macacão com pés 30
macacão sem pés 30
macaco 203, 291
maçaneta (parte mais alta da cela) 242
macarrão 158
macarrão frito 158
Macedônia 316
machado 95
macio 321
macis 132
maço de cigarros 112
macrame 277
Madagascar 317
madastra 23
madeira 79, 275
madeira de lei 79
madressilva 297
maduro 129
mãe 22
magma 283
magnésio 109
magro 321
maiô 265
maio 306
maiô de natação 238
maionese 135
mais 165
mais tarde 304, 320
mala postal 98
malaquita 289
Malásia 319
Maláui 317

Maldivas 318
malho 275
Mali 317
Malta 316
mamadeira 75
mamão papaia 128
mamíferos 290
mamilo 12
mandado judicial 180
mandíbula 14, 17
mandioca 124
mandril 80
manequim 276
manga 34, 128
mangostão 128
mangueira 89, 95
manguito de pressão 45
manhã 305
manicure 41
manjericão 133
manjerona 133
manteiga 137, 156
Manter a direita 323
manto 282
manual 200
mão 13, 15
mapa 195, 261
mapa do metrô 209
mapa-múndi 312
maquete 190
maquiagem 40
máquina de café 148, 150
máquina de costura 276
máquina de raio X 212
máquina fotográfica 260
maquinário 187
mar 264, 282
Mar Báltico 313
Mar Cáspio 313
Mar da Arábia 313
Mar do Caribe 312
Mar do Norte 312
Mar Mediterrâneo 313
Mar Negro 313
Mar Vermelho 313
maracas 257
maracujá 128
maratona 234
marca pessoal 234
marcar 221, 227
marchas 206
março 306
marfim 291
margarida 110, 297
margarina 137
margem 284
maria-chiquinha 39
marido 22
marinado 143, 159
marinha 217
marinheiro 189
mariposa 295
marmelo 128
mármore 288
marreta 187
Marrocos 317
marrom 274

marshmallow 113
Marte 280
martelar 79
martelo 80
martini 151
marzipã 141
máscara 41, 189, 225, 228, 236, 239, 249
massa 138
massa aerada 140
massa de profiterole 140
massa de torta 140
massa folhada 140
massa para vedação 83
massagem 54
mastro 214, 240
matemática 162, 164
materiais 79, 165, 187
materiais de arte 115
materiais de escritório 173
mau 321
Maurício 317
Mauritânia 317
MDF (fibra de média intensidade) 79
mecânica 202
mecânico 188, 203
medalhas 235
medicação 109
medicamentos em exposição 108
medicina 169
médico 45, 189
medida 151
medida de líquido 311
medidas 165
medidor 150
medidor de altura 45
medidor de eletricidade 60
medidor de pressão 45
medidor de temperatura 201
medidor óptico 150
medir 310
meditação 54
medula 126
megatoscópio 45
meia hora 304
meia pensão 101
meia-calça 35, 251
meia-noite 305
meias 33, 34
meias de liga 35
meio ambiente 279
meio galope 243
meio litro 311
meio-dia 305
meio-fio 298
meios de comunicação 178
meirinho 180
mel compacto 134
mel líquido 134
melancia 127
melão 127
melhor 321

melodia 259
memória 176
menina 23
menino 23
menos 165
mensagem de texto 99
mensagem de voz 99
mensagens 100
mensal 307
menstruação 20
menta 133
mercadinho 114
mercearia 114
Mercúrio 280, 289
merengue 140
mergulhador 238
mergulhar 238
mergulho 239
mergulho de competição 239
mergulho profundo 239
mês 306
mesa 64, 148, 172
mesa de centro 62
mesa de colagem 82
mesa de piquenique 266
mesa de som 179
mesa do café da manhã 156
mesa móvel 210
mesosfera 286
mesquita 300
mestrado 169
metacarpo 17
metais 289
metal 79
metamórfico 288
metatarso 17
meteorito 280
metralhadora 189
metrô 208
metro 310
metro quadrado 310
Meu carro não liga. 203
Meu carro quebrou. 203
Meu nome é... 322
mexer 67
mexerica 126
México 314
mexilhão 121, 295
mica 289
microfone 179, 258
micro-ônibus 197
microscópio 167
mil 309
mil e novecentos 307
mil novecentos e dez 307
mil novecentos e um 307
milênio 307
milha 310
milho 130, 184
milho verde 122
milho-da-Itália 130
miligrama 310
mililitro 311
milímetro 310

372   english • español • *português*

PORTUGUESE INDEX • ÍNDICE PORTUGUES • ÍNDICE PORTUGUÊS

milkshake 137
milkshake de café 149
milkshake de chocolate 149
milkshake de morango 149
mindinho 15
minerais 289
mingau de aveia 157
minhoca 295
minibar 101
minuto 304
miopia 51
mirtilo 127
mirtilo vermelho 127
míssil 211
misturar 67, 138
miúdos 118
móbile 74
Moçambique 317
mocassim 37
mochila 31, 37, 162, 267
mochila para carregar bebê/canguru 75
moda 277
moda feminina 105
moda masculina 105
modelismo 275
modelo 169
modem 176
módulo lunar 281
moeda 97
moeda estrangeira 97
moedor do pilão 68
moído 132
moisés 74
mola 71
molar 50
Moldávia 316
molde 83, 276
moldura 62, 63
molhado 321
molho 135, 143, 155
molho de salada 158
molinete 244
molusco 121
Mônaco 316
monção 287
Mongólia 318
monitor 53, 172, 176
monopólio 272
monotrilho 208
monovolume 199
montanha 284
montanha russa 262
Montanhas Rochosas 312
montar a barraca 266
Montenegro 316
monumento 261
morango 127
morcego 290
morder a isca 245
mordida 46
moreno 41
morno 286
morrer 26

morsa 290
mosca 244, 295
mosquiteiro 267
mosquito 295
mostarda 155
mostarda em grão 131, 135
mostarda francesa 135
mostarda inglesa 135
mostra 261
moto de estrada 205
moto esportiva 205
moto para neve 247
motocicleta 204
motociclismo 249
motocross 205, 249
motor 88, 202, 204
motor de popa 215
motorista 196
motorista de ônibus 190
mountain bike 206
mouse 176
mousse 141
móveis para o lar 105
movimento para trás 233
muda 91
muda de planta 91
mudar de marcha 207
mudar de rumo 241
muffin 140
muito 320
mulher 12, 13, 23
multiplicado por 165
multiplicar 91, 165
munhequeira 230
músculo abdominal 16
músculo da panturrilha 16
músculo deltoide 16
músculo dorsal 16
músculo frontal 16
músculo intercostal 16
músculo peitoral 16
músculo trapézio 16
músculos 16
músculos da "pata de ganso"/ tendão da perna 16
museu 261
música 162, 259
música clássica 255, 259
música country 259
música folk 259
musical 255
músico 191
mussarela 142

N
nabo 124
nabo sueco 125
nação 315
nadadeira 239, 290
nadadeira dorsal 294
nadadeira peitoral 294
nadador 238
nadar 238
nádega 13

nado borboleta 239
nado crawl 239
nado de costas 239
nado de peito 239
nado sincronizado 239
náilon 277
naipe 273
Namíbia 317
namorada 24
namorado 24
Não 322
não dobrar 98
não entrar à direita 195
Não me sinto bem 323
não pasteurizado 137
narciso 111, 297
narina 14
nariz 14
nascer 26
nascer do sol 305
nascimento 52
natação 238
Natal 27
natural 256
naturopatia 55
náusea 44
nave espacial 281
navegação por satélite 201
navegador 177
navegar 177, 240
navio 214
navio cargueiro 215
navio porta-contêineres 215
neblina 287
nebulosa 280
nectarina 126
negativo 271
negócios 175
neoclássico 301
Nepal 318
nervo 19, 50
nervo óptico 51
nervoso 19, 25
neta 22
neto 22
netos 23
Netuno 280
neurologia 49
neutro 60
neve 287
neve com chuva 286
névoa 287
Nicarágua 314
Níger 317
Nigéria 317
níquel 289
nível 80, 187
nó do dedo 15
no molho 159
nocaute 237
noite 305
noite e dia 305
noiva 24
noivo 24
nonagésimo 309
nono 309

nora 22
normal 39
norte 312
Noruega 316
nota 97, 256
nota/nível 163
notação musical 256
notícias 178
Nova Zelândia 319
nove 308
novecentos 308
novela 178
novelo 277
novembro 306
noventa 308
novilho 118
novo 321
noz 129
noz-macadâmia 129
noz-moscada 132
noz-pecã 129
nublado 286
nuca 13
núcleo externo 282
núcleo interno 282
nulo 230
numerador 165
número 226
número da conta 96
número da plataforma 208
número da porta de embarque 213
número da rota 196
número de identificação pessoal de conta 96
número do quarto 100
número do voo 212
números 308
nunca 320
nuvem 287

O
O número do meu quarto é... 323
objetiva 270
oboé 257
obra 186
Obras na pista 323
obras rodoviárias 195
Obrigado(a) 322
obsidiana 288
obstáculo de água 232
obstáculo de areia 232
obstáculo de vala 243
obstetra 52
obstetrícia 49
Oceania 319
oceano 282
Oceano Antártico 313
Oceano Ártico 312
Oceano Atlântico 312
Oceano Índico 313
Oceano Pacífico 312
Ocorreu um acidente 323
octogésimo 309
octógono 164
oculista 51

óculos 51, 247
óculos de natação 238
óculos de segurança 81, 167
óculos de sol 51, 265
ocupado 99, 321
odômetro 201
oeste 312
ofertas 106
oficial 172
oficina 78, 199
oftalmologia 49
oitavo 309
oitenta 308
oito 308
oitocentos 308
OK 322
Olá 322
óleo 199
óleo de amêndoas 134
óleo de avelãs 134
óleo de cacau 135
óleo de colza 135
óleo de gergelim 134
óleo de girassol 134
óleo de milho 135
óleo de nozes 134
óleo de pressão a frio 135
óleo de semente de uva 134
óleo vegetal 135
óleos essenciais 55
oleoso 39, 41
olho 14, 51, 244, 276
olhos vermelhos 271
olmo 296
Omã 318
ombreira 35, 224
ombro 13
omelete 158
onça 310
oncologia 49
onda 241, 264
onda curta 179
onda longa 179
onda média 179
Onde dói? 46
Onde é a sala de jantar? 323
Onde é o mais próximo...? 323
Onde é o tribunal? 181
Onde é...? 323
Onde está...? 260
Onde fica o estacionamento? 200
Onde ficam os banheiros, por favor? 153
Onde ficam os toaletes? 323
Onde pode-se estacionar? 195
ônibus 196
ônibus aberto 260
ônibus de dois andares 196

PORTUGUESE INDEX • ÍNDICE PORTUGUES • ÍNDICE PORTUGUÊS

ônibus de serviço 197
ônibus de viagem 196
ônibus elétrico 196
ônibus escolar 196
ônibus turístico 197, 260
ônix 289
on-line 177
ontem 306, 320
onze 308
opala 288
ópera 255
optometrista 189
órbita 280
ordem judicial 180
ordem postal 98
ordenhar 183
orégano 133
orelha 14
orgânico 91, 118, 122
órgãos genitais 12
órgãos internos 18
órgãos reprodutores 20
orgulhoso 25
origami 275
ornamental 87
ornitologia 263
orquestra 254, 256
orquídea 111
ortopedia 49
osso 17, 119
osteopatia 54
ostra 121
otorrinolaringologia 49
ouriço 290
ourivesaria 275
ouro 235, 289
ouros 273
outono 31, 307
outras embarcações 215
outros esportes 248
outros estabelecimentos 114
outros trabalhos manuais 275
outubro 306
oval 164
ovário 20
ovelha 118, 185
ovinocultura 183
ovo cozido 137, 157
ovo de codorna 137
ovo de galinha 137
ovo de gansa 137
ovo de pata 137
ovo frito 157
ovo poché 159
ovos 137
ovos mexidos 157
ovulação 20, 52
óvulo 20

P

pá 88, 187, 265
pá da hélice 211
pá de lixo 77
pá transplantadora 89
paciente 45
paciente externo 48
pacote 311
pacote 99
padaria 107, 114, 138
padeiro 139
padrasto 23
pagamento 96
pagar 153
pai 22
painel 104, 201
painel de informações 213
país 23
país 315
paisagem 271, 284
palato 19
palco 254
palestrante 174
paleta 60, 274
paletó 32
paletó esporte 33
palma da mão 15
palmeira 86, 296
palmitos 122
palmtop 175
pálpebra 51
Panamá 314
pâncreas 18
pandeiro 257
panela com cabo 69
pano 276
pano de fundo 254
panquecas 157
pântano 285
pantufa 31
panturrilha 13
pão 140, 155, 157
pão com fermento 139
pão com grãos 139
pão com sementes 139
pão de bicarbonato de sódio 139
pão de centeio 138
pão de forma 138, 139
pão de frutas 139
pão de ló 140
pão de milho 139
pão e farinhas 138
pão integral 139, 149
pão naan 139
pão preto 139
pão sem fermento 139
pão sírio 139
pão trançado 139
pãozinho doce 139
papagaio 293
papel com relevo 83
papel de parede 82, 177
papel de revestimento 83
papel machê 275
papel timbrado 173
papelaria 105
papoula 297
páprica 132
Papua-Nova Guiné 319
Paquistão 318
par 233
para 320
para comer no local 154
para levar 154
para passar 76
para-brisa 205
para-brisas 198
para-choque 198
parada de ônibus 299
parafuso 80
parafusos da roda 203
Paraguai 315
para-lamas 205
paralelas 165
paralelas assimétricas 235
paralelogramo 164
paramédico 94
parapente 248
paraquedas 248
paraquedismo 248
paraquedismo em queda livre 248
parar 269
parceiro/parceira 23
pardal 292
parede 58, 186
parentes 23
parmesão 142
parque 262
parque de diversões 262
parque nacional 261
parque temático 262
parquímetro 195
parte áspera do campo 232
parte lisa do campo 232
parteira 53
partículas e antônimos 319
partida 230, 273
partidas 213
partir 217
partitura 255, 256
parto 52, 53
parto assistido 53
Páscoa 27
Páscoa judia 27
passadiço 214
passageiro 216
passagem subterrânea 194
passaporte 213
passar 220, 221
passar a ferro 76
passarela 212
passe 226
passe errado 220
passeio 75
passeio a cavalo 243
passo 243
pasta 177
pasta de amendoim 135
pasta de arquivo 173
pasta de dentes 72
pasta executiva 37
pasteurizado 137
pastilha de menta 113
pastilha para a garganta 109
pasto 182
patamar 59
paté 142, 156
patela 17
patença 120
patim 247
patim de gelo 224
patim de rodas 249
patinação 249, 263
patinação artística 247
patinação de velocidade 247
patinação sobre gelo 247
patinar 224
patinho 185
pátio de estacionamento 212
pato 119, 185
patologia 49
patrimônio líquido 97
paus 133, 273
pausa 256, 269
pavão 293
pavimentação 187
pavimento 85
pé 12, 15, 310
pé da agulha 276
pé da cama 71
pé quadrado 310
peão 272
peça 254, 272
pedaços de frango 155
pedal 61, 206
pedal dos freios 205
pedalar 207
pediatria 49
pedicure 41
pedir 153
pedir bis 255
pedra 36, 275
pedra calcárea 288
pedra de afiar 81
pedra lunar 288
pedra-pomes 73, 288
pedras preciosas 288
pedreiro 186, 188
pegada 237
pegar/agarrar 220, 227, 229
Pegue um número, por favor. 143
peito 12, 119
peito de pé 15
peixaria 114, 120
peixe 120
peixe com batatas fritas 155
peixe defumado 143
peixe-dourado 294
peixe-espada 120, 294
peixe-frade 120
peixeira 188
peixes 107, 294
pele 14, 119
pelicano 292
pélvis 17
pena 293
pênalti 223
peneira 89
peneirar 91, 138
penhoar 35
penico 74
península 282
pênis 21
pensão completa 101
pentágono 164
pentagrama 256
pente 38
pente de sobrancelha 40
penteadeira 71
penteado 38
pentear 38
peônea 111
pepino 125
pepperoni 142
pequena área 223
pequeno 321
pêra 126
percussão 257
perdedor 273
perder 273
Perdoe-me, com licença 322
perene 86
perfumado 130
perfumaria 105
perfume 41
perfurador 173
pérgula 84
pergunta 163
perguntar 163
peridural 52
periferia 299
perigo 195, 322
permanente 39
perna 12, 64
pernil 119
perpendicular 165
perseguir 229
persiana 58
perto 320
peru 119, 185, 293, 315
perua 199
perua de acampar 266
peruca 39
pesado 321
pesar 310
pesca 244
pesca com arpão 245
pesca com mosca 245
pesca em água doce 245
pesca em alto mar 245
pesca esportiva 245
pesca na orla 245
pescada 120
pescador 189, 244
pescoço 12
peso 166, 251
peso do recém-nascido 53
pesos 250
pesos e medidas 310
pesquisa 169
pesquisar 177

374   english • español • português

PORTUGUESE INDEX • ÍNDICE PORTUGUES • ÍNDICE PORTUGUÊS

pêssego 126, 128
pessoas 11
pesticida 89, 183
pet shop 115
pétala 297
peteca 231
petroleiro 215
pia 38, 66, 72
piano 256
picada 46
picante 124
pica-pau 292
picareta 187
píer 217
pijama 30, 33
pilão 68
pilates 251
pilha 167
pilhas 260
piloto 190, 211
piloto de corrida 249
pílula 21, 109
pílula para dormir 109
pílulas para enjoo 109
pimenta 64, 132, 152
pimenta em grão 132
pimenta-malagueta 124, 132, 143
pimentão 124
pinça 40, 47, 167
pinça de nariz 238
pinças 150
pincel 40, 83, 274
pincel de colar 82
pincel de cozinha 69
pincel de lábios 40
pingente 36
pingentes de gelo 287
pingue-pongue 231
pinguim 292
pinhão 129
pinheiro 296
pino 60
pino de boliche 249
pinta 14
pintar 83
pintinho 185
pintor 82
pintora 191
pintura 274
pintura à água 83
pior 321
pipeta 167
pipoca 255
piquenique 263
pirâmide 164
pirulito 113
pisca-alerta 198, 204
piscina 101, 238, 250
piscina de plástico 263
piso 58, 62, 71
pista 212, 234, 246
pista central 194
pista de hóquei sobre o gelo 224
pista de ultrapassagem 194
pista para esquiar 246

pistache 129
pistilo 167
pistola de cola quente 78
pitu 121
pizza 154, 155
pizzaria 154
placa 198, 283
placa bacteriana 50
placa da agulha 276
placa de aquecimento do fogão 66
placa de fibra dura 79
placa de fogão 67
placa de Petri 166
placa de pinus 79
placa de rua 298
placar 225
placenta 52
plaina 78, 81
planador 211, 248
planeta 280, 282
planície 285
planta alpina 87
planta aquática 86
planta de construção 261
planta de vaso 87, 110
planta do pé 15
planta para proteger o solo 87
planta rasteira 87
planta sombrífera 87
planta suculenta 87
plantar 183
plantar em vaso 91
plantas 296
plantas de jardim 86
plantas podadas 87
plataforma 208
plataforma de lançamento 228
plateia 254
platina 167, 289
platô 284
playground 263
Plutão 280
pneu 198, 205, 206
pó compacto 40
pó facial 40
podadoras de cabo longo 88
podar 90, 91
Pode embalar para viagem? 154
Pode enviá-las a...? 111
Pode lavar na máquina? 31
Pode me ajudar? 47, 322
Pode me dar um recibo? 323
Pode me dizer como chegar a...? 260
Pode me trazer a conta/recibo? 153
Podemos pagar separadamente? 153

Poderia anexar uma mensagem? 111
Poderia fazê-lo com embalagem? 111
Poderia me dar seis fatias daquilo? 143
Poderia me dizer como ir a...? 200
Poderia me fazer um buquê de..., por favor? 111
Poderia me fornecer o número...? 99
Poderia me trazer a conta? 323
Poderia me trocar isto, por favor? 97
Poderia provar um pouco disso? 143
Poderia ver a carta de vinhos, por favor? 153
pódio 235, 256
podre 127
polegada 310
polegar 15
polícia 94
policial 94, 189
policial de trânsito 195
poliéster 277
polir 77
política 169
polo 243, 282
pólo aquático 239
Polo Norte 283
Polônia 316
polpa 124, 127, 129
poltrona 63, 254
poltronas 254
polvo 121, 295
pomada 47, 109
pomada de cabelo 39
pomada para assaduras 74
pomba 292
pomelo 126
pomo-de-adão 19
ponta 36, 122, 163, 246
ponta da asa 210
pontas duplas 39
ponte 258, 300
ponteiro de horas 304
ponteiro de minutos 304
ponteiro de segundos 304
ponto 273, 277
ponto de agulha 277
ponto de ônibus 197
ponto elétrico 266
pontos 52
pontuação 273
pontual 305
pop 259
popa 214, 240
pôquer 273
por 320
pôr a mesa 64
pôr de molho 130
pôr do sol 305

Por favor 322
Por favor, chame uma ambulância 46
Por favor, escreva para mim 322
Por favor, fale mais devagar 322
Por favor, seja pontual 305
porão 58, 215
porca 80
porção 64
porção individual 69
porcentagem 165
porco 118, 185
poro 15
porta 196, 198, 209
porta automática 196
porta de entrada 58
porta do bagageiro 198
porta do chuveiro 72
porta-aviões 215
porta-canetas 172
portaguardanapo 65
porta-jóias 36
porta-malas 198
porta-malas/bagageiro 196
porta-moedas 37
portão 85
porta-retratos 271
porteira 182
portfólio 97
portinhola 214
porto 214, 216, 217
porto comercial 216
porto pesqueiro 217
Porto Rico 314
Portugal 316
pós 109
pós-barba 73
pós-graduado 169
postura 232
pote 134
pote fechado hermeticamente 135
potro 185
poupanças 96
povoado 299
praça 266, 299
pradaria 285

prado 285
praia 264
prancha 238, 241
prancha de surfe 241
prancheta 173
prata 235, 289
prateleira 66, 67
praticar balanço 233
prato 65, 310
prato ao curry 158
prato de sobremesa 65
prato de sopa 65
prato principal 153
prato raso 65
pratos 153, 257
pratos congelados 107
pratos do dia 152
Prazer em conhecê-lo 322
precipício 285
Preciso consultar um médico 45
Preciso da polícia/dos bombeiros/de uma ambulância 95
Preciso de uma receita para... 323
Preciso fazer umas cópias. 172
preço 152, 199, 209
preço da entrada 260
prédio de apartamentos 298
prédio de escritórios 298
preencher 82
prefeitura 299
prego 80
prematuro 52
pré-molar 50
pré-natal 52
prendedor 173
prendedor de gravata 36
prendedor de roupa 76
prensador de alho 68
preocupado 25
prepúcio 21
presente 27
preservativo/camisinha 21
pressão arterial 44
pressão do pneu 203
presunto 119, 143, 156
presunto serrano 143
preto 39, 272, 274, 321
primavera 307
primeira demão 83
primeiro 309, 320
primeiro andar 104, 141
primeiros socorros 47
primo 22
prímula 297
principado 315
princípio 321
prisão 94, 181
proa 214, 240
problemas 271
processador 66, 176
produtor 254

english • español • português 375

PORTUGUESE INDEX • ÍNDICE PORTUGUES • ÍNDICE PORTUGUÊS

produtos de beleza 105
produtos de limpeza 107
produtos lácteos 136
professor 54, 169, 190
professora 162
profissões 188, 190
profiterole 140
profundidade 165
programa 176, 254, 269
programa de jogos 178
programação 178
Proibida a entrada 195, 323
Proibido estacionar 323
Proibido fumar 322
proibido parar 195
Proibido pisar na grama 322
projetor 174
prontuário 48
proposta 174
proprietário 58
propulsor 281
prorrogação 223
próstata 21
proteção 88
protetor 236
protetor bucal 237
protetor de berço 74
protetor de calcinha 108
protetor de perna 225
protetor solar 108, 265
protetores 53
prova 163
provadores 104
provar 139
provedor de serviços 177
província 315
próxima semana 307
psicicultura 183
psicoterapia 55
psiquiatria 49
publicidade 269
público 254
pudim caramelado 141
pugilato 237
pular corda 251
pulmão 18
pulseira 36
pulseira de identificação 53
pulso 13, 15, 47
pulverizador 89, 311
pulverizar 91
punho 15, 32, 237
punk 259
pupila 51
purê 159
puxador 200

Q

Qatar 318
quadra 226, 227
quadra de ginástica 251
quadra de tênis 230
quadrado 164
quadragésimo 309
quadríceps 16
quadris 12
quadro 62, 206, 261
quadro de avisos 173
quadro de ferramentas 78
quadro-negro 162
Qual a taxa de câmbio hoje? 97
Qual é o nome dele/dela? 322
Qual é o resultado? 220
Qual é o seu horário de trabalho? 174
Qual é o seu nome? 322
Qual o horário da reunião? 174
Qual o preço por um dia? 101
Qual o prefixo para ligar para...? 99
Qual o telefone do medico mais próximo? 323
Quando devo deixar o apartamento? 101
quantia 96
Quanto custa o quilo? 124
Quanto custa? 104
Quanto tempo demora? 305
Quanto tempo durarão? 127
Quanto tempo estas durarão? 111
quarenta 308
quarenta iguais 230
quarenta minutos 304
quarta-feira 306
quarto 58, 309
quarto com café da manhã incluso 101
quarto com duas camas individuais 100
quarto do bebê 74
quarto escuro 271
quarto individual 100
quarto para casal 100
quarto privado 48
quartos 100
quartzo 288, 289
quatorze 308
quatro 308
quatrocentos 308
quatro-portas 200
Que dia é hoje? 307
Que horas é o café da manhã? 323
Que horas são? 304
Que ônibus vai para...? 197
quebra-cabeça 273
quebra-mar 217
quebrar um recorde 234
queda 237
queijo 136, 156
queijo azul 136
queijo bola 142
queijo cremoso 136
queijo cremoso semicurado 136
queijo curado 136
queijo da região de La Mancha 142
queijo de cabra 142
queijo fresco 136
queijo ralado 136
queijo semicurado 136
queimador 61, 67
queimadura 46
queimadura de sol 46
queixo 14
Quem está ganhando? 220
Quênia 317
Queria apresentar... 322
Quero um apartamento de solteiro 101
Quero um apartamento para três dias 101
Quero ver um advogado 181
quiabo 122
quicar a bola 227
quiche 142
quilha 214, 241
quilograma 310
quilômetro 310
química 162
quina 246
quinhentos 308
quinoa 130
quinquagésimo 309
quinta-feira 306
quintal 58, 84
quinto 309
quinze 308
quinze para as duas 304
quinzena 307
Quirguistão 318
quiropraxia 54

R

rã 294
rabanete 124
rábano-picante 125
rabo 242, 290, 292
rabo de cavalo 39
ração para animais 107
racquetball 231
radar 214, 281
radiador 202
rádio 17, 179, 201, 268
rádio despertador 70
radiografia 50
radiologia 49
rafting 241
raia 238
rainha 272
raio 164, 207
raio X 48
raio X dos dentes 50
raios ultravioleta 286
raiz 50, 124, 296
raiz de taro 124
raízes 39
ralador 68
ralar 67
rali 249
ralo 72, 299
RAM 176
Ramadã 27
ramalhete 111
ramalhete aromático 132
ramo 296
rampa de lançamento 281
rampa de saída 194
rampa para cadeira de rodas 197
rap 259
rapel 248
rápido 321
raposa 290
raquete 230, 231
raramente 320
raspar 77
rastelar 90
rastelo para grama 88
rato 290
reanimação 47
rebanho 183
rebentação 241
rebobinar 269
rebocador 215
rebocar 82, 195
reboco 83
reboque de bagagem 212
rebote 226
recapeamento 187
receber 97, 177, 227
receita 45
recém-nascido 53
recepção 100
recepcionista 100, 190
receptor 99
recheio 140, 155, 159
recibo 152
recife de corais 285
recipiente 311
recipiente de lixo 61
recipiente de lixo 61
recolhedor de bolas 231
recolher 245
recolher a rede 245
recorde 234
recursos humanos 175
redação 163
redatora 191
rede 176, 217, 222, 226, 227, 230, 231, 266
rede de captura 244
rede de distribuição elétrica 60
rede ferroviária 209
rédeas 242
reduzir 172
refeitório 168
referências 303
refletor 50, 204, 207
reflexologia 54
reflexos 39
refrescos 144
refrigerador 67
refrigerador com freezer 67
refrigerante 154
refrigerante de cola 144
regador 89
regar 90, 183
regente 256
reggae 259
região 315
região lombar 13
registro 100
régua 163, 165
regulador 239
regulador de velocidade 270
regulador do diafragma 270
rei 272, 273
reiki 55
Reino Unido 316
relacionamentos 24
relâmpago 287
relatório 174
relaxamento 55
relógio 36, 62, 304
relógio despertador 70
relógio solar 262
remador 241
remar 241
remédio 109
remédios medicinais 108
remendo 207
remetente 98
remo 241
Renascentista 301
renda 35
rendado 277
renovar 168
repelente 108, 267
repolho 123
repórter 179
represa 300
reprodução 20
reprodutor 19
répteis 293
República Centroafricana 317
República Democrática do Congo 317
República Dominicana 314
República Tcheca 316
requeijão 136
requentar 154
reserva 223
reservar 168
reservar um voo 212
reservatório de fluido de freio 202
resfriado 44
resíduos orgânicos 61
resistência 61
resistente ao forno 69
respiração 47
respiradouro 290

376   english • español • *português*

PORTUGUESE INDEX • ÍNDICE PORTUGUES • ÍNDICE PORTUGUÊS

respiratório 19
responder 99, 163
resposta 163
restauração 50
restaurante 101, 152
resultado 49, 220
reta 165
retângulo 164
retina 51
retirada 98
retirada de bagagem 213
reto 21, 260
retrato 271
retrato falado 181
retroprojetor 163
retrovisor 198
réu 180
reunião 174
revelar 271
revista 112, 168
revista em quadrinhos 112
revistas 107
revólver 94
rim 18
rímel 40
ringue 237
rinoceronte 291
rins 119
rio 284
rir 25
ritmo 259
robalo 120
robe 31, 32
rochas 284, 288
rococó 301
roda 198, 207
roda de ajuste 276
roda de oleiro 275
roda dianteira 196
roda traseira 197
rodas de apoio 207
rodeio 243
rodovia 194
rodovia com pista dupla 195
rodovias 194
rolha de cortiça 134
rolo 83, 184, 311
rolo compressor 187
rolo de cozinha 69
rolo de filme 271
rolo de papel higiênico 72
romã 128
Romênia 316
romper a bolsa 52
roncar 71
rosa 110, 274
rosé 145
rosquinha 139
rosto 14
rotatória 195
roteiro 254
rótulo/identificador 173
roubo 94
roupa de baixo 32

roupa de cama 71, 74
roupa de dormir 31
roupa de malha 31
roupa de mergulho 239
roupa de neve 30
roupa esporte 33
roupa impermeável 245, 267
roupa limpa 76
roupa suja 76
roupa termoisolante 267
roupão de banho 73
roupas femininas 34
roupas infantis 30
roupas masculinas 32
roxo 274
rpm 203
rua 298
rua de sentido único 298
Rua fechada 323
rua lateral 234, 299
Ruanda 317
rubi 288
rúcula 123
ruga 15
rúgbi 221
ruibarbo 127
ruidoso 321
ruína famosa 261
ruivo 39
rum 145
rum com coca-cola 151

S

Saara Ocidental 317
sábado 306
sabão em pó 77
sabonete 73
sabonete líquido 73
saboneteira 73
sacada 59
sacar 231
saca-rolha 150
sachê de chá 144
saco 311
saco de dormir 267
saco de pancada 237
sacola de compras 106
sacola de golfe 233
sacola de praia 264
sacola do bebê 75
sacola plástica 122
safira 288
saguão 209, 255
saia 30, 34
saída 61, 210, 232, 322
saída de emergência 210, 322
saída de incêndios 95
sal 64, 152
sala de aula 162
sala de cirurgia 48
sala de controle 214
sala de embarque 213
sala de emergência 48
sala de espera 45
sala de estar 62
sala de jantar 64

sala de leitura 168
sala de máquinas 214
sala de reuniões 174
salada 149
salada mista 158
salada verde 158
salamandra 294
salame 142
salão de beleza 115
salário 175
salgado 121, 129, 137, 143
salgueiro 296
salmão 120
salmonete 120
salsa 133
salsicha 155, 157
salsichas 118
saltar 227
salto 37, 235, 237, 243
salto acrobático no solo 235
salto alto 37
salto com vara 234
salto de esqui 247
salto em altura 235
salto em distância 235
salto mortal 235
salvar 177
salva-vidas 239, 265
sálvia 133
samambaia 86
San Marino 316
sandália 37
sandálias 31
sanduíche 155
sanduíche de pão de forma 155
sanduíche no prato 155
sanduíche quente 149
sanefa 71
sangramento nasal
sanitários 104, 266
Santa Lúcia 314
São Cristóvão e Névis 314
São produtos da região? 122
São Tomé e Príncipe 317
São três horas. 304
São Vicente e Granadinas 314
São... graus. 286
sapatinhos 30
sapato de cadarço 37
sapato de couro 37
sapato de golfe 233
sapato plataforma 37
sapato social 37
sapatos 34, 37
sapatos de couro 32
sapo 294
saque 231
sarampo 44
sarda 15
Sardenha 316
sardinha 120

sarjeta 299
satélite 281
Saturno 280
saudações 322
saúde 43, 45, 323
sauna 250
saxofone 257
sazonal 129
scanner 176
scooter 205
scrabble 272
sebe 85, 90, 182
secador 38
secadora 76
seção 282
seção de bagagem 104
seção de brinquedos 105
seção de calçados 104
seção infantil 104
secar 76
secar com secador 38
seco 39, 41, 130, 145, 286, 321
secretaria 168
secretária eletrônica 99
século 307
sedã 199
seda 277
sedativo 109
sede do clube 232
sedimentar 288
segunda-feira 306
segundo 304, 309
segundo andar 104
segurança 75, 212, 240
seguro 203, 228
seio 12
seio paranasal 19
seis 308
seiscentos 308
sela 242
sela de senhora 242
selante 83
seletor de ponto 276
selim 206, 242
selo 98
selos 112
sem 320
sem alças 34
sem chumbo 199
sem escamas 121
sem espinhas 121
sem gás 144
sem gelo 151
sem gordura 137
sem mangas 34
sem sal 137
sem sementes 127
semáforo 194
semana 306
semana passada 307
semanalmente 307
semear 90, 183
semente 122, 127, 128, 130
semente de abóbora 131

semente de erva-doce 133
semente de girassol 131
semente de papoula 138
semente de soja 131
sementes 88
sementes verdes 131
semigeminada 58
sêmola 130
sempre 320
Sempre em frente 323
Senegal 317
Senhor 23
Senhora 23
Senhorita 23
sensível 41
sentença 181
sentido único 194, 323
septuagésimo 309
série para televisão 178
seringa 109, 167
serpente/cobra 293
serra circular 78
serra de arco 81
serra de mão 89
Serra Leoa 317
serra para metais 81
serra tico-tico 78
serrar 79
serrote 81
serrote de costa 81
Sérvia 316
serviço 231
serviço ao cliente 104
serviço de alto-falante 209
serviço de lavanderia 101
serviço de limpeza 101
serviço de quarto 101
serviço de táxi 213
serviço incluído 152
serviço não incluído 152
serviços 93
serviços de emergência 94
servidor 176
servir 64
sessenta 308
set 230
sete 308
Sete de fevereiro de dois mil e dois. 307
setecentos 308
setembro 306
setenta 308
sétimo 309
sexagésimo 309
sexta-feira 306
sexto 309
shiatsu 54
shopping center 104
shorts 30
show 258
show de rock 258
siba 121
Sibéria 313
Sicília 316

377

english • español • *português*

PORTUGUESE INDEX • ÍNDICE PORTUGUES • ÍNDICE PORTUGUÊS

sidra 145
silenciador 203, 204
silencioso 321
silo 183
Sim 322
simples 151, 230
sinagoga 300
sinais de trânsito 195, 323
sinal 197
sinalização 209
sinalizações de pista 194
sinfonia 256
sintético 31
sintonizar 179
sintonizar a rádio 269
sinuca 249
sirene 94
Síria 318
sistema 176
sistema de alta fidelidade 268
sistema solar 280
sistemas corporais 19
sistemas internos 60
site 177
skate 249
slalom gigante 247
snorkel 239
snowboarding 247
sob medida 35
sobrancelha 51
sobre 320
sobre a grama 224
sobre, acima 320
sobremesa 153
sobrepar 233
sobrinha 23
sócia 24
soco 237
soda 144
sofá 62
sofá-cama 63
software 176
sogra 23
sogro 23
Sol 280, 286
sola 37
sola do pé 15
soldado 189
soldar 79
soletrar 162
sólidos 164
solo 85
solo pavimentado 85
soltar 245
solução desinfetante 51
solúvel 109
solvente 83
Somália 317
somar 165
sombra para os olhos 40
sombrancelha 14
sonata 256
sonda 50
sonhos 143
sopa 153, 158

soquete 60, 80
sorbet 141
soro da manteiga 137
sorriso 25
sortido 111
sorvete 137, 149
sótão 58
Sou alérgico a... 323
soufflé 158
spray 109, 311
squash 231
Sri Lanka 318
stopper 240
Suazilândia 317
subexposto 271
subir 139
submarino 215
subpar 233
subsolo 91
substituição 223
subtrair 165
suco 127
suco de abacaxi 149
suco de frutas 156
suco de laranja 149
suco de maçã 149
suco de tomate 144, 149
suco de uva 144
sucos e milkshakes 149
suculento 127
Sudão 317
Suécia 316
suéter 33
Suíça 316
suinocultura 183
sujo 321
sul 312
sulco 183
sumô 237
superexposto/estourado 271
superfície de trabalho 66
supermercado 105, 106
suplemento 55
suporte 88, 166, 187, 205
suporte da barraca 266
suporte de alto-falante 268
suporte de fita adesiva 173
suporte de grampo 166
suporte do selim 206
suporte para ovos 65, 137
supositório 109
suprimento de água 61
surfe 241
surfista 241
Suriname 315
surpreso 25
suspeito 94, 181
suspensão 203, 205
suspirar 25
sustenido 256
sutiã 35

sutiã de amamentação 53
sutiã esportivo 35

T

tabaco 112, 184
tabela 226
tábua 68
tábua de passar roupa 76
tabuleiro de xadrez 272
taça 152
taça de vinho 65
tachinha 173
taco 155, 224, 225
taco de ferro 233
taco de hóquei 224
taco de lance curto 233
taco de madeira 233
tacos de golfe 233
Tadjiquistão 318
tae-kwon-do 236
tai-chi 237
Tailândia 318
tala 47
talão de cheques 96
talco 73
talhar 79
talhar em madeira 275
talheres 64, 152
talo 297
Talvez 322
tâmara 129
tambor 258
tamborim 257
tampa 61, 66, 69
tampa da objetiva 270
tampa do vaso 72
tampão 21, 72, 166
tangerina 126
tanque 61
tanque de areia 263
tanque de combustível 203
tanque de gasolina 204
tanque de óleo 204
Tanzânia 317
tapete 63
tapete de chuveiro 72
taquígrafa 181
tarde 305, 320
tarifa 197
tarracha 258
tartaruga 293
Tasmânia 319
tatuagem 41
taxa bancária 96
taxa de câmbio 97
taxa de juros 96
taxista 190
tear 277
teatro 254, 299
teatro 299
tecer 277
tecido 277
tecla 176
teclado 97, 99, 172, 176, 258

técnicas 79, 159
técnico de som 179
tela 97, 176, 255, 269, 274
telefone 99
telefone celular 99
telefone de cartão 99
telefone de emergência 195
telefone de moeda 99
telefone sem fio 99
telefonista 99
telegrama 98
teleprompter 179
telescópio 281
televisão a cabo 269
televisão de tela panorâmica 269
telha 58, 187
telhado 58
temperado 159
temperatura 286
tempestade 287
templo 300
tempo 234, 286
tempo jogado 220
têmpora 14
tenazes 167
tendão 17
tendão de Aquiles 16
Tenho uma reserva 101, 323
tênis 37, 230, 231, 251
tênis esportivo 31
tequila 145
ter um filho 26
terapeuta 55
terapia de grupo 55
terapias alternativas 54
terça-feira 306
terceiro 309
terminal 212
terminal da balsa 216
terminal rodoviário 197
termômetro 45, 167
termosfera 286
termostato 61
terno 32
Terra 280, 282
terra firme 282
terras cultiváveis 183
terras de cultura 182
terremoto 283
terrina 311
território 315
tese 169
tesoura 38, 47, 82, 276
tesoura de corte/poda 89
tesoura de podar 89
tesoura de unhas 41
tesouras 188
testa 14
testa franzida 25
teste de gravidez 52
testemunha 180
testículo 21

teto 62, 203
teto solar 202
tia 22
tiara 38
tíbia 17
tie break 230
tigela 65, 69
tigela de vidro 69
tigre 291
tijolo 187
tília 296
timão 240
timbale 257
time 220
tímido 25
Timor Leste 319
tingido 39
tinta 83, 275
tinta a óleo 274
tinta acrílica 274
tinta de madeira 79
tinta guache 274
tintas 274
tinto 145
tintura para o cabelo 40
tinturaria 115
tio 22
tipo de nabo 123
tipoia 46
tipos 199, 205
tipos de câmera 270
tipos de fazenda 183
tipos de ônibus 196
tipos de pesca 245
tipos de plantas 86
tipos de trem 208
tirar as flores mortas 91
tirar o pó 77
tiro ao alvo 249
título 168
toalha 64
toalha antisséptica 47
toalha de banho 73
toalha de mão 73
toalha de praia 265
toalhas 73
toalheiro 72
tobogã 247
toca-discos 268
tocador de CD 268
Todas as direções 323
Togo 317
toicinho 119
toldo 148, 197
tom 256
tomada 60
tomar nota 163
tomar sol 264
tomar um banho 72
tomar uma ducha 72
tomate 125, 157
tomate cereja 124
tomilho 133
tonelada 310
tônico 41
tônus 41
topázio 288
torção 46

378 english • español • português

PORTUGUESE INDEX • ÍNDICE PORTUGUES • ÍNDICE PORTUGUÊS

torcicolo 46
tornado 287
tornear 79
torneio 233
torneira 61, 66
torneira de água fria 72
torneira de água quente 72
torneira de chope 150
torno de bancada 78
tornozelo 13, 15
torrada 139, 157
torradeira 66
torre 272, 300
torre de comando 215
torre de controle 212
torre de vigilância 265
torrone 113
torta 158
torta de creme 141
torta de frutas 140
tortas 143
tosse 44
tostado 129
touca 238
touchdown 220
touro 185
trabalho 171
trabalhos manuais 274, 276
tração quatro rodas 199
trado manual 81
tráfego 194
trailer 266
traje 255
traje casual 34
traje de couro 205
traje espacial 281
traje formal 34
traje para esquiar 246
trampolim 235, 238
trança 39
transatlântico 214
transferência bancária 96
transferidor 165
transformador 60
transmissão 179, 202
transmitir 178
transplantar 91
transporte 193
trapézio 164
traqueia 18
traste 258
tratamentos 23
tratamentos de beleza 41
trator 182
trava 200
trava de freio 207
trave 235
trave de gol 220, 222
travessão 222, 235
travesseiro 70
treinador(a) pessoal 250
treinar 251
treino 221
treliça 84

trem 208
trem a diesel 208
trem a vapor 208
trem de aterrissagem 210
trem de carga 208
trem de pouso dianteiro 210
trem elétrico 208
trem intermunicipal 209
trem-bala 208
tremoço 297
tremor 283
trena 80
trenó de corrida 247
trenó puxado por cães 247
trepadeira 87
trepa-trepa 263
três 308
três-portas 200
trevo 297
treze 308
trezentos 308
triângulo 164, 257
tribuna do júri 180
tribunal 180
tríceps 16
tricô 277
trigésimo 309
trigo 130, 184
trigo triturado 130
trilha 262
trilha para cavalos 263
trilha sonora 255
trilho 208, 209
trilho eletrificado 209
trimestre 52
Trinidad e Tobago 314
trinta 308
tripé 166, 270, 281
tripulação 241
triste 25
triturado 132
triturador de lixo 61
troca de bola 230
trocador 74
trocar 209
trocar de canal 269
trocar o pneu 203
tromba 291
trombone 257
trompa 257
trompete 257
tronco 296
trópico de Câncer 283
trópico de Capricórnio 283
trópicos 283
troposfera 286
trote 243
trovão 286
trufa 113
truta 120
truta arco-íris 120
tuba 257
tuba uterina 20
tubarão 294

túbera 125
tubo 112, 311
tubo de ensaio 166
tubo de escapamento 61
tubo de ventilação 53
tubo do aspirador 77
tulipa 111
Tunísia 317
turbina 210
turbocompressor 203
Turcomenistão 318
turismo 260
turista 260
turmalina 288
turno 228
turquesa 289
Turquia 316

U

tutu 191
Ucrânia 316
Uganda 317
uísque 145
uísque escocês com água 151
última demão 83
último 320
último andar 141
ultraleve 211
ultrassom 52
ultrassonografia 52
um 308
um bilhão 309
um milhão 309
um pouco 320
um quarto 311
um quarto de hora 304
Um quilo de batatas, por favor? 124
uma e dez 304
uma e meia 304
uma e quinze 304
uma e vinte 304
uma e vinte e cinco 304
Uma mesa para dois, por favor. 153
umbigo 12
úmero 17
úmido 286
unha 15
unha do pé 15
unidade de terapia intensiva 48
uniforme 94, 189, 222
uniforme de rúgbi 221
uniforme do time 31
uniforme escolar 162
universidade 299
universo 280
Urano 280
uretér 21
uretra 20
urinário 19
urologia 49
urso 291
urso de pelúcia 75

urso panda 291
urso polar 291
urtiga 297
Uruguai 315
urze 297
usar o fio dental 50
usuário 208
utensílios de cozinha 68
útero 20, 52
uva 127
uva-espim 128
uva-passa 129
uva-passa de corinto 129
uva-passa sultanina 129
Uzbequistão 318

V

vaca 185
vagão 208, 209
vagão-dormitório 209
vagão-restaurante 209
vagas disponíveis 266
vagem 122
vagina 20
vale 284
valete 273
valor das ações 97
valor nominal 97
válvula 207
válvula de fechamento 61
válvula de pressão 61
Vanuatu 319
vantagem 230
vara comprida 245
vara de pesca 244
varal 76
varanda 58
varas 89
vareta para verificar óleo 202
varicela 44
varrer 77
vasilha para gratinar 69
vaso 63, 111
vaso de planta 89
vaso sanitário 61, 72
vaso suspenso 84
vassoura 77
vazio 321
veado 118
vedação 61
veia 19
veículo de serviço 212
vela 63, 203, 241
vela de aniversário 141
vela de proa 240
vela mestra 240
velejar 240
velho 321
velocímetro 201, 204
vendedor 104
vendedora 188
Vende-se produto orgânico? 122
veneziana com lâminas 63

veneziana de enrolar 63
Venezuela 315
ventania 286
ventilador 60, 202, 210
vento 241, 286
Vênus 280
verão 31, 307
verde 129, 274
verduras e legumes 107, 122, 124
verdureiro 188
veredito 181
verga de sustentação 186
vermelho 274
verniz 79, 83
vértebras cervicais 17
vértebras lombares 17
vértebras torácicas 17
vesícula seminal 21
vespa 295
vestido 31, 34
vestido de noite 34
vestido de noiva 35
vestido longo 34
vestuário 205
veterinária 189
véu 35
via aérea 98
via de acesso 194
viaduto 194
viagem de negócios 175
vibrafone 257
videira 183
videofone 99
videogame 269
vieira 121
Vietnã 319
viga de aço 186
viga de sustentação 186
viga do telhado/caibro 186
vigésimo 309
vigésimo primeiro 309
vigésimo segundo 309
vigésimo terceiro 309
vigotas de madeira 187
vinagre 135, 142
vinagre balsâmico 135
vinagre de maçã 135
vinagre de malta 135
vinagre de vinho 135
vinho 145, 151
vinho do porto 145
vinicultura 183
vinte 308
vinte e cinco para as duas 304
vinte e dois 308
vinte e um 308
vinte mil 309
vinte minutos 304
vinte para as duas 304
viola 256
violino 256
violoncelo 256
virar 241

english • español • português 379

PORTUGUESE INDEX • ÍNDICE PORTUGUES • *ÍNDICE PORTUGUÊS*

virilha 12
vírus 44
viseira 205
visita guiada 260
visor 271
vista 51
visto 213
vitaminas 108
viveiro 115
vizinho 24
voar 211
vocabulário 72
Você chegou cedo 305
Você conhece os primeiros socorros? 47
Você está atrasado. 305
Você fala inglês, francês...? 322
Você para em...? 197
Você pode limpar o peixe para mim? 121
Você tem isto em um tamanho maior/menor? 32
Vocês têm o prato do dia? 153
vodca 145
vodka com laranja 151
volante 201
voleibol 227
voleio 231
voltagem 60
Voltarei à(s)... horas(s) 323
volume 165, 179, 269, 311
vomitar 44
voo com planador 248
voo de asa delta 248
voo doméstico 212
voo internacional 212
Vou embora amanhã 323
vulcão 283

W

waffles 157
wedge 233
windsurfing 241
wok 69

X

xadrez 272
xampu 38
xarope 109
xarope de maple 134
xarope para tosse 108
xerez 145
xícara 75
xícara de café 65
xícara de chá 65
xisto 288

Z

zagueiro 223
Zâmbia 317
zangado 25
zebra 291
zero 308
Zimbábue 317
zinco 289
zíper 277
zona 315
zona industrial 299
zonas 283
zoo safári 262
zoologia 169
zoológico 262

acknowledgments • agradecimientos • *agradecimentos*

DORLING KINDERSLEY would like to thank Tracey Miles and Christine Lacey for design assistance, Georgina Garner for editorial and administrative help, Sonia Gavira, Polly Boyd, and Cathy Meeus for editorial help, and Claire Bowers for compiling the DK picture credits.

The publisher would like to thank the following for their kind permission to reproduce their photographs:
Abbreviations key:
t=top, b=bottom, r=right, l=left, c=centre

Abode: 62; **Action Plus:** 224bc; **alamy.com:** 154t; A.T. Willett 287bcl; Michael Foyle 184bl; Stock Connection 287bcr; **Allsport/Getty Images:** 238cl; **Alvey and Towers:** 209 acr, 215bcl, 215bcr, 241cr; **Peter Anderson:** 188cbr, 271br. **Anthony Blake Photo Library:** Charlie Stebbings 114cl; John Sims 114tcl; **Andyalte:** 98tl; **apple mac computers:** 268tcr; **Arcaid:** John Edward Linden 301bl; Martine Hamilton Knight, Architects: Chapman Taylor Partners, 213cl; Richard Bryant 301br; **Argos:** 41tcl, 66cbl, 66cl, 66br, 66bcl, 69cl, 70bcl, 71t, 77tl, 269tc, 270tl; **Axiom:** Eitan Simanor 105bcr; Ian Cumming 104t; Vicki Couchman 148cr; **Beken Of Cowes Ltd:** 215cbc; **Bosch:** 76tcr, 76tc, 76tcl; **Camera Press:** 27c, 38tr, 256t, 257cr; Barry J. Holmes 148tr; Jane Hanger 159cr; Mary Germanou 259bc; **Corbis:** 78b; Anna Clopet 247tr; Bettmann 181tl, 181tr; Bo Zauders 156t; Bob Rowan 152bl; Bob Winsett 247cbl; Brian Bailey 247br; Carl and Ann Purcell 162l; Chris Rainer 247ctl; ChromoSohm Inc. 179tr; Craig Aurness 215bl; David H.Wells 249cbr; Dennis Marsico 274bl; Dimitri Lundt 236bc; Duomo 211tli; Gail Mooney 277ctcr; George Lepp 248c; Gunter Marx 248cr; Jack Fields 210b; Jack Hollingsworth 231bl; Jacqui Hurst 277cbr; James L. Amos 247bl, 191ctr, 220bcr; Jan Butchofsky 277cbc; Johnathan Blair 243cr; Jon Feingersh 153tcr; Jose F. Poblete 191br; Jose Luis Pelaez.Inc 153tc, 175tl; Karl Weatherly 220bl, 247tcrr; Kelly Mooney Photography 259tl; Kevin Fleming 249bc; Kevin R. Morris 105tr, 243tl, 243tl; Kim Sayer 249tcrr; Lynn Goldsmith 258t; Macduff Everton 231bcl; Mark Gibson 249bl; Mark L. Stephenson 249tcl; Michael Pole 115tr; Michael S. Yamashita 247cctl; Mike King 247cbl; Neil Rabinowitz 214br; Owen Franken 112t; Pablo Corral 115bc; Paul A. Sounders 169br, 249ctcl; Paul J. Sutton 224c, 224br; Peter Turnley 105tcr; Phil Schermeister 227b, 248tr; R. W Jones 309; R.W. Jones 15tr; Richard Hutchings 168b; Rick Doyle 241ctr; Robert Holmes 97br, 277ctc; Roger Ressmeyer 169tr; Russ Schleipman 229; Steve Raymer 168cr; The Purcell Team 211ctr; Tim Wright 178; Vince Streano 194t; Wally McNamee 220br, 220bcl, 224bl; Yann Arhus-Bertrand 249tl; **Demetrio Carrasco / Dorling Kindersley** (c) **Herge / Les Editions Casterman:** 112ccl; **Dixons:** 270cl, 270cr, 270bl, 270bcl, 270bcr, 270ccr; **Education Photos:** John Walmsley 26tl; **Empics Ltd:** Adam Day 236br; Andy Heading 243c; Steve White 249cbc; **Getty Images:** 48bcl, 100t, 114bcr, 154bl, 287tr; 94tr; **Dennis Gilbert:** 106tc; **Hulsta:** 70t; **Ideal Standard Ltd:** 72r; **The Image Bank/Getty Images:** 58; **Impact Photos:** Eliza Armstrong 115cr; John Arthur 190tl; Philip Achache 246t; **The Interior Archive:** Henry Wilson, Alfie's Market 114bl; Luke White, Architect: David Mikhail, 59tl; Simon Upton, Architect: Phillippe Starck, St Martins Lane Hotel 100bcr, 100br; **Jason Hawkes Aerial Photography:** 216t; **Dan Johnson:** 26bcl, 35r; **Kos Pictures Source:** 215cbl, 240tc, 240tr; David Williams 216b; **Lebrecht Collection:** Kate Mount 169bc; **MP Visual.com:** Mark Swallow 202t; **NASA:** 280cr, 200ccl, 281tl; **P&O Princess Cruises:** 214bl; **P A Photos:** 181br;
The Photographers' Library: 186bl, 186bc, 186t; **Plain and Simple Kitchens:** 66t; **Powerstock Photolibrary:** 169tl, 256t, 287tc; **Rail Images:** 208c, 208 cbl, 209br; **Red Consultancy:** Odeon cinemas 257br; **Redferns:** 259br; Nigel Crane 259c; **Rex Features:** 106br, 259tc, 259tr, 259bl, 280b; Charles Ommaney 114tccr; J.F.F Whitehead 243cl; Patrick Barth 101tl; Patrick Frilet 189cbl; Scott Wiseman 287bl; **Royalty Free Images:** Getty Images/Eyewire 154bl; **Science & Society Picture Library:** Science Museum 202b; **Skyscan:** 168t, 182c, 298; Quick UK Ltd 212; **Sony:** 268bc; **Robert Streeter:** 154br; **Neil Sutherland:** 82tr, 83tl, 90t, 118, 188cctr, 196tl, 196tr, 299cl, 299bl; **The Travel Library:** Stuart Black 264t; **Travelex:** 97cl; **Vauxhall:** Technik 198t, 199tl, 199tr, 199cl, 199cr, 199ctccl, 199ctccr, 199ctcl, 199ctcr, 200;
View Pictures: Dennis Gilbert, Architects: ACDP Consulting, 106t; Dennis Gilbert, Chris Wilkinson Architects, 209tr; Peter Cook, Architects: Nicholas Crimshaw and partners, 208t; **Betty Walton:** 185br;
Colin Walton: 2, 4, 7, 9, 10, 28, 42, 56, 92, 95c, 99tl, 99tcl, 102, 116, 120t, 138t, 146, 150t, 160, 170, 191ctcl, 192, 218, 252, 260br, 260l, 261tr, 261c, 261cr, 271cbl, 271cbr, 271ctl, 278, 287br, 302, 401.

DK PICTURE LIBRARY:
Akhil Bahkshi; Patrick Baldwin; Geoff Brightling; British Museum; John Bulmer; Andrew Butler; Joe Cornish; Brian Cosgrove; Andy Crawford and Kit Hougton; Philip Dowell; Alistair Duncan; Gables; Bob Gathany; Norman Hollands; Kew Gardens; Peter James Kindersley; Vladimir Kozlik; Sam Lloyd; London Northern Bus Company Ltd; Tracy Morgan; David Murray and Jules Selmes; Musée Vivant du Cheval, France; Museum of Broadcast Communications; Museum of Natural History; NASA; National History Museum; Norfolk Rural Life Museum; Stephen Oliver; RNLI; Royal Ballet School; Guy Ryecart; Science Museum; Neil Setchfield; Ross Simms and the Winchcombe Folk Police Museum; Singapore Symphony Orchestra; Smart Museum of Art; Tony Souter; Erik Svensson and Jeppe Wikstrom; Sam Tree of Keygrove Marketing Ltd; Barrie Watts; Alan Williams; Jerry Young.

Additional Photography by Colin Walton.

Colin Walton would like to thank:
A&A News, Uckfield; Abbey Music, Tunbridge Wells; Arena Mens Clothing, Tunbridge Wells; Burrells of Tunbridge Wells; Gary at Di Marco's; Jeremy's Home Store, Tunbridge Wells; Noakes of Tunbridge Wells; Ottakar's, Tunbridge Wells; Selby's of Uckfield; Sevenoaks Sound and Vision; Westfield, Royal Victoria Place, Tunbridge Wells.

All other images are Dorling Kindersley copyright. For further information see www.dkimages.com